Hans Habe

Tod in Texas

Eine amerikanische
Tragödie

Ullstein

ein Ullstein Buch
Nr. 23182
im Verlag Ullstein GmbH,
Frankfurt/M–Berlin

Ungekürzte Ausgabe

Umschlaggestaltung:
Hansbernd Lindemann
Foto: Ullstein
Alle Rechte vorbehalten
Taschenbuchausgabe mit
freundlicher Genehmigung
der F. A. Herbig Verlags-
buchhandlung GmbH, München
© Licci Habe, Ascona, und
F. A. Herbig Verlagsbuch-
handlung GmbH, München
Printed in Germany 1993
Gesamtherstellung:
Clausen & Bosse, Leck
ISBN 3 548 23182 9

November 1993
Gedruckt auf alterungsbeständigem
Papier mit chlorfrei
gebleichtem Zellstoff

Die Deutsche Bibliothek –
CIP-Einheitsaufnahme

Habe, Hans:
Tod in Texas: eine amerikanische
Tragödie/Hans Habe.
– Ungekürzte Ausg. – Frankfurt/M;
Berlin: Ullstein, 1993
    (Ullstein-Buch; Nr. 23182)
    ISBN 3-548-23182-9
NE: GT

Mrs. Connally: »Sie können nicht sagen, daß Dallas Sie nicht liebt und verehrt, Herr Präsident.«

John F. Kennedy: »Nein, das kann ich nicht sagen.«

(Die letzten Worte Präsident Kennedys nach den Berichten von United Press International und Associated Press.)

INHALT

Das letzte Kapitel 9
Aristokratie und Lumpenproletariat 22
»Weg ins Dunkel« 37
Kennedy und der Businessman 51
Weiße Frau in Harlem 64
Der Mann auf der Seifenkiste 76
Die steinerne Hand 88
Lorelei am Hudson 95
Sous les toits de New York 109
Die Stadt ohne Schlaf 119
Wie sieht ein Eierkopf aus? 128
Der Stall des Bobby Baker 142
Baumwollfelder und Hootenanny 152
Die Millionäre von Colliers Heights 162
Die Tragödie des »Schwarzen Heilands« 171
Die Schönheitsköniginnen des Mr. Bronner 179
»Nett, Sie in Birmingham zu sehen« 190
Ein Kind und zwei alte Damen 202
Eine Stadt mit vielen Namen 214
Die Schande der Nation 223
»K.o. the Kennedys!« 237
Die Holzpuppe von New Orleans 245
An den Quellen des Hasses 253
Junger Mann aus Nebraska 268
Zwischenspiel auf dem Spielplatz 283
Der Milde Westen 294
Drei Witwen und eine Mutter 309
Wer hat Kennedy ermordet? 325

Am Abend hatten uns Freunde in Los Angeles an die Bahn gebracht. Nun fuhren wir wieder ostwärts, Chicago, New York. Am dreißigsten November wollten wir uns mit der *Leonardo Da Vinci* nach Europa einschiffen.

Es war ein Wiedersehen mit Amerika gewesen, nach langjähriger Abwesenheit. Ich hatte die Emigrationsjahre hier verbracht, hatte in der amerikanischen Armee gedient, war amerikanischer Staatsbürger geworden. In den Jahren 1946 bis 1953 war ich zwischen Amerika und Europa hin- und hergependelt, meine Gefühle den Gefühlen Chamissos ähnlich, der im Gespräch mit Madame de Staël gesagt hatte, er sei »*ein Franzose in Deutschland und Deutscher in Frankreich, Katholik unter Protestanten, Protestant unter Katholiken, Jakobiner unter den Aristokraten und für die Demokraten ein Adeliger. Je ne suis nulle part de mise.*«

Nun war ich als Europäer nach Amerika gekommen, doch darin verschieden von den meisten Europäern, daß ich nicht der deutschen oder französischen oder italienischen Nation angehörte, sondern daß ich, amerikanischer Staatsbürger noch immer, das ganze Europa als meine Heimat empfand, zu Hause an den Gestaden der Normandie, in der Via Roma Neapels, am Eisernen Tor und in den Tuilerien. Ich sage es ohne Ironie, daß mich Amerika mein Europäertum gelehrt hatte: die Amerikaner haben recht, wenn sie von *continentals* sprechen; es gibt so etwas wie ein kontinentales Gefühl, auch beim Europäer, freilich nur, wenn er lange genug auf einem anderen Kontinent gelebt hat. Ein Europäer, dem die Grenzen seines Kontinents nicht viel mehr bedeuten als ein paar lästige Zollformalitäten, schnellen Geldwechsel, höchstens den Klang einer fremden, doch bald wieder vertrauten Sprache, hatte ich einem anderen Kontinent zu begegnen erwartet. Irrtum, Überraschung, vielleicht Enttäuschung. Ich hatte ein neues Amerika entdeckt, wo Zoll, Währung und Sprache zwar einheitlich waren, doch eben nur dies, während mir New York von Texas, New Orleans von Kalifornien weiter entfernt schienen, als ich selbst nach den geographischen Fernen vermutet hätte. Das kontinentale Gefühl, das mir Amerika einst geschenkt hatte: hier, auf dem amerikanischen Kontinent, hatte ich es nicht wiedergefunden – hatte Amerika sich so sehr verändert, oder Europa, oder hatte nur ich mich so sehr verändert?

Die Tage in Kalifornien waren ermüdend gewesen: Begegnungen mit alten Freunden, die wiederzuerkennen so schwer geworden war, weil sie sich so wenig verändert hatten, »Hollywood-Partys«, die, voll fremder Menschen, Gespräche mit den wenigen interessanten verhindert hatten, politische Gespräche im luftleeren Raum und die irritierende Milde des Klimas – wir waren erschöpft, wir schliefen lange.

Als wir die Fenster öffneten, die Vorhänge vielmehr, da sich ja die Fenster amerikanischer Züge nicht öffnen lassen, so daß man sich in einem höchst komfortablen gläsernen Gefängnis vorwärts bewegt, war es lange nach zehn Uhr morgens, und der Fahrplan belehrte uns, daß wir Winslow, im Staate Arizona, hinter uns gelassen hatten und der unsichtbaren Grenze von New Mexico zustrebten. Nachdem der Neger-Schlafwagenschaffner, *porter* genannt, ein opulentes Frühstück serviert hatte – amerikanische Züge, der *Super-Chief* im besonderen, sind fahrende Monumente längstvergangener feudalistischer Herrlichkeit –, beschlossen wir, noch eine Weile in unseren bequemen Betten zu faulenzen und bei den Klängen der Radiomusik die ungewöhnliche Landschaft in flacher Perspektive an uns vorbeiziehen zu lassen.

Meine Frau, in deren Nähe sich der Knopf des Rundfunkgerätes befand, drehte suchend an ihm, und schon erklang die wohlbekannte Stimme des Werbetrommlers – wohlbekannt, sage ich, obwohl er aus Dallas sprach, im Staate Texas, und wir ihn wohl nie zuvor vernommen hatten, aber diese Stimmen ähneln sich wie eine Trommel der anderen: mit dem gleichen fieberhaften Enthusiasmus preisen sie Automobile und Zahnwässer an, fordern sie Kauf von Hautpuder, Spenden für religiöse Wohltätigkeit oder den Besuch eines kolossalen Kinotheaters, immer durchdrungen von ihrer verkäuferischen Mission, als hieße es, einen Irrenden auf den rechten Weg von Sonntagsschule und *Coca-Cola* zu führen, und als müßte es dringend, sogleich, sozusagen in höchster Not geschehen – kaufe, investiere, besuche jetzt, *now*, keinen Moment später, lasse alles andere liegen und stehen, *now, now, now*, auf daß deine Seele keinen Schaden nehme, kaufe, investiere, besuche, der Weltuntergang ist nahe, und was wirst du tun, in dieser Sintflut, ohne Kinokarte, Hautpuder und *Coca-Cola*?

Plötzlich brach die Stimme des Werbetrommlers ab, eine andere sprach.

»Präsident John F. Kennedy ist soeben in Dallas, Texas, erschossen worden.«

»*President Kennedy was shot*«, lautete die Nachricht – eine grausame Ungenauigkeit der sonst so präzisen englischen Sprache, die den Unterschied zwischen »Angeschossenwerden« und »Erschossenwerden« nicht kennt, so daß die Meldung ein mißglücktes Attentat, ja einen Dummenjungenstreich ebenso hätte bedeuten können wie das, was sich an der Ecke von Elm- und Houston-Street in Dallas, Texas, tatsächlich ereignet hatte.

Ich sah nach der Uhr: es war elf Uhr dreißig.

Hier, an der Grenze zwischen Arizona und New Mexico, war

es elf Uhr dreißig, aber in Dallas war es eine Stunde später, dreißig nach Mittag, und das war es, was mir meine Machtlosigkeit mit vorerst unverständlicher Heftigkeit zum Bewußtsein brachte: ich war dem Tod eine Stunde voraus, hätte ihm vielmehr, da er sich noch gar nicht ereignet hatte, in die Arme fallen können; ich erlebte, was sich noch gar nicht ereignet, mein Eisenbahnzug war das phantastische Zeitschiff H. G. Wells', die Welt Morlocks und Elois und Weeans, und ich konnte doch, was sich mit der lächerlichen Unentrinnbarkeit einer griechischen Schicksalstragödie vollzog, nicht aufhalten.

The President was shot, aber es war mir klar, daß er erschossen worden, daß er tot war – nicht etwa, als ob ich telepathische Fähigkeiten besäße, sondern weil es elf Uhr dreißig war, neumexikanischer Zeit. Es schien mir, als wäre ich in diesem amerikanischen Herbst des Jahres 1963, indem ich mich verspätete, in Wirklichkeit der Zeit vorausgeeilt, oder »hinter ihr her«, wie es in der Jagdsprache heißt: zwei Monate lang hatte ich ununterbrochen empfunden, daß sich etwas ereignen würde, etwas Schreckliches, wenn auch nicht dieses, so Schreckliches nicht. Ich sah jetzt den jungen Mann vor mir, wie er mir am Nachmittag eines späten Oktobertages in Washington gegenübergestanden hatte, kaum vier Wochen war es her, und ich mußte an den alten Fliegeraberglauben denken, sich nicht lächelnd vor dem Abflug in der Maschine photographieren zu lassen – zu viele, die gelächelt hatten, waren nie zurückgekehrt. Aber er hatte ja nicht gelächelt, dieser junge Flieger: das »letzte Photo«, das ich in mir aufgenommen hatte, zeigte ein fahles, müdes, früh gealtertes Gesicht, das Gesicht eines Menschen, der »mehr weiß«, und dieses Mehr – ist es je etwas Gutes? Anders als es sonst geschieht, konnte ich mir den jungen Toten tot vorstellen.

Dennoch starrten wir uns an, verständnislos. Wir zogen uns an, mechanisch – diese alltäglichen Gesten, die einem in solchen Augenblicken überflüssig, ja grotesk erscheinen –: einmal, ein einziges Mal, kam der Werbetrommler wieder, noch vermochte die Station nicht, von Haarwasser auf Tod umzuschalten. Dann jagten die Nachrichten dem Wagen nach, der den toten Präsidenten ins *Parkland Hospital* von Dallas brachte. Richtige und falsche Meldungen reihten sich hastig aneinander: Der »O-no!«-Schrei der Jacqueline Kennedy, auch Vizepräsident Johnson verletzt, zwei Priester im Hospital, die Überführung des verwundeten Gouverneurs Connally, Bluttransfusion, einer der Priester verläßt den Operationssaal, ein Polizist erschossen, Vizepräsident Johnson unversehrt, der Präsident noch am Leben, Feuergefecht in einem Kino, die letzte Ölung, Absperrung am Tatort, Mrs. Kennedy im Hospital, ein Mann des Geheimdienstes verletzt, der zweite Priester verläßt das Operationszimmer. Stille. *»President John Fitzgerald Kennedy is dead.* Laßt uns beten.«

Der Zug fuhr langsamer. Eine Brücke unter den Geleisen wurde gebaut, aber es schien, als ob der Zug nicht deshalb langsamer führe.

Endlich verließen wir unser Abteil, gingen in den Speisewagen: ich wollte Menschen sehen. Sie saßen da, wie immer, bestellten, wie immer, aßen, wie immer. Der Ekel überkam mich; ich vergaß, daß auch ich die Karte in der Hand hielt, bestellte, auf das Essen wartete. Der *Maitre d'hotel*, wie gewöhnlich der einzige Weiße unter den Kellnern amerikanischer Speisewagen, ein sehr eleganter Herr mit weißer Weste und ungefaßter Brille, nahm die Bestellung entgegen. »Englischen oder französischen Senf?« – »Ist es nicht schrecklich?« fragte ich. Er nickte. Aufmerksam beobachtete er den schwarzen Kellner, der schon am Vorabend den französischen mit dem englischen Senf verwechselt hatte. Die Menschen an den vier oder fünf Tischen – die Züge sind leer, heutzutage, in Amerika – aßen schweigend. Meine Frau sagte, sie seien »Angelsachsen«, wüßten ihre Gefühle zu verbergen. Ich zweifle, ob sie

13

Angelsachsen waren, wahrscheinlich waren ihre Eltern aus Holland gekommen, oder Polen, aus Griechenland oder Italien. Ich fragte den *Maitre d'hotel*, ob er das Radio nicht anstellen könne, aber er sagte, es funktioniere nicht. Ich zweifle, ob er die Wahrheit sprach, vielleicht wollte er nur das Mittagessen nicht stören; er hatte in der Kellnerschule gelernt, daß man beim Essen immer lächeln müsse, *keep smiling*, das Leitmotiv Amerikas. Er lächelte tatsächlich.

Wir hatten jetzt Gallup passiert. Links von uns lagen die unendlichen Ebenen von New Mexico, die am Horizont unvermittelt in den über elftausend Fuß hohen Mount Taylor übergehen, als scheute sich der Himmel, diese trostlose Wüste zu berühren, und hätte sich gegen sie zum Schutz die Felsen aufgerichtet. Der Himmel war glasblau, von jenem spöttischen Blau, das durchsichtig und undurchsichtig scheint, der Himmel war hell, aber er trug die Nacht schon in sich. Die Wüste glich nicht der afrikanischen Wüste, die ich kenne – die afrikanischen Wüsten sind menschlich, weil der Wind zuweilen in den Sand greift, ihn aufwirbelt, streichelt, bestraft, seine wellenförmigen Spuren in ihm hinterläßt; wenigstens der Wind war da, vielleicht kommt er wieder, ein Besuch von nirgends: hier aber, in dieser olivengrauen Wüste Amerikas, würde sogar der Wind sich fremd fühlen, er will nichts wissen von den verschmachtenden Pflanzen, den trotzigen Gräsern und den Schlangen, die das Paradies nie gesehen haben.

Da tauchten aus dem Nichts ein paar Häuser auf, Hütten vielmehr, aus Lehm getakelt, vom Himmel gefallen oder aus der Hölle gewachsen – hier und dort, unglaublich beinahe, ein Automobil zwischen den armseligen Behausungen, ein Automobil und keine Straße, ein Strohdach und eine Fernsehantenne. Die *Indian reservation* von Laguna war das, und obwohl wir keine Menschen sahen, sahen wir die Flagge auf Halbmast, die erste an diesem Tag, auf Halbmast die Sternenflagge in der Wüste, in der Indianer-Reservation von Laguna. Der schwarze Kellner kam, ein schöner Junge von der Gestalt des Neger-Boxers *Sugar* Ray Robinson, er brachte das Dessert, Bratapfel mit Rosinen und Sahne. »Ist es nicht schrecklich?« sagte ich, und er sagte: »Es ist schrecklich«, aber seinem Gesicht war keine Bewegung anzumerken, obwohl er ganz sicher kein Angelsachse war: er war entweder gelähmt vor Schrecken oder gleichgültig.

Weil wir nicht allein bleiben wollten, gingen wir in den *Lounge-car*, einen dieser schönen Aussichtswagen der amerikanischen Züge, wo man in bequemen Lehnstühlen sitzt und Whisky trinkt. Hier funktionierte der Lautsprecher wieder, aber der Empfänger war auf niedrigste Lautstärke gestellt, wir mußten uns anstrengen, um die Meldungen aus Texas zu hören, auch befand sich eine Familie mit drei Töchtern im *Lounge-car,* und die drei Mädchen unterhielten sich mit voller Lautstärke. Ich hätte aufstehen wollen und den Eltern sagen, daß der Präsident gestorben sei, erschossen an der Ecke von Elm- und Houston-Street in Dallas, aber sie hätten mich gefragt, was mich das angehe, und ich hätte ihnen sagen müssen, daß ich zwar Europäer sei, aber amerikanischer Staatsbürger, Major a. D. der amerikanischen Armee, ausgezeichnet in den Schlachten von ... und mit ..., aber was hätte es genützt, da es schwerfällt zu trauern, indem man gleichzeitig Schlachten aufzählt und seinen Reisepaß vorzeigt. So drückten wir unsere Nasen gegen die Fensterscheiben oder blickten zum Lautsprecher in der Waggondecke empor, und später kam auch der Vater der drei halbwüchsigen Mädchen zu uns und entschuldigte sich für seine Töchter, aber schließlich sei die Älteste noch nicht vierzehn und man könne ihnen den unschuldigen Spaß nicht verderben.

Der Bar-Wagen war ziemlich leer. Uns gegenüber saß ein älteres Ehepaar. Der Mann sah wie die meisten Männer aus, die mir in den letzten Monaten versichert hatten, Kennedy sei ein Unglück für das Land, weil er mit Negern, Kommunisten und Intellektuellen paktiere – die Juden erwähnten sie nur nebenbei –: im übrigen würden sie für den Senator Goldwater stimmen und, sollte Kennedy wider Erwarten nochmals gewählt werden, sich eine Insel im Stillen Ozean kaufen. Er hatte seidenweiche graue Haare, unser Reisegefährte, hellblaue Augen und rote Wangen, ein biederes und cholerisches Gesicht, ein Landkartengesicht, in dem die Flüsse als Äderchen von Bourbon-Whisky eingezeichnet waren. Er ließ sich vom *porter* Telegrammformulare der *Western Union* geben und entwarf mehrere Depeschen, von denen ich annahm, daß es nicht Kondolenzkundgebungen waren.

Der Zug hielt in Albuquerque am Rio Grande, am Fuße der »Wassermelonen«-Berge. Es war die erste Station, seit wir die Nachricht empfangen hatten. Wir stiegen schnell aus, als müßten wir uns hinausretten ins Freie. Ich eilte zum Telegraphenamt, um meiner Tochter zu telegraphieren. Der Herr aus dem *Lounge-car* war schon da. Ich warf einen Blick in seine Telegramme – sie waren an verschiedene *Broker*, Börsenmakler in Chicago, adressiert. Ich weiß nicht, ob er den Kauf oder Verkauf von Aktien anordnete, *à la hausse* oder *à la baisse* spekulierte – jedenfalls hörte ich einige Stunden später im Rundfunk, daß die Börse geschlossen worden sei. Trauer oder Vorsicht: die einzige Nachricht an diesem Tag, die mich mit Genugtuung erfüllte. Manchmal denke ich noch an den grauhaarigen Herrn mit dem Landkartengesicht, und ich wünsche, er möge sich bald eine Insel kaufen, im Pazifischen Ozean.

Die Nachmittagssonne tauchte die Station in ein glückliches, faules Gelb, die Farbe getaner Arbeit. Im Souvenirladen drängten sich die Passagiere. Die Schlagzeilen der Zeitungen von Albuquerque berichteten noch vom »Triumphzug des Präsidenten durch Texas«. In hohen Stapeln lagen sie da, so gestrig wie nur gestrige Zeitungen sein können. Niemand kaufte sie. Auf dem Bahnsteig saßen alte Indianerinnen, schwarze Tücher über den pechschwarzen Haaren, mit zerfurchten Gesichtern wie von Peitschenhieben gezeichnet, in hockender Würde, als wollten sie sagen, daß sie, sie wenigstens, den Käufer nicht achteten. Winzige Puppen in winzigen Wiegen boten sie feil, und Nadeln, an denen winzige Pantoffeln hängen, alles aus bunten Glasperlen, Indianerstickerei. Ein oder zwei Reisende photographierten sie, beugten sich zu ihnen nieder, kauften *souvenirs,* die Indianerinnen sahen sie nicht an, rührten kaum die Hand. Es war heiß. Ein elektrischer Reinigungswagen, Wunderwerk der Technik, fuhr am Zug entlang und sprenkelte Wasser auf das glitzernde Aluminiumgehäuse. Ich fragte mich, ob es kein überhebliches, vergebliches Unterfangen sei, dieses Land ergründen zu wollen, ein Land mit Wunderwerken der Technik und hockenden Indianerinnen auf den Bahnhöfen.

Als sich der Zug wieder in Bewegung setzte, sagte ich zu meiner Frau: »Das Leben geht weiter« – aber ich war nicht sicher, ob es gut sei, daß das Leben »weitergeht«, ob es nicht besser daran täte, manchmal stehenzubleiben, Atem zu schöpfen, nachzusinnen, vor dem Spiegel zu verharren und eine Träne über sich zu vergießen.

Wir fuhren weiter, in unserem Gefängnis aus Glas und Aluminium, »fahrplanmäßig«. Zuweilen setzten die Rundfunkmeldungen aus; Hochspannungsleitungen hatten sich an die Schienen gedrängt. Wir sprachen von Europa, und obwohl wir es nicht aussprachen, hatte eine große Beklemmung uns überkommen, als sei Europa hinter dem Ozean in einem Ozean von Nebeln versunken, ein versunkener Kontinent. Geiz und Ehrgeiz, Haß und Hader hatten Abgründe in ihn gerissen; er war zerfurcht wie die Kraterlandschaft des Mondes; sein Körper vernarbte Wunden, Spuren von Peitschenhieben, Krusten und Blutgerinnsel – und dennoch erschien er uns jetzt wie das Gelobte Land, eine Insel des Friedens. Vielleicht hatte sich alles gelohnt, vielleicht war er weise geworden, der alte Kontinent. Vielleicht waren die Kontinente anders als die Menschen: diese starben an Alter, jene an Jugend. Wir sprachen nicht mehr, blickten nur hinaus durch die verschlossenen

Fenster – »... *als ob es tausend Stäbe gäbe / Und hinter tausend Stäben keine Welt«.*

Der Zug fuhr in nördlicher Richtung, wir entfernten uns aus dem Rundfunkgebiet von Texas, hörten andere Stationen, Reportagen, Meldungen, Beileidskundgebungen. Der amerikanische Nachrichtenjournalismus funktionierte wie eine teuere Schweizer Uhr – präzis und mit goldenem Taktgefühl. Die Vereidigung Lyndon Baines Johnsons in einem Düsenflugzeug auf dem Flugfeld von Dallas, das *Love-Airfield* heißt, Flughafen der Liebe. Ein Mann namens Lee H. Oswald verhaftet, der mutmaßliche Täter. Kommentare über das Funktionieren der Demokratie, klaglose Wachablösung. Aus Washington: »Bei der Privatnummer Lyndon B. Johnsons meldet sich eine Schallplattenstimme: ›Mr. Johnson kann jetzt im Weißen Haus erreicht werden.‹« Aus Paris: Das Beileidstelegramm General Charles de Gaulles – wohltuend altfranzösisches Pathos. Aus Dallas: Die Lebensgeschichte des Castro-Freundes Oswald. Die Stimme von Texas: »Zweifellos eine weltweite kommunistische Verschwörung.« Ein Reporter der NBC auf der New Yorker Straße: schluchzende Menschen. Beileidskundgebungen der politischen Gegner: Eisenhower, Goldwater, Nixon. Die Worte des Heiligen Vaters, Pauls VI. Dementi aus Washington: »Keine weltweite kommunistische Verschwörung.«

Die Höhen von Colorado: der Zug fauchte durch den Raton-Tunnel. So wird er weiterfahren für immer, wird nie und nirgends ankommen. Man wird immer Stimmen hören und nie sprechen können. Ein riesiges Militärflugfeld, Flaggen auf Halbmast, zwanzig Minuten lang umkreist es die Bahn. In regelmäßigen Abständen antwortet der Radioansager auf die Frage: Wie flaggt man Halbmast? Flagge zuerst bis zur Fahnenspitze hochziehen, dann langsam bis zur Mitte des Mastes abgleiten lassen. Die Naivität ist rührend: ein *do-it-yourself* der Trauer. Draußen immer noch das Flugfeld: Bomber, Jäger, Düsenmaschinen, unbemannt, aber als stünden sie bereit, ungeduldig in ohnmächtigem Zorn – gegen wen richtet er sich? –, die Flugzeuge schienen mit ihren Motoren zu stampfen. Alle Nationen, klein und groß, alle großen Namen, gegenwärtige und vergessene, melden sich aus dem Äther: Churchill, Albert Schweitzer, der jordanische König, Pablo Casals, der Premierminister von Israel, Astronaut Glenn, Willy Brandt von Berlin. Der Abend legte einen Kardinalsmantel über die Berge von Colorado: Schwarz und Purpur. *»Das Universum stockt und starrt, / Kein Puls des Lebens geht. / Die Welt probiert, / Wie die Vernichtung ihr zu Gesichte steht.«* Das Universum rückte zusammen. Aus Washington meldete das Radio Regenfälle.

Wie immer am Morgen nach schrecklichen Ereignissen, erwachten wir am nächsten Tag zu einem Unglauben, der sich erst langsam zu erneutem Schrecken aufraffte. Jetzt waren auch die gütige Lähmung und der trügerische Schlaf vorbei: nun, in der Tat, ging das Leben weiter, unbändig, hochmütig, nur seinen eigenen Gesetzen untertan.

Am Nachmittag des dreiundzwanzigsten November, um ein Uhr dreißig, kamen wir in Chicago an. Stationswechsel, drei Stunden Aufenthalt. Wir verließen den Zug wie eine Grottenbahn: vielleicht war alles unwahr gewesen, was sich im Alptraum-Expreß ereignet hatte. Der Chauffeur eines Freundes, eines amerikanischen Generals, holte uns ab, fuhr uns in die Stadt.

Chicago hatte früh mit den Weihnachtsvorbereitungen begonnen. An den Wänden des *Marshall-Fields*-Warenhauses kroch ein Wolkenkratzer-Christbaum empor. Über State Street waren Girlanden gespannt; da fährt der Weihnachtsmann mit seinem Hirschgespann. Nach der Hitze von New Mexico der eisige Wind vom Michigan-See. Die Flaggen, auf Halbmast, wehten zwischen den Weihnachtsdekorationen. Ein Taxi, ganz mit schwarzem Tuch überzogen, fuhr vorbei. Einige Geschäfte waren geschlossen, in den Fenstern schwarzgerahmte Bilder des Präsidenten. Die Kinotheater spielten: wie immer liefen die Glühbirnenschlangen um die Reklametafeln, als wollten sie sich in den Schwanz beißen. Über einem der Kinoeingänge prangte das elefantengroße Bild der modernen Kleopatra, Elizabeth Taylor, hingegossen, ihr Busen eine nackte Berglandschaft an der Häuserwand. »Spielen die Kinos wirklich?« fragte ich den Chauffeur. »Seit Mittag«, sagte er. »Vierundzwanzig Stunden waren sie geschlossen.« Wir aßen in einem Klub, mit Blick auf das *Prudential Building,* sechshundert Fuß hoch. Wir fuhren wieder zum Bahnhof. Die Sonntagsausgabe der *Chicago Sun* war erschienen. Eine Zeichnung von Bill Mauldin nahm die letzte Seite ein, des großen Zeichners, der im Zweiten Weltkrieg populär geworden war: damals ein junger Soldat, hatte er die Leiden der GIs in bitteren Karikaturen festgehalten. Die Armeezeitung *Stars and Stripes* hatte sie gedruckt: in keinem anderen Land wäre es möglich gewesen – das beste Amerika. Bill Mauldins Kohlezeichnung zeigte das berühmte Denkmal Abraham Lincolns in Washington: der sitzende Lincoln neigt sein Haupt, bedeckt seine Augen mit beiden Händen. »Der weinende Lincoln«, sagte ich zu der Frau des Generals, die uns begleitet hatte. »Nein«, sagte sie, »Lincoln bedeckt sein Gesicht in Scham.« Sie rief nach dem Chauffeur: es war schwer, Gepäckträger zu finden. »Viele Träger sind zu Hause geblieben«, sagte der Neger-Schaffner. Nun waren wir schon in Illinois, dem Staate Abraham Lincolns.

Am nächsten Morgen: New York. Es war Sonntag, die Stadt ausgestorben. Eine europäische Großstadt hätte schwarz angelegt, hätte feierlicher und erhabener gewirkt. Amerika kennt keine Trauerfahnen. Ich hatte mich nun daran gewöhnt, daß allein die Nationalflagge auf Halbmast Trauer bedeute, und hier, wo die Fahnen zu Hunderten über die Wände fielen, schien mir die Trauer deshalb doch nicht geringer, ja, es war, als täten diese Fahnen, was sie sollten: sie hatten ihre Sternenaugen niedergeschlagen.

Der Hausdiener brachte unser Gepäck ins Hotelzimmer. »Ist es nicht schrecklich?« sagte ich. Aber diesmal kam auf die stereotype Frage keine stereotype Antwort. Er sagte: »Wir schämen uns, *Sir.*« Und er fügte hinzu: »Denken Sie nicht schlecht von uns.«

Ich trat ans Fenster. Die Wagen fuhren langsam über die Fifth Avenue, und auch die Verkehrslichter wechselten langsamer. Anders als sonst, war die Straße nicht in Fluß; die Menschen blieben stehen, standen in Gruppen, sprachen, berührten sich bei den Schültern, lüfteten die Hüte, gingen langsam wieder weiter. Ein Schaufenster stand offen; zwei junge Leute stellten behutsam ein Porträt John F. Kennedys ins Fenster. Ein Polizist kam vorbei, blieb stehen, half ihnen. Der Novemberwind bewegte die beschämten Fahnen. Ich dachte an Dallas, und es fiel mir ein, wie merkwürdig es ist, daß die Tat den einen gehört, die Scham den anderen. Ich war endlich in New York – beinahe zu Hause.

Als solches geschehen war, waren wir zwei Monate in Amerika gewesen.

In Ascona, unserer Wahlheimat, der sonnigen Brücke zwischen der Südschweiz und Norditalien, hatten wir uns monatelang für die weite Reise und für das Wiedersehen mit Amerika gerüstet, nach siebenjähriger Abwesenheit. Als unser Freund, Dr. Lilio Franscini, an einem vergoldeten Septembermorgen uns nach Domodossola, der nächsten Bahnstation im Italienischen, brachte, ließ uns nichts ahnen, daß wir dem Herbst der Katastrophen entgegenreisen würden, in dem, mit den fallenden Blättern der Bäume und des Kalenders, eine ganze Vergangenheit niederflattern sollte: Jean Cocteau, Edith Piaf, Aldous Huxley, Gustaf Gründgens, auch manch teurer Freund. Eine fröhliche, anregende Reise sollte es werden, nach stillen Jahren, Vergnügen halb und halb Geschäft; die überaus zahlreichen Koffer waren gepackt, die Aktentaschen verschlossen, Kuverts adressiert, Adressen hinterlassen. Daß der Tod epidemisch auftreten sollte, in diesem Herbst, keine tödliche Epidemie, sondern eine Epidemie des Todes; daß sich die Katastrophen häufen sollten, wie ein zweites und drittes Erdbeben die Ruinen einer ohnedies schon verschütteten Stadt noch einmal verschüttet; daß die Weltgeschichte, einer reifen Frucht gleich, die gestern noch in den Ästen geleuchtet hatte, faulend und wurmzerfressen zu unseren Füßen fallen sollte – wir ahnten es nicht.

Wir fuhren zuerst nach Paris, als Draufgabe sozusagen, oder

als Vorschuß und Vorfreude, die einzig wahre, aber natürlich auch, weil mein französischer Verleger, Robert Laffont, meinen jüngsten Roman zu veröffentlichen sich anschickte. Es begann amüsant, doch, wie ich heute weiß, auch symbolisch. Als wir, mit unziemlicher Verspätung und nach einem schier hoffnungslosen Kampf, ein Taxi zu finden, gegen zwei Uhr morgens im *Hotel Raphael* ankamen, huschten verdächtige Gestalten durch den Korridor dieses doch höchst reputablen Etablissements, so daß ich mir einige abfällige Bemerkungen über den Verfall der Sitten im allgemeinen, der Pariser *mores* im besonderen, nicht versagen konnte. Indes erwies sich mein Verdacht, daß es sich hier um illegal-visitierende Gentlemen gehandelt habe, als durchaus unberechtigt: weder der Aufenthalt der huschenden Gestalten war illegal gewesen, noch konnte man sie im eigentlichen Sinne als Gentlemen bezeichnen – es hatte sich um die Detektive gehandelt, die unsere Zimmernachbarin, Madame Ngo Dinh Nhu aus Vietnam, bewachten. Im Laufe unserer Reise begegneten wir der ehemaligen Tran Le Xnan – was, wie mir versichert wird, »Wundervoller Frühling« heißt – noch mehrere Male, in New York sowohl als auch in Kalifornien, und ich kann mir kein beredteres Symbol dieser schnellsterbenden Zeit vorstellen als ihre Wandlung von der glamourösen Religionsfanatikerin zur fluchenden Göttin der Rache, von der mächtigsten Frau des Fernen Ostens zu der intrigantesten Emigrantin, vom »wundervollen Frühling« zu »Madame Luzifer«, und von dieser wieder zur bettelnden Tochter – das alles aber in dem einzigen Spätherbst des Jahres neunzehnhundertdreiundsechzig.

Am dritten Oktober schifften wir uns mit der *Queen Elizabeth* von Cherbourg nach New York ein.

Ich hatte mir den Luxus einer Schiffsreise nicht ganz aus freien Stücken geleistet: die Abneigung meiner Frau gegen jegliche Fortbewegung in der Luft kann durch keine noch so herzhaften Statistiken der Fluggesellschaften beschwichtigt werden, wozu sich dann allerdings meinerseits eine ebenso unvernünftige Abneigung gegen leichtes Gepäck gesellt. Das aus meiner unruhigen Jugend, den Emigrations- wie auch den Kriegsjahren stammende Trauma, mein Heim zu verlieren, resultiert in einem Schildkrötenkomplex, der mich zwingt, mein Haus ständig auf dem Rücken zu tragen, so daß, wohin ich gehe, eine kleine Bibliothek, ein oder mehrere Koffer mit Papieren, eine schamlos weite Garderobe von Anzügen, Hemden und Krawatten, nicht zu sprechen von einigen erlesenen Exemplaren meiner *Netsuke*-Sammlung, ungeachtet aller Mühe, Kosten und Gefahren, mitwandern. Meinem außerordentlichen ökonomischen Sinn entsprechend, rechne ich mir dann aus, um wieviel billiger es doch sei, auf einem Luxusdampfer zu reisen, als das gute Geld in so häßliche Dinge wie »Luftfracht« und »Übergewicht« zu investieren – meine Komplexe kommen denen meiner Frau entgegen und schaffen die Grundlage einer idealen Gemeinschaft.

Daß der Leichtsinn, wenn er nur den eigenen Lebensgesetzen entspricht, zur vorzüglichen Anlage werden kann, erwies sich schon bald auf Ihrer Britischen Majestät prächtigem 83 000-Tonnen-Dampfer, der von Commodore F. G. Watts, R. D., R. N. R., mit Umsicht und Liebenswürdigkeit kommandiert wird. Wir lernten hier eine ganze Anzahl von Mitgliedern jener *high society* kennen, die für Amerika nicht minder bezeichnend ist als der Mittelstand, das weiße und schwarze Proletariat, oder wie man sonst zwei Dutzend Kasten bezeichnen mag – zwei Dutzend, sage ich, und sage es ohne Übertreibung, da sich Amerika von der »klassenlosen Gesellschaft« viel weiter entfernt hat als selbst die feudalistischesten Reste des alten Europa von ihr entfernt bleiben.

Eigentlich begann es mit dem allabendlichen Verschwinden der *high society*, hokuspokus, einem Zauberakt. Kaum waren die »Cocktails« vorbei, die vom Kapitän, dem Schiffsarzt oder diversen prominenten Passagieren für ebensolche gegeben wurden, da stiegen die Sterblichen unter den Passagieren – sterblich, doch immer noch erster Klasse, wohlgemerkt – in die Tiefen des Schiffes hinunter, wo sich das Restaurant befindet, während die anderen, Amerikaner ausschließlich, spurlos verschwanden. Ach ja, erinnerte ich mich von früheren Überfahrten, oben, auf dem obersten Deck der *Queen*, befindet sich der *verandah grill*, ein kleiner und höchst ansprechender Raum, wo zwar das gleiche Menü mit nicht geringeren, doch auch nicht exquisiteren Köstlichkeiten präsentiert wird, wo man aber, bei rechtzeitiger Vorausbestellung und gegen eine bescheidene Summe von zehn englischen Shillingen pro Kopf und Mahlzeit, »unter sich« zu lunchen oder zu dinieren vermag. Nahte die Stunde zwanzig, sah man eine Prozession von betagten Amerikanerinnen, den Inhalt ganzer Panzerschränke um Hals und Gelenk, mit Chinchilla, Hermelin und Zobel angetan, zu den Fahrstühlen pilgern, um sich für die nächsten zwei Stunden vom Pöbel zu trennen, sich in der Sonne eigener und fremder Brillanten, Rubinen und Smaragde zu wärmen.

So fand ich sie also, die »höchste Gesellschaft« Amerikas, deren Bekanntschaft ich durch eine Verkettung persönlicher Umstände in den Jahren 1941 bis 1946 schon gemacht hatte, unverändert oder, wenn schon, auf das undemokratischeste verändert – kein Zufall, wie man gleich sehen wird.

Man weiß, daß die gesamte amerikanische »Aristokratie« eine Aristokratie des Geldes ist, doch wird man sich selten bewußt, wie wenig weit die Ursprünge dieses Geldes zurückliegen. Es gibt kaum eine »große« amerikanische Familie, deren Vermögen älter als hundert Jahre wäre. Es war das Jahr 1853, als Commodore Vanderbilt zum ersten Male in seinem Leben Ferien machte – er war neunundfünfzig Jahre alt –; da segelte er mit seiner Luxusjacht *North Star* vorerst gen England, um festzustellen, daß »die Lords auch nicht mehr Verstand hatten«. Es war das Jahr 1871, als die Drexels von Philadelphia ihr Vermögen zu akkumulieren begannen, nachdem der österreichische Maler Drexel im »Land der unbegrenzten Möglichkeiten« eingetroffen war. Nicht als ob es keine älteren Familien gäbe – man kann, wenn man will, mit gutem Grund übrigens, jede Familie »alt« nennen –, aber die meisten Familien beginnen erst »alt« zu werden, wenn ihr Bankkonto Fett anlegt. Es mag zutreffen, daß der Stammbaum der Whitneys auf William den Eroberer zurückgeht, aber ohne William den Straßenbahnkönig hätte man wohl kaum je etwas von den Whitneys vernommen – um 1870 erst »stieg« William Collins Whitney ins Straßenbahngeschäft ein: innerhalb von zehn Jahren hatte er dann vierzig Millionen Dollar »gemacht«, übrigens aus Straßenbahnfahrkarten, fünf Cent pro Stück.

Eine solche Geldaristokratie fühlt sich naturgemäß noch immer bedroht. Nach einer Cocktail-Party in einem der Wintergärten unseres guten Schiffes besaßen Licci und ich eine schier unerschöpfliche Fülle von Wissen – wir wußten, daß die Dame mit dem Schaufenster von Saphiren in ihrem Haus bei Pittsburgh sieben Badezimmer besitzt; daß das greise Ehepaar zwei Automobile mit zwei Chauffeuren an Bord hat; daß die Witwe von fünfundzwanzig Karat ein unbewohntes Schloß in Irland ihr eigen nennt – nicht, weil diese Passagiere sich auffällig oder gar parvenühaft benahmen, sondern weil die Unsicherheit der amerikanischen Aristokratie sie zwingt, ihre Visitenkarten der Abstammung, ihre Führerscheine des Geldes ununterbrochen vorzuweisen.

Naivität, sollte man meinen, rührend oder lächerlich, oder beides, aber – wir empfanden es schon damals und ahnten noch nichts: diese amerikanische Aristokratie ist keineswegs ungefährlich. Die europäischen Aristokraten besitzen, wenn sie nichts besitzen, immer noch ihre Namen, denen der stete Demokratisierungsprozeß, ja selbst das kommunistische System wenig anzuhaben vermögen – der total verarmte und gänzlich entmachtete Graf Szécsényi, aus Keszthely in Ungarn, wohnt zwar zur Untermiete, aber er wohnt in der Szécsényi-Straße. Selbst in Sowjet-Rußland stehen die ältesten aristokratischen Namen wieder hoch in Kurs, denn sie gehören nun einmal zur russischen Geschichte, und wollte man hierauf erwidern, daß das für die Überlebenden eine bloße Fiktion darstellt, so vergißt man, daß das ganze Konzept der »Gesellschaft« auf einer Fiktion beruht.

Die Fiktion der amerikanischen *high society*, auf Geld gebaut, wird gerade in den letzten zwei Jahrzehnten durch Geld bedroht. In einem einzigen Jahr des jüngsten Jahrzehnts ist die Zahl der Amerikaner, deren jährliches Einkommen über hunderttausend Dollar, rund vierhunderttausend Mark, beträgt, um ein Fünftel gestiegen; mehrere Dutzend Amerikaner haben in den letzten Jahren ein Vermögen von über zehn Millionen Dollar angesammelt. Bis zur ersten Prosperität der dreißiger Jahre fürchtete die Gesellschaft, deren Exklusivität allein auf Geld beruht, daß sie ihr Geld verlieren oder daß man es ihr wegnehmen würde – nun aber, der Konservierung gewiß, ist sie mit einer anderen Gefahr konfrontiert: der allgemeine Reichtum, mehr noch als die Verarmung, ist der mächtige Feind der Exklusivität. Nicht überall gibt es einen *verandah grill*, in den man vor dem Plebs des erstklassigen Restaurants fliehen kann – was soll geschehen, wenn die Million aufhört, ein adeliges Wappentier zu sein; wenn junge Leute, wie dieser John F. Kennedy etwa, den Kapitalismus zu einer Volksbelustigung erniedrigen; wenn man, kurzum, nicht mehr die Armen, an die man längst sich gewöhnt hat, sondern die neuen Reichen fürchten muß?

Ja, was soll geschehen? Der amerikanischen Aristokratie bleibt gar nichts anderes übrig, als neue Sinnbilder der Privilegiertheit zu suchen, neue Symbole der Exklusivität, da ja die alten – wie etwa die Wappen, die man sich in den zwanziger Jahren von eifrigen Heraldikern zeichnen ließ – nichts mehr fruchten.

Ein solches Sinnbild ist, so erstaunlich es scheinen mag, die Unwissenheit. Cleveland Amory erzählt in seinem grundlegenden Buch *Who Killed Society?*, daß Mrs. Cafritz, die umworbenste Gastgeberin Washingtons, bei einem Maskenball in Venedig mit einer stilisierten Radioantenne auf dem Kopf erschien, und auf die Frage, wen sie denn darstelle, erwiderte: »Madame Curie – Sie wissen ja, die Erfinderin des Radios« – doch hat diese geringfügige Verwechslung ihrem gesellschaftlichen Rang keinen Abbruch getan, ganz im Gegenteil. Die jungen Millionäre besuchen zwar die Universitäten Harvard, Yale und Princeton, aber die meisten von ihnen streben keine akademischen Grade an, wollen nur den exklusiven Klubs wie *Zeta Psi, Cottage* und *Porcellain* angehören. Die Söhne der Neureichen Amerikas wollen lernen, und sei es auch nur, weil im modernen Kapitalismus Wissen sich als die verzinslichste Kapitalsanlage erwiesen hat – also muß die *high society* beweisen, daß sie dieses Wissens nicht bedarf. Aber das ist nicht alles. Wie jeder gesellschaftliche Snobismus, so entspringt auch der Snobismus der Unbildung einem gewissen Selbsterhaltungstrieb. Was mit dem »Aristokraten« geschieht, wenn er dem Bazillus der Bildung ausgesetzt wird, dafür hatte die hohe Gesellschaft Amerikas, klein an Zahl, doch um so mächtiger, in den letzten Jahrzehnten zwei erschreckende, für die ganze Nation sichtbare Beispiele: Franklin Delano Roosevelt und John Fitzgerald Kennedy. Die Bostoner Millionärswitwe, die mir, zwischen zwei trockenen *Martinis*, versicherte, daß Gouverneur Adlai E. Stevenson, der UN-Botschafter, ein »verkappter Kommunist« sei, glaubte das wohl selbst nicht, aber sie hielt ihn für einen durch Bildung infizierten Deserteur: jede Geselschaft fürchtet den Deserteur mehr als den Feind. Indem die *high society* Intelligenz und Linksgesinnung gleichsetzt, zollt sie der »Linken« unbewußt Respekt und Tribut, aber daran denkt sie im Moment nicht: sie fürchtet einfach die Loreley-Gesänge von den Höhen der über zweitausend Universitäten, aus denen jährlich über vierhunderttausend »Gelernte«

hervorgehen. Marx war noch der Ansicht, daß die Reichen – natürlich in Konspiration mit der Kirche – die Armen in Unwissenheit zu halten beabsichtigen: die *high society* Amerikas versucht, sich selbst in Unwissenheit zu halten.

Die Unwissenheit freilich ist ein negatives Privileg: die Aristokraten Amerikas mußten sich nach anderen Symbolen umsehen. Sie erfanden und erfinden immer strengere Maßstäbe. Um der »Gesellschaft« zugezählt zu werden, genügt es heute nicht, Protestant zu sein – Katholiken und Juden sind ohnedies ausgeschlossen –, man muß möglichst der anglikanischen Kirche angehören; zwei Drittel der auf den Gesellschaftsseiten der New York Times angekündigten Hochzeiten finden in *episcopalian churches* statt. Die Familie muß im Osten des Landes beheimatet sein, wenn möglich in den Staaten von *New England;* nicht ganz unvornehm, zur Not, ist noch der Süden, während eine Familie aus dem Westen oder gar dem Mittelwesten überhaupt nicht zählt. Selbstverständlich gibt es auch hier Kasten innerhalb der Kasten: ein Katholik aus Boston, wie Kennedy, durfte sich eher zur »Gesellschaft« zählen, als es ein Protestant aus Los Angeles je vermöchte. Nicht ohne Bedeutung innerhalb der großen Fiktion ist ferner der Name, sein nationaler Klang vielmehr – unter den »oberen Vierhundert« findet man hauptsächlich englische und holländische Namen wie die Livingstons, Rhinelanders, Cuttings und Hoyts, dann folgen in einigem Abstand skandinavische, irische, französische und deutsche, während eher ein Kamel durch ein Nadelöhr geht, als daß ein Name mit italienischem oder polnischem Klang im *Somerset Club* von Boston, dem *Knickerbocker Club* von New York oder dem *Queen City Club* von Cincinnati Aufnahme fände –, nicht zu sprechen von den Schwierigkeiten, denen ein Mitglied des vornehmsten Klubs von San Francisco, dem *Pacific Union Club,* begegnete, wenn es in den vornehmsten Klub Philadelphias, den *Philadelphia Club,* eindringen wollte. Die *high society,* zum Unterschied von der nicht minder wohlhabenden, aber durchaus anders gearteten *café society*, duldet Scheidungen und Skandalaffären so wenig, wie die katholische Kirche sie toleriert; ein Ferienhaus in Newport, und hier wieder möglichst auf Baily Beach, in Southampton oder Palm Beach, ist so unerläßlich wie der jährliche Besuch von »*gay Paris*«, und auch die Herkunft des bestenfalls großväterlichen Vermögens wird unter die Lupe genommen, wobei es nicht gleichgültig ist, ob die Gründer ihre Millionen »über den Ladentisch« hinweg verdient haben, wie die eben doch nicht ganz hasenreinen Warenhauskönige Marshall Field, oder ihren Aufstieg dem Triumphzug der Eisenbahn verdanken, wie die Roberts von Philadelphia. Zu dem ungeschriebenen Code gehört es schließlich, daß kein Mitglied der exklusivsten Kreise bei ernstlicher Arbeit angetroffen werden darf – ein sinnvoller Unsinn auch dies, da ja Arbeit ohne menschliche Kontakte schwer denkbar ist und jegliche Arbeit den Keim der sozialen Ansteckungsgefahr in sich trägt. Wenn ich in unserer noblen Arche vornehmlich Witwen vorgestellt wurde, so hatte es damit gleichfalls seine Bewandtnis: nicht nur, weil einundfünfzig Prozent der amerikanischen Aktienbesitzer – mehr als achteinhalb Millionen an der Zahl – Frauen sind, sondern weil man sich bei der Witwe des Millionärs, mehr als bei ihm selbst, darauf verlassen kann, daß sie sich nicht, durch gelegentliche geschäftliche Verbindungen außerhalb ihrer Kaste, auf ein niedrigeres Niveau begebe.

Das alles wäre eher amüsant als bemerkenswert, eher grotesk als unheimlich. Aber die Damen mit den Pergamentgesichtern, mit der Vielfalt von Locken und Perlen, die Männer mit den steinernen Gesichtern und steifen Rücken, deren Namen ich im roten *Social Register* mühelos aufschlagen konnte – die Witwen- und Greisen-Hierarchie begann mir unheimlich zu werden. Unheimlich wurde sie mir, als ich das Gespräch auf die politische Lage der Union, die Familie des Präsidenten und auf ihn selbst lenkte.

Warum aber, könnte man fragen, unterhielten sich diese Herren und Damen mit mir? Der Europäer nimmt, insbesondere wenn seine Rückfahrkarte gelöst ist, in der »Gesellschaft« eine besondere Stellung ein. Seine »Nichtdazugehörigkeit« erleichtert den Verkehr mit ihm in hohem Maße: da er nun einmal keine amerikanische Universität besucht hat, ist man der Sorge, ob es ein *Ivy-League-College* gewesen sei, aufs angenehmste entbunden. Als Europäer gehört er überdies, und mag er auch nur ein bescheidener Schriftsteller sein, zu jenen *arbitres elegantiarum*, die man ja anerkennen muß, will man nicht auf die stolze Erinnerung an die eigene europäische Abstammung verzichten – ein beinahe rührender Stolz, der sich meistens schon wenige Minuten nach der Vorstellung offenbart, bei der man erstaunt die gesamte Genealogie seiner neuen Bekannten erfährt: *»I am half welsh, half dutch«*, vertraut einem die gepflegte Greisin an, ohne zu vermerken, daß sie ja schließlich Amerikanerin sei; es sollte mich nicht wundern, wenn die Amerikaner demnächst ihre »Blutgruppen« um den Hals gehängt trügen, wie sie unsere Soldaten, eiliger Bluttransfusionen halber, auf ihren Erkennungszeichen im Zweiten Weltkrieg getragen haben. Ein bescheidener *homme de lettres* – das ist natürlich viel zu bescheiden. Nimmt nämlich der Europäer eine Sonderstellung ein, so gebührt dem Künstler eine Sonderstellung innerhalb der Sonderstellung – er ist so ganz und gar fremd, daß eine Ansteckungsgefahr nicht besteht; er besitzt zugleich aber auch die angenehmen Eigenschaften des Bärenführers, von dem man sich gefahrlos unterhalten lassen kann, ganz zu schweigen von der wertvollen Belehrung, die einem auf so tiefschürfende Fragen wie: »Woher beziehen Sie Ihre Ideen?« oder »Kommen Ihnen die Inspirationen schon am Morgen?« zuteil wird.

Daß ich in dieser Gesellschaft keine Sympathien für John F. Kennedy finden konnte, nahm mich nicht wunder. Was mich überraschte, war die Violenz, der ich begegnete.

Mrs. Jacqueline Kennedy war gerade von einer Ferienreise auf der Jacht des griechischen Reeders Onassis heimgekehrt. Mehr als bloß andeutungsweise mußten meine Frau und ich, obwohl doch »Fremde«, vernehmen, daß es sich hier zweifellos um einen skandalösen Korruptionsfall handle; die Kennedys, so hieß es, hätten für die Benutzung der Jacht keineswegs bezahlt, »man weiß ja, was das bedeutet«. Dann kam es noch schlimmer. Die Herren und Damen ließen sich den Klatsch über ein weibliches Mitglied der Familie Kennedy auf der Zunge zergehen – wie tönende Klatschkolumnen hörte es sich an. Die *First Lady*, versuchte ich einzuwenden, genieße in Europa eine einzigartige Beliebtheit; eine junge Frau von hohem künstlerischem Geschmack und mit aller gesellschaftlichen Grazie gesegnet, habe sie doch das *White House*, ein provinzielles Bürgermeisteramt zu Zeiten der Damen Eisenhower und Truman ... ich konnte den Satz nicht beenden, schon ergoß sich von neuem eine Flut von Unrat über die schöne Frau. Der ganze »Kennedy-Clan« geriet ins Kreuzfeuer, insbesondere Justizminister Robert Kennedy, dessen Liberalismus die Neger-Unruhen in die Schuhe geschoben wurden, so daß mir ein englischer General nach einer solchen Unterhaltung, erstaunt über den mangelnden Patriotismus, zuflüsterte: »Robert Kennedy hat offenbar die Rolle der Mrs. Eleanor Roosevelt übernommen – für alle Gegner des Präsidenten scheint er das rote Tuch zu sein, das vor dem wütenden Stier hin- und hergeschwungen wird.« Der »Atomstop« kam an die Reihe – »ein Rettungsring für Rußland, vom Präsidenten den Sowjets zugeworfen« –, die Kuba-Frage – »ein schändliches Zeichen der Schwäche unter der Kennedy-Regierung« –, die Beziehungen des Katholiken Kennedy zum Vatikan wurden erörtert – »die Schuld Johannes' XXIII. am Wahlerfolg der Kommunisten steht fest« –, der erzwungene Rückzug der *U. S. Steel* – »die unerhörteste Erpressung in der Geschichte des Weißen Hauses«.

Neid und Eifersucht spielten eine Rolle, auch die prinzipielle Ablehnung eines demokratischen Präsidenten trug dazu bei, dem »Fremden« das Amerika Kennedys in möglichst abschreckenden Farben darzustellen, aber das war nicht alles, war das Wichtigste nicht.

Zum ersten Male begegnete ich hier der Verschwörung zwischen Aristokratie und Analphabetismus, Patriziertum und Proletentum. Der gemeinsame Nenner, auf den John und Jacqueline Kennedy die »oberste« und die »unterste« Schicht ihres Volkes gebracht – und sich selbst somit in die »doppelte Umfassung« hineinmanövriert hatten –, das war der Anti-Intellektualismus, der die »obersten« und die »untersten« Schichten Amerikas zu einer unheiligen Allianz verbindet.

Die »Gesellschaft« – nun sah ich es klarer, das heißt differenzierter – sieht ihre Position zwar von den Neureichen bedroht, aber nur insofern, als diese Neureichen auch »Neugebildete« sind. In der ersten Generation kennt der Neureiche – meistens ein Mann über fünfzig – keinen heißeren Wunsch, als selbst zu der Gesellschaft zu gehören, so daß es in der Macht der Gesellschaft liegt, ihn aufzunehmen oder zu verwerfen. Als lebensgefährlich empfindet die Gesellschaft jedoch die »Neugebildeten« – junge Menschen zum größten Teil –, weil diese vorwärts und aufwärts streben, ohne jedoch zugleich die Gesetze der *society* anzuerkennen. Sie, die »Neugebildeten«, geben überdies, zum Unterschied von den Neureichen, ihren »Besitz«, das heißt ihr geistiges Eigentum, weiter: es ist also unmöglich, vorauszusagen, zu kontrollieren oder zu verhindern, wohin die Saat der Bildung noch fallen wird.

Die »niedrigsten« Schichten fühlen sich durch die »Intellektualisierung« ebenso, nur noch unmittelbarer, bedroht. Die frühkapitalistische Gesellschaft hat, besonders in Amerika, dem »Tüchtigen« Tür und Tor geöffnet, aber sie wäre auf der abschüssigen Straße, die der Marxismus ihr vorschrieb, unfehlbar ins Gleiten geraten, hätten beherzte Männer das Schlagwort »Freier Weg dem Tüchtigen!« nicht rechtzeitig durch das modernere: »Freier Weg dem Gebildeten!« ersetzt. In einer hochentwickelten technologischen Gesellschaft ist die Tüchtigkeit eine mittelmäßige Tugend, die dem Tüchtigen bis zu einer gewissen Stufe hilft, nicht weiter: die ganze Gesellschaft ist so »tüchtig«, daß sie die Tüchtigkeit inflationistisch abwertet. Es genügt nicht mehr, zu tun: man muß wissen – das ist die Krise Amerikas und die Chance Europas. Das aber hatte der Amerikaner Roosevelt, ebenso genial wie Kennedy, doch diplomatischer als dieser, erkannt, deshalb geriet er in Konflikt mit der ganzen hemdsärmeligen Welt der Nur-Tüchtigen – noch in den fünfziger Jahren, immerhin, lautete der Refrain des beliebtesten amerikanischen Schlagers: »*My uncle down in Texas / Can hardly write his name, / He signs his checks with X'es, / They cash them just the same.*« Das Ideal des geistigen Proletariats in Amerika ist immer noch »der Onkel in Texas«, der, ein stolzer Analphabet, seine Schecks »mit drei Kreuzen zeichnet«, doch werden sie »dennoch honoriert«. Das Saitenspiel Pablo Casals, des Musikers der Kennedy-Ära, hat dann scheinbar den Team-song des Analphabetismus in Beethovenschen Melodien untergehen lassen – scheinbar nur, denn unter der Fahne des Onkels – des Onkels aus welchem Staat nur? – des Onkels aus Texas, hat sich die gespenstische Anti-Intelligenz-Liga von Millionenerbinnen und Lumpenproleten gebildet.

Vorderhand war ich dem »Lumpenproletariat« noch nicht begegnet. Aber während die *Queen* sich ihre Straße durch die Gewässer des Atlantik öffnete, in verschwenderischer Grandezza sie wieder hinter sich schloß, während wir an Bord Pferderennen und *bingo* spielten, uns in den Liegestühlen streckten, das Tagespensum unseres Schiffes zu erraten trachteten, dem persischen Kaviar und dem französischen Champagner zusprachen, begannen manche Erkenntnisse in mir zu dämmern – die Erkenntnis nicht zuletzt, daß wir Europäer, die wir uns auf unsere Kultur soviel zugute halten, sie doch, im Gefühle ihrer Selbstverständlichkeit, unterschätzen, daß wir, im besonderen, nicht ahnen, in welch hohem Maße sie ein »issue« ist, eine Streitfrage, an der sich die Geister scheiden. Pablo Casals, die Nobelpreisträger im Weißen Haus, die *Harvardboys,* mit denen Kennedy sich umgab: Hilfstruppen waren sie, in Eile versammelt, mit einem SOS herbeigerufen, auf daß sie mit Intelligenz retteten, was bloße Tüchtigkeit nicht mehr zu retten vermochte. Sahen es die anderen nicht? Wollten sie den Ertrinkenden gleichen, die, von Panik ergriffen, den herbeischwimmenden Retter mit sich hinabziehen? War es unvermeidlich, daß die Menschen, die den Anforderungen von Gegenwart und Zukunft sich nicht mehr gewachsen fühlten, in der äußersten Krise wie Troglodyten sich benahmen, in die Höhlen krochen, die Keule holten, nichts mehr hören, sehen und lernen wollten, sondern nur noch durch Gewalt reagieren zu müssen glaubten?

Am Morgen des achten Oktober näherten wir uns dem Hafen von New York.

Wir standen draußen am Bug, und ich dachte an jenen dritten Dezember 1940, an dem ich diese Silhouette zum ersten Male gesehen hatte – in ihrer Art so schön, so überwältigend und so unvergeßlich wie die Silhouette Venedigs von der Mestre-Brücke, Roms vom Monte Pincio und der Akropolis vom Mittelmeer. Damals war ich mit der *Siboney* gereist, einem schäbigen Dampfer von kaum 10 000 Tonnen – Hunderte von Flüchtlingen waren wir gewesen, die zwölf Tage lang zusammengepfercht in dumpfen Schlafsälen übernachtet hatten: Bankiers aus Berlin, polnische Rabbiner, ein ungarischer Maler, die Witwe eines italienischen Dirigenten, französische Advokaten, Schneider aus Österreich. Tagelang hatten wir Ausschau gehalten nach den Küsten Amerikas, des Gelobten Landes. Dann hatte die Freiheitsstatue mit ihrer steinernen Fackel aus den Nebeln gewinkt; dann war auch die letzte

Gefahr überwunden, gering doch neben den schon überwundenen Gefahren, die Internierungsinsel Ellis Island – willkommen, Fremder, *in the land of the free.* Europa war uns damals wie eine Leprakolonie erschienen, deren aussätzige Krankheit sich ausgebreitet hatte über den weglosen Dschungel – ein Dschungel der Kurfürstendamm, der Opernring, die Via Monte Napoleone, die Champs Elysées. Kleine amerikanische Papierflaggen hatte man am letzten Tag verteilt, und wir standen winkend an der Reling: der bärtige Rabbiner winkte und die italienische Witwe winkte und der Bankier aus Berlin winkte. Und dann nahm Amerika uns auf, mit Würde und Freundlichkeit, beinahe als wären wir Menschen.

»Wir müssen dieses Land lieben«, sagte meine Frau, die meine Gedanken, wie gewöhnlich, erraten hatte.

Mein Blick suchte die Freiheitsstatue.

Der Zufall – ich weiß nicht, ob ich ihn einen glücklichen nennen soll – konfrontierte mich gleich in den ersten Tagen mit der brennendsten Frage Amerikas, dem »Neger-Problem«, wie die Weißen es nennen, während die Neger den Begriff ablehnen, da dem Wort »Problem« seltsamerweise etwas Beleidigendes anhaftet.

Wenige Stunden vor unserer Abfahrt aus Ascona hatte ich die Nachricht erhalten, daß die Dramatisierung meines zuerst im Jahre 1947 erschienenen Romans *Weg ins Dunkel* nun endlich in New York aufgeführt werden würde.

Der Roman behandelt die Erlebnisse eines amerikanischen Neger-Soldaten im Deutschland der Jahre 1945 und 1946, die in die Geschichte vielleicht unter dem Titel »Hunger und – Hoffnung des deutschen Volkes« eingehen werden. Das Buch hatte mir bei seinem Erscheinen von der Seite der Neger viel Lob eingetragen, die Neger-Presse feierte es seiner Gesinnung halber, ich selbst durfte in verschiedenen Kirchen Harlems das Wort an eine ausschließlich aus Negern bestehende Gemeinde richten. Nun hatte ein junger Neger-Schriftsteller – die Wortverbindung, ich muß es wohl nicht sagen, geht mir ebenso wider den Strich wie sie dem Verständnis nützt –, William Hairston also hatte den Roman für die Bühne bearbeitet. Schon im Jahre 1956 hatte ich ihn hierzu ermächtigt, doch waren die Aussichten für eine Aufführung so gering gewesen, daß ich das Stück, inmitten drängender Geschäfte, nicht gelesen, vielmehr nur überflogen hatte. Und in der Tat, sieben

Jahre lang war Hairston, sich als Schauspieler notdürftig über Wasser haltend, von Produzent zu Produzent geeilt, von Agent zu Agent, und von diesen wieder zu jenen *angels* des Broadway, die zuweilen herabsteigen, um ihr Geld in eine »Produktion« zu investieren. Jetzt endlich, so hatte ich dem Telegramm entnommen, war es soweit: eine mittellose, aber erfahrene Produzentin, Stella Holt, hatte sich des Dramas angenommen, hatte die für eine solche, außerhalb des Broadways geplante Aufführung notwendigen 15 000 Dollar zusammengekratzt: am achtundzwanzigsten Oktober sollte im *Greenwich Mews Theater*, dem größten Saal *off-Broadway*, die Uraufführung stattfinden. Mit Interesse, Spannung, ängstlicher Freude sahen Licci und ich dem Ereignis entgegen.

Kaum hatten wir unsere zwanzig Koffer, kleinere und größere Stücke, im *Hotel St. Regis* untergebracht, kaum hatte ich meine japanischen Figuren, meine *Netsukes*, auf meinem kleinen, für jede ernsthafte Arbeit ungeeigneten Schreibtisch aufgestellt, als ich mich telephonisch mit William Hairston in Verbindung setzte. Wir verabredeten uns zum Mittagessen für den nächsten Tag. Damit war ich mitten im Neger-Problem.

Mitten drin, sage ich, denn kaum hatte ich den Hörer aufgelegt, als mir zum Bewußtsein kam, daß ich meinen unbekannten Freund und »Mit-Autor« in dem eleganten Hotel Manhattans nicht empfangen, ihn dort nicht bewirten konnte. Es sei schon ein großer Fortschritt, versicherten mir amerikanische Freunde, die ich deswegen befragte, daß der Neger Hairston die Halle des Hotels unbelästigt betreten dürfe; die Fahrstuhltür würde sich nicht vor ihm öffnen, die Restauranttür würde vor ihm ganz gewiß verschlossen bleiben. Aber, meinte ich bestürzt, man befände sich doch in New York, einer Stadt, in der Anti-Diskrimination und Integration sozusagen zu Hause seien; hier, wenn nirgends anderswo, habe man doch »gleiches Recht für alle« längst anerkannt.

Wie verhält es sich damit in Wirklichkeit? Ich muß einige Erfahrungen und Erkenntnisse, erst später und allmählich gesammelt, vorwegnehmen.

Ja, darin hatte ich wohl recht: Das Neger-Problem im Osten unterscheidet sich wesentlich von dem im Westen, und dieses wieder ganz und gar von dem im Süden. Die Vereinigten Staaten sind Verschiedene Staaten.

Schon ertappe ich mich jedoch bei einer Ungenauigkeit. Von welchem Problem spreche ich eigentlich? Es gibt kein »Neger-Problem«, weil dieses Problem, mit dem 159 Millionen Weiße und über zwanzig Millionen »Farbige« konfrontiert sind, in drei große, miteinander nur lose verbundene Probleme zerfällt – ein sachliches, ein emotionelles und ein gesellschaftliches.

Der weiße Mann, besonders im Osten, sieht nur das sachliche Problem: deshalb erscheinen ihm die Unterschiede so immens, sein eigenes Verhalten so ohne Fehl und Tadel.

Da ist einmal die politische Seite – durchaus sachlich. Zwischen 1895 und 1910 hatten die südlichen Staaten, nach dem verlorenen Bürgerkrieg zur Sklavenbefreiung gezwungen, aus ihrem Katzenjammer aber noch lange nicht erwacht, eine heuchlerische Methode ersonnen, um die Neger an der Wahlbeteiligung zu hindern: die *poll-tax*. Wer, einerseits, nicht beweisen konnte, daß er des Schreibens und Lesens fähig war, wer, auf der anderen Seite, keine bestimmte Summe zu erlegen vermochte, der war von den Wahlen ausgeschlossen. Dieses »Kopfgeld«, dieser Zoll auf die eigene Stimme, existiert noch in den meisten Südstaaten: gerade, als ich Amerika bereiste, hatte sich Alabama, mit 55 gegen 44 Prozent der Stimmen, für die Beibehaltung der Freiheitsbesteuerung entschieden; einer der angesehensten Senatoren Amerikas, Richard B. Russel von Georgia, scheute sich nicht, dem Abgeordnetenhaus zu erzählen: »Die *poll-tax* beträgt nicht mehr als den Preis von zwei bis drei Päckchen Zigaretten« – also muß sie beibehalten werden. In den zivilisierten Staaten Amerikas gibt es derartige Beschränkungen nicht: die politische Gleichberechtigung, zumindest in dem Sinne des gleichen Wahlrechts, ist vollzogen. So groß indes dieser Unterschied heute noch sein mag: jeder vernünftige Mensch weiß, daß die Kopfsteuer sich nicht wird aufrechterhalten lassen; da es genug Organisationen gibt, die sie für den einzelnen Neger bezahlen, kommt ihr eine praktische Bedeutung nicht mehr zu.

Da ist, zum zweiten, die wirtschaftliche Seite – ebenfalls noch sachlich. Die meisten großen Gesellschaften Amerikas haben – zum Teil freiwillig, zum Teil unter dem Druck der Kennedy-Regierung, zum Teil, weil sie den Neger als Käufer nicht verlieren wollten – zur Beschäftigung von Negern sich entschlossen. Im Jahre 1962 sind um rund neun Prozent mehr Neger eingestellt worden als in den vorhergegangenen Jahren; 117 der führenden Gesellschaften erklären, daß im gleichen Jahr über vierundzwanzig von hundert *jobs* an Neger gegangen sind; von den amerikanischen Familien, die jährlich mehr als 10 000 Dollar verdienen, sind jetzt fünf Prozent Neger-Familien. Daß sich die Einstellung der Neger in den normalen Arbeitsprozeß im Süden langsamer vollzieht, daß die Arbeitsbedingungen dort demütigender und die Löhne niedriger sind, läßt sich nicht bestreiten, aber die Unterschiede sind nur deshalb so deutlich, weil die Ausgangspositionen der südlichen Neger so viel niedriger gewesen sind.

Da ist, zum dritten, die Frage der Erziehung – sachlich halb, halb emotionell. Vor zehn Jahren hat der amerikanische Bundesgerichtshof die Integration der Schulen verfügt, aber es gibt insgesamt sechs Staaten, nebst dem *District of Columbia,* wo sie durchgeführt ist, und auch da nehmen nur 56 Prozent der Schulen weiße und schwarze Schüler in die gleichen Klassen auf. In South Carolina gibt es insgesamt elf Neger-Kinder, die den Dornenweg des Pioniertums beschritten haben – elf von 265 000 schwarzen Schülern, in Louisiana 137 von 301 000, im »fortschrittlichen« Florida 2 000 von 225 000, und in Missisippi hat sich die Schranke noch kein einziges Mal gehoben.

Man sieht: Je mehr wir uns vom Sachlichen entfernen, je mehr wir uns dem Emotionellen nähern, desto schwieriger wird es. Nichts ist da aufschlußreicher als eine Übersicht des Magazins *Newsweek*. Auf die Frage: »Haben Sie etwas dagegen, neben einem Neger zu arbeiten?« antworteten 19 Prozent der östlichen Weißen mit »Ja«, 35 Prozent der südlichen Weißen bejahten die gleiche Frage. Auf die Frage: »Haben Sie etwas dagegen, neben einem Neger im Kino zu sitzen?« meinten 25 Prozent der nördlichen Weißen, daß sie etwas dagegen hätten, gegenüber 58 Prozent von Weißen im Süden. Von 100 Weißen im Norden waren 25 dagegen, mit einem Neger die gleiche Toilette zu benutzen, beinahe 60 im Süden. Auf die Frage: »Hätten Sie etwas dagegen, daß ein Freund oder naher Verwandter eine Negerin heirate – oder umgekehrt?« antworteten 87 Prozent der nördlichen und 94 Prozent der südlichen Weißen mit »Ja« – ja, sie hätten etwas dagegen. Zu deutsch heißt das nichts anderes, als daß die beiden Kurven, mit prozentuellen Unterschieden, einerseits parallel laufen – indem nämlich die sachlichen Kontakte sich »einzuspielen« scheinen, die menschlichen aber mehr oder weniger abgelehnt werden –, andererseits die prozentuellen Unterschiede in der Auffassung der nördlichen und südlichen Weißen in der »Mittellage« – dort, wo es um den gesellschaftlichen Umgang geht – am größten sind. Oder noch einfacher: Die Weißen in Süd und Ost sind sich darüber einig, die Drehbank mit dem Neger eventuell, das Bett auf keinen Fall zu teilen – uneinig sind sie sich in der Frage der Tischgenossenschaft. Weil das aber so ist, kann das gesellschaftliche Problem, seinem Wesen nach Mischung aus Sachlichem und Emotionellem, gar nicht überschätzt werden.

Nun ist es nicht etwa so, als ob das gesellschaftliche Problem im Osten – ich kehre dorthin zurück – wirklich gelöst wäre: die Brutalität nur hat hier der Höflichkeit Platz gemacht. Eine wohlinformierte Freundin, die ich, gleich am ersten Tag vor eine Entscheidung gestellt, befragte, offerierte ihre eigene Version: »Ach ja, man ist höflicher geworden. Der *maître d'hotel* eines ›weißen‹ Restaurants wird dem Neger nicht mehr mit dem Hinweis auf dessen Hautfarbe die Tür zeigen – er wird sagen, daß kein Platz vorhanden sei, daß alle Tische, man bedauere, bestellt seien. Der New Yorker Neger kann sich in jedem Theater, in jedem Kino eine Karte kaufen, nur im Hotel wird man ihm kein Zimmer zur Verfügung stellen, und sollte er es unter unauffälligem Namen bestellt haben, wird man sich entschuldigen, von einem Irrtum sprechen, alle Schuld – bis auf die des Rassenvorurteils natürlich – auf sich nehmen. Siehst du«, schloß sie, »man kann zwar ein Lokal mit Polizeigewalt leeren, aber man kann es nicht mit Polizeigewalt füllen – und was nützte es auch, da sich die anderen doch entfernen würden.«

Ich begann nun zu begreifen, begann – was ich, ein informierter Europäer immerhin, übersehen hatte – den Unterschied zwischen Anerkennung und Liebe zu verstehen. Die Anerkennung ist »sachlich«, sie ist eine menschliche Institution, als solche regulierbar durch das Gesetz – die Liebe aber ist ein Gefühl, dessen die meisten Menschen, auch im zwanzigsten Jahrhundert nach Christi Geburt, nicht fähig sind. Wenn Marx recht gehabt hätte, und nicht Jesus, dann wäre mit der Anerkennung alles, oder beinahe alles getan. Forderten die Neger Amerikas nur Anerkennung, Gleichberechtigung, Gerechtigkeit: die Gerechtigkeit selbst wäre kein unerreichbares Ziel. Aber sie fordern Liebe. Daß sich die Weißen untereinander nicht lieben, die Schwarzen auch nicht, und auch die Gelben nicht und andere Farbige, daß sich im Vokabular aller Rassen und Völker das abscheuliche Wort »Minoritäten« befindet, ein mathematischer Begriff – daran wollen, daran können die Neger Amerikas jetzt nicht denken. In Jahrhunderten der Unterdrückung ist die Revolte gewachsen, aber keine menschliche Revolte ist so gewalttätig wie das menschliche Liebesbedürfnis. Das Leiden der schwarzen Rasse hat sich zu einem Mount Everest des Hasses aufgetürmt, aber aus allen Höhlen dieses schrecklichen Berges, aus allen Schluchten und von allen Gipfeln ruft es: Liebe, Liebe, Liebe! Der Mensch will nicht nur von denen geliebt werden, die er liebt: er will auch von denen geliebt werden, die er haßt, von diesen ganz besonders. Das Liebesbedürfnis ist so grenzenlos wie die Liebesbereitschaft begrenzt ist: wer der Liebe bedarf, der begnügt sich nicht mit der Hand, der will auch das Herz; wer seine Hand gereicht hat, der will sein Herz noch nicht unbedingt geben. Deshalb ist die Neger-Frage im Süden grausamer, aber auch einfacher: dort handelt es sich nur um die Hand. Deshalb aber müssen wir uns nun fragen, ob es wirklich drei Probleme gibt – ein sachliches, ein emotionelles und ein gesellschaftliches –, ob nicht das gesellschaftliche, durch Institutionen zwar halb regulierbar, zum emotionellen gehört. Wenn diese Frage nicht gelöst werden kann, dann sind alle anderen unlösbar. Das »Problem« von Restaurants, Bars, Hotels, von Häusern, Wohnungen, Wohnvierteln sogar, mag dem Europäer, da doch unter »den Kennedys« auf allen »wichtigen« Gebieten ein wahrhaft revolutionärer Fortschritt erzielt wurde, da die »eigenen« Lokale oder Behausungen der Neger zum Teil denen der Weißen in nichts nachstehen, nebensächlich, ja frivol erscheinen, aber während Wahlen, Stellungen und Schulen nur Symbole der Anerkennung sind, sind just diese »Nebensächlichkeiten«, diese »Frivolitäten«, die Symbole der Liebe, ohne die der Liebesschrei vom Mount Everest des Hasses ohne Echo bleibt.

Zurück zu meiner ersten Begegnung mit Bill Hairston! Vorderhand wurde also ein diplomatischer Weg gefunden – »diplomatisch« und »demütigend«: wie oft verbirgt sich ein Begriff hinter dem anderen –: ich sollte den Besuch Hairstons abwarten und

ihm, der doch in New York »zu Hause« ist, die Wahl des Lokals
überlassen. Neunzehnhundertdreiundsechzig, dachte ich – und kein
Mittagessen ohne Diplomatie: aber natürlich beugte ich mich dem
häßlichen Gesetz.

Licci hatte sich beim Friseur verspätet – ihre Fähigkeit, mit der
Zeit wie mit einem unerschöpflichen Fundus umzugehen, ist be-
wundernswert –: ich erwartete Bill in der Hotelhalle. Ein junger
Mann Mitte Dreißig, hochgewachsen, mit einem schönen und intelligenten Gesicht, eine »Neger-Schönheit«, wie man sagen würde – und wer ertappte sich nicht bei solchen Qualifikationen? –,
trug sich Hairston mit jener eleganten Diskretion, deren sich die
Neger New Yorks heute absichtlich befleißigen. Er gab sich unbefangen – doch muß ich schon bei diesem Wort innehalten. Dem
Unbefangenen erscheint auch seine Umgebung unbefangen: das
war aber nicht der Fall – obwohl er mit Sicherheit sprach und sich
bewegte, weder geduckt noch arrogant, war doch etwas Lauerndes
in seinen Augen: er prüfte meine eigene Befangenheit, und mir
war, als labte er sich an ihr wie an einem Schuldbekenntnis, und
das alles, obwohl ich mir keiner Befangenheit bewußt war.

Nachdem meine Frau endlich erschienen war, fuhren wir, wie
es Bill vorschlug, ins Restaurant *Sardi's,* das berühmte Künstler-
lokal in der 44. Straße des Westens, unmittelbar am Broadway gelegen, wo sich die Theaterwelt zweimal am Tag zu treffen pflegt.
Die Wände von *Sardi's* sind tapeziert mit den Karikaturen der
beliebtesten amerikanischen Künstler, auch Europäer und Euro-
päerinnen, »Gäste« *par excellence,* wie Maurice Chevalier und
Marlene Dietrich, fehlen nicht; dicht gedrängt sitzt hier, was in
der Theaterwelt Rang und Namen hat; nach einer Premiere ist
kein Plätzchen zu bekommen, da die Tradition es so will, daß man
bei *Sardi's* die Morgenblätter erwartet, die *New York Times* und
die *New York Herald Tribune,* deren Kritiken über Leben und
Tod, reiche oder magere Existenz eines Stückes entscheiden.

Die Künstlerwelt hat die Barrieren der Rasse zuerst niedergerissen. Das ist nicht allein, nicht einmal vornehmlich, auf die große Zahl der hervorragenden, der unentbehrlichen schwarzen Künstler zurückzuführen – Paul Robeson, Marian Anderson, Lena Horne, Duke Ellington, Harry Belafonte, Leontyne Price, um nur einige zu nennen, dazu die Autoren Richard Wright, Frank Yerby, Ralph Ellison, James Baldwin, die Maler Hale Woodruff, Roman Bearden, Charles White und Charles Alston –, sondern vor allem auf die weißen Intellektuellen, die den Appell John F. Kennedys als erste vernommen hatten. Nicht aus einem repräsentativen, altmodischen Mäzenatentum, noch aus naiver Begeisterung für die *entertainers*, wie es ihm seine Feinde unterstellten, hatte sich der Präsident an die Künstler gewandt, hatte er sich mit solchen umgeben und verbunden, sondern weil beim Künstler ein über den Durchschnitt entwickelter Gehörsinn für das Murmeln der Zukunft mit der schönen Blindheit angesichts von Vorurteilen sich verbindet, mit Farbenblindheit im besonderen.

Nachdem wir uns niedergelassen hatten – Hairston hatte einige weiße Kollegen begrüßt und war von diesen herzlich begrüßt worden –, wandte sich das Gespräch »unserem« Stück zu und damit, naturgemäß, dem Neger-Problem. Die Unterhaltung begann aufs harmloseste – so wollte es mir, dem Unerfahrenen, scheinen.

Bill erzählte einen Witz, der jetzt in New York die Runde machte. »Die kleine Caroline« – des Präsidenten Tochter – »erklärt immer wieder und bis zum Überdruß, daß sie einen Neger, nur einen Neger, heiraten wolle. Der Präsident, schon ratlos, bespricht sich mit seinem Bruder Robert, der auf Caroline großen Einfluß hat. Als Bobby das Kinderzimmer betritt, schreit Caroline wieder einmal: ›Ich will einen Neger heiraten! Ich will einen Neger heiraten!‹ Worauf sie ihr Onkel, halb freundlich, halb streng, belehrt: ›Caroline, du kannst keinen Neger heiraten. Weißt du denn nicht, daß alle Neger Protestanten sind?‹«

Man muß nicht mit Freuds *Der Witz und seine Beziehung zum Unbewußten* vertraut sein, um die Tendenz des Scherzes zu verstehen, den uns Bill Hairston gleich bei den ersten Austern zum besten gab. Eine Portion Mißtrauen war darin – der Präsident sähe es doch nicht gern, wenn seine Tochter einen Neger heiratete –, eine feine Nuancierung zwischen dem Präsidenten und seinem Bruder, die hämische Freude, daß sich nicht nur Weiße und Schwarze, sondern auch Katholiken und Protestanten voll Intoleranz gegenüberstehen, der subkutane Verdacht schließlich, daß auch die Kennedy-Familie nicht frei von Vorurteilen sei, wenn auch religiöser Natur. Es war ein »Anti-Kennedy«-Witz, mit dem uns da unser schwarzer Freund unterhielt.

Und es war so harmlos nicht, wie ich geglaubt hatte. Zwar versicherte Bill Hairston, daß er bei den nächsten Wahlen für Kennedy stimmen werde – die überwiegende Mehrheit des *negro-vote* sei dem Präsidenten sicher –, aber von einer »Kennedy-Begeisterung« könne unter den Negern rechtens nicht gesprochen werden. Warum nicht? Den Reden Bill Hairstons entnahm ich es nur unklar, vielmehr verstand ich noch nicht, was er meinte, doch darf ich es wohl heute, nachdem ich mit Führern der Neger in Süd und Nord, Ost und West gesprochen habe, frei interpretieren.

Die Neger Amerikas – besonders im »freien« Osten sowie in Teilen des Westens – folgten Kennedy nicht bedingungslos, wie sie auch Abraham Lincoln, stünde er morgen auf, nicht folgen würden. Sie wollen keinen weißen Lincoln, sie wollen einen schwarzen. Wenn heute ein neuer Lincoln noch so glaubwürdig verspräche, er wolle die schwarzen Massen Amerikas zu Freiheit, Gleichheit und Brüderlichkeit führen – sie würden nur das Wort »führen« hören und ihm nicht folgen. Einige Wochen nach dem Gespräch in *Sardi's* hörte ich von Dr. Martin Luther King in Atlanta, daß die Neger ihre Gleichberechtigung »nicht als ein Geschenk entgegennehmen wollen, das ihnen morgen wieder entzogen werden kann« – doch meinte er in Wirklichkeit etwas anderes. Wie sich die französische Politik von heute, der primitive Amerika-Haß des Generals de Gaulle vor allem, aus der historischen Tatsache erklären läßt, daß die Franzosen 1944 befreit wurden, sich jedoch keineswegs selber befreit haben, so haben es die Neger Amerikas – ein bewußter oder unbewußter Vorgang – nie verwunden, daß die Sklavenbefreiung, anders als der Aufstand des Spartakus, nicht von den Sklaven ausging, nicht von diesen errungen wurde. Hält man meine These, daß die Neger Amerikas ihre ursprüngliche Befreiung nie »verwunden« haben – zumindest, was das Wie dieser Befreiung betrifft – für übertrieben, dann braucht man nur die geschichtliche Sondernummer der Neger-Zeitschrift *Ebony* zu lesen, in der erzählt wird, daß die ersten Neger ein Jahr vor der »gefeierten *Mayflower*« auf amerikanischem Boden gelandet seien; daß Boston im Jahre 1770 durch den Neger Crispus Attucks von der englischen Kolonialherrschaft befreit worden sei; daß »Neger-Soldaten, Neger-Matrosen, Neger-Arbeiter« den Bürgerkrieg Abraham Lincolns gewonnen hätten; daß die Freiheit des amerikanischen Negers, wo er sie besitze, nicht auf Abraham Lincoln, sondern auf den »Vater der Protest-Bewegung«, den Neger Fredrick Douglas aus Maryland, zurückgehe – Halbwahrheiten oder Unwahrheiten samt und sonders, Magentropfen für unverdaute Historie.

Die Schizophrenie der Neger-Bewegung in Amerika, deren Eindruck sich auch der sympathisierendste Beobachter nicht entziehen kann, besteht nicht nur in der Verschiedenheit der Forderungen, je nach dem Landstrich und dem dort schon Erreichten, nicht nur in der Tatsache, daß sich die Mehrheit der Neger als Amerikaner empfinden, mit dem »weißen Amerika« aber am liebsten doch als »schwarzes Amerika«, wie eine Nation mit der anderen, verhandeln möchten, nicht nur in der ununterbrochenen Verwechslung von Gleichberechtigung mit sozialem Ansehen – sie besteht, vor allem, im Wunschtraum, die Anerkennung durch die Weißen mit Ausschluß der Weißen erringen zu können. In dem Nebel, in den die Neger sich vorwärts tasten oder vorwärts marschieren, wird der Zwangsherr von Texas mit dem Liberalen von New York verwechselt: wohl weiß der Neger, daß der eine seine weißen Privilegien behalten, der andere verschenken will, aber ihm, dem Neger, scheint es, als feilschten sowohl die Zwangsherren von Texas als auch die Liberalen von New York um seinen Kopf: in Traum und Trauma sieht er sich auf einem Sklavenmarkt als gehandeltes und behandeltes Objekt, das nur von der strengeren in die mildere Hand übergeht. Er will nicht dulden, daß seine Sache eine »Sache der Weißen« sei. Die Bitterkeit des New Yorker Negers entspringt nicht, wie man glauben könnte, seiner »Unersättlichkeit«, entspringt vielmehr dem Unterschied zwischen sachlichen und emotionellen – oder, wenn man so will, gesellschaftlichen Problemen – die ich einleitend geschildert habe. Der Neger im Süden ahnt nur, daß er auf eine Mauer zumarschiert – der Neger im Osten ist der Mann an der Mauer. Der Neger im Süden nimmt noch am Rennen teil, der Neger im Osten weiß schon, daß er das Ziel nicht erreichen kann – dieses unsichtbare, verhaßte, verzweifelt herbeigesehnte Ziel des Geliebtwerdens. Die ganze Bitterkeit, die aus dieser Situation resultiert, hat Amerikas geistreichster Neger-Autor Dick Gregory in seinem Buch: *From the Back of the Bus* so ausgedrückt: »*Es ist traurig, aber meine kleine Tochter glaubt nicht an den Weihnachtsmann. Sie sieht diesen weißen Kater mit einem Bart, aber, obwohl sie nur zwei Jahre alt ist, weiß sie verdammt genau, daß kein weißer Mann in unsere Nachbarschaft kommt. Hand aufs Herz: wie viele von euch haben je einen schwarzen Weihnachtsmann gesehen? Er ist nicht einmal schwarz, nachdem er durch den Schornstein gefahren ist – wie er es eigentlich sein sollte.*«

»Wollen die Neger also den Bürgerkrieg?« fragte ich Bill Hairston – ich gebrauchte, trotz wohlgemeinter, aber uninformierter Ratschläge, während meines Aufenthaltes in Amerika stets das einst verpönte Wort *negro*, da mir der Ausdruck »Farbiger« feig, unpräzis und, seines allzu großen Taktes wegen, taktlos erscheint.

Nein, antwortete Bill ausweichend, ein Bürgerkrieg sei schon geographisch oder strategisch undenkbar, da ja die Neger nicht in einem bestimmten Teil des Landes noch in deutlich umrissenen Gemeinschaften sich befinden; auch wüßten sie nicht, gestand er, wohin oder gegen wen sie marschieren sollten; in der Zeit der Panzer und Düsenflugzeuge habe ein Bürgerkrieg ohnedies keine Aussicht auf Erfolg, aber ... und nun begann er wieder mit der mystischen Unterscheidung zwischen »geschenkter« und »eroberter« Gerechtigkeit, ohne sagen zu können, wie man denn sowohl auf Gewalt als auch auf Verhandlungen verzichten könne; bis er endlich, von uns beiden gedrängt, sich entschloß, James Baldwin zu zitieren, den radikalsten Intellektuellen unter den Negern, der seine eigenen, doch nicht nur seine eigenen Gefühle in einem grausamen, für den Neger detrimentalen und noch dazu unwahren Satz zusammengefaßt hat: *»Alles, was der Neger heute vom weißen Mann will, ist Macht«* – ein grausamer, detrimentaler und unwahrer Satz, da er doch in Wirklichkeit heißen müßte: »Alles, was der Neger heute vom weißen Mann will, ist Macht – da er Liebe nicht bekommen kann.«

Es ging schon auf drei, als wir, nach links und rechts grüßend, *Sardi's* verließen. Die Oktobersonne, so angestrengt wie eine alte Frau, die um jeden Preis jung sein möchte, brannte auf den Broadway herab. Auf den Broadway mit den ungeduldigen Lichtreklamen, die den Abend nicht erwarten können, auf den vielstockhohen Kopf des *Camel*-Mannes, der Rauchwolken aus seinem Papiermund bläst, auf das beinahe orientalische Gemisch von Nationen, Völkern und Rassen, auf die beinahe orientalischen Geschäfte, deren Auslagen Erinnerungsgegenstände, Teppiche, Texas-

49

Hemden, Milchbehälter in Form quietschender Gummibusen, Austern, Hummer und Südfrüchte, Taschenbücher und Strip-tease-Photos zur Schau stellen, auf Schmutz und Armut der *West-side*, die von Gepflegtheit und Eleganz des New Yorker Ostens, nur wenige Häuserblocks weiter gelegen, so weit entfernt scheint wie, wenn auch mit umgekehrtem Vorzeichen, der europäische Osten vom europäischen Westen. Ich aber dachte an das Erlebnis dieser New Yorker Mittagsstunde, und ich fragte mich, ob der Apostel der Freiheit im Weißen Haus, den ich in den nächsten Tagen sehen würde, für die Neger Amerikas wirklich nicht mehr bedeute als der Weihnachtsmann, der »weiße Kater mit einem Bart«?

Wie hieß doch »unser« Stück, William Hairstons und meins? *Weg ins Dunkel.*

Mein Weg ins Dunkel hatte begonnen.

Ich fuhr für einen Tag nach Washington.

Einen günstigeren Tag hätte ich nicht wählen können. Mittags veranstaltete der *Woman's National Press Club* ein Frühstück zu Ehren des Senators Barry R. Goldwater von Arizona, der als ernstester Anwärter auf die Präsidentschaftskandidatur der Republikaner galt; am Nachmittag sollte die Pressekonferenz des Präsidenten stattfinden.

Die Damen des Presseklubs trafen sich in dem neuen *Madison-Hotel*, an der Ecke von M-Street und 15. Straße. In dem großen Salon hatten sich schon der Senator und seine Frau zum vormittägigen Cocktail eingefunden. Da, neben etwa zweihundert weiblichen Korrespondenten, nur etwa fünf oder sechs Männer anwesend waren, glaubte ich mich bei dem Senator ob meiner Anwesenheit entschuldigen zu müssen. Er antwortete lächelnd, wohl nicht ohne Anspielung auf den heikelsten Teil seines politischen Programmes: »Wir kennen hier keine Diskrimination.« Damit war das Eis gebrochen.

In Europa würde man sich einen Mann, auf den sich der ganze Ehrgeiz und alle Hoffnungen der rechtsradikalen Kreise, der Ölmagnaten von Texas, der Verschwörer der *John-Birch-Society*, der Segregationisten des Südens und der Feinde jeder friedlichen Koexistenz konzentrieren – in Europa würde man sich ihn anders vorstellen. Bei einem solchen Mann würde man in Europa etwas von der kleinbürgerlichen Brutalität Adolf Hitlers, von der stier-

nackigen Demagogie Franz Josef Strauß', von der hochmütigen
Kälte Francisco Francos, zumindest von der missionierenden Be-
sessenheit Charles de Gaulles erwarten.

Der Mann, der mir, ein Glas Whisky-sour in der Hand, im Salon des *Madison-Hotels* gegenüberstand, besitzt nichts von diesen
Eigenschaften. Sein Großvater, Mike Goldwater, war ein russischer Schneider jüdischen Glaubens, der als einer der ersten Pioniere nach Arizona und Kalifornien gekommen war – in Amerika
heißt es, sein Großvater sei »schon« hiergewesen, in Europa würde
es heißen, sein Großvater sei »noch« nicht hier geboren. Goldwaters Mutter stammt ebenfalls aus einer Pionierfamilie, einer
christlichen allerdings und einer »richtigen« noch dazu, nämlich
einer anglikanischen. Er hat die Mittelschule etwas langsamer
absolviert, als es unbedingt notwendig ist, hat sein Studium schon
nach dem ersten Semester an den Nagel gehängt, hat schließlich
das kleine Warenhaus in Phoenix zu einem Millionengeschäft entwickelt. Er ist ein grauhaariger Fünfziger, schlank von Statur, mit
dem gutverborgenen Ansatz eines Embonpoints, von adretter Erscheinung, jedenfalls ein Mann, der, wollte er auf Heiratsannoncen
antworten, das Herz jeder einsamen Witwe, jedes älteren Mädchens mühelos zu gewinnen vermöchte. Seine dicke Hornbrille
verleiht ihm ein gewisses intellektuelles Aussehen, nicht zuviel,
doch gerade genug, um bei Halbgebildeten den Mechanismus des
Identifikationsprozesses in Bewegung zu setzen. Seine Kleidung ...
Bei seiner Kleidung also muß ich, wenn es gestattet ist, etwas länger verweilen: es ist ja seltsam, zu welch aufschlußreichen Kon-
klusionen äußerliche Dinge zuweilen doch führen.

Die Kleidung Goldwaters an diesem Mittag war außergewöhnlich – eine genauere Definition kann ich nicht geben, denn sie war
weder außergewöhnlich schlecht noch außergewöhnlich gut, nur
eben außergewöhnlich: baß erstaunt stellte ich fest, daß der Senator zu dem grauen Straßenanzug ein in zahlreiche schmale Fält-

chen gelegtes Oberhemd trug, wie es heute manche modische Herren zum Smoking tragen, dem *tuxedo,* wie man in Amerika sagt. An dieses seltsame Kleidungsstück einige Kommentare zu knüpfen würde sich auch dann lohnen, wenn der Name Goldwater so plötzlich, wie er aus der Anonymität aufgetaucht ist, dorthin wieder verschwinden sollte.

Wenige Wochen nach meiner Begegnung mit Goldwater erblickte ich, nicht minder erstaunt, in der Halle des *Shamrock-Hilton-Hotels* in Houston, Texas, einige dort zu einem Ball versammelte Ölmagnaten, die zum Smoking kurze Reitstiefel, die typischen Texas-Stiefel, angelegt hatten. Nun ist es nicht etwa so, als ob die Herren von Texas eine neue Mode kreieren wollten; auch der Unmöglichkeit ihrer Tracht waren sie sich zweifellos bewußt. Die Stiefel zum Gesellschaftsanzug, wie Senator Goldwaters Smokinghemd zum Flanell, sollen vielmehr den *rugged individualism* demonstrieren – um diesen, um nichts anderes, geht es. Worin aber besteht der »rauhe«, der »zackige« Individualismus? Jede reaktionäre und nationalistische Bewegung fußt in der Vergangenheit des eigenen Landes, schöpft aus ihr Stolz, Berechtigung und Aggressivität, beruht aber zugleich auf der Wahnvorstellung, daß die Gegenwart an einen bestimmten, von den Ideologen der Bewegung haargenau ausgeklügelten Punkt anzuknüpfen habe, ganz als ob zwischen diesem Punkt und der Gegenwart nicht auch eine »Vergangenheit« läge. Der reaktionäre Nationalist – ein Pleonasmus ohnedies – klaubt aus der Vergangenheit die ihm genehmen Jahre oder Jahrzehnte, Gestalten oder Ideen heraus; er unterscheidet sich von dem Konservativen, der übrigens kein Nationalist sein muß, dadurch, daß der Konservative auf der Vergangenheit wie auf einer soliden Grundlage aufbauen will, während der Reaktionär aus der Vergangenheit einzelne Ziegelsteine herausholt, wodurch dann meistens nicht nur die Gegenwart, sondern das ganze Gebäude der Vergangenheit zusammenstürzt.

Was für Hitler die Nibelungen waren, das ist, kurz gesagt, für den amerikanischen Reaktionär – und für einen nicht unerheblichen Teil des amerikanischen Volkes – der Wilde Westen. Der Wilde Westen: das ist »jeder Mann für sich«, das ist das Gesetz des Stärkeren, das ist Erwerbung von Reichtum auf dem Wege des Zufalls oder der Gewalt, das ist das »Mir kann keiner« oder das »to hell mit jedem, dem es nicht paßt«, das ist die faule Romantik des »goldenen Herzens«, das des Gehirns nicht achtet – daher der nie versiegende Erfolg der *Western*-Filme und der *Western*-Lieder, daher das prahlerische »Stetsgelungen«, das dort die Nibelungen ersetzt.

Während ich wie hypnotisiert das Smokinghemd des Senators unter seinem gutgeschnittenen Flanellanzug anstarrte, kam mir das alles zum Bewußtsein. Es kam mir zum Bewußtsein, wie sehr Walter Lippmann den Senator aus Arizona überschätzt, wie er ihn, richtiger, mit seinen eigenen, Lippmanns, Maßstäben gemessen hatte, als er ihn einen »*Repräsentanten des rohen und primitiven Kapitalismus der Manchester-Schule*« nannte. Während ich da den Erklärungen des Warenhausbesitzers und ehemaligen Fliegergenerals lauschte, wurde mir klar, daß Senator Goldwater vermutlich nie einen Theoretiker des Laissez-faire-Liberalismus gelesen hatte; auch auf Zitate aus seinem eigenen Buch, *The Conscience Of The Conservative*, reagierte er mit einigem Befremden. Ich verstand auf einmal, daß dieser Mann seine Popularität – bei der Jugend insbesondere – in erster Linie der Wild-West-Vorstellung von Mut verdankt, dem »Mut« etwa, obwohl es mehr Arme als Reiche gibt, dennoch für Steuerermäßigungen der Reichen und höhere Besteuerung der Armen einzutreten: aber je sinnloser die »Courage«, desto besser, desto mehr erinnert sie an das Halali der Väter – Pioniertum, Primitivität, Provinzialismus und Popularität: vier »P's« stehen jetzt auf der Fahne des halben Amerika.

Hier stand, so dachte ich, ein amerikanischer *businessman* vor mir, der, wenn er sich zur Ruhe legt, nicht von der Tafelrunde Camelot träumt, nicht von Thomas Jefferson, nicht einmal von Napoleon Bonaparte: der Held seiner Träume, in *Color-TV*, ist der *self-made-man* der amerikanischen Pionierzeit. Ein Konservativer? Mitnichten. Konservativismus heißt strenge Ordnung, Achtung vor dem Existierenden bis zum Grade des Snobismus – aber der typische amerikanische *businessman*, beileibe kein Snob, träumt von jener goldenen Epoche der Unordnung, als H. L. Hunt, der reichste Mann Amerikas und Hauptfinanzier des Rechtsradikalismus, seinen ersten Ölturm im Pokerspiel gewinnen konnte, träumt von der ordinären Gesetzlosigkeit, der, so meint er, Amerika seine Größe verdankt, träumt von einem steuerlosen Staatswesen in des Wortes doppeltem Sinne: einem Staatswesen ohne Steuer und ohne Steuern. Weil wir Europäer gewöhnt sind, mit dem Begriff des Faschismus Uniformiertheit, Stechschritt und Disziplin jeglicher Art zu verbinden, ist uns der amerikanische Businessman-Faschismus so schwer verständlich, der nur so viel Disziplin einführen möchte, wie zum Schutz des wirtschaftlichen Chaos unbedingt notwendig ist.

Die Damen des Presseklubs unterhielten sich inzwischen miteinander, sprachen lebhaft den saueren Whiskys und trockenen *Martinis* zu und scharten sich um einen Koch mit weißer Mütze, der das von dem weiblichen Presseverband herausgegebene Buch *Second Helping* zum Preise von zwei Dollar feilbot. Ich kaufte es mir – ein köstliches Buch. Darin sind die Kochrezepte der Politiker und Politikergattinnen aus allen Teilen des Landes zu lesen – so erfährt man, beispielsweise, Seite fünfunddreißig, daß ein *Peggy Goldwater's Ranch-style Frijoles* sich zusammensetzt aus: zwei Pfund Pinto-Bohnen, zwei Teelöffeln Salz, zwei großen Zwiebeln, vier Löffeln Knoblauch, einer Dose gerösteter grüner Chile-Bohnen, einer Dose Taco-Sauce, einer Dose Tomaten, einem halben Teelöffel schwarzen Pfeffer, einem halben Teelöffel Kümmel.

Welch würziges, rustikales Rezept ist dies doch verglichen mit den beiden Rezepten Mrs. Jacqueline Kennedys, zu Lieblingsspeisen ihres Mannes, die da auf den Seiten achtundvierzig und neunundvierzig unter den verdächtig kosmopolitischen Namen *Poulet à l'estragon* und *Bombe glace Mandarin* verzeichnet sind.

Noch unter dem Eindruck von Oberhemd und Rezept trat ich auf Mrs. Goldwater zu, eine hübsche kleine Frau, die, aus einer langen Zigarettenspitze rauchend, dastand – und weil das doch die beste Art ist, ein Gespräch zu beginnen, fragte ich sie, woher denn ihr höchst ansprechendes Kostüm stamme. Keineswegs geschmeichelt, etwas ärgerlich eher, gab sie mir zur Antwort, das Kostüm stamme »selbstverständlich« aus dem Goldwater-Warenhaus von Phoenix, von wo sie ihre gesamte Garderobe beziehe – die Goldwaters, ich hatte es vergessen, sind in Modedingen recht bewandert, was schon aus des Senators persönlicher Erfindung hervorgeht, den sogenannten *antsy-pants*, kurzen Männerhosen, auf denen große rote Ameisen abgebildet sind, Mode- und Scherzartikel, ein Schlager im ganzen Land. Solche Beobachtungen sind durchaus nicht sarkastisch gemeint; heute, wenn ich durch mein Tagebuch blättere, erscheinen sie mir sogar von tragischer Bedeutung. *»Ach, hättest du nur einen anderen Text / Zu deiner Bergpredigt genommen«*, heißt es in Caput XIII des Heineschen *Wintermärchens*. Ach, hätte John F. Kennedy nur gewußt, wie unpopulär ein *Poulet à l'estragon* ist, wie gefährlich es ist, nach fernen Horizonten Ausschau zu halten, wie leicht man sich durch Vernunft isoliert, wie ungern die Gefreiten das Zentimetermaß höher stellen.

Damals hatte ich noch keine solchen Gedanken, damals meinte ich noch, daß die Lächerlichkeit töte. Ich war beschäftigt, den potentiellen Präsidentschaftskandidaten zu beobachten, der, das leere Whiskyglas in der Hand, allein in einer Ecke stand: die Kellner kümmerten sich nicht um ihn, die Gastgeberinnen kümmerten sich nicht um ihn, nicht einmal die Photographen kümmerten sich um ihn. Er wurde langsam farblos, der Senator aus Arizona, er wurde eins mit der Salonwand, die ebenfalls farblos war. Rätsel einer Persönlichkeit? Nein, ihr Geheimnis. Die mächtigen *businessmen*, die hinter dem *businessman* Goldwater stehen, können keine Persönlichkeit gebrauchen. Für die anderen aber, die kleinen *businessmen*, ist er ein Spiegelbild ihrer selbst, erkennbar und idealisiert, wie Spiegelbilder nun einmal sind. Kein mittelmäßiger Mensch – denn man wird nicht Senator und Kennedys gefährlichster Widersacher, wenn man mittelmäßig ist –, aber so wenig über dem Mittelmaß stehend, daß man sich, blickt man zu ihm empor, den Hals nicht zu verrenken braucht, daß man ihn nicht beachten muß, wenn man gerade mit Kochbuch oder Cocktail beschäftigt ist, daß er, wenn's nur genehm, mit der Tapete eins wird.

Einige Journalisten, mit denen ich an diesem Tag im *Jockey-Club* zu Mittag aß – ich hatte auf das Mittagessen im *Madison-Hotel* verzichtet –, fragten mich, ob ich Barry Goldwater für einen »gefährlichen Mann« halte.

Ich dachte nach. Gefährlich in der Politik, in der amerikanischen nicht zuletzt, sind Menschen mit einer einzigen Assoziation, mit fertigen Antworten, mit jener schrecklichen Schwarz-Weiß-Kondensation, der *Readers Digest,* Amerikas verbreitetste Zeitschrift, seine Beliebtheit verdankt. Die Russen: »nur auf Eroberung aus« – das Ausland: »will nur unser Geld haben« – Europa: »kann ohne uns nicht leben« – Achtung: »kann durch Stärke ersetzt werden« – Latein-Amerika: »unser Kontinent« – Zentralregierung: »Ende des Individualismus« – Arbeitslosigkeit: »Entschuldigung der Faulen« – Intelligenz: »Radikalismus der Eierköpfe« – Atombomben: »unerläßlich« – das ist das Wörterbuch eines Volksschülers, wenn doch die Aufgabe darin besteht, die *Divina Commedia* zu übersetzen. Das Vokabular der Primitivität in einer Welt der Komplikationen. Ja, ein gefährlicher Mann. Gefährliche Männer.

Ich fuhr ins *State-Department*.

Es war noch früh. In der Halle des Pressekonferenzsaales auf und ab gehend, zog ein Plakat meine Aufmerksamkeit an. Es war ein offizielles Plakat des *State-Department*, ein höchst erstaunlicher, an diesem Ort etwas beleidigender Anschlag. Der Text erklärte zwei Schlagworte: *Junk The Jargon*, was ungefähr: *Fort mit dem Jargon!* heißt, und *Improve Your Writing!*, was schlicht: *Schreibe besser!* bedeutet. Ich weiß nicht, ob das Plakat eigens für Journalisten bestimmt war, jedenfalls hatte man es hier an prominenter Stelle placiert. Daß sie mir nicht recht gefallen wollte, diese schulmeisterliche Forderung: ich will es offen bekennen. Indes will mir scheinen, daß das Plakat die Schwächen und die Stärke jener Epoche repräsentierte, die als die Kennedy-Ära in die Geschichte eingehen wird. Dem jungen Mann aus Boston, diesem hellwachen und kläräugigen Patrioten, war der »Jargon« seines Landes unerträglich geworden, dieser aus Klischees, Gemeinplätzen, einfachen Assoziationen, *pet-answers* bestehende, bis zur Unverständigkeit verständliche, aus dem zigarrenschmatzenden Mundwinkel gesprochene, bramarbasierende, das Komplizierteste auf einfachsten Nenner bringende Jargon des Durchschnittsamerikaners. In Deutschland wird heutzutage oft gedankenlos vom politischen »Stil« gesprochen, aber dieser junge Mann meinte es wörtlich: er mußte einen neuen Stil lehren, den Jargon seines Landes in eine Sprache verwandeln, die Mittel der Mitteilung – Sprache und Schrift – ändern, aufs dringlichste und eindringlichste verbessern, mußte die Terminologie der Technik anpassen. Er hatte erkannt, daß die Rennfahrer der Luft vergeblich auf die Piste des Alls gebracht wurden, wenn der Geist sich nicht erhob, auf der Erde zurückblieb. Franz Molnar, der witzige Komödiendichter, hat einmal vom Schauspiel eines Konkurrenten bemerkt, es sei *»eines jener guten Stücke, die sich leider nicht zur Uraufführung eignen«* – dem jungen Mann aus Boston war es klargeworden, daß sich die amerikanische Weltherrschaft, von guter Absicht, wie sie sein möge, leider nicht zur »Uraufführung« eigne, wenn die leere Hülle der Macht nicht mit der Substanz des Geistes gefüllt werde. Aber er war kein König, dieser junge Mann aus Boston, seine Regierungszeit war auf vier, höchstens acht Jahre beschränkt; ihm fehlte, was doch der Mangel aller Mängel ist, die Zeit; deshalb war er voll Ungeduld, deshalb zitierte er schon in seiner Antrittsrede seinen Lieblingsdichter Robert Frost, deshalb jagte er die Bridgepartner, die Golfspieler und die Witzbolde aus dem Weißen Haus, deshalb lehnte er es ab, sich vor dem Geßler-Hut der Volkstümlichkeit, der in Amerika ein Texashut ist, zu verbeugen, deshalb ließ er die Proklamation gegen den Jargon wie eine Kriegserklärung anschlagen – und wußte doch nicht, daß ihm keine acht Jahre vergönnt waren, auch nicht vier, nur knapp drei.

Ich wies an der Saaltür meine Eintrittskarte vor: niemand verlangte einen Ausweis, eine Legitimation mit Lichtbild gar – ich hätte ebensogut die Karte gestohlen oder gefunden haben können. Ziemlich weit hinten nahm ich Platz: niemand kümmerte sich um mich, ich hätte mich ebensogut in der ersten Reihe setzen können, kaum zwei Meter vom Präsidenten entfernt. Es war eine »kleine Konferenz«, die rückwärtige Hälfte des Saales – ein halbkreisförmiger Raum mit einem Podium, hell und modern – war, um das Gefühl größerer Intimität zu erzeugen, durch Vorhänge abgeschlossen.

Schlag vier betrat der Präsident den Saal. Er kam schnell von rechts, von zwei Beamten gefolgt: seinem Pressesekretär Pierre Salinger und dessen Stellvertreter, einem Neger. Die beiden Männer setzten sich, der Präsident blieb hinter dem Rednerpult stehen.

Von Photographien, Filmen, Fernsehübertragungen hatte ich ihn mir anders vorgestellt. Er war viel blonder, viel heller. Das Charakteristische in seinem Gesicht war, daß alles in ihm nach oben zu streben schien. Das starke Kinn, das sich in einer ebenso starken Linie der Kinnladen bis an die Ohren fortsetzte, die Linien seiner vollen und doch scharf gezeichneten Lippen, die männliche Nase, die Augenbrauen: alles strebte nach oben. Oder war es nur der Blick, der diesen Eindruck vermittelte? Obwohl er sich zu jedem Fragenden herabneigte, blieb der Blick nach oben gerichtet: der Blick eines Schützen, der nicht auf eine unbewegliche, in gleicher Höhe aufgestellte Schießscheibe zielt, sondern nach einem hochfliegenden Vogel Ausschau hält. Schon bei einer Wochenschau, die einen Kirchenbesuch des Präsidenten in Massachusetts zeigte, hatte ich diesen Blick bemerkt: John F. Kennedy pflegte die Kirche erhobenen Hauptes zu betreten – nicht stolz, nicht herausfordernd, nicht selbstherrlich etwa, sondern mit der Demut des Menschen, der seinem Schöpfer in die Augen blickt.

Der Zauber des »*höchsten Glücks der Erdenkinder*« ging von ihm aus. Hätte er nicht vor dem präsidentiellen Wappen gestanden, hätte man ihn nie zuvor gesehen, hätte er, meinethalben, die Uniform eines Saalpolizisten getragen, man wäre an ihn herangetreten: »Machen Sie keine Witze – *Mr. President.*« Er war so eindeutig, so unverkennbar der Präsident, wie es nicht einmal Franklin Delano Roosevelt gewesen war. Er war der Präsident, und er war jung. Eisenhower, so hieß es, habe Karriere und Volkstümlichkeit dem Vaterbild verdankt, das er repräsentierte, aber dieser junge Mann repräsentierte es hundertmal mehr – sei es seiner Persönlichkeit halber, sei es, weil sich das Vaterbild verändert hatte. Wir können keine alten Väter mehr brauchen. Der junge Vater, der da oben stand: er hatte alle alten Bilder gestürzt. Das Bild vom fanatischen Führer: er war nicht fanatisch, sondern kühl, mit kühler Hand entzündete er die Feuer in uns. Das Bild vom Politiker: er warb nicht um Popularität, sondern um Verständnis. Das Bild vom Staatsmann: er lieferte keine fertigen Antworten, sondern dachte mit, forderte zum Mitdenken auf. Das Bild vom Amerikaner: er gehörte nicht Amerika, sondern der Welt.

Seine Kenntnisse waren verblüffend. Das ungewöhnliche Niveau des amerikanischen Journalismus, seiner Elite zumindest, erwies sich auch an diesem Nachmittag. Kennedy schien das Duell zu genießen. Er übersah keine hochgestreckte Hand, wies mal auf diesen, mal auf jenen, nannte fast jeden Korrespondenten beim Namen. »Da irren Sie sich, Mr. Smith« – »Das stimmt nur zum Teil, Mr. Brown.« Seine Pressekonferenz war ein Schachspiel: das Spiel eines überlegenen Simultanspielers. Außenpolitik, Innenpolitik, Strategie und Wirtschaft: er war auf jedem Gebiet zu Hause, nannte auswendig komplizierte Zahlen, berichtigte falsche Angaben, zitierte einen griechischen Dramatiker. Er hörte nie auf, menschlich zu sein, wurde also zuweilen ungeduldig. Als ihm ein Korrespondent ein Gerücht vorhielt, daß er bei den nächsten Wahlen Lyndon B. Johnson über Bord werfen wolle, antwortete er: »Unsinn!« Als ein anderer ihn fragte, ob er Truppen aus Deutschland abzuziehen gedenke, sagte er: »Wir haben uns festgelegt – dabei bleibt es.« Dann stand eine kleine alte Frau auf – Kennedy kannte sie nicht, ich weiß nicht, wie sie hierhergekommen war – und fragte, ob die fortschreitende Automation die menschlichen Werte gefährde. Einige lachten; es war wirklich eine seltsame Frage, akademisch und albern; sie hätte ebensogut fragen können, ob der Mensch gut sei. Kennedy blieb ernst. Er beantwortete keine andere Frage so ausführlich, und obschon er sie beileibe nicht erschöpfend beantworten konnte, gebrauchte er keinen einzigen Gemeinplatz. Ich bin dem verhutzelten Weiblein dankbar, daß es Kennedy zum Sprechen brachte, denn in seiner Antwort enthüllten sich mir die beiden Seiten seines Wesens. Er war überzeugt, daß die freie Welt, will sie frei bleiben, klüger sein muß als die unfreie, nicht nur reicher und mächtiger und stärker, sondern klüger – das dachte er, das war seine Philosophie, sein Anti-Kommunismus, das meinte er, wenn er den Kommunismus »veraltet« nannte, das wollte er, als er die freie Welt zu »neuen

Grenzen« zu führen versprach. Aber das war nicht alles, war nur eine Seite seines Wesens. Was die alte Frau ihn gefragt hatte, beschäftigte ihn, störte, beunruhigte ihn. Wenn er nachts schlaflos lag, so war es sein Herz, nicht sein Gehirn, das ihn wach hielt. In solchen Nächten mußte er sich gefragt haben, ob es genüge, das Vaterland auf den rechten Weg zu führen, ob der rechte Weg nicht der falsche sei, wenn ihn Millionen lieblos gingen. *»... und in Monarchien darf / ich niemand lieben als mich selbst«*, sagt der Marquis Posa, aber dieser junge Republikaner, dieser Marquis Posa aus Massachusetts, wollte *»der Freiheit entzückende Erscheinung«* seinem Land, der Welt nicht aufzwingen, wollte, daß sein Land, die Welt aus eigenem Willen nach ihr greife. Ich weiß, daß es in diesem Saal des *State-Department*, an diesem 31. Oktober 1963, mehr Menschen gab, die ihn bewunderten als ihn liebten, aber, obwohl er Bewunderung verdiente, verdiente er Liebe noch viel mehr.

Er hatte nicht gut ausgesehen, als er das Podium betreten hatte, und nun wirkte er beinahe krank. Seine Erscheinung war von jener natürlichen Eleganz, die nichts mit dem englisch geschnittenen Anzug, dem guten Hemd und der einfarbigen Krawatte zu tun hatte; aber er hatte Mühe, so lange zu stehen; er zog die Schultern immer ein wenig hoch, wodurch sie abnormal breit wirkten; er fuhr sich mit dem Daumen über die Stirne, strich sich die Locke aus der Stirne. War er krank, wußte er mehr, weil die Kranken mehr wissen? *»Ich unglücksel'ger Atlas! eine Welt, / Die ganze Welt der Schmerzen muß ich tragen!«* Ich hatte das Gefühl, daß er krank sei, aber, statt geringer zu werden, wuchs mein Vertrauen; vielleicht war es seine Stimme, die mich beruhigte, diese wundervolle Stimme, die durch den kleinen Sprachfehler nur noch menschlicher wurde – er sprach *expect* wie *ekschpekt* aus –, diese Stimme, die den Triumphgesang des Geistes über die Materie zu singen schien.

Auf die Minute genau brach er die Konferenz ab, eilte über die paar Stufen zum Seiteneingang, und man hatte den Eindruck, als sei er nur für eine Stunde vom Schreibtisch aufgestanden, zu einer schnellen Besprechung herübergekommen, als eilte er nun dorthin zurück, um eine begonnene Arbeit zu beenden.

Draußen war es kalt geworden, ein rauher Wind fegte über Washington hinweg; ich stand fröstelnd vor dem Tor, es war wieder einmal kein Taxi zu finden. Und obwohl ich empfand, daß dieser junge Mann etwas wußte, was uns verborgen war, etwas Dunkles und Schweres, fuhr ich frohgelaunt heim, gewiß, daß sich das Schiff, noch wenn es den eisigsten Stürmen entgegensegelte, in sicheren Händen befand.

Heute will ich gestehen, daß dieser junge Kapitän, mochte er uns auch aufrütteln, aufrufen und auffordern, mochte er uns auch neuen Grenzen entgegenführen, in uns doch zugleich die verführerische Bereitschaft zur Bequemlichkeit ansprach: wir wußten ihn auf der Brücke und konnten uns in den Gesellschaftssälen unterhalten, konnten lachen, tanzen, spielen, um Geringfügiges streiten, uns am Nebensächlichen ärgern und am Täglichen freuen.

Seit dem schwarzen Freitag von Dallas, im Staate Texas, seit dem 22. November 1963, ist die Brücke leer. Wir müssen alle auf die Brücke.

Zurück nach New York!
An einem der nächsten Nachmittage fuhren wir nach Greenwich
Village, um einer Probe von *Walk in Darkness* beizuwohnen.
Nachher sollten wir mit Bill Hairston Harlem besuchen.

Man hat Greenwich Village den Montmartre oder das Quartier
Latin New Yorks genannt, weil sich hier in den zwanziger Jahren,
besonders nach der großen Wirtschaftkrise, viele Künstler niedergelassen haben, arm und erfolglos die meisten; nach dem Zweiten
Weltkrieg folgten ihnen die *beatniks,* die nicht ohne Standesbe-
wußtsein – es gibt nichts Hochmütigeres als das Standesbewußt-
sein des Revoluzzers – behaupten, es habe sie schon lange vor den
Existentialisten des Café *Les Deux Magots* gegeben.

Greenwich Village ist einer der ältesten Teile der Stadt – im
17. Jahrhundert war es noch eine Tabakplantage, hundert Jahre
später zogen die vornehmsten Familien New Yorks hierher, weil
in der Stadt das gelbe Fieber wütete; die Reichsten konnten sich
zwischen die grünen Felder und dichten Wälder retten. Die
beatniks hätten es gerne, wenn Greenwich Village verkommen
wirkte, aber es wirkt nur auf das graziöseste herabgekommen. In
manchen schmalen Straßen stehen noch die kleinen dunkelroten
Ziegelhäuser mit den gleichmäßig zur Tür ansteigenden Treppen,
patrizische Erinnerungen, merkwürdige Antiquitäten, die einzeln
häßlich, zusammen so ansprechend wirken – dazwischen chinesi-
sche, italienische, griechische, japanische Restaurants, Nachtlokale

sonder Zahl, Ausstellungsräume und Theatersäle: Noblesse und Bohemientum in unzeitgemäßer Mischung. Greenwich Village ist so echt oder so unecht wie der Montmartre oder das Quartier Latin – dort wie da frage ich mich manchmal, warum die »Originale«, von den Fremden angestarrt wie Fische in einem Aquarium, hierbleiben und nicht lieber, wollen sie wirklich Individuen sein, in die Großstadt hinausschwimmen, wo sie kein Aquariumsbesucher anstarren würde. Dennoch hat Greenwich Village, anders als der Montmartre und das Quartier Latin, etwas Rührendes – die Liebespaare, die eng umschlungen auf den Stufen der Häuser sitzen, wirken wie Flüchtlinge vor den Wolkenkratzern, die kleinen Restaurants mit den ausländischen Namen wie gastronomische Inseln der Sehnsucht, die Patrizierhäuser wie vergessene Stücke in einem Trödlerladen.

Das *Greenwich Mews Theatre* ist eines der vielen *off-Broadway*-Theater, die in den letzten Jahren aus dem Asphalt gewachsen sind – *Sheridan Square Playhouse, Orpheum Theatre, Theatre Four*, und wie sie sonst heißen. Ich werde noch von den *Off-Broadway*-Theatern sprechen müssen, diesen kleinen Bühnen, deren dumpfer Zuschauerraum mit 199 Plätzen begrenzt ist – Flüchtlinge sind auch sie, geflohen vor den unzivilisierten Kosten einer Broadway-*show*, der technischen Vollkommenheit und dem Übermut der Gewerkschaften. Das *Greenwich Mews Theatre* nimmt unter diesen insoferne einen besonderen Platz ein, als es sowohl der Presbyterischen Kirche des *village* als auch seiner *Brotherhood*-Synagoge gehört – wenn in dem Theatersaal nicht gerade gespielt wird, finden dort protestantische Gottesdienste statt, natürlich nicht am Sabbat, denn dann gehört er den Juden. Als *Weg ins Dunkel* geprobt wurde, waren gerade jüdische Feiertage, und vor dem Eingang des Theaters, unter der farbigen Reklametafel, war die rituelle Laubhütte der Juden aufgestellt, mit Früchten, Palmzweigen, Myrthen, Ähren – das eigenartigste Theaterentree jedenfalls, das ich je gesehen habe, nirgends als in Amerika möglich.

Es war gerade Pause. Bill Hairston stellte uns der blinden Produzentin vor, die von ihrer Freundin geführt wurde – liebenswerte alte Damen alle beide, Theaterbesessene, die sich das Brot vom Mund absparen, um mit dem Theatervolk leben zu können. Dann kamen der weiße Regisseur, die weißen und schwarzen Darsteller an die Reihe. Ich versuchte, mich mit den Schauspielern zu unterhalten, aber das Gespräch wollte nicht recht in Gang kommen. Ach ja, mit Barbara Schneider, der jungen Deutschen aus München, die, erst seit einigen Wochen in New York, für die weibliche Hauptrolle engagiert worden war, verstand ich mich schnell. Die Neger aber hielten sich abseits, an die Wand gelehnt, wie es die schwarzen GIs in Deutschlands Besatzungszeit getan hatten; sie unterhielten sich miteinander, schwiegen, lachten verlegen, und auch Licci und ich konnten so leicht keine Worte finden: wir waren wie fremde Kinder – »wollt ihr denn nicht miteinander spielen?« –; es gab keine Erwachsenen, die uns bei der Hand nehmen, das erste Spiel für uns arrangieren sollten. Ich hatte das Gefühl, daß mich der Hauptdarsteller, Clarence Williams III., ein junger Mann von tiefschwarzer Hautfarbe, mit einem hageren Gesicht, heftigen Backenknochen und hektischen Augen, mißtrauisch, ja feindlich musterte – hielt er mich für so alt, stieß ihn meine europäische Kleidung ab oder nur meine weiße Haut? Endlich raffte er sich auf und sagte: »Wie sind Sie dazugekommen, über das Neger-Problem zu schreiben?« – es klang herausfordernd, als wollte er sagen: Das Buch, *okay*, aber mit den Motiven kann es ja nicht weit her sein. Ich sagte, daß ich im Krieg mit Neger-Truppen gedient habe, ein paar Wochen lang nur, Invasion in der Normandie, ich hätte damals ... was sollte ich nur sagen? Meine Sympathien für sie entdeckt? Das hätte herablassend geklungen. Mitgefühl mit ihnen empfunden? Das ist beileibe nicht, was ein

New Yorker Neger zu hören wünscht. Ihre Probleme studiert? Die Neger wollen keine Studienobjekte sein. Ich weiß nicht mehr, welche Redewendung ich schließlich gebrauchte, aber die Ungeheuerlichkeit des Rassenproblems stand wie eine Mauer vor mir. Da hatte ich einen leidenschaftlichen »Neger-Roman« geschrieben, ein Neger hatte ihn dramatisiert, Neger würden ihn spielen, ein Europäer war ich zudem, kaum verantwortlich für die Diskrimination in diesem Lande – und wenn der Argwohn nicht niedergerissen werden konnte zwischen uns, dem Darsteller »meines« Washington Roach und mir, wie sollten sich dann die Schwarzen und Weißen Amerikas brüderlich die Hand reichen?

Bill und ich gingen, um Kaffee und Sandwiches zu holen. Ein guter Einfall, wie sich bald erwies, denn als wir zurückkehrten, hatte sich das ganze Ensemble um Licci geschart, die, gegen ihre Gewohnheit, gestanden hatte, daß sie Schauspielerin gewesen war – eine der besten in ihrer ungarischen Heimat, wie ich hinzufügen möchte –: in der Geheimsprache des Theaters hatte man sich endlich verständigt.

Die Probe begann – ein neuer Schock.

Mein Roman hatte, wie gesagt, von dem Neger-Soldaten Washington Roach in Deutschland gehandelt. Die Neger und die Deutschen hatten damals viel gemeinsam – es ist erstaunlich, wie sich die Unterdrückten ähneln. Ich hatte von Deutschen und Negern schreiben wollen, aber sehr bald hatten sich meine Gestalten, wie es zuweilen geschieht, selbständig gemacht: sie gebärdeten sich wie Menschen. Weil sie sich wie Menschen gebärdeten, war *Weg ins Dunkel* kein Neger- und kein Deutschen-Roman geworden, sondern ein Roman des Hasses. Eva, das bayerische Bauernmädchen, anfangs zu dem »Eroberer« mächtig hingezogen, entdeckt, daß er kein richtiger Eroberer, daß er nur schwarz sei; Washington Roach erwacht aus einer Illusion der falschen Gleichberechtigung, in der ihn die abstruse Situation gewiegt hat – den besiegten Deut-

schen gegenüber ist er wenigstens ein *Chesterfield-* und *Kleenex-*
Amerikaner, für die Amerikaner aber bleibt er, noch wenn er ihre
Uniform trägt, der Neger, dessen Großvater Sklave gewesen:
das Mädchen haßt den Soldaten, und der Soldat haßt die Weißen.
Washington Roach desertiert, ein schwarzer Schwarzhändler, ein
Emperor Jones des schwarzen Handels. Eva versucht, sich des Kin-
des von Washington Roach zu entledigen; sie »schenkt« es Martha,
einer aus dem Konzentrationslager befreiten sterilisierten Jüdin.
Washington Roach entführt das auf wunderbare Weise weiße
Kind: er haßt die Jüdin ebenso wie er das Kind liebt. Das deutsche
Mädchen haßt Washington, Washington haßt die Jüdin, das deut-
sche und das jüdische Mädchen hassen einander: der Ring hat sich
geschlossen, der unentrinnbare Ring des Hasses, den nur die
Stimme des Herrn durchdringt, als er sich an den Übeltäter am
Kreuz neben ihm wendet: *»Wahrlich, ich sage dir: Heute wirst
du mit mir im Paradiese sein.«*

Da saßen wir nun in den zusammengetakelten Sesseln des *Greenwich Mews Theatre* in New Yorks 13. Straße, in diesen pompösen
Orchesterfauteuils vielmehr, die, wer weiß wo, bessere Tage gesehen hatten; Szene um Szene rollte ab, aber mit meinem Roman
hatten sie nichts gemeinsam, ich hätte ebenso für Blinde schreiben,
für Taube sprechen können. Eine große Bitterkeit überkam uns,
die wir nicht aussprechen konnten, weil weiße Menschen noch
lange nicht so brüderlich mit schwarzen Menschen verbunden sind,
daß sie es wagten, ihrer Bitterkeit freien Lauf zu lassen.

William Hairston also hatte Martha, das jüdische Mädchen,
»weggelassen«, eliminiert, ihre Geschichte gestrichen; gestrichen
und eliminiert war die Sehnsucht des Negers nach dem weißen
Kind, war seine Schuld, Voraussetzung seiner Sühne. Welch
schmerzliche Bestätigung der Vermutung, die ich 1947 ausgesprochen hatte!

So ist es nämlich, daß in Harlem ein primitiver und gerade

deshalb heftiger Antisemitismus herrscht – jetzt wird man verstehen, warum ich den Inhalt von *Walk in Darkness* erzählen mußte. Dort, am anderen Ende der Stadt, jenseits der 110. Straße, gehören viele Wohnhäuser jüdischen Bürgern, so daß manche Neger einem Juden Miete zahlen müssen; wer aber pflegt den Hausherrn für etwas anderes zu halten als den leibhaftigen Teufel? Dort in Harlem gibt es auch einige jüdische Geschäfte, sowie *Blumenstein's*, das große Warenhaus – wer in einem solchen Geschäft einen Dollar bezahlt, meint leicht, er hätte nur neunzig Cent zahlen sollen. Die jüdischen Haus- und Geschäftsbesitzer wohnen nicht in Harlem – sie können dort so wenig leben wie jeder andere Weiße, aber ihnen, gerade ihnen, nimmt man es übel; wie kommen sie dazu, die *Christ-killers*, das Geld einzustecken, um sechs Uhr abends die Rolläden herabzulassen, in einen anderen Teil der Stadt zu fahren? Außerhalb Harlems – Mr. Clayton, die rechte Hand Dr. Kings in Atlanta, erzählte es mir später – verhält es sich ähnlich. Im Laufe des wirtschaftlichen Aufschwungs sind manche unbemittelten Juden, vielfach in Gettos der Armut lebend, eine Stufe aufgerückt, in etwas bessere Häuser und weniger abgesonderte Wohnviertel übergesiedelt – aber auch die Neger sind »aufgerückt«, haben die verlassenen Viertel der Juden bezogen, und so mußten sie denn die »Juden-Häuser« erwerben, zu Preisen natürlich, die ihnen wie Wucherpreise erschienen.

Nein, ich glaube nicht, daß das meinem Freund William Hairston bewußt geworden war, geschweige denn, daß er ein Antisemit wäre: der Antisemitismus ist der verborgene Aussatz einer ungalanten Krankheit. Aber Hand in Hand mit dem Haß gegen andere Rassen geht die Verherrlichung der eigenen: Hairston mußte gerade das weglassen, was den Neger, dem man die Menschlichkeit abgesprochen hat, menschlich macht, nämlich daß das Opfer des Hasses zum Träger des Hasses wird; der *circulus vitiosus* des Hasses war verschwunden, hier war kein Kreislauf mehr;

aus dem Haß war eine Einbahnstraße geworden, durch die der entfesselte, entmenschte weiße Mann reitet, den Schrei: »*Kill the nigger! Kill the nigger!*« auf den Lippen.

Spät am Abend fuhren wir nach Harlem. Die Stimmung war gespannt. Bill hatte meine Meinung hören wollen: ich hatte mich mit »tierischen Lauten« über Wasser gehalten. Hätte ein Weißer meinen Roman dramatisiert: ich hätte meinen Namen zurückgezogen, aber das hätte man natürlich als eine »Anti-Neger-Demonstration« ausgelegt – so weit entfernt sind wir von einem aufrichtigen Verhältnis.

Man hatte mir gesagt, daß sich seit Monaten kein weißer Mann nach Harlem wage, nicht ohne triftigen Grund es betrete, gewiß nicht in der Dunkelheit; Taxis weigern sich, nachts nach Harlem zu fahren; tags fahren sie mit gesenkten Fähnchen und verschlossenen Türen durch das Negerviertel. Wir freilich standen unter dem Schutz von Bill Hairston, aber es fiel mir schwer, meinen Unmut gegen dieses Patronat zu unterdrücken; ich hatte genug unter der Barbarei der Kollektivschuld gelitten, genug gegen sie gekämpft: Mußten die Neger sie auf ihre Fahnen schreiben, neben die Parolen der Freiheit?

Als wir den Central Park bei der 102. Straße verließen, waren wir plötzlich in einer anderen Welt – und ich gebrauche das Wort »plötzlich« ungern, eben nur dort, wo das Neue, Andere, Unerwartete wie eine explodierende Mine vor einem »platzt«. Von einer Sekunde zur anderen, in der Tat, waren wir in einer zurückgebliebenen Provinzstadt, die sich an die lebendigste Metropole der Welt herangedrängt hatte, neben sie in einen leeren Raum gefallen war. Die Straßen waren ausgestorben, arm und schmutzig, die einzigen Lichtreklamen über den Türen dürftiger Kneipen, dünne Neonröhren und agonisierende Buchstaben, selten eine beleuchtete Auslage, noch seltener ein beleuchtetes Fenster.

Wir betraten *Small's Paradise*, das bekannteste Nachtlokal von

Harlem, das einem Neger-Boxer gehört: früher war es hauptsächlich von vergnügungssuchenden Weißen frequentiert worden. Rechts vom Eingang befindet sich eine riesige Stehbar: hübsche Negermädchen, die Kleider bis zum Nabel ausgeschnitten, standen an der viereckigen Theke, tranken, flirteten in der Dunkelheit, daneben salopp gekleidete junge Neger, einige Gangstertypen, Zuhälter und Rauschgifthändler. Wir wurden von einem Kellner durch den Raum bugsiert; obwohl Platz genug war, hatten wir nicht die geringste Chance, länger als wenige Minuten in der Bar zu verweilen. Nebenan, in einem hellerleuchteten Saal, war die *floor-show* in vollem Gange; hier, wo man übrigens ein nicht unbeträchtliches Eintrittsgeld entrichten mußte, wurde uns ein Tisch unmittelbar am Tanzboden eingeräumt.

Das »Paradies« des Mr. Small war nicht einmal halb voll, nirgends war auch nur ein einziger weißer Mann zu sehen. Im Hintergrund des erhöhten Tanzbodens spielte eine, wie mir Licci versicherte, hervorragende Jazz-Kapelle: ich verstehe nichts von Jazz. Die Darbietungen wechselten zwischen den ordinären Clownerien eines Conferenciers und der bewundernswerten Tanzkunst einer schwarzen Gruppe, die aus einem halbnackten Mann und zwei dreiviertelnackten Mädchen bestand.

Ich sah mich um. Die Männer – es gab nur wenige Frauen – waren nicht nur gut angezogen, ihre Kleidung charakterisierte jenes *underdressing*, das mir unter den selbstbewußten Negern New Yorks schon aufgefallen war. Verschwunden waren die karierten Jacketts, die lauten Krawatten, die mehrfarbigen Schuhe, die »komischen« Hüte. Die Neger, die hier um das Podium saßen, sahen samt und sonders wie Pastoren aus: schwarze Anzüge, schwarze Krawatten, sozusagen die Mode des Reverend Martin Luther King. Und wie Pastoren, die sich eine schlüpfrige *show* nur ansehen, weil ihr Amt als Mitglieder einer »Selbstkontrolle« sie dazu zwingt, so benahmen sie sich auch, die Nachtvögel von

71

Harlem. Sie blickten hinauf zu den nackten Mädchen, die über die Bühne wirbelten, von einem Ende zum anderen geworfen wurden, im Spagat über die Tanzfläche segelten, blickten hinauf zu ihnen, als blickten sie durch sie hindurch: kein Muskel in den Gesichtern bewegte sich, kein Mund verzog sich zum Lächeln, keine Hand regte sich zum Applaus. Die Kapelle, des neugewonnenen Stolzes noch nicht bewußt, trieb die Tänzer zu ekstatischen Bewegungen an: der halbnackte Mann, von vollendeter Schönheit, vollzog einen symbolisch-tänzerischen Liebesakt *à trois*, tanzte alle Phasen sadistischer und masochistischer Erregung; unten aber, im Auditorium, saßen schwarze Panoptikumsfiguren, saßen Pastoren in vollendeter Selbstkontrolle – magst du zucken, weißer Mann, so viel du willst, schienen sie zu sagen, wir tun dir nicht den Gefallen, uns so zu verhalten, wie du es von uns erwartest, unsere Lieder erregen uns nicht mehr, unsere Hymnen sind uns fremd, unsere Trommeln sind taub, der Dschungel liegt hinter uns. Schütterer Beifall – dann trat ein Sänger auf, im weißen Seidenfrack, ein junger Mann, der als berühmter Schallplattenstar angekündigt wurde. Kein Stimmungssänger hatte es je schwerer gehabt, Stimmung zu erzeugen – nochmals sah ich mich um und sah die Hände der Männer und Frauen, die sich krampfhaft an den Sessellehnen festhielten, um den Takt nicht zu schlagen, sah ihre Füße, durch die zuweilen ein Zucken ging und die doch unbewegt blieben: hier und da nur fuhr ein elektrischer Schlag durch die Körper, nur hier und da, für kurze Augenblicke, setzte der Rhythmus die Natur frei.

Jetzt wurden ein paar neue Gäste hereingeführt. Neben uns nahm eine Gesellschaft Platz – zwei schwarze Männer, zwei weiße Frauen. Einer der Männer – er bestellte für alle – war groß, breit gebaut, Ende Vierzig, seinem Gehabe nach ein erfolgreicher Kaufmann. Der andere war klein, hager, mit einem Knebelbart, vielleicht ein Maler, sicher der arme Freund des reichen Kaufmanns.

Die Frauen: blond, blauäugig, mit schmalen Lippen und hohen Backenknochen, unnahbar, sauber, streng, hemmungslos, fordernd, unersättlich. Der große Dicke bestellte Champagner, aber es konnte die erste Flasche an diesem Abend nicht sein: die beiden weißen Frauen waren betrunken. Oben, auf dem Tanzboden, machten die Attraktionen dem Publikumstanz Platz, die schwarzen Paare tanzten, ältere und neuere Tänze, doch tanzten sie auch die neueren höchst beherrscht – ich kenne kein Lokal in Rom, St. Tropez oder Ascona, wo der Twist weniger getwistet würde als in *Small's Paradise*. Neben uns aber benahmen sich die schwarzen Männer und die weißen Frauen, als wären sie allein: der Kleine mit dem Knebelbart hatte seine Hand in das Dekolleté einer der beiden Frauen versenkt; er hielt ihre Brust in der Hand, so daß man durch die dünne Bluse nur seine Knöchel sah; die andere Frau hatte ihren Kopf auf die Schulter des Dicken gelegt und hob ihn nur manchmal, um die Ohrläppchen des Mannes zwischen ihre Zähne zu nehmen. Wenn ich meinen Blick von den beiden Paaren wandte, bemerkte ich, daß auch die anderen Gäste sie musterten, ohne Mißbilligung, ermunternd beinahe, mit einem spöttischen Lächeln um die Lippen, mit selbstgefälliger Verachtung der trunkenen Frauen. Im Hintergrund hatte nun auch ein anderer Neger mit einem weißen Mädchen Platz genommen, sie tranken Bier; von Zeit zu Zeit kamen ein paar Gäste aus der Stehbar herein, dann wurde es laut und lebendig; die Kellner bugsierten sie in die Bar zurück, wie sie uns hinausbugsiert hatten. Der Conferencier kündigte eine neue Nummer an, die Pastoren saßen regungslos, die Jazzband trommelte, der Kleine hatte seine Hand immer noch im Ausschnitt seiner Begleiterin, die andere Frau knabberte immer noch am Ohr des Dicken.

Bei früheren Besuchen in den Nachtlokalen von Harlem hatte ich, wenn auch nicht oft, weiße Männer mit schwarzen Frauen gesehen, doch niemals schwarze Männer mit weißen Frauen. Nun erscheint mir die eine »Farbenkomposition« so wenig seltsam wie die andere, aber ich bin weder von Geburt noch Erziehung Amerikaner. Ich hatte im Paradies des Mr. Small eine neue Seite des amerikanischen Neger-Problems entdeckt – wie hatte ich sie bisher übersehen können?

Über die sexuellen Minderwertigkeitsgefühle des amerikanischen Mannes sind Studien, Dissertationen, Romane, wissenschaftliche Bücher geschrieben worden – die Existenz solcher Komplexe wollen wir, wenigstens im Moment, voraussetzen. Der Raritätswert der Frau in der Pionierzeit, die puritanische Tradition des protestantischen Amerika, die Erziehung der Männer durch Frauen und der daraus resultierende »Mom-Komplex«, wie ihn P. Wylie genannt hat, die Überlegenheit der Frau in einer Gesellschaft, die ihr die Betreuung aller kulturellen Gebiete überläßt – das alles sind Bausteine, aus denen der amerikanische Mann seine Minderwertigkeitsgefühle zusammensetzt. Jeder europäische Mann erfährt früher oder später die gereizte Feindseligkeit, mit der ihm die amerikanische Männerwelt begegnet – und dabei sind die Europäer gering an Zahl, gehören der gleichen Rasse an. Die Integration aber, die John F. Kennedys Reformen in Bewegung setzte – im Unterbewußtsein des weißen Amerikaners bedeutet sie, wenn nichts anderes, so zumindest den Einbruch von rund neun Millionen männlichen Nebenbuhlern. Daran nicht genug: der Minderwertigkeitskomplex des weißen Amerikaners hat den Boden für seine eigenen Leiden reif gemacht. Seit die ersten Neger in Amerika »eingeführt« wurden, eine fragile Ware, die explosivste zugleich, ist dort die Legende verbreitet, wonach der schwarze Mann keinen anderen Wunsch habe, als mit der weißen Frau zu schlafen – während in Wirklichkeit selbst den schwarzen Männern in Small's Paradise die Demonstration ihrer Gleichberechtigung wahrscheinlich wichtiger war als der Beischlaf –; dazu kommt das Sexualmärchen von der physisch-sexuellen Überlegenheit des

Negers, das der komplexgequälte amerikanische Mann ersonnen und am Ende selbst geglaubt hat. Jetzt verstand ich, was ich längst hätte wissen müssen, warum nämlich so vernünftige Männer wie der ehemalige Präsident Harry S. Truman, geht es um die Frage der geschlechtlichen Beziehungen zwischen Schwarzen und Weißen, in den Jargon des Kleinbürgers verfallend, den armseligen Slogan wiederholen: »Was würden Sie sagen, wenn Ihre Tochter einen Neger heiratete ...?«

Wir strichen in dieser unnatürlich warmen Oktobernacht noch lange durch Harlem, besuchten Kneipen, Bars und Nachtlokale. Vor einem geschlossenen Friseurladen blieb Hairston stehen: er käme, erklärte er, immer hierher, obwohl er am anderen Ende der Stadt wohne, in Greenwich Village – »*to get the feeling of Harlem*«: er wollte seine Treue zu Harlem demonstrieren und ahnte wohl nicht, daß es sich um einen »rassistischen« Haarschnitt handelte. In der 125. Straße – Harlems Fifth Avenue – begegneten wir schwarzen Huren mit blonden Haaren oder roten Farah-Diba-Perücken, Rauschgifthändlern im Schatten der Tore, Strichjungen und schwarzen *beatniks,* die sich in nichts von ihren weißen Kollegen in Greenwich Village unterschieden, schwarzen Polizisten, zu zweit patrouillierend, Arbeitern auf dem Weg zu früher Arbeit. Es war, als wollte uns unser Freund Bill jedesmal, wenn etwas Häßliches auftauchte, die Augen zuhalten – er begann, schnell zu sprechen, unsere Aufmerksamkeit abzulenken, ein neues Thema anzuschlagen –, und in den Lokalen erklärte er eilends, ich sei jener europäische Autor, der zusammen mit ihm das Theaterstück *Walk in Darkness* geschrieben habe. Ein Weißer, aber ein anständiger Mensch. Ach, ich hatte im Leben zuviel Ähnliches gehört ...

DER MANN AUF DER SEIFENKISTE

Ich mußte mich auf meine Reise vorbereiten, die mich in den Süden des Landes, nach Alabama, Georgia, Louisiana, Mississippi und Texas führen sollte – warum ich diese Route plante, davon soll noch die Rede sein. Nicht zuletzt durch meine Frau, die länger als ich in Amerika gelebt hatte und deren Freundeskreis ohnedies den Globus umspannt, konnte ich mit einem freundlichen Empfang in weißen Kreisen rechnen, in gewissen weißen Kreisen zumindest: es galt nun, mir »schwarze« Empfehlungen zu beschaffen. Amerikanische Journalisten hatten mich an einige Persönlichkeiten Harlems verwiesen.

Nicht alle Neger New Yorks, wie man gern annimmt, wohnen in Harlem – nicht alle, doch wohnen sie nirgends in ähnlicher Konzentration: 400 000 an der Zahl, die Hälfte der schwarzen Bevölkerung New Yorks.

Der Eindruck, den ich schon in der Nacht gewonnen hatte – daß Harlem nicht nur eine fremde Stadt ist, sondern ein fremdes Land an der Grenze New Yorks –, wurde nicht verwischt, sondern verstärkt durch die Plakatwände, deren ich jetzt ansichtig wurde. Wie in Indien oder Japan, so haben die amerikanischen Firmen hier zwar nicht den Text, aber die Bilder auf ihren Plakaten geändert – das junge Paar im Abendkleid auf dem Whisky-Plakat von *Old Hickory* ist ein schwarzes Paar, der Arzt auf der Werbung von *Rexall-Drugs* ein schwarzer Arzt, der sportliche Käufer von *Viceroy*-Zigaretten ein junger Neger. Die Fremdartigkeit des Viertels

– ohnedies begegnete ich stundenlang kaum einem Weißen – schlug mir ins Gesicht. Wäre Harlem ein integraler Teil New Yorks: die Stadt würde sich nicht sozusagen wiederholen – die 125. Straße die Fifth Avenue Manhattans, Hamilton Terrace ein Cottage-Viertel innerhalb der schwarzen Welt, die Fifth Avenue Harlems, nördlich von Mt. Morris-Park, ein schwarzer Broadway.

Am wichtigsten Zeitungsstand waren, außer den *Daily News*, Amerikas verbreitetstem Boulevard-Blatt, nur Neger-Zeitungen zu haben. Eine aufschlußreiche Lektüre, diese Lektüre der *Amsterdam News*, des *Afro-American*, des *Journal and Guide*, und wie aufschlußreich, daß man in Harlem die Neger-Zeitungen der Provinz, wie den *Pittsburgh Courier* oder den *Atlanta Inquirer*, leichter bekommt als die *New York Times*.

Was die *Amsterdam News*, New Yorks größte Neger-Zeitung, betrifft, könnte sie ebensogut in Ghana erscheinen. Der einzige Weiße, der in der dickleibigen Sonntagsausgabe abgebildet war, Gouverneur Rockefeller, war hier nur zu sehen, weil er einen schwarzen Zeitungsjungen auszeichnete. Die chemischen Elemente, aus denen sich die *Amsterdam News* – ein gemäßigtes Blatt übrigens – zusammensetzt, sind: Rassenstolz, Rassenhaß und Imitation. Die Nummer, die ich hier erwähne, berichtete von den Fortschritten der Neger auf verschiedenen Gebieten, klagte aber zugleich die Engstirnigkeit der Weißen an: sie sprach von der wachsenden Wahlbeteiligung der Neger im Süden, beklagte aber zugleich, daß von den 2300 Mitgliedern der Fahrstuhlführer-Gewerkschaft keiner ein Neger sei; sie meldete, daß Joan Bunche, die Tochter des Nobelpreisträgers, ihren neuen Posten in Louisiana bezogen habe, und richtete einen scharfen Angriff auf die Sabotage beim Bau des *Harlem Hospitals*. Am interessantesten fand ich jedoch die verschwenderischen Gesellschaftsseiten der *Amsterdam News*, die sich von den ebenso schwachsinnigen Gesellschaftsseiten der »weißen« Blätter nur durch die Farbe der Abgebildeten unterschieden, so daß ich einen Augenblick zu fragen versucht war, ob denn vielleicht die Dummheit, der sogenannte gesellschaftliche Ehrgeiz, die Sucht nach Statussymbolen der Treffpunkt, der *meeting-ground*, sei, auf dem sich Weiße und Schwarze am Ende doch finden würden. Da wurden doch tatsächlich Spalten teuren Papiers auf die Präsenzliste eines Balles im »schwarzen« *Hotel Diplomat* verschwendet; da wurde die Eleganz einer »Dame der Gesellschaft« hymnisch gepriesen; da fand ich die Klatschkolumne des Les Matthews, *Mr. 125. Street* genannt, aus der ich erfuhr, daß ein Erpresser dem forschen *Barbecue-George-Williams*, offenbar einem Playboy Harlems, eine wöchentliche Zahlung von fünfzig Dollar abverlangt habe. Wäre ich über das Rassenproblem nicht schon etwas besser informiert gewesen – ich hätte annehmen können, daß der Unterschied zwischen weißen Playboys und dem Barbecue-Williams nur im Preis besteht.

Ein Spaziergang in der 125. Straße stimmte mich milder und trauriger; allzuoft ertappt man sich ja dabei, erst milder zu werden, wenn man trauriger wird. Es ist in dieser Straße alles zu haben, was man in der Fifth, der Madison und der Lexington Avenue findet – nur sind die Spitzen auf den Damennachthemden falsch, die Brillanten der Eheringe gelb, die Kleider von minderem Stoff. Die amerikanische Demokratie – oder die amerikanische Reklame – hat dafür gesorgt, daß die Karikatur des Luxus äußerlich wie das Original wirke, daß jedes gesellschaftliche Symbol, also auch der Luxus, sich auf jeder Stufe wiederhole, vom Ehering bis zum *Kidnapping*. Dem Europäer erscheint diese Form der Demokratie sowohl nachahmenswert als auch unheimlich. Nirgends in der Welt, am wenigsten in Ghana, kann sich ein Neger-Mädchen für fünfzehn Dollar ein schmuckes Abendkleid kaufen, aber verbirgt sich hinter dem reizvollen äußerlichen Bild nicht eine Hypertrophie der sekundären Bedürfnisse, »muß« man nicht, was man eigentlich nicht kann, ist nicht, was so billig zu sein scheint, zu teuer erkauft, ist der Lebensstandard so hoch oder die Lebenslüge so groß? Es mag durchaus persönlich sein, ganz und gar »europäisch«, aber mich ergriff in der elegantesten Straße Harlems ein Mitleid, tiefer als das Mitgefühl, das mich später in manchem schwarzen Elendsviertel ergriffen hat – vielleicht, weil sich die schwarzen und die weißen Elendsviertel aufs Haar ähneln, die schwarze Eleganz aber wie eine verzweifelte, groteske, hoffnungslose Imitation der weißen Eleganz wirkt. Mitleid und auch Angst ergriff mich, in der 125. Straße Harlems, denn ich weiß, daß die Imitation, dieses größte aller Komplimente, mißlingt sie am Ende doch, in Haß umschlägt: man haßt niemanden mehr als den, den man umsonst nachzuahmen versucht hat. Die Schwarzen Amerikas haben erst zu hassen begonnen.

An der Ecke der 125. Straße hatte sich inzwischen eine Menschenmenge versammelt. Vor dem *Drug-store* war ein junger Mann – Mischung aus Gandhi und Goebbels – auf eine *soap-box* gestiegen, eine jener Seifenkisten, die in Amerika zu den unerläßlichen Requisiten der Volksredner gehören. Schon nach wenigen Worten war es klar, daß er der Bewegung der *Black Moslims* angehörte, der radikalsten Bewegung unter den Negern, welche die Überlegenheit der schwarzen Rasse, die religiöse Verbundenheit mit den farbigen Rassen Afrikas predigt, den weißen Mann als den »Teufel« anprangert, eine strenge Rassentrennung – zur Erhaltung der hochwertigen dunklen Rasse – befürwortet und von Amerika nichts als einen eigenen Neger-Staat fordert. Obwohl die *Black moslims* Antisemiten sind – antiprotestantisch und antikatholisch sind sie gleichfalls –, berufen sie sich gern auf Israel: sie vergessen nur, daß die Juden niemals einen Staat als Heimat einer »Rasse« anstrebten, am wenigsten einen Staat innerhalb eines Staates, daß es vor Israel keinen jüdischen Staat gegeben hat, während die Zahl der »schwarzen« Staaten in die Dutzende geht.

Nun predigte also der Heilige in dem zu weiten Anzug, predigte wie Goebbels, und inzwischen hatten sich zwei andere Neger mit Tafeln in der Hand eingefunden – auf der einen die illustrierte Aufschrift: »*Der schwarze Mann – heute trägt er die Welt, morgen wird er die Welt regieren*«, auf der anderen: »*Verfluchter weißer Teufel – verschwinde!*«, mit welch letzterer Aufforderung übrigens nur ich gemeint sein konnte, da sich kein anderer weißer Teufel in der Nähe aufhielt.

Was mir am meisten auffiel, mich am meisten überraschte, mich bewog, auf meinem Posten zu verharren – zwei Polizisten, wenn auch von schwarzer Farbe, hatten sich zum Glück in meiner Nähe aufgepflanzt –, das war die sophistizierende Intelligenz des Seifenkistenredners. Wenn die »schwarzen Moslems«, so begann er, behaupten, sie seien eine hochwertige Rasse, so behaupten sie das nicht, weil sie »Rassisten« im Sinne Hitlers seien – der schwarze Mann habe eben, kraft seiner in der Unterdrückung gewonnenen Erfahrung, seiner Universalität, seiner Menschlichkeit die Überlegenheit errungen, die ihn zur Führerrolle bestimme. Der weiße Mann, andererseits, sei nicht immer minderwertig gewesen: er habe sich, stets mit dem Teufel paktierend, dem Teufel assimiliert. Jetzt freilich sei er vom Teufel nicht mehr zu unterscheiden – und damit wies der Redner auf die Tafeln, die sich zu bewegen begannen und auf mich zusteuerten. »Warum aber, meine Brüder«, fuhr der Redner fort, »sind die *Black Moslims* zu einer Volksbewegung angewachsen, warum sind sie allein berufen, die schwarzen Massen in Amerika zu repräsentieren?« Seine eigene demagogische Frage demagogisch beantwortend, begann der schwarze Goebbels, gegen die »Liberalen, die Kennedys und deren Mitverschwörer« vom Leder zu ziehen – jetzt, so schien es, war er bei seinem eigentlichen Gegenstand. Die schwarzen Moslems, und sie allein, hätten erkannt, was die Liberalen in New York und Washington im Schilde führten. Die weißen Liberalen hätten sich mit schwarzen Verrätern und »dummen *niggers*« zusammengetan – er gebrauchte das Schimpfwort –, um den Neger einzulullen, ihm ein *drunken paradise«*, ein Paradies der Trunkenen, vorzugaukeln, ihn, in satter Selbstzufriedenheit, am Ende nicht nur um den Fortschritt, sondern auch um die Früchte des schon Errungenen zu bringen. »Der Feind sitzt nicht im Gouverneurspalast von Birmingham, sondern im Weißen Haus zu Washington!« rief der *Soap-box*-Redner – die Menge klatschte Beifall, die Köpfe wandten sich mir zu, die beiden Polizisten standen unbewegt, die beiden Tafelträger hatten sich langsam genähert, ich stand zwischen den schwarzen Tafeln des Hasses und den schwarzen Hütern der Ordnung.

Ich wandte mich ab, begann zu gehen. Einen Augenblick lang sah es so aus, als könnte ich mich nicht ohne weiteres aus der Menge befreien; ich sah nur Augen, große haßerfüllte Augen; ich stand eingekeilt zwischen unbewegten Schultern; die Polizisten rührten sich noch immer nicht, aber dann hatte ich mich behutsam an den schwarzen Männern vorbeigeschlängelt, überquerte die Straße. Ich hörte das Lachen hinter mir, dieses häßliche Lachen der Mehrheit, das nicht minder häßlich ist, wenn eine Minderheit es ausstößt. Der schwarze Moslem sprach immer noch.

Aus den Fenstern der Ordination eines schwarzen Arztes – ihm hatte die Empfehlung meiner Freunde gegolten – konnte man die Ecke der 5. und 125. Straße sehen: kein Wunder also, daß wir sogleich von den *Black Moslims* zu sprechen begannen.

Da standen wir uns nun gegenüber, der weiße und der schwarze »Liberale«, aber es sollte kein gutes Gespräch werden.

Natürlich, begann der Arzt – ein grauhaariger Mann, im weißen Ärztemantel imposant anzusehen –, natürlich sei er ein Gegner der »schwarzen Moslems«, schon aus religiösen Gründen: Wirrköpfe seien sie, schwarze Faschisten, vielleicht vom Ausland bezahlt, von Nassers Ägypten vermutlich, auch sei die Idee eines Negerstaates innerhalb von Amerika ganz und gar unamerikanisch. Gegen Elijah Muhammed, den »Führer«, lasse sich eine Menge vorbringen, gegen Malcolm X., dessen rechte Hand, noch mehr – »was für ein Unsinn überhaupt, auf die schönen alten Familiennamen zu verzichten, nur weil sie unseren Vorfahren, den afrikanischen Sklaven, von weißen Menschen gegeben wurden«. Aber ... dieses Aber hatte, während der Doktor sprach, ununterbrochen über unseren Köpfen gehangen.

So verwerflich die *Black Moslims* seien – die Neger brauchten sie, brachte der Arzt endlich hervor. Der Reverend Dr. King, das sei ein guter Christ, ein tapferer und kluger Mann, aber – »es kommt ein Moment, da die Albert Schweitzers am besten als Bilder in den Schulzimmern hängen«. Richtiger: die schwarzen Moslems, darin den *Irguns* in Palästinas Befreiungstagen ähnlich, erfüllten zwei Aufgaben – sie jagen dem weißen Mann, ich möge den Ausdruck verzeihen, »endlich Angst ein«, und sie brächten Leuten wie Dr. Martin Luther King zum Bewußtsein, daß es so nicht weitergehe, mit milder Überredung gehe es nicht weiter, die Geduld des schwarzen Amerikaners sei erschöpft. Ich möge die schwarzen Moslems nicht überschätzen, fuhr er fort – unten, an der Straßenecke, hatte die Menge sich verlaufen, packte der kleine Goebbels seine Seifenkiste zusammen –: man werde mit diesen Leuten, brauche man sie nicht mehr, schon fertig werden. Aber – ich würde es im Süden selber sehen – die Zustände seien nun einmal unerträglich: »Sie glauben doch nicht ernstlich, daß uns die Kennedys heute dazu bewegen könnten, für die Befreiung der Kubaner zu kämpfen, uns, denen man die Freiheit versagt.«

Er ging an seinen Schreibtisch und schrieb einen Brief an Roy Wilkins, den Generalsekretär der NAACP, der *National Association for the Advancement of the Colored People*. Dort würde man mir weitere Empfehlungsschreiben an Neger-Führer im Süden geben.

Wenn ich den Eindruck erweckt habe, daß die Neger Amerikas,

mit Ausnahme der *Black Moslims,* geeint seien: ich hätte einen unrichtigeren Eindruck kaum erwecken können. Da ist eben jene NAACP, seit 1910 Vorkämpferin der Toleranz und auch heute noch einflußreich: doch kann sie schon lange nicht mehr im Namen der Neger sprechen, in erster Linie wohl, weil sie auf die Zusammenarbeit von Weißen und Schwarzen aufgebaut ist – zu den rund 2200 »lebenslänglichen Mitgliedern« gehört Gouverneur Rockefeller ebenso wie die Negersängerin Marian Anderson, der Botschafter Chester Bowles ebenso wie der Jazzsänger Nat King Cole. Da ist die *Southern Christian Leadership Conference* unter der Führung des Pastors Dr. Martin Luther King jr., den heute noch die meisten Neger, besonders im Süden, als ihren Heiland betrachten – er hat im Jahre 1955 den Autobusstreik der Neger in Montgomery, Alabama, organisiert, und seither durch seine »unblutigen« Streik- und Protestaktionen die Sache seiner Rassegenossen so sehr gefördert, daß ihn *Time* als den Mann des Jahres 1963 bezeichnen, eine Gruppe von Politikern ihn für den Friedens-Nobelpreis nominieren konnte. Da ist die *National Urban League,* der ein junger Intellektueller, Whitney Young jr., vorsteht, und die sich hauptsächlich im Kampf für die sozialen Rechte der Neger, für bessere Arbeitsmöglichkeiten und würdigere Behausungen, Verdienste erworben hat. Da ist die Organisation SNICK unter John Lewis und die *Afro-American Association* unter dem siebenundzwanzigjährigen Rechtsanwalt Donald Warden, die mit ihrem Radikalismus den »schwarzen Moslems« um so mehr Konkurrenz macht, als man ihr angehören kann, ohne den mohammedanischen Glauben anzunehmen. Und da ist schließlich, unter der Führung von James Farmer, eine Organisation von ganz besonderer Prägung, CORE, die weißen Linksradikalismus mit schwarzem Rassenradikalismus unter einen Hut bringt – die weißen Mitglieder von CORE scheinen überzeugt zu sein, daß es einen irrenden Schwarzen nie gegeben hat.

Mr. Wilkins ließ mich lange warten. Das Büro der NAACP war von einer Geschäftigkeit erfüllt wie ein Hauptquartier vor den Wahlen; die Dame in der Telephonzentrale arbeitete mit den Steckern so hurtig, als wären es Nadeln einer Strickmaschine; Sekretäre und Sekretärinnen stolperten übereinander; die Namen der Ehrenmitglieder, in Bronze, füllten eine Wand, Pamphlete, Aufklärungsschriften, Propagandamaterial eine andere. Daß ich mir den Freiheitskrieg romantischer vorgestellt hatte, etwas ärmer, etwas improvisierter, etwas weniger bürokratisch, ist sicher mein Fehler; schon Byron wußte, daß die Freiheit einen General braucht, aber obwohl ich davon gleichfalls überzeugt bin, es wird mir immer unheimlich zumute, wenn ich sehe, wieviel Telephonlinien heute für ein wenig Freiheit notwendig sind.

Der General hatte keine Zeit für mich. Ich wurde von seiner Assistentin empfangen, Miss Mildred Bond, halb Negerin, halb Chinesin: sie machte mich mit den Zielen der NAACP vertraut, als verkaufte sie mir eine IBM-Maschine. Mitten in ihren Ausführungen über das Verbot der NAACP durch den Gouverneur von Alabama platzte eine hübsche weiße Blondine ins Zimmer: sie hatte unser Gespräch aus dem Nebenzimmer verfolgt. Es stellte sich heraus, daß sie eine junge Juristin war, Rechtsberaterin der NAACP: die Erklärungen Miss Bonds schienen ihr nicht radikal genug zu sein.

Als ich den Empfehlungsbrief vorwies, bemerkte ich das Zögern, wenn nicht den Unwillen der schwarz-gelben, im übrigen reizenden Assistentin, und um ihr Mißtrauen zu zerstreuen, lenkte ich das Gespräch auf meinen Freund William Hairston und die bevorstehende Uraufführung von *Walk in Darkness*. Ich hätte es nicht tun sollen; dennoch war es nützlich, daß ich es tat: so öffnete sich mir ein neuer Aspekt der schwarzen Welt Amerikas.

Obwohl Miss Bond nichts dergleichen sagte, konnte ich vereinzelten Bemerkungen, der einen oder anderen wegwerfenden Geste entnehmen, daß die schwarzen Künstler bei den schwarzen Politikern nicht gerade hoch in Gunst stehen. Zweifellos: die Neger sind stolz auf ihre Berühmtheiten, auf die Marian Andersons und Canada Lees, die Duke Ellingtons und Sammy Davis', die Lena Hornes, Harry Belafontes und Leontyne Prices, aber größer als die Bewunderung für diese Künstler ist – ich sah es wieder – ihre Angst, der Vorstellung zu entsprechen, die sich die weiße Welt von ihnen gemacht hat. Der Moslem-Führer Malcolm X. hat protestierend von einer *»Amüsier-Rasse«* gesprochen, welche die Neger nicht sein wollen – leider konnte er sich dabei auf die unklugen Worte eines so klugen Mannes wie H. L. Mencken berufen, der von »schwarzen Clowns« gesprochen hatte. Die Minderwertigkeitsgefühle der Neger wurzeln so tief, daß sie auch dort, wo sie überlegen sind, nicht »anders« sein wollen – mit Bezug auf die Künstler hat es ein Neger-Kabarettist so ausgedrückt: *»Es ist doch nett von Oma, daß sie noch so spät vor dem Fernsehschirm sitzt, um sich Sammy Davis jr. anzusehen, während die Kinder bei der Ku-Klux-Klan-Versammlung sind.«* Was früher ein Glück war, daß nämlich die Talente unter den Negern Pioniere der Verständigung gewesen sind – jetzt kehrt es sich gegen sie: da man ihnen gegenüber schon längst farbenblind gewesen ist, liegt der Verdacht nahe, sie seien es gleichfalls geworden; das macht sie bei anderen Negern suspekt; sie gelten bei diesen, mit wenigen Ausnahmen, als »unsichere Kantonisten«, in des Wortes doppelter Bedeutung. *Onkel Tom* – das ist das schimpflichste Schimpfwort unter den Negern Amerikas, und man versteht darunter – arme, naive Tante Harriet Beecher-Stowe! – nicht nur einen »Sklaven«, der mit George Shelby, seinem »guten Herrn«, auskommt: man versteht darunter auch einen Neger-Sänger, der eine »weiße« Oper zum Triumph führt, obwohl das Neger-Problem noch nicht gelöst ist.

Endlich entschloß sich Miss Bond, mir ein Schreiben an einige Neger-Führer des Südens mit auf den Weg zu geben. Nachdem ich ihn schnell durchflogen hatte, hätte ich auf den Brief gerne verzichtet. Kein Empfehlungsbrief, den ich je einem mir unbekannten Stellungsuchenden gegeben habe, war von solcher Vorsicht gewesen, keiner von so distanzierter Kühle, keiner von so beleidigendem Argwohn. Den Brief zurückzugeben verbot mir jedoch, mehr als die Höflichkeit, meine unnatürliche Angst, den Angehörigen einer anderen Rasse zu verletzen. In »*Morgen früh*«, dem großartigen Stück von Friedrich Karinthy, küßt ein Krüppel die Hand eines gesunden Mannes, der ihn niedergeschlagen hat: der erste Mensch, so fühlt der Krüppel, der ihn, den Deformierten, als vollwertigen Mann nahm. So weit sind wir noch nicht.

Es war gegen sechs Uhr nachmittag, als ich mich Manhattans brodelnder Fifth Avenue näherte. An den Fenstern meines Taxis floß die heiße Lava New Yorks vorbei, die Tag und Nacht durch die Straßen Manhattans rollt, trügerisch in ihrer Schnelligkeit und unaufhaltsam in ihrer Langsamkeit. Da standen die Paläste aus Marmor und Glas und Stein, tausend Augen blickten in tausend Augen, aber zum erstenmal mußte ich daran denken, daß es Glasaugen waren: vielleicht sahen sie die Lava nicht, die sich da langsam, fettleibig, glühend und unaufhaltsam durch die Straßen wälzte. Von den höchsten Türmen dieser höchsten Burgen der Zivilisation, ich wußte es, konnte man hinwegsehen über den herbstlichen Central Park, hinweg über die unsichtbare Grenze der 110. Straße, konnte man Harlem sehen, mit seinen häßlichen Ziegelbauten und schwarzen Feuerwänden, mit seinen armen Lichtern und seinen krampfhaften Imitationen – aber ich begann zu zweifeln, ob es viele gab in diesen Türmen, die »*zum Sehen geboren, zum Schauen bestellt*« waren, die auch nur ahnten, was in diesem dunklen Herbst sich ihnen nahte. Harlem schien unendlich weit, und Harlem war doch so nah.

Ich schlug die Zeitung *The Afro-American* auf, die ich mir in der 125. Straße gekauft hatte. Mein Blick fiel auf den Bericht von einer Rede, die Dr. Ralph J. Bunche in Tongaloo, einer Stadt Mississippis, am Vortag gehalten hatte. Es war eine Rede gegen die *Black Moslims* gewesen. Darin hieß es:

»Ich will nicht, daß mir jemand – Malcolm X. oder sonst jemand – sagt, ich möge diesen Kampf aufgeben, weil Gleichheit doch nicht errungen werden kann; ich will nicht, daß mir jemand sagt, ich möge mein Heil in einem anderen mystischen Sagenland des schwarzen Mannes suchen. Ich beklage alle, die für die schwarze Form des rassistischen Bazillus eintreten, ich beklage sie und klage sie an. Das ist mein Land. Meine Vorfahren und ich haben geholfen, es zu bauen. Ich sage: meine Farbe hat nichts damit zu tun. Ich habe in diesem Land gesät; ich bin entschlossen, für mich, meine Kinder und Kindeskinder in diesem Land zu ernten.«

Ich legte die Zeitung beiseite, ich dachte an Ralph Bunche und an John Fitzgerald Kennedy, den Schwarzen und den Weißen, die Rufer in der Wüste.

DIE STEINERNE HAND

Es ist unmöglich, so zu tun, als wüßte man nicht, was man weiß: es ist allemal leichter, das Unwissen als das Wissen zu verbergen. Wenn ein Jugendfreund gestorben ist und wenn man sich dann an gemeinsame Schultage erinnert, so erinnert man sich nicht an einen Schulfreund, sondern an einen toten Schulfreund: was man später erfuhr, schwebt auch über dem frühesten Erlebnis; in die Melodie der Frühlingslieder klingt, und hält man sich die Ohren zu, der Trauermarsch des frühen Endes, es gibt keine blütenreinen Erinnerungen, der Film des Lebens rollt von rückwärts ab.

Ich sehe New York, ich sehe Amerika anders, als ich Stadt und Land vor dem Tod John F. Kennedys gesehen habe; ich weiß nicht, ob ich sie richtiger sehe, aber daran läßt sich nichts mehr ändern, auch zweifle ich, ob jemand in den nächsten Jahrzehnten Amerika wird sehen können, ohne sich des Mordes an der Ecke von Elm- und Houston-Street in Dallas zu erinnern, und das jedenfalls ist gut so, denn für alles, was heute geschieht, ist das Gestern verantwortlich, und die Trägheit des Herzens beginnt mit der Vergeßlichkeit des Gehirns.

Ein Kriegskamerad, George Rowen, jetzt Photograph der UN, hatte uns eine Einladung zu dem Pablo-Casals-Konzert verschafft, das zur Feier von *United-Nations-Day* im Saal der Generalversammlung stattfand.

Das Konzert begann um drei Uhr. Der Saal war voll, über zweitausend Menschen, und die Plätze waren nicht numeriert. In

Europa wären an allen Ecken und Enden des Saales kleine Feuer der Mißstimmung ausgebrochen, hätten Nervosität, Ärger, Kampf für die besseren Plätze um sich gegriffen. Hier regierte stille Höflichkeit. Überall in Amerika herrscht Höflichkeit – im Straßenverkehr, in Untergrundbahnen, in Büros, auf Sportplätzen, sogar in Staatsämtern. Manches deutet darauf hin, daß sie einer Herzensfreundlichkeit entspringt: jedenfalls ist hier das riesige Räderwerk mit Höflichkeit geölt, mir genügt das – im Zusammenleben der Masse Mensch tritt man zuweilen ins Herz des anderen; auf seine Füße, wenigstens, muß man nicht treten, die Disziplin des Herzens ist beinahe so gut wie Herzlichkeit. Der ungeduldige Europäer, wie der Wilde Seumes von Amerikas *»übertünchter Höflichkeit«* verblüfft, muß sich sagen lassen: *»Be polite!«* – nur die Aufforderung, höflich zu sein, wird zuweilen rüde ausgesprochen.

Wir saßen ganz vorn, in der zweiten Reihe, ein Zufall. Wo Chruschtschow mit dem Schuh gehämmert hatte, wo sonst Araber die Kopfhörer über den Burnus gespannt haben, Madame Nehru mit Stevenson sich unterhält, da saßen jetzt erwartungsvoll Studenten, New Yorker Damen, Musikliebhaber, schwarze Intellektuelle, dazwischen Diplomaten auf ungewohnten Plätzen. Niemand, oder fast niemand, war »angezogen«, man trug Straßenanzüge, Kostüme, hatte Mäntel und Pelze auf die Knie gelegt, beinahe als wäre man schnell von der Straße hereingekommen, für eine Stunde, um eine Wochenschau zu sehen. Just diese Selbstverständlichkeit aber gab dem Nachmittag sein feierliches Gepräge. Man ist in New York das Ungewöhnliche gewohnt. Es schien mir beinahe, als würden diese zweitausend Menschen nach dem Konzert, sozusagen *en bloc,* weiterziehen, vielleicht zu einer Ausstellung, von dort wieder in ein Theater oder zu einer Vorlesung. Und nicht nur diese Zweitausend. Halb New York scheint ununterbrochen unterwegs zu sein, von Ausstellungen zu Konzerten, von der Oper zum Diskussionsabend. Ein Blick auf den »Vergnügungskalender«, heute: im *Hunter College* singt Elisabeth Schwarzkopf, im *Lincoln Center* dirigiert George Szell, im *Guggenheim Museum* sind Zeichnungen von Francis Bacon ausgestellt, bei *Parke-Bernet* werden Juwelen aus dem 17. Jahrhundert versteigert, im *Museum of Modern Arts* kann man ein Haus von Frank Lloyd Wright sehen. Hundert Beispiele. Die Kultur in New York legt keinen Sonntagsstaat an, sie trägt den *Overall* des Fortschritts.

Der Generalsekretär der UN, der Birmane U Thant, sprach einleitende Worte. Es war eine kurze, aber hochpolitische Rede, nicht nur eine Friedensbotschaft, wie man sie erwartet hatte, sondern die Voraussage einer langen Epoche des Friedens. Am nächsten Tag war der Inhalt der Rede in allen Zeitungen der Welt zu lesen, aber hier akzeptierte man sie, mit Beifall zwar, doch ohne besondere Bewegung, da es ja selbstverständlich ist, daß die wichtigsten Worte der freien Welt von New York ihren Stafettenlauf antreten.

Stehend, mit einer Ovation von mehreren Minuten – Bühnenminuten, die guten wie die schlechten, zählen doppelt und dreifach –, begrüßte das Auditorium den sechsundachtzigjährigen Meister. Daß die Besten der Welt ihm gehören, daran hat sich das New Yorker Publikum gewöhnt, aber es ist stolz auf diesen Besitz und den Besten dankbar. *»Ich habe Sterne an den Fingerspitzen«*, sagt der Herzog von Reichstadt zum Sergeanten Jean-Pierre-Séraphin Flambeau und legt seine Hand auf die Brust des Getreuen. New York schlägt die Hände zusammen und dekoriert die Besten mit der *Légion d'honneur* des Applauses.

Ich habe Casals gehört, in Wien und Paris und Perpignan: er pflegt mit dem Cello auf das Konzertpodium zu kommen, das Instrument hinter sich her schleifend, wie man ein unartiges Kind bei der Hand nimmt und hinter sich herzieht. Diesmal spielte er nicht selber, aber er dirigierte seine Komposition, die *El-Pessebre-Symphonie,* für *United-Nations-Day* komponiert, ein christliches

Konzert: Verkündigung, Krippe und Anbetung. Mit schnellen Schritten eilte Casals auf das Dirigentenpult zu, verbeugte sich, halb würdevoll, halb linkisch, lächelte dankbar, erstaunt, geistesabwesend. Seine ungefaßte Brille war so rund wie sein rundes Greisengesicht – das Gesicht eines Neugeborenen vielmehr, das wie das Gesicht eines Greises aussieht –: er senkte den Kopf, um über die Brille hinwegsehen zu können; das tut er wohl immer, wenn er etwas Überflüssiges sehen will, er trägt die Brille wie ein Schild; dann verebbte der Beifall, nur noch kleine Wellen hoben sich, der Maestro wandte sich um, sah das Orchester an, endlich zu Hause, wie erleichtert hob er den Stab.

Das Orchester war bunt, Weiße, Schwarze, ein Neger-Mädchen am Cello, Matthias Grünewalds *Musizierender Engel* in Schwarz, an der Harfe ein Mädchen aus Puerto Rico, ein schwarzer Bariton, ein blonder Sopran – *The Festival Casals Orchestra of Puerto Rico*. Am Morgen hatte ich gelesen, daß Casals von hier nach Washington fahren werde, um den Präsidenten zu treffen. Die weihnachtliche Musik, das gemischte Orchester, im Zuschauerraum Diplomaten aus aller Herren Länder, Schwarze aus Gabun und Trinidad und Sierra Leone, Gelbe aus Malaysia und von den Philippinen, Araber aus Kuwait, vom Libanon und aus Jordanien, die Karawane von Bethlehem, die *El-Pessebre-Symphonie* – es war mir, als wäre der alte Mann da oben gar kein Musiker, sondern ein Arzt, ein berühmter Professor, als hätte man ihn nach Washington gerufen, dringend, an das Bett eines Kranken. Das kranke Land, die Friedensrede, das gemischte Orchester, die Einladung nach Washington, das gemischte Auditorium, die Andacht der Zweitausend – das alles hing irgendwie, für mich noch unsichtbar, zusammen.

Zum erstenmal aber fühlte ich mich heimatlich in Amerika. Es lag nicht an Pablo Casals, nicht an ihm allein. Es lag an New York. Ich mußte an Franz Werfels schönste Novelle, *Der Tod des Klein-*

91

bürgers, denken: er ist ein wirklicher Held, dieser Kleinbürger Werfels, weil er so tut, als wüßte er nichts von seinem kranken Körper. New York tut so, als wüßte es nichts von den stolzen Analphabeten in Texas, von den Millionen, die nie eine Theatervorstellung gesehen, nie ein Konzert gehört, nie ein Buch gelesen haben, von der faulen Cowboy-Herrlichkeit des Westens, von der Überheblichkeit der ordinären Geldsäcke, nichts vom Senator des Tabakpflanzerstaates South Carolina, der, als die Tabakwarnung des medizinischen Kennedy-Ausschusses erschien, erklärte: *»Ich hoffe nur, daß South Carolina stark genug ist, auf seinen eigenen Füßen zu stehen, ein wenig dem Trinken zu huldigen, ein paar Zigaretten nicht zu verabscheuen und die verdammte Clique in Washington und New York zum Teufel zu wünschen.«* New York holt nicht nur nach, was es selbst versäumt hat – längst hat es nachgeholt, aufgeholt und überholt –: dieser hektische, wie am jüngsten und letzten Tag agierende, sprudelnde, das Neue ununterbrochen produzierende, fördernde, begrüßende Bildungsdrang ist von dem noblen, wenn auch unterbewußten Verantwortungsgefühl bewegt, daß ein Mitglied der Familie für alle denken, lernen, hasten, arbeiten, für alle das Brot des Wissens einbringen muß. Diese großartigste Bastardenstadt der Welt, dieses Gemisch aus Italienern, Griechen, Holländern, Iren, aus Katholiken, Juden, Protestanten ist die patriotischeste Stadt Amerikas, weil es nicht nur für Amerika denkt, lernt, hastet, arbeitet, sondern weil es auch für Amerika lügt: der Welt zugekehrt, nicht zufällig, wie sein Symbol, die Freiheitsstatue, ist es der Schutz Amerikas, sein Schild – sein Vorhang. Ja, diese *skyline* der Wolkenkratzer, dieser Horizont, diese Himmelslinie – das ist die steinerne Hand, die sich Amerika vors Gesicht hält, steinerne Finger das *Empire State Building* und das *Chrysler*-Gebäude, richtiger: New York hält eine schützende Hand vor das Gesicht Amerikas. Steinerner Vorhang, steinerne Hand: dahinter liegen Birmingham und Jackson und Baton Rouge, dahinter liegen aber freilich auch Boston und Philadelphia und Chicago, liegt das geteilte, verwundete Land. Mit jedem Tag aber, mit dem New York für Texas und South Carolina und Alabama und Mississippi denkt, lernt, hastet, arbeitet, mit jedem Schritt des Fortschritts schreitet der gute Bruder fort von den faulen oder kranken Brüdern und Schwestern: sie sind New York nicht dankbar, sie hassen New York.

Die Pause war lang. George Rowen zeigte uns das Gebäude, verwies uns auf interessante Persönlichkeiten, brachte uns einen *Scotch*. Die »Exoten«, wie wir sie nennen, weil uns doch alles jenseits des Gartenzaunes exotisch dünkt und wir uns selbst für den Mittelpunkt halten, in einer Welt von hundert Mittelpunkten, die »Exoten« also schienen sich hier heimisch zu fühlen, vielleicht etwas heimischer als wir, die wir in unserer Anmaßung glauben, dieses Heim der Nationen gar nicht zu brauchen. Erst vor wenigen Tagen war Adlai Stevenson, der UN-Botschafter, in Dallas, Texas, angespuckt und tätlich attackiert worden – der Orte genug, wo das Heim der Nationen noch ein Gegenstand des Zwistes ist. Für den Botschafter von Ghana sind diese schönen, klaren, eindeutigen Wände ein Asyl: wenn er es verläßt, könnte er ebenso ein Neger aus Harlem sein, und es ist nicht gut, ein Neger aus Harlem zu sein.

Vor den großzügigen, freundlichen Fenstern wehten die Fahnen von über hundert Nationen, freundliche, gleichberechtigte Fahnen, denen man nicht ansah, ob sie zu Hause über großen oder kleinen Nationen wehen, über schwarzen, weißen, gelben, über armen oder reichen, über Zwangsherren, Unterdrückte, Entwickelte, Unterentwickelte, über friedliche Straßen oder blutgetränkte Felder. Der East-River floß am Gebäude vorbei: Öltanker, Handelsschiffe, Schiffe im Schlepptau; etwas weiter die Silhouette der exklusiven Häuser von Sutton- und Beekman-Place; wo das Gebäude der UN steht, wurde Nathan Hale im Unabhängigkeitskrieg von den Engländern gehängt. Die 42. Straße, das Herz Manhattans, ist nur einen Steinwurf weit entfernt; Mietskasernen, Banken, Elendsquartiere, Luxushotels, Backsteinhäuser, Wolkenkratzer, Nachtlokale; ringsum Haß, Korruption, Diskrimination, Herzlosigkeit, Herzinfarkt, *business as usual*, Krebs, Krebs des Mißtrauens, unlösbare Probleme – aber überall in New York leuchten dazwischen die Fackeln des Geistes, wehen die Fahnen der Verständigung, treffen sich Verschwörer der Freiheit – in der Generalversammlung der UN dirigiert Pablo Casals.

Nach dem Konzert, am Ausgang, trafen wir New Yorker Freunde. In ihrem Wagen nahmen sie uns mit. Einer von ihnen, ein Skeptiker, bestrebt, meinen Enthusiasmus zu dämpfen, wiederholte das alte Wort: »New York ist nicht Amerika.«

Heute, viele Monate später, denke ich daran zurück. New York ist nicht Amerika. Vielleicht ist das die amerikanische Tragödie.

Wir waren nun in den Strom New Yorks geraten, hatten sogar die Schlaflosigkeit gelernt – besonders schwer für jemanden wie mich, der leicht neun, zehn Stunden schläft und sich den Tod als einen Dieb vorstellt, der ihm die Weckeruhr stiehlt.

Wir beschlossen, diesen Abend im deutschen Viertel zu verbringen, in Yorkville, aber inzwischen hatte sich schon wieder, obwohl im Grunde nichts, doch so viel ereignet, daß mein Notizbuch sich Seite über Seite füllte. Eines der Ereignisse war die Unterhaltung mit einem Taxichauffeur. Er erzählte mir von seinem Wohnungselend: damit befand ich mich mitten in einem der größten Probleme Amerikas.

Das durchschnittliche Einkommen des New Yorkers – etwas höher als das der übrigen Amerikaner – beträgt jährlich rund 2800 Dollar, was an Kaufwert kaum über 6000 Mark ausmacht. Der Taxichauffeur, der mir sagte, er verdiene etwa achtzig Dollar in der Woche, übertrieb also keineswegs, wenn er sich dem Mittelstand zuzählte, obwohl er, will man der Rangliste des Soziologen Vance Packard glauben, in die vorletzte von sieben »Kasten« gehört. Eine solche Rangliste gibt es wirklich, gedruckt schwarz auf weiß – in der ersten Klasse findet man, unter anderen, Verwaltungsräte, Architekten und protestantische Bischöfe, in der zweiten Journalisten und Professoren, in der dritten Lehrer und Warenhauseinkäufer, in der vierten Schalterbeamte und Dentisten, in der fünften Barmädchen und Automechaniker, in der sechsten

95

Taxichauffeure und Kellnerinnen, in der letzten Gärtner und Dienstboten.

Bisher, so sagte mein Taxichauffeur, habe er für eine Zweizimmerwohnung in einem wenig respektablen Viertel monatlich fünfundsiebzig Dollar bezahlt, rund ein Viertel seines Einkommens. Etwa sieben Prozent der New Yorker Häuser sind baufällig, eine relativ günstige Zahl, wenn man sie mit dem Süden vergleicht, wo jedes fünfte Haus abgerissen werden müßte – nun werde also, sagte der Chauffeur, das alte Haus abgerissen, er müsse sich nach einer neuen Wohnung umsehen. Das amerikanische Magazin *Fortune* hat errechnet, Amerika werde im Jahre 1964 einen Betrag von rund dreißig Milliarden Dollar für neue Bauten ausgeben – für den Taxichauffeur bedeutet das jedoch wenig, da nur ein Drittel der Bauten von der Öffentlichen Hand finanziert wird und in ganz Amerika nur 25 000 neue Wohnbauten entstehen sollen. Die Hypertrophie der privaten Wohnbautätigkeit – ein Teil des *rugged individualism* und der Anarchie des privaten Unternehmertums, die den Gegnern der Kennedy-Politik als Ideal vorschweben – hat zwei unmittelbare Folgen.

Zum ersten befindet sich der Mittelstand, dem mein Taxichauffeur finanziell, wenn auch nicht gesellschaftlich angehört, in einer schwierigen Lage. Das amerikanische Kastensystem stellt an den mittleren Bürger Forderungen, die dieser nicht zu erfüllen vermag – präziser: der finanzielle Aufstieg des Mittelstandes hält mit seinem gesellschaftlichen Ehrgeiz nicht Schritt. Der weiße Taxichauffeur New Yorks – um einen solchen handelte es sich – glaubt, nicht mit Negern, anderen Farbigen oder Einwanderern aus Puerto Rico im gleichen Viertel leben zu können, wodurch die Auswahl für ihn schon eingeschränkt wird; er will aber auch nicht mehr in einer »schlechten« weißen Gegend oder unter »Proletariern«, Taxichauffeuren beispielsweise, hausen: er müßte also mindestens hundert Dollar für eine Wohnung ausgeben, sofern diese überhaupt zu finden wäre. Was bedeutet das? Arthur M. Schlesinger jr. hat in seinem Nachruf auf Kennedy am 14. Dezember 1963 in der *Saturday Evening Post* gesagt, daß der Kampf gegen die Armut Kennedys nächstes und wichtigstes Ziel gewesen wäre, Vincent Ryder hat am 21. Januar 1964 im Londoner *Daily Telegraph* von »einem Fünftel Hungerleider« in Amerika gesprochen. Der Kampf gegen die Armut ist schon in einem armen Land schwierig genug, aber in dem reichen Amerika ist er seltsamerweise noch viel schwieriger, weil sich hier zu Millionen, die nicht so leben können, wie sie wollen, Millionen gesellen, die das Scherzwort »Ich möchte so leben können, wie ich lebe«, zu ihrem Lebensprinzip erhoben haben. Mein Taxichauffeur wird, unter dem sozialen Druck des Kastengeistes, die Hundertdollarwohnung sich leisten – und was dann?

Die Überwucherung der auf schnellen Profit berechneten privaten Bautätigkeit hat aber eine zweite, nicht minder katastrophale Folge: allein in New York und Umgebung stehen Tausende von Luxushäusern und Luxusappartements leer. Wie man in den Inseraten der Zeitungen täglich lesen kann, wird einem jetzt in New York, findet man sich zu einem langjährigen Mietvertrag bereit, die Miete für die beiden ersten, hier und dort sogar für die ersten drei bis sechs Monate erlassen. Ich fand in der *New York Times* eine Anzeige, eine von vielen, in der es hieß, die Wohnungen in dem betreffenden Neubau würden nur an »Persönlichkeiten in führender Stellung«, *only for executives,* abgegeben werden: offenbar hoffen die Bauunternehmer, höhere Preise erzielen zu können, wenn sie den Mietern das Gefühl sozialer Auserwähltheit verleihen. Die Büromaschinenfabrik IBM hat in der Nähe von New York einen Wohnbaukomplex errichtet, in dem die Appartements – mag der Mieter zahlen, was er will – nur nach dem »Rang« des Wohnungsuchenden vergeben werden. Daraus ergibt sich unter anderem ein ständiger Wohnungswechsel, da der *junior executive,* steigt er in eine höhere Gehaltsklasse auf, in seiner »junioren« Wohnung ebensowenig zu bleiben vermag, wie es sich, soll seine Karriere keinen Schaden nehmen, ein »Senior« nicht erlauben kann, vor seiner Wohnungstür einen *Chevrolet* oder *Oldsmobile* statt eines *Cadillacs* oder *Lincoln Continentals* zu parken. Amerika hat eine Prestige-Gesellschaft gezüchtet, deren ungesunde Normen der gesunden Wirtschaft des Landes fortwährend entgegenarbeiten; der Demokratisierungsprozeß von »unten« erzeugt einen Selektionsprozeß von »oben«; auf jeder Stufe des gesellschaftlichen Lebens wehrt sich der »Alteingesessene« gegen den »Eindringling«, errichtet vor diesem Barrieren, die mit dem Hochsprungstab des Geldes eigentlich nicht übersprungen werden können, vom »Eindringling« aber dennoch übersprungen werden.

Man würde nun annehmen, daß eine solche Gesellschaft unglücklich, verbittert, revolutionären Ideen zugänglich sei. Mein Taxichauffeur beweist das Gegenteil. Für europäische Begriffe, das heißt, die Begriffe Westeuropas nach dem Krieg, ist seine materielle Existenz, durch die Jagd nach gesellschaftlichen Symbolen erschwert, geradezu miserabel. Heute verdient er noch achtzig Dollar, aber er befindet sich, wie er sagte, »auf dem absteigenden Ast«: jüngere, kräftigere Männer, die im mörderischen Verkehr bis zu zwölf Stunden am Lenkrad sitzen, verdienen schon 125 Dollar; er kann sich ausrechnen, daß er selbst bald nicht mehr als sechzig bis fünfundsechzig Dollar in der Woche wird verdienen können. Dennoch wird man – mag er sich auch über einzelne Erscheinungen, wie die Wohnungsnot, beklagen – kein Wort der Unzufriedenheit von ihm vernehmen; er wird von seiner Stadt, seinem Staat und seinem Land nie anders als in den Tönen höchsten Stolzes sprechen. Diese glückliche Geistesverfassung hat mehrere Ursachen: Einmal, im Vergleich zu Europa, die erstaunliche Uninformiertheit der Amerikaner, welche die Schallmauer durchbrochen, aber die Informationsmauer nicht einmal angeflogen haben: Europa ist für sie immer noch ein unglücklicher Kontinent, wo Unterdrückung, wirtschaftliche Not, Ungerechtigkeit, Hader, Willkür und Chaos herrschen, wo der Fortschritt, sofern er überhaupt existiert, auf tönernen Füßen steht und die Freiheit ständig gefährdet ist. Zum anderen die sehr wohl begründete Erfahrung, daß es Amerika am Ende doch immer »geschafft« habe, »*it came out on the top*«, wie die Amerikaner sagen; zum dritten das, mindestens seit Roosevelt, durchaus solide Vertrauen in den »Wohlfahrtsstaat«; schließlich die Tatsache, daß dem Amerikaner das gesellschaftliche *make believe* zur zweiten Natur geworden ist: zahlt er hundert Dollar Miete, glaubt er wirklich, mit der höheren Miete Zutritt zu einer höheren Kaste gefunden zu haben. Wichtiger als all dies ist jedoch die ganz und gar »unwirtschaftliche«, den Marxisten völlig befremdende Tatsache, daß der Amerikaner ein Patriot bleibt, der sein Land liebt, von der Zukunft Amerikas, also auch der seiner eigenen Kinder und Kindeskinder, absolut überzeugt ist: er zweifelt nicht daran, daß Amerika *God's own country* sei, und ist bereit, sein total zerbeultes Taxi für die Verteidigung des Vaterlandes an jede beliebige Marne zu fahren.

Der Patriotismus der Amerikaner, der leicht in Nationalismus und Chauvinismus umschlägt, ist von ganz anderer Art als der Patriotismus, Nationalismus und Chauvinismus der Europäer. Er ist – was ihn, noch in seinen entarteten Formen, verhältnismäßig sympathisch macht – schon deshalb friedlicher Natur, weil jemand, der »Gottes eigenes Land« besitzt, auf die Eroberung von bestenfalls zweitklassigen Ländern oder Ländereien nicht erpicht sein kann. Zwar ist auch der Amerikaner davon überzeugt, die Welt könne am amerikanischen Wesen genesen; aber da die Welt zu dumm ist, diesen Vorteil wahrzunehmen, »*let her stew in her own juice*«, möge sie in ihrem eigenen saueren Saft braten. Dieser paradoxerweise unaggressive Nationalismus, diese friedliche Arroganz geht auf die Gründung Amerikas zurück. Die Amerikaner haben

ihr eigenes Land, wenn man von den Indianern absieht, nicht er-
obert, sondern erschlossen, und sie waren, als sie es erschlossen,
noch keine »Amerikaner«. Während Franzosen und Deutsche jahr-
hundertelang unter »Eroberung« die Eroberung des Nachbar-
landes, während Engländer, Holländer, Belgier und Italiener unter
»Eroberung« die Gründung eines Kolonialreiches verstanden,
versteht der Amerikaner unter »Eroberung« das, was seine Vor-
väter darunter verstanden: nämlich die Eroberung Amerikas. Nicht
nur infolge der Größe und Jugend des Landes, sondern auch als
Vollstrecker einer historischen Tradition ist der Amerikaner ununterbrochen damit beschäftigt, sein eigenes Land zu erschließen:
nach nichts anderem steht ihm der Sinn, nichts anderes erregt seine
Phantasie oder seine Begeisterung. Sein natürliches Untalent für
Außenpolitik, das mit den Jahren nicht geringer geworden ist und
sich auch kaum ändern wird, entspringt der Tatsache, daß er kein
anderes Land liebt, aber auch kein anderes haßt – richtiger: er
haßt ein anderes Land nur, wenn es ihn zwingt, sich mit ihm,
dem anderen Land, zu beschäftigen. Wenn nichts anderes, so muß
ihn die Tatsache, daß New York allein jährlich rund 300 000
Flugzeuge anfliegen oder verlassen, davon überzeugen, daß es
heute keinen praktischen Isolationismus gibt; aber was er Chruschtschow am meisten übelnimmt – wie er es dem Kaiser, Hitler
und Stalin am meisten übelgenommen hat –, das ist die ungehörige
Intervention dieser Männer, die den Amerikaner bei der Beschäftigung mit sich selbst gestört haben oder stören. Die aggressivsten
Politiker wie Barry R. Goldwater sind Isolationisten: sie sind so
»aggressiv« wie ein Hund, der bei der Beschäftigung mit seinem
Knochen gestört wird.

Der Patriotismus des einzelnen Amerikaners ist überdies der
Ausdruck eines sich ständig wiederholenden Traumas. Sozusagen
niemand ist je freiwillig nach Amerika gekommen. Die Spanier
und Portugiesen kamen, ohne sich ursprünglich dort niederlassen

zu wollen, als Handelsleute nach Amerika; die ersten Franzosen waren jene französischen Protestanten, die von den Portugiesen um 1560 aus Brasilien vertrieben wurden; die ersten Engländer waren Flüchtlinge vor den politischen, religiösen und wirtschaftlichen Reformen der Königin Elizabeth – eine ununterbrochene Kette von Immigrationen aus materiellem Interesse oder unter Zwang: vor den Pogromen fliehende polnische und russische Juden, Deserteure aus Deutschland und Österreich-Ungarn, in ihrer Heimat bis zum Weißbluten ausgebeutete Bauern aus Italiens Süden, Freiheitskämpfer der Märzrevolutionen, russische Flüchtlinge nach den Revolutionen von 1905 und 1917, Inflations-*refugees* in den zwanziger Jahren, deutsche Emigranten der Hitler-Epoche, ungarische Freiheitskämpfer nach 1956, schließlich die Gegner der kubanischen Castro-Diktatur. Sollte der aus einer Hugenotten-Familie stammende Amerikaner längst vergessen haben, warum seine Vorfahren nach Amerika gekommen sind, so wird er durch den jüngsten Einwanderer aus Ungarn wieder daran erinnert; wendet sich der Sohn des geflohenen polnischen Juden voll Widerwillen von dem neuesten Import aus Puerto Rico ab – denn ein wenig schizophren sind wir alle –: der Alptraum wiederholt sich ständig, und wie der Phönix steigt aus ihm, neugeboren, der amerikanische Traum. Parallel mit dem sich also wiederholenden Trauma – und der Erfahrung, daß nach Amerika Millionen geflohen sind, aus Amerika aber noch niemand geflohen ist – hat sich das positive Gefühl der historischen Persönlichkeit entwickelt. Der Einwanderer aus Puerto Rico, heute noch auf der untersten sozialen Stufe des amerikanischen Daseins, fühlt sich mit dem Vorfahren des aus Holland stammenden Millionärs verwandt: er ist Einwanderer und Ahnherr in einer Person. Und dieser Identifikationsprozeß, der den Patriotismus im Schmelztiegel begründet, ist nicht ganz irrationell. In Europa vollzieht sich der Assimilationsprozeß auf die nächstliegende Weise: der Fremde paßt sich, leichter oder schwerer, je nach der Aufnahmefähigkeit seiner neuen Heimat und seinem eigenen Assimilationswillen, dem Gastland an. In Amerika ist der Assimilierungsprozeß gegenseitig: die Fremden passen sich dem Land, aber auch das Land paßt sich den Fremden an, so daß sich nicht nur der Einwanderer, sondern auch Amerika ständig assimiliert, das Pioniertum ist, wie das Trauma von der verlassenen Heimat, ein sich ständig wiederholendes Phänomen.

An diesem Abend hatten wir, ich sagte es schon, beschlossen, einige der Einwandererinseln New Yorks, die deutsche vor allem, zu besuchen. Manches, was ich eben gesagt habe, fand ich dort bestätigt.

Friedrich Sieburg sagt in *Gott in Frankreich*, daß sich Paris aus vielen Provinzstädten zusammensetzt. Um wieviel mehr gilt das für New York, dessen Provinzstädte nicht einmal die Sprache gemeinsam haben.

Nach den letzten Statistiken leben in Amerika gegenwärtig rund zehn Millionen Menschen, die nicht im Lande geboren wurden. Zwischen 1820 und 1961 sind über 42 Millionen Einwanderer nach Amerika gekommen. Der Bevölkerungszuwachs besteht in jedem Jahr zu rund einem Drittel aus Ausländern; allein im Jahre 1962 sind beinahe 130 000 Fremde als neue Staatsbürger eingeschworen worden; mehr als 23 Millionen Amerikaner benutzen ständig, neben der englischen, eine fremde Sprache; rund 35 Millionen Amerikaner haben entweder einen Vater oder eine Mutter, die nicht in den Vereinigten Staaten geboren wurden. Es gibt italienische Inseln in Chicago und Philadelphia, deutsche in Wisconsin und New Jersey, japanische in Kalifornien – aber in New York gibt es Inseln all dieser und vieler anderer Nationalitäten; die Inseln berühren sich, drängen sich aneinander, oft trennt sie nicht einmal eine Straße.

Wir fuhren nach Yorkville, in der 86. Straße, *Germany in America*. Aus zwei Lokalen tönte gleichzeitig *Lili Marleen*, jener bittersüße Kriegskitsch, der prompt auf beiden Seiten der Fronten populär wurde. Hier klingt er nur deutsch, ganz einseitig. *Café Hindenburg, Bremen-House, Bavarian Inn* und *Lorelei*. In einem der bayerischen Bierlokale – sie sind am zahlreichsten: Yorkville hat den Anschluß Deutschlands an Bayern vollzogen – ließen wir uns nieder, natürlich mit deutschen Freunden: lieber würde ich Harlem ohne Bill Hairston besuchen als Yorkville ohne deutsche Leibgarde. Kellner in Lederhosen servierten, mit weißen Strümpfen angetan, eine Tafel kündigt ein *Beer-Festival* an, was immer das sein mag; Hirschgeweihe, Kuckucksuhren, Bierkrüge, Photos von Fußballvereinen, Schießscheiben, Plakate Münchner Bierbrauer – Heil dir im Liederkranz! »Hausgemachte« Sülze brachte der Bestrumpfte, mit einem Vers auf den Lippen: »Bekommt se keene Sülze / Dann brüllt se« – deutsche Poesie in Yorkville. Jodler und Jodlerinnen traten auf, alt und fettleibig; der Mann muß einmal Buffo an einer deutschen Provinzbühne gewesen sein, die Mama hat es erst hier gelernt; die jungen Jodler und Jodlerinnen gehen wohl schon ins College; kommt nicht bald Nachschub aus Bayern, hat es sich ausgejodelt. Ein Sänger flötete die *Lorelei*. Ich fragte den Kellner nach dem Textdichter: »Ein Volkslied«, antwortete er – die Version des Dritten Reiches. Schnell in ein anderes Lokal! An den Wänden ringsum »floß« der Rhein, im Hintergrund die Münchner Frauenkirche, seltsam rheinisch anzuschauen, Lederhosen auch hier: in der Perspektive der Fremde drängt sich die Erinnerung zusammen, nur noch das Wiener Riesenrad fehlt, *»ich weiß nicht, was soll es bedeuten«*. Schuhplattler: doch sprachen diese kein Wort deutsch, sie waren wahrscheinlich aus Brooklyn. Den Japanern am Nebentisch, die gekommen waren, deutsche Stimmung kennenzulernen, war das ziemlich egal, sie hatten schon ein paar Flaschen *Liebfrauenmilch* geleert, die im Ausland so populär ist, daß man sie für deutsches *Coca-Cola* halten könnte. Ein Wiener Operettentenor, sehr a. D., sang Lieder aus der *Gräfin Maritza*, er sang – für die Schwächeren – auf englisch, aus *War auch ich einst Csardaskavalier* war *Come sweatheart* geworden. Jemand intonierte das Lied vom *Jungen Jägersmann*, eine Geburtstagstorte wurde gebracht, *happy birthday to you*, das Wiener Schnitzel schwamm in Fett, »bitte bleiben Sie bis elf, dann wird geschunkelt, auf der Schnitzelbank«, ein Leuchtturm am Rhein drehte seine Lichter im Kreise, Lützow jagte wild und verwegen, nochmals *happy birthday*, wir entflohen der Schnitzelbank, der Mensch muß nicht alles haben. Der Fremdenstrom spülte uns in ein drittes Lokal. Die Fremden waren in einem Autobus eingetroffen: in jedem Lokal nur ein paar Minuten, man muß noch nach Ungarn, der Tschechoslowakei, Polen; im Alptraum sahen wir jetzt ganz New York als ein einziges *Haus Vaterland;* das Bier war warm, *Wer hat so viel Pinke-Pinke, wer hat so viel Geld* – und wäre es mir eingefallen, das *Horst-Wessel-Lied* zu bestellen: die Kapelle hätte es gespielt.

Draußen, auf der Straße: Die *Kleine Konditorei* und die deutschen Wurstwaren des Herrn Karl Ehmer, deutsche Schallplatten, *Lili Marleen*, Heidi Brühl, der Badenweiler Marsch, Freddy Quinn, Bierkrüge, Hirschgeweihe, Gartenzwerge, Friedrich der Große aus Ton, Kuckucksuhren – *Cuckoo-Clocks* –, hauptsächlich Kuckucksuhren. Die Hauptstraße einer deutschen Kleinstadt von 1935, wenn es damals, oder heute, in deutschen Kleinstädten so viele Lichtreklamen, Neonlichter, solche Orgien der Elektrizität gegeben hätte oder gäbe – und so viel *Cuckoo-Clocks* und Bierkrüge.

Wir fuhren an diesem Abend noch in die »Tschechoslowakei«, fuhren nach »Ungarn« in die 79. Straße, wagten uns, wahrscheinlich weil uns schon alles egal war, nach »Puerto Rico«, das sich in den Hunderterblocks östlich vom Broadway und westlich von Lennox Avenue ausbreitet. Überall war der Eindruck gleich deprimierend. Was war es nur?

Vor allem dies: daß der Mensch, trotz allem, keine Exportware ist. Er werde, sagte Heine, »*durch Export nicht besser, wie das Münchner Bier*«: inzwischen läßt sich das Münchner Bier zwar vorzüglich exportieren, teils in Flaschen, teils in Blechdosen – woran ich mich übrigens nie gewöhnen werde, weil ich Blechdosen zwar für einen komfortablen Sardinen-Sarg, aber nie und nimmer für einen Flaschenersatz halte –, das Münchner Bier also läßt sich exportieren, aber der Mensch wird auf dem Transport noch immer nicht besser. Wenn sich die Bürger von Puerto Rico zu Hause so benehmen würden wie es viele von ihnen in New York tun – sie hätten sich längst gegenseitig erstochen, was ja durchaus nicht der Fall ist: Puerto Rico hat vielleicht unter allen lateinamerikanischen Staaten den höchsten Lebensstandard, hat sich seit 1952 zu einem überaus ernsten Staatswesen entwickelt. Hier, zwischen Broadway und Lennox Avenue, in diesem Schmutz und Elend, in dieser Wildheit und Besoffenheit, in diesem kreischenden, bramarbasierenden, messerstechenden, halbstarken, sexualkranken Unglück erscheint einem, mit der Wirklichkeit verglichen, die *West-Side-Story* so harmlos wie die *Lustige Witwe*.

Hier, hier nochmals, herrscht der Haß, mit dem John F. Kennedy in den wenigen Jahren, die ihm gegeben waren, fertig werden wollte, aber nicht fertig werden konnte: man spürt ihn in den Kneipen und auf den Spielplätzen, er hat sich in den Kanälen festgefressen und in den Ritzen der Mauern eingenistet. Daß dieser Haß des kleinen Puerto Rico von Manhattan die Antwort auf den Haß ist, mit dem halb New York den Einwanderern aus Puerto Rico begegnet: gewiß, wir wissen es. Aber wo beginnt der Haß, wo endet er? Endet er jemals?

Der Assimilationsprozeß ist schmerzlicher als man glauben möchte. Was den Einwanderer in der ersten Generation beeindruckt, das ist nicht das beste Amerika: das sind die Neonlichter und die Tellerwaschmaschinen und die billigen Damenkleider und die Vielfalt der Fernsehprogramme und die Blitzgeschwindigkeit

105

der Fahrstühle. Das alles, wohlgemerkt, gehört zu Amerika und ist nicht verächtlich, aber es ist ebensowenig Amerika wie die Schuhplattler, die Hindenburg-Büsten und die Hirschgeweihe Deutschland sind. Jahre-, ja jahrzehntelang sieht der durchschnittliche Einwanderer nur eine Karikatur Amerikas; zugleich verklärt sich ihm die Erinnerung an die Heimat zum Kitsch, der ja gleichfalls, so »naturgetreu« er scheinen mag, eine Karikatur der Wirklichkeit ist; er sieht eine Karikatur Amerikas und zeichnet eine Karikatur seiner Heimat.

Nicht minder deprimierend war für uns der Eindruck, daß die neuen Amerikaner, genau wie die »Eingeborenen«, an einen bestimmten Punkt ihrer Vergangenheit anknüpfen, die Vergangenheit an diesen losen Nagel aufhängen wollen. Was für den »echten« Amerikaner der Wilde Westen ist, das ist für den neuen Einwanderer aus Ungarn der faule Offizierszauber des Horthy-Faschismus, für den Einwanderer aus Puerto Rico die lange Periode des Kampfes gegen die Fremdherrschaft, für den Einwanderer aus Deutschland die *Lili-Marleen*-Herrlichkeit. Zwischen Entwurzelung und Verwurzelung liegt ein ödes Niemandsland. So ist es nämlich, daß an jedem Tag, an dem der Auswanderer seiner Heimat fern ist, dort, in der Heimat, das Leben weitergeht. Da das Leben weitergeht, ist die Vergangenheit tot; in den Jahren der Assimilierung gleicht der Einwanderer einem Mann, der sich nach einer Geliebten sehnt, die nur noch in seiner Phantasie existiert: sie ist inzwischen längst gestorben. Verläßt er einmal das Niemandsland, so assimiliert sich der Einwanderer schnell und vollständig – mit einem Mal fühlt er, daß er sich assimilieren muß; nun hört er auf, Exportware zu sein; seine »Loyalität« zum *old country* ist nur noch die Treue zu etwas Nichtexistierendem, eine Erinnerungs- und Bratwurst-Loyalität. Bis das aber erreicht ist, fließen ganze Ströme von Tränen in Thüringer Klöße, werden in den Hinterhöfen New Yorks reguläre Schulen für Messerstechereien

à la San Juan errichtet; werden – natürlich – die Lehrer umgebracht; exerzieren Truppen, die verlangen, daß Amerika sein Blut
an den Küsten Kubas vergieße; seufzt das Elend, demonstriert die
Bitterkeit, lockt der Kitsch, verfälscht sich das Bild Amerikas.

Von der Reise durch die fremden Länder New Yorks »heimgekehrt«, saßen wir noch lange in einem der sympathischesten Nacht-
restaurants Manhattans, bei *Reuben's* in der 58. Straße. Wir sprachen von den Wahlen im Jahre 1964 – im letzten Jahr vor den
Wahlen ist es das ewige Thema Amerikas – und sprachen von dem
Mann im Weißen Haus.

Ich gestand und gestehe es heute wieder, daß ich nicht als bedingungsloser Verehrer Kennedys nach Amerika gekommen war.
Mit jedem Tag aber, beinahe mit jeder Stunde war die Achtung
gestiegen, hatte Achtung in Bewunderung, Bewunderung schließlich in Liebe sich verwandelt. New York, mit Harlem und Yorkville und dem Puerto-Rico-Viertel: ein kleiner Ausschnitt nur aus
dem Riesengemälde der Komplexitäten. Welch schier übermensch-
licher Mut muß diesen ehemaligen P-Boot-Kommandanten beseelt
haben, als er nach der Macht griff, entschlossen, sie niemals zu
mißbrauchen. Ach ja, es hatte tapfere Präsidenten gegeben, vor
ihm, und die Ungeheuerlichkeit der Probleme war nicht geringer
gewesen; aber die meisten von ihnen hatten dann doch getan, was
Berufspolitiker mit den Problemen zu tun lieben: sie ließen sie
schlafen. Nun, kurze Zeit erst auf amerikanischem Boden, empfanden wir – und empfanden es in einem Konzertsaal der UN, an einer
Straßenecke in Harlem, in einem New Yorker Taxi, auf der Fifth
Avenue, dem Broadway oder im Puerto-Rico-Viertel –, daß das
Land geweckt war, daß es wach war und fiebrig. Alle Probleme
hatten schon früher existiert: das Elend von dreißig oder vierzig
Millionen Menschen, Wohnungsnot, der Freiheitsdrang der Farbigen, der Konflikt zwischen moderner Gesellschaft und Kastengeist, zwischen technologischem Fortschritt und beharrlicher

Dummheit, zwischen Eierkopf und Texashut. Der Mann im Weißen Haus, der dem sicheren Tod in den eisigen Wellen von Ferguson Passage entronnen war, der nach einer Operation im Jahre 1955 – nur acht Jahre war es her – die letzte Ölung erhalten hatte: er hatte alle Probleme gleichzeitig geweckt. Die Kennedy-Epoche war ein Trompetenstoß im Morgengrauen gewesen. Das schlafende Land war lebendig geworden. Mit den Guten erwachten die Bösen, mit den Fleißigen die Faulen, mit den Gesunden die Kranken, mit den Barmherzigen die Herzlosen, mit den Freunden die Feinde, mit den morgendlichen Menschen die Profiteure der Dunkelheit. Mit Abel, dem Hirten, erwachte Kain, der Jäger.

Das empfanden wir, in dieser Oktobernacht. Daß Kain seinen Bruder Abel wieder töten würde – wir wußten es nicht, wir hätten es wissen sollen.

The Countess, mein neuer Roman, wie *Die Tarnowska* in der amerikanischen Übersetzung hieß, war erschienen; jetzt wollten wir noch die Premiere von *Walk in Darkness* abwarten, dann hielt uns nichts mehr in New York zurück.

In den letzten Tagen strichen wir viel durch New York, das sich in den Jahren unserer Abwesenheit so sehr verändert hatte und zugleich so viel heimischer geworden war. Schön war New York geworden, eine der schönsten Städte der Welt, von den modernen vielleicht die schönste. Wunderwerke moderner Architektur waren entstanden, das *Seagram Building* in der Park Avenue, von Mies van der Rohe und Philip Johnson erbaut, das *Chemical Bank Building,* das *Steuben-Building* in der Fifth Avenue, das Haus der *Chase-Manhattan-Bank. Old New York,* mit seinen roten Backsteinhäusern, mit den kleinen Palästen auf der Fifth Avenue, mit den Patrizierhäusern um Gramercy Park, hatte seinen Charme, aber da diese Häuser eher alt als antik waren, bedeutet ihr allmähliches Verschwinden nur einen sentimentalen Verlust: New York war in Gedanken schon immer so gewesen, wie es jetzt tatsächlich zu sein beginnt. Jeder Abbruch eines alten Hauses tut Paris Abbruch – in New York empfanden wir es umgekehrt: die neuen Gebäude bestimmen den eigentlichen, längst geahnten, nun endlich gefundenen Stil dieser modernen Metropole, dem dann der Stil der übrigen Häuser sich anpaßt. Die Park Avenue, die wiederzuerkennen uns nicht leichtfiel, ist in ihrer Art vollendeter als die Champs

Elysées, wenn es dem Europäer auch symbolisch scheinen mag, daß sie, statt vom Triumphbogen Napoleons, jetzt vom Wolkenkratzer der *Pan American* abgeschlossen wird, vor dem der alte Turm so wirkt, als trüge die alte Front ihn im Bauch, als wäre *Panam* schwanger mit der Vergangenheit.

Nach wie vor ist New York eine Nachtschönheit. Die strenge Symmetrie der Häuserfronten, der bei Tag etwas furchterregend Seelenloses anhaftet, verwandelt Manhattan bei Nacht in einen riesigen Adventkalender, einen umgekehrten freilich, da sich die beleuchteten Fensterchen nicht öffnen, sondern langsam schließen. Aber verlöschen die Lichter in den tausend Fenstern wirklich? Nein, sie sind wie die Augen New Yorks, über die nur für wenige Stunden die müden Lider fallen.

Unbekannter und dennoch heimischer war uns New York, weil die Ähnlichkeit zwischen Europa und dem übrigen Amerika seit dem Ende des Krieges immer geringer, zwischen Europa und New York aber um so größer geworden ist. Wir haben das Verkehrsproblem noch nicht gelöst; New York hat es noch immer nicht gelöst. Ob man in der »Stoßzeit«, wie der abscheuliche Ausdruck für etwas Abscheuliches lautet, vierzig Minuten unter dem Obelisk des Place de la Concorde oder im Lichtreklamen-Inferno des Broadway eingekeilt sitzt, ist ziemlich gleichgültig. Ob der Pariser Taxichauffeur höhnisch den Kopf schüttelt, wenn man ihn anruft, oder ob der organisierte New Yorker Taxichauffeur ein *Off-duty*-Schild ausgehängt hat: ein Taxi bekommt man auf keinen Fall. Ob die Londoner Taxis wie echte, die zerbeulten New Yorker Taxis wie falsche Antiquitäten wirken: sie ähneln sich mehr denn früher. Ich würde ohne zwingenden Grund in dieser Großstadt so wenig leben wie in einer anderen – die begeisterten Großstädter verwechseln, scheint mir, Aufregung mit Anregung, Betrieb mit Antrieb, Lichter mit Helle, Rhythmus mit Melodie –, aber ich kann die Begeisterung der New Yorker für ihre Großstadt verstehen.

Wir gingen mehr zu Fuß, als wir es in irgendeiner europäischen Großstadt seit Jahren getan hatten. Die Kontraste waren bei Tag womöglich noch größer als bei Nacht – der Osten Manhattans wie mit dem Staubsauger gereinigt, jenseits der »Mauer« aber, im Westen: leere, zusammengeknüllte Zigarettenpäckchen zu Hunderten in der Gosse, faulender Salat am Rande des Gehsteigs, der Schmutz häuft sich zu Bergen, es ist als spieen die Kanäle, statt den Schmutz aufzunehmen, ihn unverdaut auf die Straße. Wir spazierten durch den Central Park, dessen soziales Bild sich in den letzten Jahren ganz und gar gewandelt hat: man begegnet jetzt, vornehmlich am Wochenende, den elegantesten New Yorkern mit Kind, Kegel und Hund, da ja der »Pöbel« längst Automobile besitzt, die Straßen nach den Ausflugsorten blockiert sind und der Park der Armen, von diesen im schmucken *Chevrolet* geräumt, zum Luftreservoir der Reichen sich wieder vorzüglich eignet. Wir standen staunend vor den unfaßbaren Herrlichkeiten der Warenhäuser und ließen uns die Freude nicht durch das Schaufenster eines Fifth-Avenue-Geschäftes verdrießen, in dem Sportsweater mit den lebensgroßen Köpfen aller Präsidentschaftskandidaten angeboten wurden. Ein größeres und besseres Angebot als in Europa, doch gleichfalls heimisch. Wir in Europa – besonders wenn wir südliche Gegenden bereisen – sind es gewohnt, zu feilschen: hier feilschen die Kaufleute mit sich selbst. »Nehmen Sie ein Dutzend Taschentücher – Sie bekommen eins als Draufgabe.« Bei uns findet der »Ausverkauf« zweimal im Jahr statt, hier ist er eine permanente Einrichtung. Wir sind ungeduldige Käufer, die New Yorker ungeduldige Verkäufer: die Ungeduld verbindet uns. Die »irische Woche« bei *Lord & Taylor* fiel uns zuerst auf, doch gewöhnten wir uns bald daran, daß die geschmackvollste Stadt Amerikas bedingungslos vor dem europäischen Geschmack kapituliert hat: das Adelsprädikat der Waren heißt *Imported,* das Schildchen *Made in* ist die Verbeugung vor Europa, das viel kleinere Atom-

111

bomben, aber viel schönere Schuhe erzeugt. Wie jeder Fremde
fanden wir vieles erstaunlich schön und manches befremdend –
wenn, beispielsweise, ein Herrenmodengeschäft von Londoner
Eleganz behauptet, die dort angefertigten Anzüge seien »*Your
best investment in clothes*«: an einen Einreiher als geschäftliche
Anlage hätten wir nie gedacht; – wenn man zwar beim Sonntags-
gottesdienst in der St. Patrick Kathedrale die vielen elegant geklei-
deten Menschen sieht, doch gleich links vom Eingang auch Papst
Pius XII. in einer regulären Telephonzelle, eine Wachsfigur von
so blasphemischer Vulgarität, daß weder Madame Tussaud *de
Londres* noch Rolf Hochhuth *de Berlin* ihn jemals auch nur auf
ähnliche Weise darzustellen gewagt hätten; – wenn an der Tür
der größten protestantischen Kirche der Fifth Avenue eine Tafel:
Come in to see, to rest, to pray prangt; daß sich das Gotteshaus als
Rasthaus anpreist, wir hätten es nicht geahnt. Aber auch diese
ununterbrochen zwischen kalt und warm wechselnde Kneipp-Kur
des Geschmacks machte uns New York, das sich niemandem auf-
drängen und jedermann dienen will, liebenswert.

Es waren lehrreiche Spaziergänge. Da sahen wir den Wolkenkratzer an der Ecke der Fifth Avenue und der 62. Straße, der sich
äußerlich in nichts von anderen Wohnhäusern dieser Gegend
unterscheidet – die gleiche glatte Fassade, der gleiche Dachgarten,
der gleiche farbige Schutzschirm zwischen Straße und Eingangs-
tor, der gleiche goldbetreßte Torhüter, halb Löwenbändiger, halb
russischer Großfürst, ein »Türlschnapper« als Anachronismus –,
aber welch politische *story!* Das Obergeschoß mit Dachgarten
wird von der geschiedenen Frau des Gouverneurs Nelson A.
Rockefeller bewohnt – die Scheidung, man weiß ja, könnte den
Gouverneur sehr wohl die republikanische Präsidentschaftskandidatur kosten. Einige Stockwerke tiefer aber wohnt der Gouverneur
selbst, mit seiner attraktiven neuen Frau und deren zahlreichen
Kindern. Noch einige Stockwerke tiefer, des Staunens kein Ende,

hat sich der ehemalige Vizepräsident und Kennedys geschlagener Gegner, Richard M. Nixon, eingemietet – woher, so fragt sich New York, habe der ehemalige Anwalt aus der kalifornischen Kleinstadt Whittier die 175 000 Dollar genommen, die eine solche Eigentumswohnung nun einmal kostet; habe ihm vielleicht sein Parteifreund und Rivale Rockefeller, Besitzer des Hauses natürlich, die gewaltige Summe vorgestreckt oder gestundet, sei es, um Nixon aus Kalifornien fortzulocken, sei es, um ihn »warm zu halten«, falls man sich gegen den radikalen Kandidaten Goldwater doch verbünden müsse. Da zeige man mir noch einen Fahrstuhl, irgendwo in der Welt, in dem Sensationelleres sich begeben kann als eine gleichzeitige Himmelfahrt von Nixon, Rockefeller, Mrs. Rockefeller I. und Mrs. Rockefeller II. – oder ist vielleicht der Löwenbändiger am Tor dazu da, um solches zu verhindern . . .?

Nicht minder lehrreich waren die Taxifahrten – nur ganz und gar blasierte Menschen schweigen in einem Friseurstuhl oder im Fond eines Taxis. Aber auch wenn man schweigt, kann man sich in einem New Yorker Taxi nicht langweilen – für Abwechslung und Lesestoff sorgen die Tafeln, die im Inneren angebracht sind. Die Tafeln zeigen nicht nur den Namen des Fahrers an – man kann daraus meistens auf seine Religion und Abstammung schließen –, sie zählen auch alles auf, was der Chauffeur tun darf und unterlassen muß. Amerika ist ein von Natur aus freundliches, vertrauensseliges Land, aber sein Vertrauen muß oft mißbraucht worden sein, so daß die menschlichen Beziehungen hier bis aufs kleinste von Vorschriften geregelt werden, weshalb man ja auch, will man einen Mitbürger loben, von einem *law-obeying citizen* spricht: daß dieser Individualist die Gesetze befolgt, ist keineswegs selbstverständlich, des Lobes aber um so würdiger. Aber auch der Passagier erhält Verhaltungsmaßregeln, die, nicht so sehr ihrer Strenge als ihrer Primitivität halber, in einer europäischen Stadt dem heftigsten Protest begegnen würden: in diesem Land – wie verschieden ist es doch von Europa! – werden die Kinder wie Erwachsene und die Erwachsenen wie Kinder behandelt. Dabei ist das alles viel bezeichnender und viel ernster als man bei einer bloßen Taxifahrt annehmen würde. Bis Kennedy kam und an das Volk die merkwürdige Forderung richtete, es möge im Nu heranreifen, wurde die Demokratie hier so aufgefaßt, daß sich der Unterricht dem Intelligenzniveau der am wenigsten Bemittelten anzupassen habe. Wenn selbst die New Yorker Taxiunternehmer voraussetzen, daß der Durchschnitt der Passagiere nicht wisse, wie er zu sitzen habe, klingen die Argumente der Segregationisten, die Aufnahme der Neger-Schüler drücke die ganze Schulklasse auf das Niveau der aus ungebildeten Heimen und zurückgebliebenen Elementarschulen kommenden schwarzen Kinder herab, bestechend – zumindest, solange sich der Lehrplan nicht der durchschnittlichen, sondern der dürftigsten Aufnahmefähigkeit anpaßt.

Nicht anders als andere Besucher New Yorks verbrachten wir, wann immer es ging, unsere Abende am Broadway. Wir sahen Gutes, Schlechtes und Mittelmäßiges, doch sahen wir noch das Schlechte und Mittelmäßige in vollendeter Darstellung. Es überrascht mich immer wieder – und sollte mich doch, da es so menschlich ist, nicht überraschen –, daß die Menschen ihre Schwächen mit Hochmut auszugleichen suchen: gerade auf die Broadway-Theater, von denen wir wenn nicht alles, so doch manches lernen könnten, blicken die Europäer hochmütig herab. Gewiß ist es grotesk, wenn die Produktion eines simplen Theaterstückes zwischen 60 000 und 120 000 Dollar kostet, eines Musicals gar zwischen 250 000 und 500 000 Dollar, so daß der Verdacht naheliegt, es werde nur »Publikumswirksames« produziert; aber warum wollen wir nicht gestehen, daß es durchaus keine Schande ist, dem Geschmack dieses theaterkundigsten Publikums der Welt zu folgen? Von *Who's Afraid of Virginia Woolf?* bis *My Fair Lady*, von *Born Yesterday* bis *Streetcar named Desire*, von *Death of a*

Salesman bis *Barefoot in the Park:* mehr gute oder mittelmäßige Stücke traten vom Broadway den Weg des Welterfolges an als von allen Theaterstraßen Europas. Gewiß mögen die einzelnen Broadway-Darsteller nicht besser sein als die besten Europas, aber wen – außer den unglücklichen Schauspielern, die nur selten an die Reihe kommen – geht das etwas an, da aus dem unerschöpflichen Reservoir der Talente für jede Rolle der Geeignetste gewählt wird? Gewiß sind die Broadway-Schauspieler die bestbezahlten der Welt, aber Tallulah Bankhead scheint mir mit 5000 Dollar in der Woche nicht zu hoch bezahlt: jedenfalls dürfte es »kultivierter« sein, einem führenden Charakterdarsteller 2000 Dollar in der Woche zu bezahlen als einem Schmachtfetzen-Sänger wie Eddie Fisher für zwanzig Minuten 20 000 Dollar in den musikalischen Rachen zu werfen, wie das die ach so kultivierten Ballarangeure bei der jüngsten »europäischen« Olympiade taten. Die Anti-Broadway-Propaganda – von einer solchen zu sprechen, ist kaum noch übertrieben – wird fortwährend aus zwei Quellen genährt. Europäische Autoren, besonders solche, denen Broadway den Lorbeer versagt hat, neigen dazu, Hebbels Satz über *Käthchen von Heilbronn* – »*Es ist ein Stück, dem gegenüber nur das Publikum durchfallen kann*« – auf sich anzuwenden. Indes ist es der Fehler Broadways nicht, daß in dem nicht-subventionierten Theater nur das gespielt werden kann, was einem intelligenten Publikum tatsächlich gefällt, und daß den New Yorker Kritikern die Korruption der Ehrfurcht fremd ist – sie lassen sich übrigens auch von amerikanischen Namen nur selten bestechen. Zum zweiten nährt sich die Propaganda von dem Schlagwort, der Broadway sei nicht »experimentierfreudig«, hänge noch immer am Realismus und behandle die abstrakte »Kunst« unfreundlich. Die Anklage ist ungerecht, wie uns die Aufführung von *The Ballad of the Sad Café* des dramatischen Wunderkindes Edward Albee zeigte: die Liebhaberrolle spielt ein besonders kleiner und krüppelhafter Zwerg – mit

Zwergen, man sieht es, läßt sich auch auf dem Broadway ein Geschäft machen. Da sich aber die Berufsexperimentatoren gar so künstlerisch, gar so exklusiv, gar so dem Materiellen abgewandt geben, kann ich nur schwer verstehen, warum sie sich nicht mit Aufführungen und Erfolgen in den *off-Broadway*-Theatern begnügen, wo alles und jedes gespielt wird, wo sie mit einem ihrer Werke würdigen, durchaus intellektuellen Publikum rechnen können und wo sie nur auf jene hohen Wochentantiemen verzichten müssen, die ihnen ohnedies als schmutziger Lorbeer ihrer reinen Bemühungen erscheinen sollten.

Wir erlebten noch manches, das uns auf unserer Entdeckungsreise durch Amerika als Reiseproviant dienen sollte. Ich habe mir, wie ich nur nebenbei erwähnen möchte, schon mehrmals vorgenommen, einen kleinen Essay über das Wort »erleben« zu schreiben, gegen das Wort vielmehr, obwohl kein Wort für den Mißbrauch verantwortlich ist, der mit ihm getrieben wird. Seit dem Ende des Zweiten Weltkrieges etwa, seit die guten Leute nichts mehr zu erleben glauben, wird das Wort mit einer inflationistischen Großzügigkeit gebraucht, als wäre das gar nichts, etwas zu »erleben«, während doch die Sprache ein größeres Wort kaum kennt, nicht nur weil Erlebnisse etwas Großes, Seltenes, Köstliches sind, sondern auch weil dem Wort eine geheimnisvolle Beziehung zum Tod anhaftet – das Schönste an einem Erlebnis ist, daß man es noch, meistens gerade noch, er-lebte. Daß das Wort fortwährend grammatikalisch falsch verwendet wird, nur als Marginalie: man kann etwas, aber nicht jemanden »erleben«, so daß ich mir nie ganz im klaren bin, was – sollte es sich nicht um eine pure Indiskretion handeln – beispielsweise mit dem Satz: »Ich habe die Loren erlebt« eigentlich gemeint ist – man sagt, man habe diesen oder jenen »erlebt«, wenn man sagen will, daß man ihn gesehen, mit ihm gesprochen, ihn gehört oder ihm die Hand gereicht habe. Der inflationistische Gebrauch des Wortes »Erlebnis« macht es mir schwer, im Zusammenhang mit New York von einem »Erlebnis« zu sprechen. Vieles hätte in einer anderen Stadt sich gleichfalls ereignen können, auch in anderen Städten gibt es interessante Menschen, Ansammlungen, Episoden und Ereignisse, aber hier türmen sich schon die Lebenden zu Hekatomben, hier lagern die Ereignisse übereinander wie Stockwerke eines Wolkenkratzers, hier jagen sich die Episoden wie die Glühbirnen der Lichtreklamen, hier tanzen sie in langen Reihen wie die Cancan-Tänzerinnen der Revue-Bühnen.

Am Mittag des gleichen Tages, an dem wir dem jugoslawischen Staatspräsidenten Tito in die Arme liefen – den vor dem Hotel demonstrierenden, als Gevatter Tod verkleideten Jugoslawen war er zum Glück nicht in die Arme gelaufen –, speisten wir im *Colony*-Restaurant neben Kardinal Francis Joseph Spellman, der den italienischen Ex-König Umberto zu Tisch geladen hatte. Nach dem Mittagessen begab sich Seine Eminenz in die Küche, um das dort wirtschaftende Personal zu segnen, doch verweigerte er auch den hier speisenden, mit unglaublichen Hutkreationen angetanen Damen seinen Segen nicht. Wir »erlebten« die greise, höchst anmutige Kosmetik-Königin, die uns in ihrem mit den herrlichen Gemälden mexikanischer Primitiven geschmückten Speisesaal französische Köstlichkeiten vorsetzen ließ – die »Mexikaner« freilich bedeuten nur eine Kleinigkeit, wenn man sie mit den mindestens fünfzig oder sechzig Degas, Cézannes, Renoirs und Monets vergleicht, die an den Wänden ihres mit lila und purpur Seidenmöbeln eingerichteten Salons Rahmen an Rahmen nebeneinander hängen. Hier französische Impressionisten: ein paar Häuser weiter die überwältigende *Africana*-Sammlung einer schönen Ungarin; hier Gespräch über Kosmetik und Mode, dort über Kunst und über Albert Schweitzer, dessen engste Mitarbeiterin unsere Gastgeberin gewesen ist. Nur um die Ecke: Besuch bei einer alten Freundin, die im Zweiten Weltkrieg, *somewhere in Europe*, Amerikas prominenteste Agentin gewesen war; daselbst ein aufschlußreiches Gespräch mit dem Justitiar der neuen Konservativen Partei, die – so hörten wir – kein anderes Ziel hat, als die Republikaner nach rechts zu drängen, wie die ebenfalls hoffnungslose Liberale Partei sich damit begnügt, den linken Flügel der Demokraten zu stärken. Atelierbesuch bei einer jungen Millionärin, die zu den erfolgreichsten abstrakten Malerinnen Amerikas gehört, Cocktail-Partys bei der Eröffnung von Ausstellungen, wo so leidenschaftlich diskutiert wurde, als ginge es um Bestand oder Ende der Welt, Partys, bei denen die Hausfrau uns als alte Freunde umarmte, ohne daß sie uns kannte – doch kannte sie ihre übrigen Gäste auch nicht –, Mittagessen in Klubs von schier britischer Exklusivität, billige und vorzügliche Mahlzeiten in Austern-Bars des Broadway, teuere und ungenießbare Mahlzeiten in Hotel-Restaurants, Besuche bei alten Bekannten, die sich, da sie doch in New York leben, etwas Neues ausgedacht haben – die eine wohnt in selbstgeschnitztem Mobiliar, der andere zwischen den Symbolen des Zen-Kults, der dritte in einer gotischen Gruft –, der *April-in-Paris-Ball* der *high society*, der just im Oktober stattfand, Mittagessen beim Präsidenten der CBS, der von seinem neuen Wolkenkratzer sprach, ein Abend im Hause des Universitätsprofessors für Archäologie, wo ausschließlich von Politik gesprochen wurde – und dabei hatten wir nichts gesehen. Was geschieht nicht alles *sous les tois de New York ...!*

DIE STADT OHNE SCHLAF

Ehe wir von New York Abschied nahmen, fragten meine Frau und ich uns oft, ob die Eindrücke zu einem halbwegs übersichtlichen Mosaik sich zusammensetzten, ob wenigstens für einige von ihnen ein gemeinsamer Nenner zu finden war, eine jener »Verallgemeinerungen«, ohne die niemals eine philosophische Theorie oder auch nur eine ordentliche Reportage zustandegekommen ist.

Was uns vor allem aufgefallen war, das war die Abwesenheit von Neid – und jetzt, da wir wieder viele Jahre in Europa gelebt hatten, fiel es uns doppelt auf. Mein Buch war, wie ich schon sagte, gerade erschienen; wir hatten viel Umgang mit Schriftstellern, Kritikern, Journalisten – selbst in diesen Kreisen, in denen man doch lieber einen rühmenden Nachruf auf sich selbst als die gute Kritik über einen Kollegen läse, fand ich nur die freundlichste Selbstlosigkeit. Bei der Party, welche der PEN-Klub für mich gab und die durch die Anwesenheit des greisen Upton Sinclair, eines der literarischen Helden meiner Jugend, gekrönt wurde, erhielt ich mehr gute Ratschläge, als ich, mangelnder Zeit und mangelnder Vertrautheit halber, verwenden konnte. Ein Schauspieler, der sich bei *Sardi's* in unserer Gesellschaft befand, hatte gerade, da er anderwärtig beschäftigt war, eine ihm angebotene Rolle ablehnen müssen: er rief noch am gleichen Abend ein halbes Dutzend Kollegen an, um ihnen den interessierten Produzenten zu nennen. Niemand sprach schlecht vom anderen; Erfolge wurden nicht »wegerklärt«, sondern eher übertrieben dargestellt; Mißerfolge wurden übergangen oder entschuldigt. Mag den Europäer die Tatsache befremden, daß hier der Erfolg in Zahlen ausgedrückt wird – die Zeitungen berichten, ein Autor haben »einen 100 000-Dollar-Vertrag« abgeschlossen, ein Schauspieler habe sich »ein 200 000-Dollar-Haus« gekauft, ja sogar, daß dieser oder jener »einen 300-Dollar-Anzug« trage –: solche Mitteilungen erregen vielleicht das Finanzamt, auf keinen Fall den Neid. Die Erklärungen, das Land sei so groß und reich, daß es sich die Neidlosigkeit »leisten« könne sind falsch – das hieße ja, daß die Tugenden von Macht und Banknoten abhingen: viel wahrscheinlicher ist es, daß Amerika so reich ist, weil es in das Räderwerk des Erfolges nicht ununterbrochen den Sand des Neides streut. Das gilt besonders für New York, welches die einzige Ganz-und-gar-nicht-Provinzstadt der Welt ist, da ja Provinzialismus nicht darin besteht, dem Nachbarn in den Suppentopf zu gucken – das tut man auch in New York –, sondern darin, ihm in die Suppe zu spucken. Selbst die pathologische Wettbewerbssucht des Kleinbürgers, eine wahre »*Concurrencitis*«, die Mrs. Jones nicht ruhen läßt, ehe sie die gleiche Tellerwaschmaschine besitzt wie Mrs. Brown, hat nichts mit Neid zu tun: man verwünscht nicht den Besitz der Nachbarin, man wünscht sich eine bessere Maschine. Eifersucht ist in diesem Land eine Leidenschaft, die mit Leiden sucht, was Eifer schafft.

Nicht so unqualifiziert beeindruckte uns die heidnische Anbetung des Erfolges, der wir allenthalben begegneten, diese Kreation einer neuen Aristokratie aus dem Geiste der Demokratie. Nirgends ist der Erfolg schwerer zu gewinnen als in New York, besitzt man ihn aber einmal, drückt die Millionenmetropole den Erfolgreichen so innig ans Herz, wie ich das nur in Kleinstädten mit Kleinstadtlieblingen gesehen habe. Warum jemand, auf welchem Gebiet auch immer, einen Erfolg errungen, warum sich ihm der Erfolg an den Hals geworfen habe, darüber zerbricht sich niemand den Kopf: die Masse, die ihn auf die Schultern hob – mag es die Masse des

Volkes sein, die Masse der Intellektuellen oder nur die Masse der Aktionäre –: sie wird schon wissen, warum sie ihn wählte, sie ist inappellabler als das Haager Schiedsgericht. Auf geistigen Gebieten hängt dieses »*lionizing*«, wie es hier heißt, dieses »Zum-Löwen-Machen« mit der Stellvertreterrolle New Yorks zusammen: da aus dem ganzen Land von über drei Millionen Quadratmeilen »Löwen« eben nur auf den 365 Quadratmeilen von New York zu finden sind, werden sie, wie in einem Schutzpark, aufs liebevollste gepflegt: auf sie zu schießen ist ganz und gar untersagt. Wir sahen am Broadway das Musical *Jennie*, eine jämmerliche Operette mit einer tristen Darbietung des großen Operettenstars Mary Martin – die Kritik ging mit dieser Beleidigung Broadways erbarmungslos um, wickelte Mary Martin jedoch in die Watte des Respekts: wer einmal ein *darling* New Yorks ist, der müßte in hunderten *Jennies* auftreten, ehe ihm ein Stein aus der Krone fiele. Das eine hängt übrigens mit dem anderen zusammen: der Amerikaner, neidlos, blickt nicht nach dem Himmel, um fallende Sterne zu sehen.

Von der Freundlichkeit und Höflichkeit der Amerikaner habe ich schon gesprochen: wir begegneten diesen Eigenschaften in ihren angenehmsten und irritierendsten Formen.

Die Gastfreundschaft muß jeden Europäer beschämen. Daß die Amerikaner sich gegenseitig, daß sie den Fremden fortwährend bewirten, daß sie Partys veranstalten und unentwegt etwas für ihn »arrangieren« – »Wen wollen Sie kennenlernen?«, »Ich kenne jemanden, der für Sie nützlich wäre«, »Soll ich Sie Herrn X. oder Frau Y. vorstellen?« –, ist nicht alles: ihre Häuser stehen den Fremden offen, das Beste ist für ihn nicht gut genug, es wird auch dann gedeckt und gekocht, wenn man kein eigenes Personal hat und es mit den größten Schwierigkeiten herbeizaubern muß.

So angenehm man dies im privaten Umgang empfindet, so sehr erschwert es die beruflichen Beziehungen: hinter dem Paravant der Höflichkeit ist die Wahrheit nur mit der größten Mühe zu entdecken. Lehnt eine Zeitung oder Zeitschrift einen Beitrag ab, so lautet der Brief etwa wie folgt: »*Dear Mr. X.*, wir haben Ihren Beitrag mit erregtem Interesse gelesen. Es besteht für uns kein Zweifel, daß es sich hier um eines der großen Meisterwerke aller Zeiten handelt. Unsere ganze Bewunderung gilt Ihrem Stil, dessen Noblesse nur von der großartigen Konstruktion und der Tiefe des Gesagten übertroffen wird. Da die Welt jedoch für Genies, wie Sie es sind, nicht reif ist, würden wir Ihnen raten, uns nichts mehr zu schicken und einen anderen Beruf zu wählen.« Den Kündigungsbrief einer amerikanischen Firma kann man in Europa gefahrlos als Empfehlungsschreiben vorweisen, aber er ändert nichts daran, daß der also Gepriesene von einem Tag auf den anderen auf die Straße gesetzt wurde; auch darf er sich den Rest seines Lebens über die Gründe seiner Entlassung den Kopf zerbrechen, da es unverständlich ist, warum auf die Dienste eines derart Unentbehrlichen verzichtet wurde.

Wir hatten in New York viele politische Gespräche geführt und waren zu gewissen Schlußfolgerungen gekommen. Heute wird alles getan, um uns weiszumachen, die Amerikaner hätten die Bedeutung Kennedys und dessen, was er repräsentierte, schon lange vor seinem Tod erkannt. Ich zweifle nicht, daß Kennedy im November 1964 wiedergewählt worden wäre, und zwar mit einer Mehrheit von mehr als bloß 120 000 Stimmen. Ebenso sicher ist es, daß sich vierzig bis fünfundvierzig Prozent der für ihn abgegebenen Stimmen aus Eigennutz-Stimmen zusammengesetzt hätten: Arbeiter, die sich unter einem demokratischen Präsidenten sicherer wähnten, Farmer, für die das republikanische Regime nie genug getan hatte, Minoritäten, die sich von dem *Civil-rights*-Programm des Präsidenten Vorteile erwarteten, Katholiken und Iren, die stumpfsinnig einen irischen Katholiken im Weißen Haus sehen wollten, oder einfach Durchschnittsbürger, die mit der wirtschaftlichen Entwicklung des Landes zufrieden waren. Die Erkenntnis der Kennedyschen Vision war auf höchstens zehn Prozent des Volkes beschränkt, von denen die Hälfte wieder, gerade dieser Erkenntnis halber, Kennedy glühend haßte. Die fünf Prozent wirklicher Kennedy-Anhänger allerdings, gerade weil sie, wenn auch innerhalb einer Mehrheit, eine verschwindende Minorität waren – sie fühlten, sprachen und handelten wie eine Gruppe von Verschwörern. Das Paradoxeste – in New York, der »Kennedy-Stadt«, am deutlichsten spürbar – war jedoch dies: Diese Minderheit, obwohl Teil einer Mehrheit, hatte Angst – sie fürchtete sich, »für« den Präsidenten der Vereinigten Staaten zu sein, und sie fürchtete für den Präsidenten der Vereinigten Staaten. Ich will nicht behaupten, daß jemand das Schreckliche auch nur ahnte, aber man sprach von dem Mann, der seinen Finger auf die Wunden des Landes gelegt hatte, auf alle Wunden, der alle Krankheiten beim Namen nannte und alle gleichzeitig heilen wollte, der von Ludwigs XI. *Divide et impera* nie etwas gehört zu haben schien, vielmehr alle feindlichen Kräfte gleichzeitig herausgefordert hatte – die Isolationisten und die Kriegsmacher, die Stahlindustriellen und die Armutsspekulanten, die Rassenfanatiker und die Analphabeten, die radikalen Intellektuellen und die radikalen *Businessmen* –: seine Anhänger sprachen von ihm, als kämpfte er immer noch in den eisigen Wellen von Ferguson Passage. Mit einer nervenzermürbenden Spannung, als ob man den Kampf auf Leben und Tod eines Freundes betrachte, beobachteten die »fünf Prozent« den Kampf John Fitzgerald Kennedys, und es gab viele in New York, die sich, wie die Stadt selbst, dem Meer zugewandt hatten, weil sie sich nicht nach dem Land umzusehen wagten, aus Angst, die brennende Stadt Sodom zu sehen und, dem Weibe Lots gleich, zur Salzsäule zu erstarren.

Nun ging also unser New Yorker Aufenthalt zu Ende. Licci hatte unsere Koffer gepackt, diese Schiffsladung, sollte ich eher sagen, und da auch ich etwas zu den Vorbereitungen beitragen zu müssen glaubte, hatte ich meinen Schreibtisch abgeräumt und meine *Netsukes* in meine Aktentasche verstaut.

Die Uraufführung von *Walk in Darkness* würde ich nicht weiter erwähnen – ein freundliches Publikum hatte dem Stück mehr Beifall gespendet als es verdiente –: interessant für mich war die Party gewesen, die anschließend, so will es der Brauch, stattfand.

Eine kunstverständige Dame, wohlhabende Witwe eines Rechtsanwaltes, hatte den Autor, die Darsteller und deren zahlreiche Freunde in ihre geräumige Wohnung am Central Park geladen: hier, statt wie üblich in einem Restaurant, sollten die Morgenblätter mit ihren den Erfolg eines Stückes diktatorial bestimmenden Kritiken abgewartet werden. Die Einladung war sowohl dankenswert als auch bezeichnend: kein Lokal Manhattans, natürlich auch nicht Harlems, hätte ohne weiteres einen solchen schwarzweißen Strom aufgenommen.

Auch mir war das Bild neu. An dem üppigen kalten Büfett standen junge Neger und Negerinnen, in Smoking oder reizenden Abendkleidern; zwanglos unterhielten sie sich mit weißen Frauen und Männern – man unterhielt sich über das Stück, die Darstellung; man versuchte zu erraten, was die *New York Times* schreiben würde; man fragte sich, ob jemand bemerkt habe, daß der zweite Schuß in der Finalszene nicht losgegangen war. Vielleicht bemühte sich die Hausfrau allzusehr um ihre schwarzen Gäste: dieser Übereifer, dieses *leaning backward*, ist heute für die weißen Liberalen in Amerika kennzeichnend. Sonst aber war das Bild hübsch, elegant und beruhigend, ein Bild des Fortschritts.

Das sollte sich später ändern. Ein junger Neger setzte sich, von allen gedrängt, ans Klavier, die Teppiche wurden hochgerollt, man begann zu tanzen. Und obwohl die Hausfrau emsig hin und her lief, zuredend, animierend, beinahe wie die gute Lehrerin einer Tanzschule, trat eine Rassentrennung ein, wie sie sich Gouverneur Wallace von Alabama nicht »schöner« hätte wünschen können.

124

Mit der Scheu vor der körperlichen Berührung hatte das nichts zu tun, weder auf der einen noch auf der anderen Seite: es war einfach so, daß man jetzt, da man den engen gemeinsamen Boden des Theatergespräches verlassen, sich nichts mehr zu sagen hatte. Der Tanz, statt die Rassen zusammenzubringen, hatte sie getrennt: die schwarzen und die weißen Paare verließen zusammen das Parkett, setzten sich dann auch zusammen in die Ecken der Zimmer, ja es geschah, daß am Ende in einem Salon nur noch Weiße, im anderen nur noch Schwarze saßen. Obwohl fast alle Anwesenden unter fünfunddreißig waren, wollte auch keine rechte Fröhlichkeit aufkommen: jeder fühlte sich als der Repräsentant seiner Rasse, jeder fürchtete, die Angehörigen der anderen könnten aus seinem lockeren Benehmen falsche Schlüsse ziehen. Solange eine Gesellschaft auf Vorurteilen aufgebaut ist, werden auch jene, die von Intoleranz frei sind, für sie verantwortlich gemacht werden; solange die Bill Hairstons in einem Häuserblock wohnen, wo von 25 000 Wohnungen nur zehn an Neger vergeben werden, solange ich nachts in Harlem nicht sicher bin, kann keine noch so liberale Hausfrau ein Wunder vollbringen – es kommt nicht darauf an, wo die Menschen sind, sondern von wo sie kommen und wohin sie gehen.

Als die Morgenblätter gebracht wurden, rückten die beiden Gruppen segregationistischer Liberaler wieder zusammen: man umstand den Kamin, vor dem der Regisseur die Kritiken zu verlesen sich anschickte. Die *New York Herald Tribune* war mit dem Stück rücksichtslos ins Gericht gegangen, während die *New York Times* Milde vor Recht hatte ergehen lassen: mit einem »weißen« Stück wäre die große liberale Zeitung zweifellos härter verfahren. Man versuchte, zu erklären, um wieviel wichtiger die *New York Times* als die *New York Herald Tribune* sei – »die Kritik ist zwar schlecht, aber anregend« –; man gratulierte den Darstellern, die verhältnismäßig gut abgeschnitten hatten: nun war die Normalität eines verbindenden und verbindlichen Selbstbetrugs wieder hergestellt.

Es war kurz nach zwei, als die Gäste das Haus am Central Park verließen. Wir hielten Taxis an und fuhren dann in zwei Richtungen: nach dem Süden fuhren die Weißen, nach dem Norden die Schwarzen, auf Wiedersehen, *nice to have met you*, kein Wiedersehen, wir hatten nichts gemeinsam gehabt als einen Theaterabend, den Smoking und das Abendkleid.

Manhattan war noch beinahe so wach wie am Mittag. Die Stadt schläft nie, nur zwischen drei und fünf Uhr morgens liegt sie im Halbschlummer. Ich war vor einigen Tagen von dem bedeutendsten amerikanischen Radiokommentator, Barry Gray, eine Stunde lang vor den Mikrophonen der WMCA befragt worden – sein Programm beginnt um elf Uhr nachts und endet um ein Uhr morgens: obwohl das Interview erst um Mitternacht anfing, hatte es jedermann, vom Friseur bis zum Universitätsprofessor, gehört. Niemand findet es sonderbar, daß über den zweiten Kanal des Fernsehens noch fünf Minuten vor drei ein Film anläuft, Hunderttausende sehen ihn. Um zwei Uhr morgens tanzen die Rubine der Rücklichter noch munter über die Third Avenue – wer fährt wohin und warum? –; die Fenster der riesigen Wohnhäuser, von schwarzen Löchern nur hier und da unterbrochen, sind erleuchtet – sitzen die Menschen vor den Fernsehschirmen, hören sie Radio, lesen sie fettleibige Zeitungen, sind sie krank, kämpfen sie mit Schlaf und Schlaflosigkeit, haben sie Angst, die Lichter auszulöschen? –; die Augen der Wolkenkratzer stehen offen – arbeiten Scheuerfrauen, hämmern Nachtarbeiter, bohren Diebe, hütet das grelle Licht die vollen Kassen? –; vor den *Drug-stores* parken die Wagen der Taxichauffeure; vor den durchsichtigen Banken patrouillieren die Polizisten; vor den Schaufenstern stehen die Müden und die Unersättlichen; durch den Broadway rollt die Lava der Vergnügungssüchtigen; Nachtarbeiter mit Kerosinlichtern, Männer im Frack, Frauen mit Orchideenkorsagen, Kolporteure, Matrosen, Soldatenliebchen, Würstelverkäufer; der Blutdruck der Stadt sinkt nicht, ihr Herzschlag wird nicht ruhiger: ein Mann wird verhaftet, ein Leichenwagen rollt vorbei, in einem Panzerwagen werden Millionen transportiert, die Polizeisirene heult, die Sirene des Rettungswagens heult, die Sirene des Feuerwehrwagens heult; an der Ecke von Columbus Circle zeigt der *Coca-Cola*-Wetterdienst in leuchtenden Bildern das morgige Wetter an, doch wer vermöchte zu sagen, was das bedeutet, das Wetter von morgen, da das Gestern schon ins Heute, das Heute schon längst in den Morgen übergegangen ist.

Wir löschten die Lichter aus, aber der Schlaf, den uns New York geraubt hatte, wollte nicht zurückkehren. Ich sagte:

»Weißt du, ich muß an die Jahre vor dem Krieg denken, neunzehnhundertachtunddreißig oder neunzehnhundertneununddreißig, als wir die Augen nicht zu schließen wagten, weil wir fürchteten, der Krieg könnte uns im Schlaf überraschen. Wir diskutierten die ganze Nacht lang, suchten etwas zu tun, suchten die Nähe des anderen, lachten, stritten, tanzten, warteten auf das Morgengrauen. Wir hatten Angst.«

Licci sagte »Ja«, murmelte etwas im Schlaf. Sie schlief, der ruhende Pol in Amerikas Unbehagen.

WIE SIEHT EIN EIERKOPF AUS?

Ich hatte einen großen Teil meiner amerikanischen Jahre in Washington gelebt: um so deutlicher kam mir die Wandlung Washingtons zum Bewußtsein.

Pierre Charles L'Enfant hatte am Ende des achtzehnten Jahrhunderts die Stadt – ein einzigartiges Unterfangen – eigens als Hauptstadt entworfen: was so künstlich geplant war, konnte nicht natürlich gedeihen, mußte ein künstliches Gebilde bleiben. Eine Hauptstadt war Washington geworden, doch keine Stadt, nicht im Sinne Berlins, Londons oder Paris': man hätte es eher, auf amerikanische Maßstäbe übertragen, mit Bonn vergleichen können, ein riesiges Bundesdorf. In einer Stadt, in der von rund 750 000 Einwohnern über 230 000 von der Regierung beschäftigt werden, müssen die Staatsbeamten das Leben beherrschen. Fahnen der Nationen auf den Botschaftsgebäuden, Standarten und *CD*-Zeichen auf den Automobilen, Diplomatenfrauen, englische Nurses, Inderinnen in Saris, Chauffeure in langen Reihen: das war Washington früher gewesen, eine Residenz ohne Hinterland.

Hatte Washington selbst in den Kriegsjahren kleiner gewirkt, als es war, so wirkte es jetzt größer, als es ist. Washington ist eine Stadt geworden, es hat seinen bürokratischen und residentiellen Charakter verloren, aber an Schönheit von keiner anderen mit Ausnahme San Franciscos übertroffen, ähnelt es anderen amerikanischen Städten immer noch so wenig wie diese Paris oder Rom ähneln. Also eine europäische Stadt? Auch das nicht. Am ehesten kann man Washington mit einer riesigen Arena vergleichen, in deren Mitte die Bühne sich erhebt – Weißes Haus, Kapitol, *Treasury, Blair-House* –, rings die Tribünen und Galerien, auch Bäume hat man stehengelassen, wie in der Felsenreitschule zu Salzburg, besonders schöne Kirschbäume, hier und dort die Statuen von Herrschern und Gladiatoren: das Charakteristischeste dieses Amphitheaters ist jedoch, daß die Ränge zu Mauern ansteigen, welche die Arena, in sich geschlossen, von der Welt abgrenzen. Dieser Vergleich spricht schon von Isolation und Patina der Stadt, unterscheidet sie von allen übrigen amerikanischen Städten: Washington ist die einzige Stadt Amerikas, in der nicht Geschäft und Industrie dominieren, nicht Reklame und Werbung, und ist es auch eine amerikanische Tradition, auf der Washington gebaut ist, so ist es dennoch Tradition: nichts verbindet so wie die Vergangenheit, mag sie noch so verschieden sein – man muß sie nur haben.

Washington wird vom Weißen Haus beherrscht, in mehr als einem Sinne. Es gehört zu den merkwürdigsten Widersprüchen der Amerikaner, daß sie, sozusagen geborene Demokraten, wie kein anderes Volk nach »oben« schauen, »hohen« Exempeln nacheifern, die Autorität bewundern, ja, ihr privates Leben von den Symbolen, Gestalten oder Götzen der »höchsten« Kreise bestimmen lassen. Der Ton, den das Weiße Haus anschlägt, hallt in den Melodien des gesellschaftlichen Lebens der Nation wider, laut in der Nähe, verklingend in der Ferne; Washington also ist das nahe Echo des Weißen Hauses.

Schon auf der *Queen Elizabeth* hatte man uns hämisch bedeutet, das Weiße Haus sei ein »neues Versailles« geworden; wo immer wir in New York mit der *society* umgegangen waren, hatten wir abfällige Bemerkungen über die »Europäisierung« Washingtons gehört. Das Weiße Haus, das ich nun von innen und außen sah – in der Tat, ein neues Haus war es geworden, doch ein »Versailles« keineswegs.

Man hatte früher zwei Vorstellungen vom Weißen Haus gehabt – aus der Roosevelt-Ära, als ich hier zu Gast gewesen war, darf ich bestätigen, daß sie nicht unbedingt falsch waren. Die einen dachten an das Weiße Haus nur als Residenz und Repräsentanz des Präsidenten, mit dem Staatsspeisesaal und dem Empfangsraum, mit den grünen, blauen und roten Zimmern, mit den rosa und Empire-Gasträumen ein überdimensionaler, etwas kolonialer, etwas provinzieller Gouverneurspalast. Für die anderen war das Weiße Haus identisch mit dem Arbeitszimmer des Präsidenten im Westflügel: zwar wußten sie, daß Amerika von diesem Zimmer aus regiert werde, hielten es aber doch für einen isolierten Raum, nicht für den Mittelpunkt eines großen Büros – wenn sie von der »Regierung« sprachen, meinten sie das State Department, die Ministerien, Kongreß und Senat.

Warum hatte man mir gesagt, das Weiße Haus sei ein »Versailles« geworden?

Vor allem wohl, weil unter Kennedy beide Vorstellungen über den Haufen geworfen worden waren, die gesellschaftliche und die professionelle. Mit der gesellschaftlichen möchte ich beginnen.

Franklin Delano Roosevelt hatte, wie Kennedy, einer aristokratischen Familie angehört, aber er war Berufspolitiker gewesen, auch hatte es ihm seine schwere Krankheit nie gestattet, gesellschaftlich zu fungieren; seine Frau, Eleanor Roosevelt, hatte sich für den sozialen Fortschritt mehr interessiert als für den gesellschaftlichen Tanzschritt, für die Partei mehr als für die Partys. Roosevelts Nachfolger, Harry S. Truman, hatte seine kleinbürgerliche Herkunft nicht verbergen können noch wollen; er hatte sich mit schlauen Politikern umgeben, mit Berufsoffizieren von mittelmäßigem Niveau, mit Witzbolden, die ihm die neuesten Scherze brühwarm rapportierten. Bess Truman, eine prächtige Frau und Mutter einer prächtigen wenn auch musikalisch allzu beflissenen Tochter, hatte das Weiße Haus als ein Bürgermeisteramt betrachtet, das zufälligerweise nicht in Kansas City stand. General Eisenhower hatte die abergläubische Achtung des erfolgreichen Militärs vor erfolgreichen *businessmen* gehabt, beurteilte seine Freunde nach deren Leistung beim Golfspiel, ließ die Bridge-Partnerinnen seiner Frau in der präsidentiellen Maschine nach Washington fliegen, und Mamie Eisenhower, schließlich, verstand es, jedes Haus, in Paris, London oder Washington, in den Generalssitz einer Provinzgarnison zu verwandeln.

Wenn nun behauptet wurde, John und Jacqueline Kennedy hätten das Weiße Haus in ein »Versailles« umgemodelt, so bewies das nur, daß die Kritiker nicht mehr von Versailles wußten, als Leser »historischer« Groschenhefte von der königlichen Residenz zu wissen glauben. Versailles war für sie das Sündenbabel des vierzehnten und fünfzehnten Louis, Inbegriff nepotistischer Fürstenanbetung, sinnloser Verschwendung, sonnenköniglichen Hochmuts, ein Annex der beiden Lustschlösser. Jacqueline Kennedy war für sie eine moderne Marie Antoinette – daß die Österreicherin in Versailles gehaust hatte, dürften sie aus »historischen« Filmen erfahren haben –: sie würde früher oder später gewiß in eine Halsbandaffäre verwickelt werden und auf der Guillotine enden. Dazu kam, daß die amerikanische Gesellschaft, und die Bourgeoise erst recht, Eleganz mit Luxus verwechselt: da das Weiße Haus elegant geworden war, durfte man Schauermärchen von dem luxuriösen Aufwand der Kennedys erzählen. Elegant – ja, das war der residentielle Teil des Weißen Hauses tatsächlich geworden. Die Kosten waren gering gewesen und hatten den Steuerzahler überhaupt nicht belastet. Daß unter Truman der notwendig gewordene Umbau beinahe sechs Millionen Dollar gekostet hatte, war vergessen: man hatte es dem braven Mann auch nicht übelgenommen, denn mit ihm, dem ehemaligen Kaufmann aus Missouri, konnte man sich identifizieren; es war, als baute man das eigene Haus um, nur etwas kostspieliger. Jacqueline Kennedy aber hatte die Fen-

131

ster aufgerissen und die muffigen Räume durchlüftet: sie hatte einige »Antiquitäten« aus Amerikas übelsten Stilperioden entfernt, hatte die Gemälde bedeutender Maler aufhängen lassen, hatte, so weit es ging, das äußere Bild der präsidentiellen Residenz der Stellung Amerikas als moderne Großmacht angepaßt. Die Fenster nach der Welt waren geöffnet; man fürchtete, die Türen nach Amerika verschlossen zu finden. Mit Versailles hatte das so viel zu tun wie Jacqueline Kennedy mit Marie Antoinette.

Revolutionär war, wie ein kurzer Besuch mich schon belehrte, der Umschwung im Westflügel gewesen. Das äußere Bild des Arbeitszimmers hatte sich, bis auf Kennedys Schaukelstuhl, wenig verändert, aber nun befand man sich in einem Büro, in dem die 467 Beamten nicht nur anwesend waren, sondern auch arbeiteten. Das Arbeitszimmer des Präsidenten war nicht mehr die Spitze eines Elfenbeinturmes, es war der Mittelpunkt eines Büros. Man fühlte sich in diesem Teil des Weißen Hauses wie in einer gewaltigen Anwaltskanzlei, die, – es war ja früher einmal so üblich gewesen – zufällig in dem gleichen Haus wie die Wohnung untergebracht war. Einerseits kroch der kleine John, da die Wohnung gleich nebenan lag, zuweilen zwischen den Knien des Präsidenten herum, andererseits läuteten die Telephone, liefen die Sekretäre aus und ein, drängten sich die Journalisten um die Schreibtische, gaben sich die Besucher die Klinke in die Hand, lagen Papiere, Zeitungen und Zeitschriften herum, tauchte der *boss* einmal in einem, dann wieder im anderen Bürozimmer auf. Man konnte sich vorstellen, daß die *First Lady* hereinkam – »Ich will nicht stören, du sollst nur mein neues Kleid anschauen« –, andererseits vergaß man vollständig, daß es sich um ein Büro im Weißen Haus handelte. Die Bürgermeisterwohnung war zu einer präsidentiellen Residenz, das Museum der Macht zu der Direktion der Macht geworden.

Daß sich dieser Umsturz, sozusagen im Osten und Westen des

Weißen Hauses, auf das ganze gesellschaftliche Leben der Metropole auswirkte – man darf es nicht unterschätzen in einer Stadt, wo immer noch die Botschaftsgebäude um Connecticut Avenue säuberlich wie die Fahnenstangen der UN nebeneinander stehen, wo monatlich 200 offizielle Empfänge und dreißig große private Veranstaltungen stattfinden, wo eine einzige Botschaft, wie die britische, jährlich über 100000 Dollar für *entertainment* ausgibt und das Leben am ehesten dem in St. Petersburg der Zarenzeit gleicht, wie es Frankreichs dichtender Diplomat, Maurice Paléologue, für alle Zeiten festgehalten hat.

Ich erkundigte mich nach den alten und neuen *hostesses* – niemand wußte eine rechte Antwort zu geben. Natürlich, sagte man mir, das »wichtigste« sei es, bei den Kennedys eingeladen zu werden – »bei den Kennedys«, sagte man, nicht im »Weißen Haus«. Ja, Mrs. Gwendolyn Cafritz, eine geborene Ungarin, führe ein großes Haus, auch bei der Frau des Justizministers Robert Kennedy und des Finanzministers C. Douglas Dillon käme man gern zusammen. Im übrigen spräche man viel von den eleganten Empfängen auf der französischen und englischen Botschaft, bei den Exzellenzen aus Chile, Peru und Mexiko – damit war die Liste erschöpft, es war keine Liste.

Nun verstand ich den Zorn der *society*, den Haß, mit dem sie von John und Jacqueline Kennedy sprach. Luxus ist käuflich, Eleganz aber ist es nicht – und just das Geld war im Washington der Kennedys entthront worden. Entthront waren die Frauen und Witwen der Millionäre, die bisher das gesellschaftliche Zepter geführt oder das gesellschaftliche Beil geschwungen hatten; entthront waren die Generals- und Senatorsgattinnen aus dem Mittelwesten, die früher nur ein geräumiges Appartement im *Shoreham* oder *Wardman's Park Hotel* hatten mieten, ein Haus in Kalorama Road hatten kaufen müssen, um sich sogleich als »Gastgeberinnen« zu etablieren. Entthront war Perle Meste, *the hostess with the mostest,* die freundliche Tante mit viel Geld, Schlüsselfigur des Musicals *Call me Madam,* die ein früheres Regime, zu allem Überfluß, auch noch als Botschafterin in das unschuldige Großherzogtum Luxemburg entsandt hatte. Entthront war Callie Shaw, deren »Grünbuch« für Washington seit 1930 genauso maßgebend gewesen war wie das rote *Social Register* für den Rest des Landes, entthront mit ihr das grüne Buch, in dessen Namensregister die Prominenten mit Nummern versehen waren, auf daß, Gott bewahre, bei der Tischordnung, der allwichtigen *precedence* der Eitelkeit, kein Unglück passiere. Entthront waren, schließlich, die Ölkönige von Texas, die nur eine Monsterparty in Washington zu »schmeißen« brauchten – *to throw a party* –, um alle einflußreichen Persönlichkeiten zu »bekommen«, die visitierenden Provinzgouverneure, die von den Gastgeberinnen umschwärmt wurden, die *Lobbyisten,* die ihre Geschäfte zwischen zwei *Martinis* besorgten, entthront sogar gewisse Botschafter, die einer Anleihe sicher waren, wenn sie nur genug Senatoren oft genug zu Tische baten. Washington war kein »Versailles« geworden, doch »europäisch« in dem Sinne, in dem die Politik Englands in einzelnen Gebäuden Londons, aber nicht in London schlechthin, die Politik Frankreichs im Elysée-Palast, aber nicht in den Villen des Bois de Boulogne gemacht wird.

Was hatte die Stelle des alten Washington eingenommen? – es war nicht schwer, das zu entdecken.

Man hatte uns gesagt, Washington werde von »Eierköpfen« beherrscht – ein Widerspruch, da Versailles ganz gewiß niemals von »Eierköpfen« beherrscht worden war; die Französische Revolution hätte sonst nie stattgefunden –: immerhin, diese Anschuldigung traf zu, wir befanden uns unter *eggheads.*

Wir speisten im *Jockey Club,* dem elegantesten Restaurant Washingtons – seinen Rang erkennt man schon daran, daß man nichts erkennt, ja, am besten daran täte, es mit einem Blindenhund zu betreten: die Vornehmheit eines amerikanischen Lokales bestimmt neuerdings das dort herrschende Dunkel. Im *Jockey Club* also aßen wir mit zwei »Eierköpfen«, einem bekannten Kolumnisten und einem von der Regierung nach Washington berufenen, mit einem Spezialprojekt betrauten Universitätsprofessor.

Der Universitätsprofessor war einundvierzig Jahre alt, hochgewachsen, schlank, blond und blauäugig: man konnte sich ihn gut in Tennishosen und Tennishemd vorstellen. Ob sein Kopf eiförmig war, kann ich nicht sagen: die meisten Menschen, die nicht gerade einen Würfel oder eine Kugel auf den Schultern tragen, haben einen Eierkopf. Das Gespräch – es hing wohl mit den Zeitungsnachrichten des Tages zusammen – drehte sich vorerst um de Gaulle. Die Kenntnisse des Professors – er war von Beruf Physiker – waren erstaunlich. Er war in französischer Geschichte so bewandert, daß er zwischen de Gaulle und der heiligen Johanna ein Dutzend Parallelen zu ziehen vermochte: mit Vergnügen erinnere ich mich an seine nicht nur historisch fundierte, sondern auch höchst originelle Theorie, wonach Jeanne d'Arc, eine ungemein versierte Politikerin, ihrerseits ein vereinigtes Europa, natürlich unter französischer Ägide, geplant habe. Aber die Erklärungen des Professors waren keineswegs nur akademischer Natur: ich möchte die Wette wagen, daß es keinen europäischen Physiker gibt, der von den diversen französischen Republiken und deren Staatsmännern auch nur eine annähernd so genaue Kenntnis besitzt. Zum Unterschied von meinem Freund, dem Kolumnisten, der im *White House* aus und ein ging, hatte der Professor mit dem Präsidenten ein einziges Mal gesprochen. Und nun, da er von dieser Begegnung erzählte, war es an ihm, mit staunender Bewunderung zu sprechen. Der Präsident, so berichtete er, habe von dem Gegenstand der Unterredung ursprünglich wenig gewußt, sei aber nach fünfzehn Minuten in die Materie so eingedrungen, daß er – der Professor lächelte – »Fragen von peinlicher Penetranz« stellen konnte. »Der Präsident«, sagte der Professor, »verlangte einen Bericht, den ich ihm einige Wochen später lieferte. Ich bekam ihn mit zwei handschriftlichen Randbemerkungen zurück: beide verwiesen auf Widersprüche zwischen meinem mündlichen Vortrag und meiner schriftlichen Abhandlung.«

Nun mag es vielleicht so scheinen, als habe der Professor vor uns, den Fremden, das Lob des Staatschefs singen, dienstfertige Adoration mimen, einen Beitrag zum »Personenkult« liefern wollen. Dazu war dieser »Eierkopf« viel zu unabhängig: wie die meisten *eggheads* war er nach Washington gekommen, weil man ihn für eine bestimmte, wie er sagte, nicht sehr wichtige Aufgabe verwenden zu können glaubte; er werde übrigens demnächst in seine Universitätsstadt zurückkehren. Auch war der »Eierkopf«, seinen Kollegen gleich, von kühlem Rationalismus; man sah ihm an, daß er nicht die Absicht hatte, sich von irgend etwas oder irgend jemandem imponieren zu lassen. Aber in dieser Denkmaschine – das war das Besondere eben – brannte ein Feuer, und John F. Kennedy hatte es entzündet.

Auf meine nicht gerade taktvolle, aber offene Frage, wie es denn um die »Herrschaft der *eggheads*« bestellt sei, antwortete er prompt, ernst und als spräche er in einem Seminar:

»Wir müssen uns über zwei Dinge im klaren sein. Erstens: Daß die beiden Großmächte, wir und die Sowjet-Union, den Krieg nicht nur nicht wollen, sondern auch keinen Grund haben, ihn vom Zaune zu brechen. Nur Dummheit, darüber sind wir uns mit der Sowjet-Union ausnahmsweise einig, kann einen nuklearen Krieg verursachen. Der Präsident kann keine Dummheit dulden, weil heute allein die Dummheit gefährlich, weil sie heute aber zugleich auch lebensgefährlich ist. Zum zweiten: Je sicherer es ist, daß der Krieg durch Intelligenz verhindert werden kann, um so höher – geben Sie sich darüber keiner Täuschung hin – werden die Wogen des ›friedlichen Krieges‹ zwischen den beiden Weltanschauungen schlagen. Die Sowjets werden in jede Bresche springen, die wir offenlassen, wir in jede, welche die Sowjet-Union offenläßt. Das Ende der Rüstungen – soferne es kommt – wird den Beginn eines Krieges auf den Feldern des Verstandes bedeuten: die *eggheads*« – er lachte – »sind unsere Geheimwaffe. Den politischen, wirtschaftlichen und kulturellen Krieg müssen wir gewinnen, wenn wir den *shooting war* verhindern wollen: da wir aber, anders als bei Hitler, einer intelligenten Macht gegenüberstehen, kann es nur mit überlegenem Wissen und kühler *ratio* geschehen. Weil der Präsident das erkannt hat, steht die ganze Intelligenz des Landes hinter ihm.« Er unterbrach sich, wie jemand, der noch etwas sagen möchte, aber nicht sicher ist, ob er es sagen sollte. »Deshalb lieben wir ihn«, fügte er endlich hinzu, indem er die Augen niederschlug und seinem Steak sich zuwandte.

Jetzt sprach der Kolumnist. Es sei schon richtig – er wies lächelnd auf den Professor –: die *eggheads* »beherrschten« das neue Washington. Die Häuser von zwei bedeutenden Kommentatoren, Walter Lippmann und Josef Alsop, hätten, so drückte er sich aus, die »Witwenheime und Greisenasyle« verdrängt. »Nicht als ob diese Salons wichtig wären – es ist nur typisch. Es ist schwer, Kennedy zu beeinflussen, und es ist beinahe unmöglich, von ihm nicht gehört zu werden. Wir kritisieren die Kennedy-Politik: seit mehr als einem Jahrzehnt gibt es zum ersten Male etwas, das der Kritik würdig ist. In den acht Eisenhower-Jahren glich unsere Politik der Kriegführung, von der Tolstoj schreibt, sie bestehe darin, die Armeen am Davonlaufen zu hindern. Man hat Kennedy vorgeworfen, daß er Politik in der Retorte mache. Das Gegenteil ist wahr. Ich schrieb neulich einen kritischen Artikel über eine Regierungsmaßnahme. Salinger läutete mich aus dem Bett. Der Präsident hatte den Artikel offenbar schon beim Frühstück gelesen – andere Präsidenten pflegten sich nur, oft Tage später, Auszüge aus der Presse vorlegen zu lassen. Um zwölf Uhr war ich im *White*

House. Er fände meine Kritik sehr interessant, sagte Kennedy, aber auch theoretischer Natur. Wenn ich es mir nicht allzu leicht machen wolle, so möge ich ihm doch mitteilen, wie ich mir eine praktische Lösung des kritisierten Problems vorstelle. Jetzt sitze ich seit Tagen über einem Gutachten – da habe ich mir etwas Schönes eingebrockt.«

Nicht nur, was die beiden »Eierköpfe« erzählten war bezeichnend – bezeichnend war der Ton, in dem es vorgebracht wurde. Überall in Washington herrschte Heiterkeit, Selbstbewußtsein, Vertrauen und Optimismus. Wenige täuschten sich über die Schwere der zu bewältigenden Probleme hinweg, aber niemand zweifelte daran, sie bewältigen zu können. Wir befanden uns in Washington, immerhin schon an der nördlichen Spitze des amerikanischen Südens, und die Sorgen des Landes marschierten auf die Hauptstadt zu, wie vor genau hundert Jahren die Armeen der Sklavenhalter auf Washington marschiert waren – erst vor den Toren der Kapitale, in Gettysburg, hatte Abraham Lincoln sie endgültig aufgehalten –, aber die Angst, die in New York mit uns getafelt hatte, hier war sie abwesend.

Auch ein anderes Phänomen kam mir zum Bewußtsein, während der Professor und der Kolumnist über die Meriten von *A Case of Libel* stritten, einem Justizdrama, das beide vor einigen Tagen in New York gesehen hatten. Nun, da sich meine Augen an die noble Dunkelheit gewöhnt hatten, konnte ich mich mit meiner Umgebung beschäftigen. Zu meiner Rechten hatte an einem Tisch einer der Berater des Präsidenten – ein *egghead* ohne Zweifel – mit zwei italienischen Diplomaten Platz genommen; hinter mir saß, von Damen umgeben, ein Mann, der wie Salvadore Dali aussah und, da wir uns in Washington befanden, tatsächlich Salvadore Dali war. Kein einziger der hier anwesenden Männer benahm sich anders als die Gäste in Roms *Biblioteca* oder Londons *Caprice*, keine Frau anders als in *Maxim's* oder bei *Lasserre*. Es wurde auffallend wenig getrunken, man hörte kein lautes Wort, das Lachen war gedämpft; verschwunden waren die revoltierenden Blumenhüte über einem Meer von Dauerwellen, die Kostüme der Damen, so versicherte mir meine Frau, mußten von Dior, Chanel oder Piguet stammen oder waren vollendete Kopien der Pariser Meister. Das ganz und gar Moderne dieser Stadt, so schien es uns, war just diese Kombination von Eleganz und Intellektualität, dieses Zusammenfließen von zwei Farben in vollständiger Harmonie – modern, sage ich, weil die Vorstellung vom »Eierkopf« mit den langen Haaren nicht minder altmodisch ist als das Märchen, daß eine *Karina*-Frisur nur einen Hohlkopf kleide. Beides, Eleganz und Intellektualität, die in weniger als drei Jahren zu den Herzschildern im Wappen der Kennedy-Ära geworden waren, die *American beauty rose* ersetzend, bis dahin Washingtons Symbol, schienen in Amerikas Hauptstadt nicht fremd, kein bloßer Import. Jeder gute *Public-relations-man* des Weißen Hauses hätte den berühmten Abend für die Nobelpreisträger ersinnen können, aber wir betraten kein Washingtoner Haus, ohne zwei oder drei Gelehrten von internationalem Ruf zu begegnen; jedem originellen präsidentiellen Berater hätte es einfallen können, einen Pablo-Casals-Abend zu arrangieren, aber wir trafen überall Künstler von Rang und Namen; jede *First Lady* hätte einen glanzvollen Ball veranstalten können, aber man trug sich in Washington plötzlich, als wartete man stets auf eine Einladung ins Weiße Haus.

War der Optimismus, das Leitmotiv dieser Stadt im frühen November des Jahres 1963, berechtigt?

Ich glaube, unsere Washingtoner Freunde, berauscht vom revolutionären Stil, ahnten nicht, wie weit sich die Hauptstadt vom Land entfernt hatte, auch ich ahnte es nicht: jetzt weiß ich es. John F. Kennedy – immer wieder muß ich daran denken – handelte wie ein Mann, dem nur eine kurze Frist gegeben war, der die Sterbesakramente schon empfangen, sich vom Tod nur eine kurze Frist geliehen hatte. Er mußte gewußt haben, daß zwischen Washington, als Hauptstadt der freien Welt, und Washington, als Sitz der amerikanischen Regierung, ein zwar keineswegs logischer, aber um so profunderer Widerspruch bestand, den aufzulösen auch ihm nicht gelingen konnte. Washington war, als Hauptstadt der freien Welt, Paris und London, Berlin und Tokio, Ottawa und Rio de Janeiro. Wie sollte das Amerika akzeptieren, das im Jahre 1964 eine »Welt«-Ausstellung veranstaltet, wo auf Frankreich und Rußland verzichtet wird, der *Pepsi-Cola*-Pavillon größer ist als die Ausstellung Belgiens, *Walters Wachsmuseum* größer als der Pavillon der Philippinen, das Gelände der amerikanischen Staaten und Industrien gut zehnmal so groß wie das der gesamten übrigen Erde? Wie sollte Texas, wo es noch heute weit über 800 000 Analphabeten gibt, sich abfinden mit der »Herrschaft« der Theodore Sorensons und der Arthur Schlesingers? Wie sollten die Damen der Frauenvereine, die *Daughters of the American Revolution* und die *Woman's Christian Temperance Union*, die Millionen gläubiger Leserinnen des »Ich-bin-glücklicher-seit-ich-blind-bin«-*Readers Digest*, die Kleinbürgerfrauen mit den Lehrerinnenbrillen, den blauweißen Haaren, dem Lockenmeer und den Blumenhüten die junge Frau im Weißen Haus akzeptieren, die sich den Wind durch die Haare jagen ließ, auch im Winter nur selten einen Pelzmantel trug, wie der Teufel ritt und Auto fuhr, fließend in drei Sprachen konversierte, de Gaulle bezauberte und mit Nehru flirtete, sooft wie möglich nach Europa entkam, lieber bei Dior als bei Goldwater einkaufte, und dann auch noch von Kirche, Kunst, Küche und Kindererziehung etwas verstand? »Europäisch« sei Washington geworden, hieß es überall im Land, und das heißt bei vielen Millionen Amerikanern dekadent, überheblich, unmoralisch, siech an Leib und Seele; bei der Mehrheit aber, die weniger ungerecht ist, heißt es fremd – und das ist ein probates Schlagwort. Daß in diesen Kreisen selten von

Kennedy, meistens von »den Kennedys« die Rede war, ist ebenso bezeichnend, wie es ein ungewolltes Kompliment für Jacqueline Kennedy ist: der Haß, der Washington umbrandete, richtete sich nur zum Teil gegen die Politik des Präsidenten, er richtete sich ebenso gegen eine Geisteshaltung. Je oberflächlicher der Haß ist, desto tiefer ist er: mögen sich die Philosophen über dieses Paradoxon den Kopf zerbrechen.

Ja, Washington war eine Arena, die Mauern waren hoch, und ringsum ein Meer von Haß. Franklin Delano Roosevelts bürgerlichen Sozialismus konnte Amerika zur Not verwinden, John Fitzgerald Kennedys aristokratischer Sozialismus rief alle Geister der Reaktion auf den Plan. Franklin Delano Roosevelts *new deal* versuchte, den Kapitalismus durch die Bekämpfung der Armut zu retten, John Fitzgerald Kennedys *new frontier* versuchte, den Kapitalismus durch die Bekämpfung der Dummheit zu retten. Franklin Delano Roosevelt fand einen natürlichen Tod. John Fitzgerald Kennedys Los war der Tod in Texas.

Einige Tage lang gaben wir uns der schönen Illusion hin, Washington gesehen zu haben. Wir hatten nur einen Teil Washingtons gesehen.

Der »Bobby-Baker-Skandal« war gerade ausgebrochen. Bobby Gene Baker, Sekretär des Senatsbüros der Mehrheit – in diesem Fall der Demokraten –, war äußerlich eine Erscheinung, wie man ihr überall begegnet, wo prominente Persönlichkeiten, ob es Finanzkapitäne, Minister oder Filmstars sind, erscheinen. Ich habe bemerkt, daß man diese Leute an der Haltung ihrer linken Schulter identifizieren kann. Gewohnt, zur Linken berühmter Leute zu gehen, schieben sie ihre linke Schulter nach vorne oder nehmen, wenn man so will, ihre rechte Schulter etwas zurück; sie neigen den Kopf gleichzeitig nach vorne und auf die linke Schulter – die Kopfhaltung will zeigen, daß sie ganz Ohr, ganz gespannte Aufmerksamkeit sind, nichts was der Prominente zur Rechten verlauten läßt, entgeht ihrem devoten Interesse; die Schulterhaltung, andererseits, scheint anzudeuten, daß sie ununterbrochen auf dem Sprung sind, dem Prominenten einen Weg zu bahnen, ihn vor Aufdringlichkeiten zu schützen, ihn notwendigenfalls mit ihrem eigenen Leib zu decken. Ewige »junge Männer«, erhalten sie sich ewig jung, doch sind diese geborenen Sekretäre nur selten Sekretäre, da sie viel schneller sprechen als schreiben können, ja des Schreibens zuweilen ganz und gar unkundig sind. Fast alle verdanken ihre Karriere einer unbegrenzten Fähigkeit, ja zu sagen, die sie mit der Bereitschaft verbinden, unangenehme Dinge für den Prominenten lautlos zu erledigen. Im Krieg sind sie als der Typus des Adjutanten bekannt; sie erklettern niemals die höchsten Stufen, doch erklettern sie die mittleren um so schneller. Sie sind im Grunde glorifizierte Dienstboten, aber es ist in der Zeit, in der zu leben uns bestimmt ist, nicht verwunderlich, daß die Herren von den Dienstboten abhängiger sind als umgekehrt.

Der Senats-Lakai Bobby Baker, in so ungewöhnlichem Maße glorifiziert, daß sein Vermögen auf runde zwei Millionen Dollar geschätzt wird, war nun vor einen Untersuchungsausschuß zitiert worden. Dabei stellte sich heraus, daß Bobby für mehrere Senatoren als Wahlfondsammler gewirkt sowie in ihrem Namen Versprechungen gemacht hatte, die zum Teil gebrochen, zum Teil, schlimmer noch, eingelöst worden waren; er hatte auch als Manager des einen oder anderen Senators gedient, obschon eigentlich nur dem Senat zu dienen seines Berufes gewesen wäre. Zugleich hatte Bobby Baker mit mehreren »Lobbyisten« zusammen gearbeitet, hatte diesen politische Bekanntschaften und Beziehungen vermittelt und sich auf beiden Seiten der Vorzimmer oder Wandelgänge – daher stammt wohl das Wort »Lobbyisten« – bereichert. Daß er auch einen kleinen Harem unterhalten hatte, teils in seinem Wohnhaus, 308 N Street, teils in seinem *Nomen-est-omen*-Motel *Carousel*, brauchte ich kaum zu erwähnen, da ja die Korruption neben ihrer finsteren Seite immer auch eine hellere hat: wo Geld leicht verdient wird, da stellen leichte Mädchen leichterdings sich ein.

Wir besuchten den *Quorum-Club* im *Carroll Arms Hotel*, der in der mehrfachen Bedeutung des Wortes Bobbys »Stall« gewesen war. Das Hotel steht in einer höchst respektablen Gegend, in der unmittelbaren Nähe der alten und neuen Gebäude der Senatsbüros; der Klub wird von alten Gaslampen beleuchtet, was elegante Dunkelheit gewährleistet, ohne den Verdacht der Obskurität zu erwecken. Es ist ein höchst »männlicher« Klub, soweit man Gemälde leichtgeschürzter Mädchen und schmucker Pferde als »männlich« bezeichnen kann; auch die Ziegelwände, die lederbezogenen Kartentische und die tiefen Fauteuils unterstreichen den maskulinen Charakter des *Q-Clubs*. Der Barspieler klimperte noch auf seinem Piano, aber die *hostesses* waren, wie ich zu meinem Bedauern feststellen mußte, verschwunden: sowohl Bobbys Geliebte, eine Schönheitskönigin aus Tennessee, als auch sein »bestes Pferd«, eine GI-Braut aus Wuppertal, hatten das Weite gesucht. Verschwunden war die Glocke, deren Existenz in den letzten Tagen allenthalben an die große Glocke gehängt worden war – mit dem Läutezeichen dieser Glocke, einer direkten Verbindung zum Kapitol, waren die Senatoren stets hinweggerufen worden, wenn eine Abstimmung ihre flüchtige Anwesenheit erforderte.

In Bobbys goldenen Zeiten hatten die 197 Klubmitglieder jährlich einen Mitgliedsbeitrag von hundert Dollar entrichten müssen, doch wurde an uns, da der Skandal schon aufgeflogen war, kein so unbilliges Ansinnen gestellt. Immerhin war es interessant zu erfahren, wer die 197 Klubmitglieder gewesen waren – nicht ihrem Namen, sondern ihrem Wesen nach. Sie waren jene *Washingtonians,* die ich im Weißen Haus, in den Häusern unserer Freunde und im *Jockey Club* nicht gesehen und von denen ich – ein bitterer Irrtum – angenommen hatte, daß es sie nicht mehr gibt. Es waren Lederer-Burdicks *ugly Americans,* waren, will man mit dieser Beschreibung sich nicht begnügen, korrupte Politiker, die schon etwas erreicht hatten und ihren Erfolg in bare Münze umsetzen, große Geschäftsleute, die entweder selbst in die Politik »einsteigen« oder Beziehungen zu Politikern aufnehmen. »Lobbyisten«, die ein Land, eine Politik, eine Industrie oder auch nur einen Mann »verkaufen« wollten, Männer jedenfalls, für die Morus' geistreiche Definition, daß es zwei gegensätzliche Typen gäbe – »Bestecher« und »Bestechende« –, nicht zutraf: so genau war das bei ihnen nicht zu unterscheiden.

Nun wußte ich also, wer sie waren, aber wichtiger erschien mir die Frage, wie es kam, daß Kennedy mit ihnen nicht fertig geworden war, daß die *ugly Americans* immer noch die amerikanische Demokratie, die freie Welt, die kapitalistische Gesellschaftsordnung gefährden konnten.

Wenn man die Frage beantworten will, muß man sich nicht nur vor Augen halten, daß in Amerika seit Kriegsende eine *salesman-society* überhandgenommen hat, sondern auch versuchen, das Wort *salesman* richtig zu übersetzen. Der *salesman* ist kein Kaufmann, da ja der Beruf des Kaufmanns im Verkaufen wie im Kaufen besteht, sondern ein »Verkaufsmann« schlechthin. Wenn man in Amerika sagt: *»He is a good salesman«*, so kann mit diesem höchsten Lob beinahe alles gemeint sein – es kann sich um einen Kaufmann, aber ebenso um einen Politiker, eine Opernsängerin oder einen Forscher handeln, da eine Ideologie, eine Stimme oder ein Serum ebenso »verkauft« werden müssen wie ein Schönheitspräparat oder ein gebrauchter Wagen. Für den Marxisten ist der Kapitalismus mit der *salesman-society* identisch, was ebenso falsch ist, als wollte man sagen, daß ein Geschwür mit dem Körper identisch sei. Das Wesentliche der *salesman*-Gesellschaft – zum Unterschied vom modernen Kapitalismus – besteht in der beinahe religiösen, jedenfalls zur Glaubensmaxime erhobenen Überzeugung, daß – erstens – alles »Ware« und daß – zweitens – die Qualität der »Ware« nicht entscheidend sei: entscheidend ist die Art, wie sie »verkauft« wird. Wenn der erfolgreiche *salesman,* wie man ununterbrochen hört, sich rühmt, er könne »Eisschränke an die Eskimos« verkaufen, so will er damit nicht nur sagen, daß er das Unmögliche möglich zu machen fähig ist, er will auch sagen, daß er das Überflüssige, Nutzlose, ja dem Zweck Widersprechende an den Mann zu bringen vermag. Der *ugly American* Graham

Greenes, der Besucher des *Q-Clubs,* der Klient Bobby Bakers, ist eine solche »Ware«: als Politiker überflüssig, nutzlos; seine Existenz widerspricht dem Zweck, er ist ein an die Eskimos verkaufter Eisschrank.

Damit habe ich noch nicht die Frage nach der »Haltbarkeit« dieser »Ware« beantwortet. Der *ugly American* ist so »haltbar«, er ist, wie der Ausdruck lautet, »nicht umzubringen«, weil er auf den Schultern der *salesman-society* steht, die ihrerseits wieder in der Korruption wurzelt. Die Korruption aber ist in der *salesman-society* selbstverständlich, ihr solider Boden.

Warum das so ist – einen Grund habe ich schon angeführt. Korruption ist nicht das Unerlaubte – wenn es so wäre, könnte man mit ihr schnell fertig werden –, sondern das Geduldete. Eine Gesellschaft, die es duldet, daß faule »Waren« verkauft werden, und die, in der Hoffnung, sie selbst zu verkaufen, faule »Waren« kauft, ist an und für sich korrupt. Der nächste Schritt ist die Anerkennung des *salesman* als *sportsman:* je nutzloser und widersinniger die Eisschränke, die er verkauft, desto größer der Beifall. Der größte Feind der Ethik ist nicht die Unmoral, sondern die Schamlosigkeit: sie ist legalisierte Unmoral.

Innerhalb einer Verkäufer-Gesellschaft ist der »häßliche Amerikaner« so »haltbar«, weil er nicht zu erkennen ist. Wenn als Qualifikation eines Botschafters öffentlich erklärt wird, er sei ein *successful businessman,* ein erfolgreicher Kaufmann, gewesen; wenn es zur Selbstverständlichkeit wird, daß ein Präsidentschaftskandidat sich selbst aufstellt und dann für sein Eigenlob, also um sich zu »verkaufen«, Batterien von Trommlern bemüht; wenn ein Abgeordneter eventuell seine Aktien verkaufen muß, seine Geschäftsverbindungen aber aufrechterhalten darf; wenn für den Wahlfond mit Hilfe deklarierter *»One-Hundred-dollar-a-plate-dinner«* gesammelt wird; wenn die Höhe der Geschenke, die zu akzeptieren noch gestattet ist, sich nach der Höhe der eigenen

Position richtet; wenn der Rechtsanwalt als Anwalt darf, was er als Politiker nicht darf; wenn ein ehemaliger Präsidentschaftskandidat und Parteiführer als Agent einer fremden Macht sich betätigt, da ja die Werbung für ausländische Mächte, ihr »Verkauf«, nur jenen verboten ist, die sich als *foreign agents* nicht registrieren lassen – dann hat die Korruption ihre Identität verloren, sie ist nicht zu erkennen.

Ich habe mich im *Q-Club*, unter dem Gemälde der halbnackten Eingeborenen sitzend, dem müden Klaviergeklimper lauschend, gefragt, warum dieses Lokal einen so großen Eindruck auf mich machte. Was ich hier von den Aktivitäten des munteren Bobby erfuhr, war nicht so wichtig wie die Erkenntnis, daß ich ihn als den *salesman* erkannte, dessen Spezialität der Verkauf »häßlicher Amerikaner« an Amerika war. In Hunderten ähnlicher Klubs im ganzen Land – im *Q-Club* waren ja nun die Gaslichter auf niedrigere Flamme geschraubt – werden täglich »häßliche Amerikaner« an Amerika verkauft, nur, daß Bobby Baker die Ungeschicklichkeit begangen hatte, den technischen Fortschritt bis zur Installierung einer direkten Glockenverbindung zu treiben.

Hier wurde mir aber auch klar, daß es zwischen der von Kennedy geplanten, aber noch nicht endgültig geformten neuen Gesellschaft und der Verkäufer-Gesellschaft früher oder später zu einem Zusammenstoß kommen mußte, da die Kennedy-Gesellschaft auf Qualität aufgebaut werden sollte – daher habe ich den Ausdruck »aristokratischer Sozialismus« gebraucht –, während die Verkäufer-Gesellschaft just auf dem Prinzip beruht, daß es, engagiert man den richtigen *salesman*, der Qualität überhaupt nicht bedarf. Kennedy mußte das gewußt haben, aber für den Verfasser von *Profiles in Courage* war das kein Grund, nachzugeben – im Gegenteil. Kennedy wußte, daß der *ugly American* nicht nur korrupt, sondern auch dumm ist, daß er also ohne den zwar gleichfalls korrupten, aber »cleveren« *salesman* nicht auskommt. Diesen *salesman* aber, zum Unterschied vom Kaufmann, hielt Kennedy nicht für eine Stütze des demokratischen Kapitalismus: er konnte ihn nicht dafür halten, da ja der Mann, der Menschen und Waren, Länder und Meinungen, Gutes und Schlechtes wahllos verkauft, die kapitalistisch-demokratische Ordnung untergräbt.

Wußte das Kennedy, dann wußten es auch seine Gegner. Die vulgären Wildwest-Politiker, deren *Cadillacs* vor dem *Carroll Arms Hotel* parkten – mir wäre es natürlicher erschienen, wenn sie ihre Pferde am Gaslaternenpfahl angebunden hätten–, wußten, daß gegen sie im stillen zu einem Kampf auf Leben und Tod gerüstet wurde, und vielleicht nicht einmal im stillen, da sich herumgesprochen hatte, daß Justizminister Robert Kennedy, des Präsidenten Bruder, den Fall Baker hatte auffliegen lassen. Korruptionsfälle, wie die kleinliche Kühlschrankaffäre des Trumanschen Adjutanten oder die jämmerliche Vikuna-Mantel-Affäre des Eisenhower-Beraters Sherman Adams, hatte es schon immer gegeben, aber so dumm konnten auch die *Quorum-Club*-Besucher nicht sein, daß ihnen der Unterschied entgangen wäre: hier, zum ersten Male, hatte die Regierung einen Skandal in der Regierungspartei aufgedeckt. Mit den diversen Untersuchungsausschüssen, dem Fulbright-Komitee etwa, das die ausländischen Interessenvertretungen unter die Lupe nahm, konnte man zur Not noch fertig werden: selbst der Agent des Diktators Trujillo, der ertappte Liebling und *arbiter* der *high society*, Igor Cassini, war mit einem blauen Auge davongekommen. Solche Ausschüsse hatte es immer gegeben, man hatte sie alle überlebt – vor kurzem erst konnte man schadenfroh beweisen, daß der verstorbene Senator Estes Kefauver von Tennessee für 30 000 Dollar Aktien der chemisch-medizinischen Industrie gekauft hatte, gegen die er selbst eine Untersuchung leitete: auf die Dorfrichter Adam war Verlaß, sie zerbrachen keine Krüge. Nun aber – der ganze *Q-Club* wußte es – ging es ums Ganze: um die Kriegserklärung der Qualitäts-

Gesellschaft an die *salesman-society*. Die »Eierköpfe«, zum Teufel, sie waren nicht nur intelligent und elegant: sie waren auch unbestechlich. Die Bücher, die sie brauchten, konnten sie sich leisten, sie brauchten keine Bücher zu fälschen; sie hatten einen Beruf, den Ehrgeiz, Berufspolitiker zu werden, hatten sie nicht; die meisten hatten sogar hübsche junge Frauen, mit Sexbomben aus Wuppertal war da nichts auszurichten. Spielverderber waren sie, diese *eggheads* John F. Kennedys: weder machten sie mit, noch ließ sich etwas mit ihnen machen; wenn man ihnen in alter Gewohnheit auf die Schulter klopfte, sahen sie einen über die Schulter hinweg an; politische Amateure, unterbrachen sie den Kreislauf von Beziehungen und Gefälligkeiten; sie waren zu arm, um Trinkgelder zu verteilen, und zu hochmütig, sie anzunehmen; die schöne Konvention der Korruption war ihnen fremd; man konnte nichts von ihnen bekommen, und man konnte sie nicht erpressen.

Hatte ich gestern noch geglaubt, daß es um »Salons«, um gesellschaftliche Eitelkeiten ging, so wurde mir jetzt meine eigene Naivität bewußt. Es ging um Millionen, wenn nicht um Milliarden. Die Philosophie des Präsidenten, auch das wußten seine Gegner, glich nicht der der Heineschen alten Jungfer, die beim Anblick der nackten Hermes-Statue meint: *»Bei diesen Dimensionen hört die Schweinerei auf«* – er hatte es sich in den Kopf gesetzt, die freie Welt nicht nur gegen ihre eigene Dummheit, sondern auch gegen ihre eigene Korruption zu verteidigen: er war dazu entschlossen, weil die andere, die Welt der Unfreiheit, auf keine andere Weise besiegt werden konnte. Und das amerikanische Volk? Das war es eben. Im Jahre 1960 war Kennedy nur mit 34 227 096 Stimmen gegen 34 107 646 gewählt worden, aber seither war seine Popularität stetig gewachsen; das nächste Mal würde er mehr Stimmen bekommen; die Mehrheit schien nicht nur der Dummheit, sondern auch der Korruption überdrüssig. Unter der *salesman-society*, die auf Volkstümlichkeit gebaut war, schwankte der Boden. Blieb er aber an der Macht, dieser Millionärssohn, den sein Vater von allen Geschäften ferngehalten hatte, dann war es um die Macht geschehen, die nicht auf Qualität, ja nicht einmal auf Geld, sondern nur auf *salesmanship* beruhte. Deshalb hatten sich die hemdsärmeligen, schulterklopfenden, ungehobelten, von flotten Call-girls umflatterten Provinzpolitiker mit den opportunistischen, wendigen, brillantinegeölten, halbmondänen Bobby Bakers verbunden, obwohl sich der ältere und der jüngere Typus widersprachen – auch die Korruption ist Moden unterworfen. Wie sich *high-society* und Lumpenproletariat gegen Kennedy verschworen hatten, so hatten sich *cowboy* und *salesman* verbunden, denn es ging um ihrer aller Existenz, die Qualitäts-Gesellschaft war im Begriffe, über sie hinwegzurollen. Und obwohl der Pianist des *Quorum-Clubs* an diesem Abend, vorübergehend, so leise spielte, als trauerte er um seine davongescheuchten Gäste, begann ich zu ahnen, daß die »Eierköpfe« des Weißen Hauses – aus Zeitmangel, falsch verstandenem Patriotismus oder nur, weil sie ungeübt waren – den unverzeihlichen Fehler der Großwildjäger begangen hatten: sie hatten die Bestie verwundet, aber nicht erlegt. Die Bestie hatte nicht viel Verstand, aber sie besaß den Instinkt der Wüste. Du oder ich! Sie legte sich auf die Lauer – an der Ecke von Elm- und Houston-Street, in Dallas, Texas.

Wir verließen das Lokal früh, denn am nächsten Morgen wollten wir die Reise nach dem Süden antreten. Ein Negerchauffeur brachte uns ins *Hotel Jefferson*. Wie gewöhnlich begann ich ein Gespräch mit ihm – er reagierte widerwillig und unfreundlich. Ich hatte dieses Verhalten der Neger in Washington überall bemerkt. Sie waren im letzten Jahr zu Tausenden in die Hauptstadt gekommen, weil sie meinten, hier sei die Quelle des Lichts. Aber Washington war zu eng. Die reichen Neger, deren Häuserreihen im Straßendreieck Massachusetts-Avenue – K Street – 14th Street, unmittelbar bei der *Public Library*, beginnen, wollten mit ihren

Rassegenossen aus dem Süden sowenig wie möglich zu tun haben; die schwarzen Hausbesitzer verlangten unerhörte Mietpreise, die Integration der »weißen« Häuser war noch lange nicht vollzogen. In Washington fühlten sie sich weder heimisch, wie im feindlichen Süden, noch als eine Macht, wie in der Minoritätenmetropole New York. Aber auch Washington hatte es nicht leicht. Alles, was hier geschah, sah die ganze Nation, sah die Welt, und doch war Washington nicht nur Regierungssitz, sondern auch eine amerikanische Stadt an der Grenze des Südens. Verwickelter noch wurden hier die Probleme durch die zahlreichen Botschaften, Gesandtschaften und Konsulate der afrikanischen Länder, insbesondere jener, für die man das absonderliche Wort »Entwicklungsländer« gefunden hat. Die wohlhabenden Neger unternahmen immer wieder eine demonstrative Geste: wo eine derartige diplomatische Vertretung ihre Zelte aufschlug, versuchten sie, in der unmittelbaren Nähe Häuser zu kaufen oder Wohnungen zu mieten. Aber mochte es auch sein, wie manche behaupteten – eine Ansicht, die ich nicht ganz zu teilen vermag –, daß die Rassenfrage in Amerika durch die Erfolge oder Siege der farbigen Rasse in Afrika geweckt worden war: das schwarze Proletariat, das aus dem tiefen Süden nach Washington gepilgert war, mußte bald erfahren, daß ein armer Neger mit einem reichen Neger, die reichen Neger mußten erfahren, daß ein amerikanischer Neger mit einem »diplomatischen« Neger nur die Hautfarbe gemeinsam hat.

Es wäre unwahr, wollte ich behaupten, daß wir Washington mit einem glücklichen Gefühl verließen. Wir verließen es mit einer Hoffnung. Es war früh am Morgen, die Straßen waren leer. Wir hielten vor dem Parkgitter des Weißen Hauses: schlechte Touristen, hatten wir vergessen, eine photographische Aufnahme zu machen. Jetzt holten wir es nach. Noch ehe ich die Bilder entwickeln lassen konnte, hatte das Haus seinen Herrn gewechselt. Galt noch, was wir erlebt hatten? Galt noch die Hoffnung?

BAUMWOLLFELDER UND HOOTENANNY

Ich hatte ein Automobil gemietet; wir wollten einen großen Teil der Reise im Wagen zurücklegen.

Da es so gut wie unmöglich ist, in diesem immer noch neuen Land etwas nicht interessant zu finden, muß ich für einen Moment bei unserem gemieteten Wagen verweilen. Von den drei oder vier großen Gesellschaften, die Automobile vermieten, hatte ich die größte gewählt, die *Hertz Corporation*. Man gewinnt so recht das Gefühl amerikanischer Dimensionen, wenn man weiß, daß die *Hertz*-Gesellschaft 35 000 Personenautomobile und 18 000 Lastwagen besitzt – sie tauscht sie ununterbrochen gegen neue Modelle ein, so daß wir schon in einem *Chevrolet 1964* fuhren –: eine Automobil-Flotte, die jeden arabischen König vor Neid erbleichen ließe. Die *Hertz Corporation*, die im Jahre 1918 mit zwölf *Ford*-Wagen des T-Modells begann, setzt im Jahr 155 Millionen Dollar um und verzeichnet einen Profit von jährlich rund 14 Millionen Dollar. Die beiden führenden Männer von *Hertz* sind ein ehemaliger Universitätsprofessor der Geschichte, Frank Manheim, und ein ehemaliger Berufs-Footballspieler, Leon Greenebaum. Das Wirtschaftsmagazin *Fortune* bezeichnet diese Kombination als »unwahrscheinlich«, aber in Wirklichkeit ist sie durchaus natürlich, weil in einer vom Geschäft beherrschten Gesellschaft kein Grund besteht, warum sich Universitätsprofessoren und Berufssportler im Geschäft nicht treffen sollten. Der geschäftsführende Vizepräsident, Rodney Petersen, hat *Fortune* erklärt: »*Hertz will*

Amerika verändern, Hertz will die Welt verändern«, und wer
darüber lächelt, kennt Amerika nicht: wie einst die spanischen und
portugiesischen Seefahrer sind die amerikanischen *businessmen*
überzeugt, daß sie das Gesicht der Welt verändern werden. *Hertz*
beginnt jetzt, auch andere, weniger bewegliche Gebiete zu erobern;
in den Schaufenstern der *Hertz*-Gesellschaft in der Madison
Avenue von New York sah ich die Muster all der schönen Dinge,
die man bei *Hertz* mieten kann – Porzellan, altenglisches Silber,
Stühle für größere Gesellschaften, Reitsättel, und was es sonst an
Dingen geben mag, die man braucht, um einen gesellschaftlichen
Status vorzutäuschen; demnächst wird noch menschliches Mobiliar
hinzugefügt werden: Diener, Zofen und Köchinnen.

Ich hätte mich dem amerikanischen Leben nicht so recht angepaßt, hätte ich die Miete für den Wagen – einen prächtigen *station
wagon*, der sich für unseren Wanderzirkus vorzüglich eignete –
bar bezahlt. Die Amerikaner schätzen ihr Geld viel zu sehr, als
daß sie es durch unmittelbare Berührung profanierten. Das Symbol des Wohlstandes ist nicht das Geld, sondern der Kredit. Mit
barem Geld zu zahlen, gehört nicht zum guten Ton; wer Geld mit
sich führt, kann nichts Gutes im Schilde führen; er ist zumindest
verdächtig, keinen Kredit zu besitzen. In den New Yorker Waren-
häusern *Saks* und *Bergdorf-Goodman,* wo wir das eine oder andere gekauft hatten, wurden wir scheel angesehen, weil wir auf
die stereotype Frage: *»Charge account?«* mit dem beschämenden
Geständnis antworten mußten, daß wir, mangels eines laufenden
Kontos, mit grünem Papier zu zahlen beabsichtigten. Nie zuvor
in der Geschichte der Wirtschaft waren so viele so vielen soviel
schuldig. Im Jahre 1962 wurde die Summe der privaten Schulden
auf 300 Milliarden Dollar geschätzt; davon entfielen rund 180
Milliarden auf die Ratenzahlungen von Häusern, welche die Amerikaner ihr eigen nennen, ohne sie zu besitzen, rund 45 Milliarden
auf andere Ratenzahlungen und Baranleihen, rund 75 Milliarden

auf Automobile, Ärzterechnungen sowie jene »laufenden Konten«, von denen ich eben gesprochen habe. Der Fall des Handlungsgehilfen, von dem *United States News & World Report* im Januar 1962 berichtete, ist so ungewöhnlich nicht – der Mann verdiente 400 Dollar im Monat, mußte aber 78 Dollar für die Raten seines Wagens, 44 Dollar für einen Farb-Fernsehapparat, 50 Dollar für Möbel, 93 Dollar für die Abzahlung seines Hauses, 12 Dollar für die Raten einer Uhr und 11 Dollar für Spielzeugraten erlegen, so daß ihm für Nahrung, Kleider, Wäsche, kulturelle und andere Notwendigkeiten wöchentlich nur 28 Dollar verblieben.

Was mich betrifft, so bezahlte ich die Miete meines Wagens nicht auf Raten, ich zähle vielmehr zu den stolzen Besitzern einer *Diner's-Club*-Kreditkarte, die von *Hertz* an Zahlungs Statt angenommen wird. Obwohl die Amerikaner kein Geld bei sich tragen, so führen sie doch Brieftaschen mit sich, die von *credit-cards* strotzen: weist man diese vor, braucht man nur ein flüchtiges Autogramm hinzusetzen und kann in die ganze Welt fliegen, Pelzmäntel kaufen, sich durch den Schlaraffenberg der Restaurants essen, in den nobelsten Hotels absteigen, sich selbst, Freunde und Familie beschenken. Der *Diner's Club* allein – es gibt eine Reihe ähnlicher Organisationen – hat 1 250 000 Mitglieder, es sind ihm 90 000 Restaurants angeschlossen, und im Geschäftsjahr 1962/63 hat der Klub für die »Schulden« seiner Mitglieder über 200 Millionen Dollar bezahlt. Das Unternehmen verdient doppelt – durch die Mitgliedsbeiträge und die acht bis zehn Prozent, welche die angeschlossenen Firmen von jeder Rechnung abführen müssen. Beide tun es gern – das Mitglied, weil es bequem sowohl als auch schmeichelhaft ist, mit Autogrammen zu bezahlen, die Firma, weil sie weiß, daß das Autogramm, statt Bargeld, zu Leichtsinn verführt.

In unserem gemieteten, vorderhand unbezahlten und mit gleichfalls auf Kredit gekauftem Benzin nichtsdestoweniger ausgezeichnet angetriebenen *Chevrolet* rollten wir jetzt also durch den Staat Virginia auf Raleigh, North Carolina, zu, wo wir die Nacht zu verbringen gedachten.

Es war ein wundervoller Herbsttag. Die weißen Wolken segelten so unschuldig über den blauen Himmel wie die kleinen Boote über die milden Teiche des Bois de Boulogne. Zu beiden Seiten der Straße lagen die unendlichen Tabakplantagen in der Morgensonne, dunkelgelbe Felder, dörrenden Zwergwäldern ähnlich, voll von Sträuchern und Halbsträuchern, und obwohl die Felder allesamt bebaut waren, wirkten sie doch, als hätte nie eines Menschen Fuß sie betreten. Jedes Stück Erde, für den Vorbeifahrenden doch nicht größer als eben das Stück, das er übersehen kann, spricht in Amerika von der Größe des Landes, greift nach den Horizonten und über sie hinweg, und scheint, da es so groß ist, so unfertig zu sein wie der halbentworfene Plan auf dem Reißbrett eines göttlichen Architekten. Wir waren im Süden, ungefähr auf dem sechsunddreißigsten Breitengrad, und diese nüchterne geographische Bestimmung brachte mir zum Bewußtsein, wie wenig solche willkürlichen Messungen besagen – hier, im Staate Virginia, befanden wir uns ungefähr auf der gleichen geographischen Höhe mit Sizilien und hatten doch keinen Augenblick lang jenes »südliche« Gefühl, das einen in Europa schon viel weiter nördlich, in der Toscana etwa, ergreift. Des Menschen Hand war unsichtbar in dieser südlichen und doch kühlen Landschaft, vielmehr hatte seine Handschrift nichts Charakteristisches: wie man die Handschrift eines Amerikaners schwer von der eines anderen zu unterscheiden vermag, so konnte man die Hand, die auf die Felder des Südens geschrieben hatte, von der Hand, welche die Felder des Nordens, Ostens oder Westens zeichnete, kaum unterscheiden. Wir glauben nur, daß die Landschaft eines ist, der Mensch ein anderes: wäre der Herr am dritten Tage müde geworden, das Wasser würde sich nicht »*erregen*«, die Erde sich nicht »*mehren*« – ohne die Spur des

Lebens gibt es keine Landschaft und ohne die Spur des Todes keine Gegenwart.

Wir fuhren durch Richmond, einst Hauptstadt der Konföderation, eine schöne und kultivierte Stadt, in der wir zuerst empfanden, wie tief die Wunden sind, die der Bürgerkrieg in das Land gerissen hat, tief und vielleicht unheilbar. Das *Confederate Museum*, das *Virginia Civil War Centennial Center*, das *State Museum*, das Haus des Generals Robert E. Lee, der »Schlachtfeld-Park« – alles spricht hier stolz von der Niederlage des Südens in einem Kampf, dessen Schmählichkeit der Süden nie und nimmer gestehen wird, über dessen Niedrigkeit die Sieger im Norden großzügig hinweggegangen sind: der Stolz auf die Niederlagen, so will es wohl die menschliche Natur, ist am Ende immer größer als auf die Siege und der Hochmut um so größer, je schlechter die Sache gewesen, für die man kämpfend unterlag.

Der Nachmittag neigte sich über North Carolina. Wie der fliegende Teppich, der durch die Lüfte schwebt, so zog sich die Autostraße durch die Baumwollfelder des Südens: nur wir bewegten uns, um uns war es leer und still. Hunderte Automobile fuhren in beiden Richtungen, die moderne Zivilisation – soferne rasende Automobile sie symbolisieren – war ein weißer Streifen inmitten einer Landschaft, die sich nicht verändert hatte, seit General Lees Truppen über diese Felder zu ihrem verhängnisvollen Rendezvous mit den Armeen des Generals Ulysses Grant marschiert waren. So weit das Auge sah: Baumwollfelder, ein olivengrünes Meer von Malvengewächsen, kräutige Sträucher, darin die weißen Samenhaare hingen wie der zerzupfte Bart eines fliehenden Weihnachtsmannes, lappige Blätter dann, aufgesprungene Kapseln, ein spröder Segen Gottes. Mit gebücktem Rücken standen die Neger überall in den Feldern, sie pflückten den spröden Segen, keiner von ihnen sah auf, an den Gemälden vergangener Jahrhunderte flog der fliegende Teppich der Zivilisation vorbei, in den Baumwollfeldern stand die Stunde still. Von Zeit zu Zeit tauchte eine elende Hütte auf, ein Pfahlbau, wie schief gestellt, vom Winde halb verweht – oder stand die Hütte gar nicht, wo sie hingestellt worden war, hatte nur der Sturm sie hierhergetragen und fallen gelassen zwischen den Feldern von Kraut und Blättern und Watte? Daß auf vielen der Neger-*shacks* Fernsehantennen sich spreizten, Wetterhähne des Fortschritts; daß schmutzige Kinder in niegewaschenen Automobilen spielten; daß wir vor der einen oder anderen Hütte sogar eine Waschmaschine entdeckten, im Freien – es war nicht minder bedrückend. Wenn man es recht bedenkt: es war vielleicht noch bedrückender, denn die Armut stellte sich hier der unerbittlichen Forderung des Fortschritts, der Fortschritt aber, inmitten dieser Armut, war Himmelstoß, der Feldwebel, der die Soldaten um den Kasernenhof jagt – aber die Füße sind zu schwach, Herz und Lunge versagen, sie können, sosehr sie sich auch mühen, dem Schritt des Fortschritts nicht folgen. Wem sollte hier, in diesem spröden und gesegneten, elenden und reichen Land, nicht die hoffärtige Jagd nach den Sternen einfallen, Raketen, Mondfahrt, Atomkugeln, der freche Griff des Menschen nach dem Himmel – des Menschen, der an Stelle seiner Hütten noch keine Häuser gebaut hat.

Dörfer flogen an uns vorbei, einander ähnlich wie ein Ei dem anderen, Bauerndörfer, wie wir sie in Europa nennen würden, doch mit diesen nicht identisch, nicht verwandt, da unseren Dörfern – in Norwegen und Spanien, in Polen und Holland – der Zweck nicht anzusehen ist, während diese amerikanischen Dörfer nichts sind als winzige Städte, ungeschickte Kopien, dorthin gebaut, wo der Zweck sie erfordert. Niedrigere Häuser, dünnere Wände, weniger Lichtreklame, sonst alles wie in den Städten – wie schrieb nur ein Emigrant: »*Die Steine sind aus einer Spielzeugschachtel, / Und im Drug-store ist der Geruch bestellt, / Und selbst die Liebe ist in dieser Landschaft, / Als wäre sie ganz einfach*

hingestellt.« Am Rande der kleinen, nach Stadtaussehen und Stadt-
ansehen strebenden, armen und ehrgeizigen Dörfer fuhren wir
fast jedesmal an Autofriedhöfen vorbei; sie sind häufiger als die
Grabstätten der Menschen, gehören, mehr als sie, zu den Dörfern
– da ruhen sie sanft, die alten Automobile, diese leeren Särge der
Zivilisation, *»Warte nur, balde / Ruhest du auch«:* vielmehr, sanft
ruhen sie nicht, noch in diesen friedlichen Stätten scheinen sie sich
zu bewegen oder scheinen erstarrt zu sein in der Bewegung: ein
Kotflügel am anderen, ein Kühler in den anderen verrammt, die
aufgesperrte Motorhaube über dem Rücksitz eines anderen Auto-
mobils, wie ein Stier, der verendete, während er eine Kuh zu be-
springen suchte. Hier und da auch – wir hatten solches nie zuvor
gesehen – ein Eisschrankfriedhof, verbrauchte, verbeulte *Frigi-
daires*, übereinandergestülpt, weggeworfen und hinausgespien
alles, wofür man doch gestern noch jegliches geopfert hat: Nahrung, Wohnung, Erziehung und Menschenwürde.

Freilich: wir sahen auch Erfreulicheres. Die Elendsquartiere
wurden nicht seltener, doch wurden sie sozusagen verlassener –
immer mehr der Neger-*shacks* waren offenbar unbewohnt; sie
verfielen nicht, weil ihre Bewohner ärmer geworden, sondern weil
sie in menschenwürdigere Gegenden und Behausungen gezogen
waren. Ein alter weißhaariger Neger, den ich vor einer dieser
Hütten photographieren wollte, warf mit Steinen nach uns, doch
war es, ich bin gewiß, nicht böse gemeint: er schien der letzte Bewohner dieses elenden Quartiers zu sein, seine Kinder waren in
die Städte gezogen, vielleicht im Norden, hatten den Sprung über
den Abgrund gewagt und waren auf der anderen Seite gelandet.

Es war Abend, als wir in Raleigh ankamen, der Hauptstadt
North Carolinas, die im Jahre 1792 in der Nähe einer anscheinend ausgezeichneten Kneipe, *Isaac Hunter's Tavern*, erbaut worden war, damit die Leute für ihren Whisky nicht zu weit gehen
mußten. Die Einfahrt glich der von Hunderten amerikanischer

Städte. Vorstädte, die, wie die Dörfer, mehr sein wollen als sie sind und deren beleidigende Häßlichkeit hell erleuchtet ist – rechts und links *Used-car-dealers*, Gebrauchtwagenhändler, Tausende von Wagen der Straße zugekehrt, als wollten sie von allen Seiten auf die Straße zurollen, Glühlampengirlanden über den Parkplätzen, kleine, schreiende Glühlampen, Anti-Kulturperlen, *»Kauft Gebrauchtwagen!«*, winzige Fähnchen auf Stricken gespannt, ein riesiger Jahrmarkt, Auspuffbuden statt Schießbuden, Staub schwarz wie Kohle, *»Gebrauchtwagen nur bei Honest Joe!«*, niedrige Raten, keine Anzahlung, wenn du nicht kaufst, wirst du überfahren, alle Wagen setzen sich in Bewegung, auf einmal, der Wald von Birnam, *»Old Reliable verkauft auch bei Nacht!«*, Old Reliable verkauft immer, ein Händler am anderen, feindliche Burgen, die Stadt lädt zum Wegfahren ein, Wagen, Wagen, Wagen.

Im *Sir Walter Hotel* stiegen wir ab. Freundliche, beflissene schwarze Hausdiener brachten das Gepäck nach oben. Sie waren ob seines Umfanges nicht erstaunt, sei es, weil nichts sie erstaunte, sei es, weil sie mit anderen Gedanken beschäftigt waren. Während sie nämlich unsere Koffer unterzubringen trachteten, drehten sie schon am Fernsehgerät, und bald erfuhren wir, daß das nicht zufällig war: die *Hootenannys* waren in der Stadt, konzertierten in der Arena. Die *Hootenannys*, muß man wissen, sind eine Gruppe von Volkssängern, die eben das tun, was ihr Name besagt: sie singen *Hootenannys*. Halb Amerika singt *Hootenannys*, und die andere Hälfte hört zu: von den unzähligen *Hootenannys*-Gruppen ist jedoch diese, die just heute abend in Raleigh gastierte, am populärsten. *Hootenannys* sind alte amerikanische Volkslieder, zum größten Teil *Cowboy-songs* des Westens, eintönig in der Melodie und ein wenig an die Trommellieder der Araber gemahnend, wehmütig und sich wiederholend, im Text oft recht kompliziert, weil sie Probleme, Einsamkeit, Kummer und Wildheit des westlichen Hirten beinahe psychologisch darstellen. Wie es mit den Moden

geschieht – niemand vermag authentisch zu sagen, warum sie plötzlich von einem ganzen Volk Besitz ergreifen: die *Hootenannys*
hatten jedenfalls von Amerika Besitz ergriffen, und ich kann nicht
beweisen, daß es sich hier um einen Ausbruch antiintellektueller
Gefühle handelte, um die singende Rückkehr zu den Quellen, um
die Revolte des Texashutes gegen den *egghead*, um das Nibelungenlied des Wilden Westens. Millionen singen jetzt *Hootenannys* – »*mit den Trachten hat es angefangen*« –; sie singen die
»reinen« und die »unreinen«, wie man sagt, wobei man unter den
»reinen« *Hootenannys* die echten Volkslieder versteht, unter den
»unreinen« alte Melodien mit neuen Texten.

Wir überlegten uns, ob wir die Arena besuchen sollten, erlagen
aber schließlich der Versuchung des bequemeren Fernsehens. Was
wir sahen, war eine nach Tausenden zählende Menge – ganz Raleigh hat weniger als 100 000 Einwohner –, junge Leute zum größten Teil, die mit ekstatischer Begeisterung den Darbietungen der
Lautensänger folgten, sich erhoben, mitsangen, mit den Füßen
trampelten, die Refrains wiederholten, die Sänger singend über-
tönten, applaudierten und sich benahmen, als wären sie vom *Beat-
les*-Veitstanz befallen. Was wir hörten, waren alte und neue Lieder, von denen die neuen – sollte ich doch richtig geargwöhnt haben? – vor allem gegen die Regierung sich richteten, gegen Reformen und Fortschritt, im übrigen nicht ohne Geist und Humor.
Was wir nicht sahen, waren Neger – obwohl ungefähr ein Drittel
der Bevölkerung von Raleigh schwarz ist, hatte sich wohl kein
Neger in die Arena gewagt.

Kein Neger, ganz gewiß – wir erfuhren es eine halbe Stunde
später. Meine Frau und ich, der *Hootenannys* müde, unternahmen
jetzt – es ging auf zehn – einen kleinen Spaziergang durch Fayetteville Street, die Hauptstraße Raleighs. An einer Straßenecke standen zwanzig oder dreißig Neger – ein Auflauf, dachte ich, eine
politische Demonstration, doch war es nichts dergleichen: im

Schaufenster eines Radiogeschäftes war ein Fernsehapparat auf volle Lautstärke gestellt, und da standen die Neger nun in der Nacht von Fayetteville Street, wie hungrige Menschen vor der Auslage eines Lebensmittelladens, hörten und sahen durch das Glasfenster, was sich, doch nur wenige Häuserblocks weiter entfernt, in ihrer Stadt tatsächlich ereignete: die Arena war ihnen ein verschlossenes Paradies, was ihnen übrigblieb, waren ein Schaufenster und ein Fernsehschirm, Symbole der Freiheit hinter Glas.

Eine Weile spazierten wir durch die Hauptstraße – die Schaufenster waren so armselig, so allen Geschmackes bar, als läge Raleigh nicht im gleichen Land wie New York, Los Angeles, Chicago, wie irgendeine Kleinstadt nördlich, östlich oder westlich; die Preise waren erstaunlich niedrig – ein Herrenanzug zwischen 30 und 42 Dollar, Frauenkleider zwischen 15 und 30 Dollar –, und wir kamen an vier oder fünf Häusern vorbei, über deren Eingängen die bunten Glühbirnen das Wort *Loan* buchstabierten, Anleihen für jedermann. Wir gingen schließlich in die letzte Bar, die noch geöffnet war. Als wir uns setzten, bemerkten wir über der Theke eine Aufschrift: »*We reserve the right to refuse service to anyone.*« »Wir behalten uns das Recht vor, jedermann die Bedienung zu verweigern.« Meine Frau sagte, es seien sicher Betrunkene gemeint, aber sie wußte so gut wie ich, daß nicht Betrunkene gemeint waren. Sie konnten gar nicht gemeint sein, denn North Carolina ist »trocken«. Am Morgen hatten wir Washington verlassen. Jetzt waren wir im Süden.

Gleich nach dem Frühstück fuhren wir aus Raleigh ab. Ich wollte im *Drug-store* des Hotels Zigaretten kaufen, aber das ging nicht, denn es war geschlossen. Der Portier belehrte mich, daß in North Carolina in den Stunden der Messe alle Geschäfte geschlossen sind. Fürwahr, ein christlicher Staat.

Das *Biltmore Hotel* in Atlanta, Georgia, war endlich ein Hotel nach meinem Geschmack: altmodisch, mit einer Prunkhalle, Stuck, Kristall, und Zimmern, die dreimal so hoch sind wie in einem Hotel von heute. Der Reiz dieses alten, im kolonialen Stil erbauten Hauses – breite Auffahrt, hohe, viereckige Säulen, dunkle Türen, Messing-Türklopfer: England und Klassizismus, unecht, doch durch die Kombination wieder echt, eine Architektur von noblem, klimatischem Kompromiß – gab mir zu denken.

Der Stil des Südens drückt eine Tradition aus; wo aber eine Tradition existiert, da greifen die Wurzeln zu tief in den Boden, als daß sie von einem Tag auf den anderen herausgerissen werden könnten. Die südliche Gastfreundschaft, die besondere, vom übrigen Land so verschiedene Stellung verwöhnter und sehr weiblicher Frauen, der *southern belles,* die spezifische Kunst der Küche, *southern fried chicken,* die Kleidung der Damen in ihren bis an den Boden reichenden *hostess' gowns,* der singende Dialekt, kühle Getränke, *mint julepes,* die Art, zu sprechen, zu genießen, zu schlendern: das sind die Zeichen einer unverwechselbaren Kultur, mag sie sich auch der Kultur des zwanzigsten Jahrhunderts widersetzen. Strindberg schreibt in *Tjänstekvinnans son,* er habe das trotzige Gefühl seiner Überlegenheit gewonnen, weil man ihn einst gezwungen habe, mit viel kleineren Kindern zu spielen: aus dem Gefühl seines besonderen Charakters, gepaart mit dem Zwang, im verhaßten Kinderzimmer zu bleiben, schöpft der Süden das hochmütige Gefühl seiner Superiorität. Vieles, doch nicht alles, das heute im Süden Nord-Amerikas sich ereignet, geschieht aus purer Bösartigkeit: zu einem Teil geschieht es aus dem hartnäckigen Konservatismus, der davon überzeugt ist, daß der Süden im Bürgerkrieg seine Unabhängigkeit verloren hat, und nun, im Krieg um die Bürgerrechte, seinen Charakter verlieren werde. Amerika, das »Land der Zukunft«, ringt ununterbrochen um seine unsichere Vergangenheit: deshalb hat die Reaktion im Süden es so leicht, den Konservatismus vor ihren Wagen zu spannen, darum ist es, einerseits, unmöglich, den Süden von den Segnungen des Fortschritts zu überzeugen, andererseits unmöglich, ihm die Segnungen des Fortschritts aufzuzwingen.

»*Atlanta war rauh wie die Jugend und ungestüm und eigensinnig wie Scarlett selbst*«, schreibt in *Vom Winde verweht* Margaret Mitchell, die Sängerin Atlantas, die hier von einem Automobilisten überfahren wurde und in *Oakland Cemetery*, einem Schrein des Südens, begraben liegt. Atlanta, hatte man mir gesagt, sei nicht mehr rauh und ungestüm und eigensinnig: der Staat Georgia sei ein Musterbeispiel für die Möglichkeit der Verständigung zwischen Washington und dem Süden, zwischen Weißen und Schwarzen. Ein Freund hatte von einer »milden Einführung« in den Süden gesprochen – nun wollte ich sehen, wie es darum bestellt war.

Wer heute Atlanta sagt, denkt nicht an Scarlett O'Hara, sondern an Dr. Martin Luther King. Es war Sonntag morgen; ich beschloß, dem Gottesdienst in der *Ebenezer Baptist Church* beizuwohnen, wo Dr. King predigt.

Meine Freunde, »Südländer« von Geburt und Abstammung, aber liberale, gebildete Leute, hatten mit einer gewissen Zurückhaltung von dem Führer der *Southern Christian Leadership Conference* gesprochen, der wichtigsten Negerorganisation des Landes, die für eine unblutige Revolution, für die Gleichberechtigung der Rassen, für christliche Liebe innerhalb totaler Integration kämpft. Wohl hatten sie seine guten Absichten gerühmt, doch hatten sie zugleich seine allzu große Betriebsamkeit, seinen allzu wachen Geschäftssinn kopfschüttelnd erwähnt.

Als ich die Kirche betrat, hatte Reverend King schon zu predigen begonnen. Der erste Eindruck bestätigte, was ich von ihm gehört hatte: zwar war er kein guter Redner, ganz gewiß kein Demagoge, aber er war auch nicht, was man sich unter einem Prediger vorstellt; er strotzte von Selbstbewußtsein, die schlauen Augen eilten Beifall heischend oder mißbilligend zwischen den Gläubigen hin und her, er hatte etwas von der Intensität der guten Verkäufer, ein *salesman*-Gandhi. Indes, je länger er sprach – ein mittelgroßer, stämmiger Mann Mitte Dreißig, mit einer hohen Stirne, gelichteten Haaren und einem ungewöhnlich glatten Gesicht –, je länger er also sprach, desto mehr verflüchtete sich der erste, ungerechte Eindruck: kannte ich Amerika noch immer nicht gut genug, um zu wissen, daß hier selbst der natürliche Gedanke, es sei besser, gesund als krank zu sein, erst »verkauft« werden muß?

Der Reverend sprach nicht von der Rassenfrage, sondern wetterte – sein Lieblingsthema, hörte ich später – gegen die reichen Neger. Er gebrauchte und erläuterte das Wort »Snobismus«, sprach von den Negern, die sich von ihren unglücklichen Rassegenossen abgewandt, den noch nicht einmal halb gewonnenen Kampf vergessen, dem Problem aller sich entfremdet hatten. Es war eine tapfere Rede, um so tapferer, als viele der Gläubigen – ich stand rückwärts, der einzige weiße Mann, noch unbeachtet – just der Kaste anzugehören schienen, von der Dr. Martin Luther King so beredt sprach: Damen in eleganten Mänteln, fabelhaft hergerichtet, Männer von besorgter Eleganz, Kinder im teuersten Sonntagsstaat. Bald erfuhr ich, daß es so war, wie der Reverend gesagt hatte, eher noch schlimmer: es gibt eine »schwarze« Kirche in Atlanta, wo »sehr schwarze« Neger ungern gesehen werden«; die »nicht ganz so schwarzen« möchten lieber unter sich bleiben. Wer könnte, hatte er nicht wenigstens einmal im Hintergrund der *Ebenezer Baptist Church* von Atlanta gestanden, von der Kompliziertheit des Negerproblems auch nur eine vage Vorstellung sich bilden – es ist ein Dach, unter dem alle anderen Probleme wie in einer riesigen Mietskaserne nebeneinander hausen. Für den Weißen sind die Neger nur schwarz, aber was sind sie außerdem – arm und reich, die Jungen hassen die Alten, die einen lieben das Vaterland, die anderen nur ihren Hinterhof, die einen lieben den Nächsten, die anderen wollen nur vom Nächsten geliebt werden; am Ende hatte Mark Twain, der Lotse auf dem Mississippi, recht, als er meinte, das »*Schlimmste*«, das er von Negern sagen könne, wäre, daß sie »*auch Menschen*« seien.

Der Reporterinstinkt meiner Jugend schien mich nicht ganz verlassen zu haben, und weil ich jene Welt sehen wollte, von der Dr. King gesprochen hatte, wählte ich den einfachsten Weg: ich suchte den teuersten der vor der Kirche geparkten Wagen, einen *Lincoln-Continental,* und fuhr ihm nach.

Der Wagen hielt in einem Stadtviertel, das Colliers Heights heißt. Ich sah hier Villen, nicht minder geräumig und luxuriös als die Häuser von Beverly Hills, wo die *movie stars* wohnen, im Kolonialstil oder Bungalowstil erbaut, mit breiten, blaugekachelten *swimming-pools,* gepflegten englischen Rasen, privaten Tennisplätzen, Doppelgaragen, vor denen blitzblankgeputzte *Cadillacs* und *Thunderbirds* in der Mittagssonne glitzerten. Die Gärten waren größer als in weißen Villenvierteln: kein Wunder, da das Land hier, wo nur Schwarze wohnen, noch immer billig ist. Knaben und Mädchen, sportlich und teuer gekleidet, tollten über die Rasen, vergnügten sich mit kostbarem Spielzeug, hier und dort tauchte ein Kindermädchen in weißer Uniform auf, der kecke *MG* eines Teenagers bog um die Ecke, in einigen Gärten waren die Tische zu opulentem Sonntagsmahl gedeckt. Was war es, das mich dennoch traurig stimmte – waren es die mißtrauischen, verwunderten, ja erschrockenen Blicke, die meinen Wagen begleiteten; war es, daß die Häuser alle gleich alt und deshalb künstlich wirkten, Spielzeug, das man gleich wieder wegräumen würde; war es die Stille, die über Colliers Heights lag; war es nur meine Einbildung? Es war, als hätte Colliers Heights ein schlechtes Gewissen. Da stand, inmitten wilder Wiesen und südlicher Wälder, *Harpers High School*, luftiger, größer, hygienischer als die meisten Mittelschulen Europas – jetzt, am Sonntag, war die Schule geschlossen, aber ich mußte nur den Automobil-Parkplatz und die Fahrradgestelle sehen, schon fragte ich mich, was sich unter dem Dach abspielt, nicht unter diesem Dach, sondern dem großen Dach der Neger-Welt, ob es denn nicht auch hier eine Diskrimination gab, Diskrimination zwischen arm und reich, vornehm und gewöhnlich, alteingesessen und zugewandert – war er denn nirgends abwesend, dieser vom falschen Ehrgeiz besessene, eitle, seichte, die ganze westliche Gesellschaft kompromittierende und gefährdende Kastengeist Amerikas? Doch wollte, neben solchen Bedenken, das Mitleid nicht weichen, das vertraute Mitleid mit denen, die sich belügen. Jetzt, vielleicht, wußte ich, warum Colliers Heights so traurig war. Es ist ja nicht wahr, daß Colliers Heights ein Paradies der Reichen ist, es ist nur ein goldenes Getto. Mit ihren *Cadillacs* und *Thunderbirds* sind diese Menschen weniger als zehn Minuten von einer Stadt entfernt, wo sie kein Restaurant betreten können, ohne mit dem Ruf »Nigger!« hinausgejagt zu werden, wo ein weißer Polizist die Kinder mit einer Handbewegung vom Gehsteig fegt, wo sie auf der Straße verrecken können, ehe ein »weißes« Krankenhaus sie aufnimmt, wo ein weißer Mann lieber sterben würde, als sich von ihnen helfen zu lassen, wo ihnen auch die »weißen« Häuser Gottes versperrt sind.

Noch am gleichen Abend hörte ich von Freunden, mit denen wir speisten, daß ich tatsächlich ein goldenes Getto besucht hatte, und es war nicht einmal von echtem Gold. Wohl gibt es hier in Colliers Heights ein paar »wirklich« Reiche, aber die meisten Villenbesitzer zwischen Eleanor und Waterford Drive jagen nur der Wildente nach. Viele Villen »gehören« Ingenieuren, kleineren Ärzten und Anwälten, Angestellten, sogar Vorarbeitern, deren Frauen ihrerseits einem harten Geschäft nachgehen – aber die Häuser gehören ihnen gar nicht; »ein Wunder«, sagte ein Freund, »daß manche Dächer nicht unter der Last der Hypotheken einstürzen«. Fast alle Häuser sind mit billigen und falschen antiken Möbeln ausgestattet, Trödler-Renaissance und Talmi-Empire: sei es, daß die Bewohner nichts anderes sich leisten können, sei es, daß es leicht fällt, sie zu übervorteilen, sei es, daß sich der Traum vom Reichtum mit »Antiquitäten« verbindet. Viele von diesen 3000 neuen Häusern sind überhaupt nicht eingerichtet, stehen leer oder halb leer – auf Möbel kann man keine Hypotheken aufnehmen, man hat den letzten Dollar in die trügerische Sicherheit investiert, die einem morgen wieder entgleiten kann, in die Fassade, dieses Symbol des Minderwertigkeitskomplexes einer Minderheit. Wenn sich der Abend über das goldene Getto senkt, sitzen die schwarzen Kapitalisten von Atlanta in der Wohnküche, in leeren Zimmern oder vor dem Fernsehgerät und denken nach, wie sie die nächste Rate bezahlen sollen, für das Haus, das Schwimmbassin, den Fernsehapparat oder das Bett.

Wie aber steht es mit den »wirklich« Reichen, gegen die Dr. King zu Felde zieht? Die Wahrheit ist so infernalisch, daß an sie zu glauben schwer fällt: die meisten verdanken ihr Vermögen der Diskrimination. Bis ungefähr 1953 hatten sich die »weißen« Versicherungsgesellschaften geweigert, eines Negers Leben zu versichern – seinen Besitz, gewiß, denn der ist ja nicht schwarz, aber nicht sein schwarzes Leben, seinen schwarzen Tod. So entstanden die »schwarzen« Versicherungsgesellschaften – *North Carolina Mutual Life, Golden State Mutual Supreme Liberty of Chicago* –, deren Umsatz heute viele Millionen Dollar beträgt und deren

Präsidenten Millionäre sind. Oder der Arzt, der nach Atlanta kam, als hier noch kein Neger-Arzt in einem öffentlichen Krankenhaus praktizieren durfte, und eine Privatklinik für kranke Neger gründete: heute hat die Klinik fünfundsiebzig stets besetzte Betten, und der Arzt achtundzwanzig Bungalows in Colliers Heights. Oder die schwarzen Hausbesitzer im Osten, die von ihren Rassegenossen für eine verfallene Hütte hundert Dollar Miete pro Monat verlangen, während der »weiße Ausbeuter« für einen ähnlichen Pfahlbau in dem Elendsviertel *Buttermilk Bottom* von Atlanta höchstens vierzig bekommt: die Diskrimination treibt die Neger nach dem Osten; der große Treck hat eingesetzt, aber auch im Osten herrscht noch Segregation, nicht genug Häuser und Wohnungen sind vorhanden: möge er zahlen, denken die schwarzen Hausbesitzer, möge er zahlen, der Neger aus dem Süden, wenn er wie eine Motte dem aufgehenden Licht entgegenfliegt. Oder die schwarzen Hotel-Könige wie A. G. Gaston, in dessen Motel Reverend King absteigen muß, wenn er sich in Birmingham aufhält: sie haben von der Konkurrenz der weißen Hoteliers, die einen Neger höchstens als Hausdiener aufnehmen, nichts zu befürchten. Die Neger-Bankiers und -Geldverleiher schließlich, bei denen die Neger ihr erspartes Geld deponieren, weil man nicht wissen kann, ob der weiße Bankier die schwarzen Groschen nicht im Kampf gegen die Integration verwendet: die Einlagen der *Los Angeles' Broadway Federal Savings and Loan Association* übersteigen zweiundvierzig Millionen Dollar. Insgesamt gibt es fünfundzwanzig »authentische« Neger-Millionäre in den Vereinigten Staaten: den Bankier Jefferson A. Beavers, die Erben der Kosmetik-Königin C. J. Walker, den Versicherungskönig N. B. Herndon, den Zeitungskönig E. Washington Rhodes, und allen voran den Kosmetikkönig S. B. Fuller, zu dessen Legende seine weißen Dienstboten beitragen.

Bei einigen der reichen Neger in Atlanta führte mich ein deutscher Journalist ein, den ich zufällig getroffen und der hier einen vielbeachteten Fernsehfilm gedreht hatte. Ich fand sie nicht so zynisch, wie ich erwartet hatte, obwohl sie, den Weißen gleich, zuerst den Reichtum, dann eine Philosophie, sozusagen als Zinsen des Reichtums, hinzu erworben haben – nämlich, daß auch Geld ein Weg zur Gleichberechtigung sei, daß man in Amerika alles, also auch die Freiheit »kaufen« könne: die Menschen sind schwarz und weiß, aber der Dollar ist eindeutig grün, Farbe der amerikanischen Hoffnung.

Einer dieser Männer war ein angesehener Versicherungskaufmann, T. M. Alexander. Die Tatsache, daß Mr. Alexander, ein wendiger kleiner Mann von freundlichen Manieren und hoher Intelligenz, zweimal als Kandidat der Republikanischen Partei für den Stadtrat kandidiert hatte, war der Anlaß zu einer politischen Unterhaltung. Auf meine Frage, warum er gegen die Kennedy-Regierung opponiere, erklärte er, daß es ja die *southern democrats* seien, die sich stets am radikalsten für die Segregation eingesetzt hätten – »Kennedy muß mit den südlichen Demokraten Kompromisse schließen, die Republikaner müssen das nicht«. Gerade das tue Kennedy nicht, erwiderte ich – sei sich denn Mr. Alexander nicht bewußt, daß der Präsident mit jeder Neger-Stimme, die er gewinne, zwei weiße Stimmen verliere, und daß er trotzdem ... Mr. Alexander lächelte wie jemand, der denkt, daß er einem Weißen, einem Europäer noch dazu, das Problem doch nicht erklären könne. »Je weniger wir Gewalt anwenden wollen, desto mehr Macht brauchen wir«, sagte er, »und Geld allein ist Macht.« Ob das die Weißen, ohne die er ja schließlich keine Geschäfte machen könne, nicht wüßten, fragte ich. Wieder lächelte er. »Geld kennt keine Segregation.« Im übrigen täte er seinen Kunden unrecht, wenn er nur als Neger dächte – ob die Republikaner den Negern freundlicher gesinnt seien als die Demokraten, wolle er nicht beurteilen, es käme wohl auf dasselbe hinaus, aber die Republikaner seien *»good for business«*, Kennedy dagegen sei *»bad for business«*.

Während wir uns unterhielten, in Mr. Alexanders elegantem Büro, übrigens nur wenige Schritte von Dr. Kings Kirche entfernt, ließ ich den Blick über die Wände streifen, an denen zahlreiche gerahmte Photographien hingen, weißer und schwarzer Finanziers, allesamt mit Widmungen an T. M. Alexander. Später, als ich ging, blieb ich vor dem Bild des berühmten amerikanischen *businessman* Bernard Baruch stehen. Die Widmung lautete: *»No man is more hopelessly enslaved than one who falsely believes himself to be free.«* »Niemand ist hoffnungsloser versklavt, als einer, der fälschlich glaubt, frei zu sein.«

Ob Mr. Alexander die Widmung je gelesen hatte?

Manchmal, wenn wir allein blieben, fragten wir uns, warum wir wohl hier waren. Das Land, in dem wir beide lange gelebt hatten und dessen Staatsbürgerschaft wir besaßen, wiederzusehen, war der Reise ursprünglicher Zweck gewesen, neben dem Erscheinen der *Tarnowska*. Das Land – das war ein weiter Begriff, und nach den Gesprächen mit meinem Verleger in New York war er nicht enger geworden. Im Verlagshaus von *Harcourt, Brace & World* lagen Dutzende von Briefen, freundliche Einladungen von Zeitungen, Radiostationen, Fernsehsendern für *personal appearences*, wie man in Amerika sagt, wo man hinter jedem Buch den Menschen erkennen, wo man, hat man ihn nicht persönlich gesehen, an die Existenz des Autors nicht so recht glauben will. *The Countess* war für den Film verkauft worden, in Hollywood mußte unsere Reise enden, doch konnte ich die Reiseroute nach eigenem Gutdünken bestimmen. Der Süden zog mich an. Am Norden und Mittelwesten hatte sich in den letzten Jahrzehnten nichts oder wenig geändert: die Kornfelder von Kansas lagen noch immer in der milden Sonne freundlicher Gleichgültigkeit, in den Bergen Montanas und auf den *ranches* von Wyoming ging es noch immer um Farm- und Viehpreise, um die heißen Quellen von Colorado saßen noch immer die Heilungsuchenden in der kristallklaren Luft eines gottgesegneten Klimas, in den Spielhöllen und Scheidungsparadiesen von Nevada rollte noch immer die Kugel, schlug der Würfel auf, verdienten ehemalige Senatoren und schmal-

hüftige Cowboys immer noch ihr Geld an traurigen, scheidungs-
lustigen Damen.

Der Süden hatte mich angezogen, und nun ließ er mich nicht
mehr los. Ob ich noch ein junger Reporter zu sein glaube, fragte
Licci, der Zwanzigjährige, der nicht geruht hatte, bis es ihm, in
Braunau am Inn, gelungen war, die Familiengeschichte der Hitlers
auszugraben, der Schücklgrubers vielmehr – war sie mir so gut
bekommen, diese Entdeckung? Ob sie mir gut bekommen würde,
die Forschungsreise durch Amerika, war jetzt nicht mehr die Frage,
auch nicht, ob just diese Route für die Pläne meines Verlegers am
günstigsten war: nach jedem Interview stellte Licci lachend fest,
daß ich die Journalisten, die mich zu befragen gekommen waren,
befragt, daß ich mich ihrer Hilfe und Mitwirkung auf meiner
»Entdeckungsreise« versichert hatte.

Einer dieser Journalisten hatte mich bei Dr. King angemeldet;
ich wollte das Hauptquartier der südlichen Negerbewegung kennenlernen.

Ich gab dem Taxichauffeur Auburn Avenue an, Haupt- und Ge-
schäftsstraße des Negerviertels von Atlanta, das der 125. Straße
von Harlem entspricht. Als ich die Adresse genannt hatte, wurde
ich mir zum ersten Male bewußt, daß das Zusammenleben von
Weißen und Schwarzen – wenn man von einem solchen sprechen
kann –, je nachdem, ob man im Süden oder im Osten sich befindet,
von vollkommen verschiedenen Gesetzen beherrscht wird. Der
weiße Taxichauffeur fand es keineswegs ungewöhnlich, daß ich
nach Auburn Avenue wollte; er zögerte auch keinen Augenblick,
mich dorthin zu fahren. Nun war ich in einem Negerviertel des
Südens, und es hatte in der Tat mit Harlem keine größere Ähnlichkeit als ein Le Corbusier-Haus mit der Kathedrale von Char-
tres. Es war tausendmal elender als Harlem – fast nur ebenerdige
Häuser, viele im Zustand des Verfalls, schmutzige Kneipen, an
deren Wänden die Reklametafeln windschief hingen, Parkplätze,

die wie Autofriedhöfe aussahen, Hinterhöfe, in denen zerbrochene Kinderwagen, verbeulte Mistkübel, durchlöcherte Badewannen zu Bergen sich häuften –; und die Menschen waren hier anders, auf den ersten Blick wenigstens – barfüßige Neger, Neger in bunten und zerschlissenen Jacketts, zigarrenschmatzende Neger, an den Hauswänden lungernd, auf dem Boden sitzend, halb liegend: und doch war der Eindruck nicht so traurig wie in Harlem, nicht halb so traurig. War es der Süden, die Sonne, die heiß auf Auburn Avenue herabbrannte, die phlegmatische Luft, die faule Gleichgültigkeit des Klimas? Oder war es, daß der Neger-Führer James L. Farmer recht hatte, als er meinte: »Im Norden sagen die Weißen: ›Du kannst hoch hinaufsteigen, aber komm uns nicht zu nahe‹; im Süden sagen sie: ›Komm uns nahe, wenn du nur nicht zu hoch hinaufsteigst‹« – war es der *modus vivendi* der Resignation?

Es war etwas anderes. Wenn man länger und aufmerksamer verweilte, erblickte man zwischen den Holzhütten neue Häuser, ebenerdig zwar, aber aus roten Ziegeln, schön und modern gebaut, hier ein kleines Bürohaus, dort ein kleines Hotel, und blickte man durch die sauberen Fenster, sah man Büros mit elektrischen Schreibmaschinen, Vervielfältigungsapparaten, Rechenmaschinen, sah man hübsche junge Negerinnen in schneeweißen Blusen, junge Männer in Hemdsärmeln, sah man Blumen in den Vasen, gute Bilder in geschmackvollen Rahmen. Gutgekleidete, gutaussehende junge Männer und Frauen begegneten einem, mit offenen Gesichtern, zuweilen einem freundlichen Lächeln sogar – sah man ihnen aber nach, und bemerkten sie nicht, daß man sie beobachtete, konnte man feststellen, daß sie sich voll Ekel von den trödelnden Alten abwandten, einen Bogen um die Faulenzer beschrieben, an den Kneipen vorbeieilten, als mieden sie die Pest. Hier schien noch nicht jene stupide, aus der Unterdrückung geborene Solidarität zu regieren, welche die Verständigung mit den Negern des Ostens so erschwert – es ist ja schließlich von der Stupidität, alle seine

Rassegenossen zu preisen, nur ein Schritt zu der Brutalität, mit der man alle anderen verdammt. Sollte Atlanta wirklich eine »Modell-Stadt« sein, sollte hier der Geist des Martin Luther King herrschen, in dessen Wohnung die Bilder des Mahatma Gandhi hängen?

Ich wünschte, ich könnte es, nach meinem Besuch im Hauptquartier Dr. Kings, nach meinen Erfahrungen im Süden, noch glauben. Die Wirklichkeit sieht anders aus. Wenn ich vorerst nur von den Negern spreche: Der Unterschied zwischen dem Süden und dem Osten ist der Unterschied zwischen einem Goldgräberdorf, mit seinen Bars und seinen Mädchen und seiner Musik und seinen Lügen und seinen Hoffnungen, einerseits, und, andererseits, einem verdorrten Fluß, in den karstigen Bergen, an dem die Goldgräber stehen und in das leere Sieb blicken. Die Neger des Südens haben noch vor sich, was die Neger des Ostens schon hinter sich haben: den Fortschritt und die Enttäuschung, das Atemschöpfen und das Atemverlieren, den Aufstieg und die Grenze.

Ob Dr. King das weiß, nämlich daß er vorwärts schreitet, aber eben auf eine Grenze zu: ich kann es auch nach dem Besuch im Hauptquartier der SCLC nicht sagen. Was ich dort erfuhr, war nicht neu, und »sensationell« war es keineswegs, aber es war für mich – und nun gebrauche ich das Wort bewußt – ein Erlebnis, weil ich zum erstenmal mit der Tragik der Missionare in unserer Zeit konfrontiert wurde.

Es dauerte eine Weile, bis ich mich mit der peinlichen Geschäftigkeit des Büros befreunden konnte: Telephone, Fernschreiber, *public-relations-men,* Sekretäre und Propagandisten. Es ist schwer, sich einen Heiligen vorzustellen, der fortwährend ins Mikrophon spricht, aber es ist ungerecht, ihn deshalb für keinen zu halten. Dieser Pastor und Pastorensohn Dr. Martin Luther King ist beileibe kein Martin Luther, der *»wider die räuberischen und mörderischen Rotten der Bauern«* gewettert hat, er ist in der Tat, was er sich zu sein vorgenommen, ein Gandhi der Neger, in mancher Hinsicht ebenso bedeutend, in mancher bedeutender – und er ähnelt Gandhi auch in dessen Schwächen. Mahatma, die »große Seele«, war nur weltfremd, solange er mit der Welt nicht in Berührung kam, die Versuchung der Macht nicht an ihn herantrat. Vom Augenblick, da er zum Vorsitzenden der Kongreßpartei gewählt wurde, so heißt es, wuchs seine Macht und schrumpfte sein Herz; er, der die Liebe gepredigt hatte, ließ sich, im Zweiten Weltkrieg, von seinem England-Haß zur »abwartenden« Haltung gegenüber Hitler hinreißen. Hier, in Auburn Avenue von Atlanta, verstand ich Gandhi – und hier lernte ich den Doktor Albert Schweitzer bewundern, der, störrisch und aller Kritik trotzend, den Fortschritt von seiner Leprakolonie in Lambarene fernhält: entweder frißt der Aussatz die Leprakranken auf oder die Hygiene das Christentum. Aber Mahatma King hat keine Wahl: er kann kein Albert Schweitzer, er muß Gandhi sein. Zöge er barfuß als Wanderprediger durch die Lande, er brächte die Sache der Neger nicht um Haaresbreite vorwärts: da er in einem Jahr 275 000 Meilen im Flugzeug zurücklegt, wird er sich mit dem Vorwurf der Geschäftstüchtigkeit und dem Lob von *Time* abfinden müssen. Er hat auch keine Wahl: er muß jetzt dem *image* nacheifern, das sich die Amerikaner, Weiße oder Schwarze, von ihren Heroen machen, Filmstars oder Heiligen. Die Missionare dieser Zeit haben nicht nur Mikrophone, sie haben auch *public-relations-men*. Dr. Kings *public-relations-man*, Edward T. Clayton, sagte mir: »Vierundfünfzig Jahre ist nichts geschehen – dann ist uns ein Führer erstanden« – kaum ist es dem Dr. King gelungen, die Neger Amerikas zu überzeugen, daß der weiße Mann kein Heiland sei, schon muß er die Rolle des schwarzen Heilands übernehmen.

Wenn man Reverend King, wie es immer häufiger geschieht, mit Gandhi vergleicht, muß man sich auch der Verschiedenheit ihrer Position erinnern. Gleich Gandhi kämpft Dr. King gegen den »*Feind*«, der sich über ihn »*erhebt*«, wie es im dreizehnten Psalm heißt, gleich Gandhi muß er seine eigenen Jünger zu sich erheben, aber Gandhi kannte seine Feinde, Dr. King kennt nicht einmal seine Freunde. Als ich das Hauptquartier in Atlanta besuchte, hatte Justizminister Robert F. Kennedy den Staat Alabama gerade verklagt, weil in Alabama von 116000 für die Wahl registrierten Negern nur 14000 zugelassen worden waren, aber das hinderte Mr. Clayton nicht, den *slogan* zu wiederholen, der weiße Mann habe den Negern »nur drei Dinge gegeben: Religion, Syphilis und Tuberkulose«; der Präsident, hieß es, tue sein Bestes, doch sei »das Beste nicht gut genug«, Kennedy verstünde zwar die Probleme der Neger, hielte jedoch »den Süden für Süd-Boston« und wisse nicht, wie man mit den Weißen im Süden umzugehen habe; es wurde hier von Kennedy nicht wie vom Präsidenten der Vereinigten Staaten gesprochen, sondern wie von dem wohlgesinnten Chef eines fremden weißen Staates, der erst lernen müsse, mit einem gleichberechtigten schwarzen Staat zu verhandeln. Mit welchem? Das ist eines der Probleme Martin Luther Kings, das dem Inder Gandhi im Kampf gegen die Engländer nie in den Sinn kam. Was soll der Christ und Amerikaner King dem Chef-Demagogen der Neger, James Baldwin, antworten, wenn dieser sagt: »*Versetzen Sie sich in die Haut eines Mannes, der die Uniform dieses Landes trägt, ein Todeskandidat bei seiner Verteidigung ist, und den seine Kameraden und Offiziere ›nigger‹ nennen, der fast immer die härteste, häßlichste, erniedrigendste Arbeit bekommt, der weiß, daß die weißen GI's den Europäern mitgeteilt haben, er, der ›nigger‹, sei ein Untermensch ...*« Wie soll und wie kann Dr. King die Frage beantworten, die sich von heute auf morgen stellen kann, ob er Amerikaner vor allem oder vor allem Neger sei?

Und ein anderer tragischer Aspekt, der mir in Auburn Avenue zum Bewußtsein kam – nur in der Nähe weiß man, wie wenig man weiß. Gandhi hat die Gesellschaft seines Landes geformt; Martin Luther King könnte die Gesellschaft, in der die achtzehn Millionen Neger Amerikas leben, auch dann nicht formen, wenn er siegte: In diesem Land, wo die sozialen Symbole zu Dutzenden am Wegrand stehen wie die Totenpfähle der Indianer, ist »schwarz« nicht nur eine Farbe, sondern auch ein soziales Symbol. *»Ich behaupte nicht«*, hat Dr. King gesagt, *»daß das letzte Problem menschlicher Beziehungen durch Gesetze geregelt werden kann – man kann keinen Menschen durch gesetzliche Bestimmungen, Dekrete und Regierungsbefehle zwingen, den anderen Menschen zu lieben: wir versuchen nicht Liebe, wir versuchen die menschlichen Benehmensformen gesetzlich zu bestimmen«* – das ist ein guter Grundsatz, der sich Platonschen Institutionalismus und damit Platonsche Resignation zu eigen macht, aber er übersieht, daß der weiße Amerikaner dem Neger eventuell die Gleichberechtigung geben, jedoch Gleichwertigkeit niemals zuerkennen, daß, gleichzeitig, dem Neger die Gleichberechtigung ohne Gleichwertigkeit nie genügen wird. Nicht minder eng begrenzt und für die Tragik der Missionare bezeichnend ist die Strategie des Reverend King: ein Programm bedingungsloser Gewaltlosigkeit kann kaum erfolgreich sein, das dem Gegner verrät, wie weit man gehen, vor welchen Hindernissen man zurückschrecken wird – eine Gewaltlosigkeit aber, die, unter Umständen, mit Gewalt droht, ist keine.

Ich blättere in meinem Kalender – ich hatte Auburn Avenue am Montag, dem 4. November, besucht, zwölf Tage vor dem Mord in Texas. Zwei Monate nach dem Mord in Texas hat Dr. Martin Luther King dem Magazin *Time* auf die Frage, ob er nicht selbst vor Mördern sich fürchte, geantwortet: *»Einmal, in Montgomery, besaß ich einen Revolver. Ich weiß überhaupt nicht, warum ich ihn gekauft hatte. Dann, eines Nachts, setzte ich mich nieder mit Coretta«* – seiner Frau –, *»und wir sprachen davon. Ich sagte, daß ich als Führer einer gewaltlosen Bewegung kein Recht hätte, einen*

Revolver zu besitzen – da warf ich ihn weg. Nicht die Länge des Lebens zählt, sondern seine Qualität. Wenn man mitten in einem Kampf, der die Seele der Nation zu retten berufen ist, ermordet wird, dann gibt es keinen Tod, der zur Erlösung mehr beitrüge.«

Wenn es eine Hoffnung gibt, dann ist sie in diesen Sätzen enthalten. Wenn es eine Hoffnung gibt, dann nur durch das schreckliche Wunder von Dallas.

DIE SCHÖNHEITSKÖNIGINNEN
DES MR. BRONNER

Tosendes Leben erfüllte die Stadt, die weit offen wie ein Grenz-
ort dalag und sich keine Mühe gab, ihre Laster und Sünden zu ver-
bergen«, heißt es in *Gone with the Wind*, und wenigstens ein
Wort ist davon noch wahr – das Wort »Grenzort«.

Atlanta – von 1950 bis 1960 um 47 Prozent gewachsen, eine halbe
Million Einwohner, 352 »weiße« und 270 »schwarze« Kirchen,
fünf Fernsehstationen, 470 000 Telephone und die doppelte Anzahl Fernsehempfänger –, Atlanta, obwohl im Herzen des Südens
gelegen, ist in der Tat ein Grenzort. Neben der rohesten Gewalttätigkeit findet man hier Einsicht und Vernunft, neben brutaler
Unterdrückung Anzeichen von Toleranz, neben engstirnigem
Vorurteil die Sehnsucht, die Verbindung mit dem Osten zu finden.

Wenn ein Volk in den Abgrund stürzt, wie das deutsche im
Jahre 1933, dann heißt es immer, eine Minderheit böser aber artikulierter, verbrecherischer aber zielbewußter Männer habe es hin-
abgestoßen, der Unverstand sei stets bei nur wenigen gewesen. Ich
habe mir in einem an bitteren Erfahrungen nicht gerade armen
Leben immerhin so viel Optimismus bewahrt, daß ich, will ich
diese These akzeptieren, sie auch umgekehrt zu interpretieren
vermag: eine Handvoll zielbewußter, artikulierter, dem Guten
verschworener Männer kann ein Volk ebensogut vom Abgrund
zurückreißen.

Weil Atlanta ein »Grenzort« ist, begegneten wir hier beiden
Typen – denen, die »stürzen«, und denen, die »zurückreißen«.

Den »negativen« Typ repräsentierte ein namhafter Kaufmann und ehemaliger Stadtvater, dessen Einladung wir einem Mißverständnis verdankten: er hatte meinen Roman *Ilona* gelesen und – man ist gegen derlei nicht gefeit – zu seinem »Lieblingsbuch« erkoren; der Ehrlichkeit halber möchte ich hinzufügen, daß ich in seinem Heim kein anderes Buch entdecken konnte, so daß sein Lieblingsbuch sehr wohl seine einzige Lektüre gewesen sein mag. Nach Austausch leerer Höflichkeiten und einem vorzüglichen Abendessen fiel es mir nicht schwer, dem Gespräch eine politische Wendung zu geben; unser Gastgeber – ein Mann von etwa Sechzig, sehnig, von einer gewissen asketischen Eleganz – hatte schon, während livrierte Neger-Diener das Essen servierten, einige Bemerkungen über *that man in the White House* fallen lassen.

Zwei Dinge waren es, die meiner Frau und mir, indem wir den Abend unabhängig voneinander analysierten, in gleicher Weise auffielen.

Da ich nun einmal sein »Lieblingsautor« war, konnte mich unser neuer Freund schwerlich für einen Dummkopf halten: dennoch bediente er sich einer Reihe von Argumenten, die für den anspruchslosesten Konsumenten bestimmt waren. So sagte er, daß Kennedy zwar für die Integration der Schulen eintrete, aber seine eigenen Kinder nicht mit *niggers* in die Schule gehen lasse – übrigens eine Unwahrheit, da die *White-House*-Schule von mehreren *»niggers«* besucht wird –; daß zwischen Kennedy und Chruschtschow, er wisse es aus erster Hand, ein »Geheimabkommen« bestehe, wonach bis 1965 ganz Asien und Afrika in die Hände der Kommunisten überzugehen habe; daß der Präsident Amerika an Castro verraten und mit der Sowjet-Union ein zweites »Geheimabkommen« unterzeichnet habe; daß der Katholik Kennedy schon einmal verheiratet gewesen sei, doch sei diese Ehe, im Einverständnis mit dem Vatikan, erfolgreich vertuscht worden; daß hinter Kennedys »Liebe« zu den Negern nur das Bestreben stehe, die einzelnen Staaten ihrer souveränen Rechte zu berauben – und damit war das Arsenal unseres Gastgebers noch keineswegs erschöpft. Da er im übrigen, wie ich gerne bezeugen will, eines Leberleidens wegen keinen Tropfen Alkohol zu sich nahm, kann ich nicht annehmen, daß er diesen hanebüchenen Unsinn tatsächlich glaubte. Indes war er entweder gewohnt, zu einem Auditorium von so hinterwäldlerischer Primitivität zu sprechen, daß er mit einem Vokabular für Analphabeten auszukommen meinte, oder sein Haß gegen den Präsidenten hatte ihn jedes vernünftigen Urteilsvermögens beraubt. Ich hatte den größten Teil meiner amerikanischen Jahre, ob in Zivil oder in Uniform, zur Zeit Franklin Delano Roosevelts gelebt, der, wie kein anderer seit Lincoln, die Leidenschaften angezogen und den Haß auf seine Person verbündet hatte, doch war, wie ich jetzt, nicht zum erstenmal, feststellen konnte, der Haß gegen Roosevelt, mit dem gegen Kennedy verglichen, eine bloße Meinungsverschiedenheit gewesen. Über den paranoiden Charakter dieses Hasses werde ich noch sprechen müssen – was an diesem Abend uns vor allem auffiel, war weniger sein Charakter als seine Terminologie. Wie die amerikanische Sprache, zum Unterschied von der englischen, unter allen Kultursprachen das Maximum an Gemeinplätzen enthält, und wie es in der Tat durchaus möglich ist, sich mit diesen Gemeinplätzen jahrelang über Wasser zu halten, so verhält es sich auch mit der politischen Terminologie: das Erschreckendste an dem Phrasen-Feuerwerk unseres Gastgebers war die Gewißheit, daß es bei Millionen Ungebildeter zweifellos lebhaftesten Beifall ausgelöst hätte; dieser krummste Weg zwischen zwei Punkten mußte Millionen als der kürzeste erscheinen; es handelte sich hier um die Symptome einer neuen Krankheit, nämlich um infektiöse Schizophrenie.

Das zweite, das wir beobachteten, bezog sich auf die Negerfrage, richtiger: es wurde uns klar, daß wir sie bisher und immer noch zu einfach gesehen hatten. Wir waren uns nun nicht mehr gewiß, ob das Rassenproblem die Ursache des Hasses war, der sich auf die Person des Präsidenten konzentrierte, oder ob, umgekehrt, die politischen und weltanschaulichen Feinde Kennedys die potentiellen Rassenvorurteile als den Diebsschlüssel benützten, mit dem sie die Herzen der weißen Mehrheit sich zu erschließen hofften. Die Beziehung zwischen Herr und Diener, besonders im amerikanischen Süden, besagt nicht viel, aber das ganze Verhältnis zwischen dem weißen Herrn und seinen »Schwarzen« war so herzlich, daß wir uns des »Verdachtes« nicht erwehren konnten, unser Gastgeber würde, auf die Wahl gestellt, ob man Malcolm X. oder John F. Kennedy lynchen sollte, ohne nachzudenken die sich seit zweitausend Jahren ununterbrochen wiederholende Barrabas-Wahl treffen. Haßten diese *southern gentlemen* die Neger wirklich so sehr, wie es den Anschein hatte, oder haßten sie vor allem die sich im Morgennebel Amerikas deutlich abzeichnende Epoche der Intelligenz, des Präsidenten Kampf gegen Mittel- und Untermittelmäßigkeit, seinen adeligen Sozialismus, sein ungeduldiges Aufräumen mit der faulen Wildwest-Legende, mit dem lauten Nibelungenlied des *salesman,* seine geduldige Entschlossenheit, zugleich mit einer feindlichen Ideologie, dem Kommunismus, auf ideologischem Fechtboden, ohne Gemeinplätze, ohne Drohungen und ohne Krieg, zu ringen, seine Bereitschaft, *»to pass the torch«,* die Fackel weiterzugeben an eine Generation junger Amerikaner, oder sein Leitmotiv, wonach *»jene, die eine friedliche Revolution unmöglich, die gewalttätige unvermeidlich machen«* – war, mit anderen Worten, das Rassenvorurteil Motor oder nur Vorwand des Hasses?

Eines stand fest: Es gab in diesem sonnigen Herbst 1963, in dem der Himmel nichts von seinen Absichten verriet, keine Parteien mehr, es gab nur noch zwei Arten von Amerikanern. Der Kampf, mit so erbärmlichen Mitteln er auch geführt wurde, spielte sich in höheren Regionen ab, zwischen zwei Menschentypen, zwischen dem häßlichsten und dem besten Amerika. Hier, in dem »Grenz-ort« Atlanta, just hier, kamen wir auch mit Männern und Frauen zusammen, die uns verständlich machten, warum John F. Kennedy gewählt worden war, warum es hieß, er werde wohl, wenn auch nur mit knapper Mehrheit, wiedergewählt werden. Wir lernten Journalisten, Radiokommentatoren, Buchhändler, Lehrer, bele-sene Privatiers kennen, Gebildete kurzum – sie brauchten keine »Intellektuellen« zu sein –, und die Frage: »Sind Sie Republikaner oder Demokrat?« war dann überflüssig, die Antwort gleichgültig: begeisterte Anhänger Kennedys waren sie alle, verschieden nur insofern, als die einen die tödliche Gefahr erkannt hatten, die anderen noch in dem alten amerikanischen Aberglauben verharr-ten, den Sinclair Lewis mit dem Titel seines Romanes *It Can't Happen Here* ausgedrückt hatte.

Ich kann von der Atmosphäre des Südens in diesen Tagen nichts Schlimmeres sagen, als daß die Männer und Frauen, von denen ich eben sprach, tapfer waren, tapfer sein mußten, weil die anderen – einen von ihnen habe ich eben geschildert – vor keinem Mittel zurückschreckten.

Als Beispiel und Inbegriff dieser Tapferkeit erschien mir schon damals Eugene Patterson, der Chefredakteur der Tageszeitung *Atlanta-Constitution*. Er hatte mich in sein Redaktionsbüro gebe-ten. Ich traf etwas zu früh ein und mußte im Büro Norman Sha-vins, eines seiner Mitarbeiter, warten, doch war auch diese Warte-zeit höchst lehrreich; es ist kein Zufall, daß sein Büro einem Lin-coln-Museum gleicht: Shavin ist einer der bedeutendsten Lincoln-Forscher des Landes – solche Männer sitzen in der Redaktion einer amerikanischen »Provinz«-Zeitung.

Das Gespräch mit Patterson – einem Mann von etwa Vierzig, blond, kräftig, mit einem Knabengesicht voll Humor – ging von dem Leitartikel aus, den er geschrieben und an diesem Morgen veröffentlicht hatte. Es war ein »tapferer« Artikel gewesen, nämlich ein Artikel für die Gesetzesvorschläge des Präsidenten, gegen die Segregation, gegen die Kampagne des Hasses – und das in der größten Zeitung der Hauptstadt Georgias. Patterson war optimistisch, wenigstens was Georgia betrifft. Der Staat habe eine ordentliche Tradition, *a good record,* man verstehe sich hier zu Kompromissen. Georgia pflege nicht den Süden nachzuahmen; die Geschichte zeige, daß der Süden am Ende immer begreife, was Atlanta etwas früher begriffen habe. Aber »begreift« Atlanta schon jetzt, fragte ich, reagiert das Publikum auf liberale Leitartikel, und wie reagiert es? Die Reaktion, meinte Patterson ruhig, sei beachtlich groß – und zwar zu neunzig Prozent negativ. Wieso es dann die *Atlanta-Constitution* wagte, was sie notorischerweise täglich wagt, wollte ich wissen. Patterson sah mich verwundert an. »Wir sind nicht dazu da, von der Herde geführt zu werden«, antworte er, indem er geduldig in seiner Pfeife stocherte. »Der Präsident tut auch nicht, was populär, sondern was richtig ist.« Das klang, obwohl er es wie nebenbei hinwarf, pathetisch, und das war es auch, im besten Sinne: Kennedy hatte dem Land das Pathos wiedergegeben, wiedergegeben hatte er es insbesondere einer Jugend, die seit Jahrzehnten zwischen echtem und falschem Pathos nicht mehr zu unterscheiden vermocht, deshalb alles Pathos verachtet hatte. Ein echtes Pathos tönte nun wieder durch das Land, ein neues und jugendliches Pathos, wie es den ewig jungen Helden Shakespeares und Schillers und Corneilles und Büchners eigen war – vom Präsidenten der Vereinigten Staaten ging es aus, und klang doch so geheim wie die ersten Vorträge des Liedes, das der junge Pionieroffizier Rouget de Lisle 1792 in Straßburg gedichtet hatte und das später unter dem Namen *Marseillaise* bekannt werden sollte. Dieses Pathos war es, das die Reaktion ersticken mußte, und das im Haß unterging, am schwarzen Freitag dieses späten November, in Dallas, Texas.

Ein junger Reporter der *Atlanta-Constitution,* der mich begleitete, erzählte mir von einem ungewöhnlichen Ereignis, das für den Nachmittag in Atlantas größtem Saal, dem *City Auditorium,* angekündigt war, und von dem er mit einem gewissen Stolz sagte, es könne immerhin in keiner anderen Stadt des Südens stattfinden. Es handelte sich um die »fabulose Schönheitsmesse«, den »Schönheitskongreß« der Brüder Bronner. Die *Bronner Brothers,* sagte der Reporter, gehörten zu der Gruppe reicher Neger; sie besäßen Schönheitssalons in den Negervierteln vieler amerikanischer Städte – ich sollte das Ereignis nicht versäumen. Vor dem *City Auditorium* setzte er mich ab.

Der Saal war überfüllt, kein einziger Weißer, nur wenige Männer, Neger-Frauen, alte und junge, wohlgekleideter Mittelstand. Auch das war anders als in Harlem: hier trug man sich noch nicht schlicht und farblos: grelle Farben, grellere Farbkompositionen, Hüte von erstaunlicher Höhe, Frisuren à la Farah Diba. Wie ich den Plakaten entnahm, sollten heute nachmittag die Bronnerschen Schönheitsköniginnen gekrönt werden, doch waren es nicht Schönheitsköniginnen im landläufigen Sinne, uneigennützige Schönheitsköniginnen waren es, die andere schön machten, nicht sich selber. Die zehn besten Kosmetikerinnen, ausgewählt aus den zahlreichen Schönheitssalons, welche die Bronner-Brüder betreiben – da saßen sie auf dem überhöhten Podium, kleine goldene Papier-Kronen auf den Köpfen, die meisten jung, zwei auch etwas älter, die meisten dunkelhaarig, eine hellblond, eine andere rothaarig.

Alle Augen auf das Podium gerichtet – und was geschieht nicht alles auf diesem Podium! Mr. Bronner, ein gutgekleideter schlanker Neger mit grauen Haaren, hält das Mikrophon in der Hand, verkündet seine Prinzipien – wörtlich: »Höhere Ideale von Freiheit. Höhere Ideale von Religion. Höhere Ideale von Schönheitspflege.« Gleich wird es in die Tat umgesetzt. Eine junge Kosmetikerin nimmt ihren Preis entgegen, eine goldene Uhr, *»let's give* *her a big hand«*, stürmischer Applaus. Dann kommt der alte Staatssenator Leroy Johnson, der, als erster Neger seit hundert Jahren, im Senat von Georgia sitzt – er hält eine politische Rede, wird begeistert gefeiert, bekommt eine Auswahl von Schönheitsprodukten, ein riesiger Lacherfolg. Die rothaarige Kosmetikerin nimmt ihre Uhr in Empfang, Applaus, in vollendeter Mannequin-Haltung – Knie nach vorne, Oberkörper zurückfallend, unsichtbarer Nerz wird über den Fußboden geschleift – kehrt sie zu ihrem Sitz zurück. Ein schwarzer Pastor tritt auf das Podium, es wird still. »Es ist Gottes Wille, daß alle Menschen gleich schön seien.« Die Stille wird noch stiller, andächtig. »Laßt uns singen!« ruft Mr. Bronner. Ein Spiritual wird gesungen, der Reverend dirigiert mit beiden Händen, Engelsstimmen steigen zur Saaldecke, die Gesichter verwandeln sich, werden ekstatisch, die Frauen, die gekommen waren, um sich verschönern zu lassen, vergessen, warum sie hier sind, *Halleluja!* Wenn die Sänger nach oben blicken, sehen sie an der Decke die Lichtreklame der *Mutual-Federal-Savings*-Bank: *»Anlagen bei der Mutual-Federal-Savings bringen die höchsten Dividenden.«* Der Reverend geht, Mr. Bronner überreicht ihm einen Scheck. Jetzt wird eine ältere Kosmetikerin gekrönt, bekommt eine goldene Uhr, Applaus – »sie hat noch jeden übrigen Dollar für die Freiheitsbewegung gegeben«, lobt Mr. Bronner –, erneuter Beifall. Die nächste: in den Tagen des *March of Freedom* hat sie hunderte Frisuren gratis gemacht – Freiheit, Religion, Schönheitscreme: Mr. Bronner versteht sein Geschäft.

Sie besitzen nicht nur Schönheitssalons, die *Bronner-Brothers*. Wie auf einer Mustermesse werden die diversen Produkte der Bronners in verschiedenen Kojen, die um den Saal herum aufgestellt sind, angepriesen. Wollen Sie nicht einmal *Persulan* versuchen? *»Ihre Haut kann heller und leuchtender werden mit Persulan.«* Finden Sie, daß Sie mit zu viel Locken geboren wurden? *»Seidenweiche Haare mit Pastel Princess.«* Wollen Sie blonde

Perücken?« »*Julia's Haus der Perücken liefert sie.*« Wollen Sie –
und wer wollte nicht? – schöner sein als Ihre Nachbarin? »*Bronner Brothers halten Cilki-Products bereit.*« Wieder überreicht
Mr. Bronner eine Uhr, feine Kassette, samtgefüttert. Inzwischen
arbeiten die Friseure, deren Stühle rings um den Saal aufgebaut
sind. Unter den Händen eines rothaarigen Neger-Friseurs von
eindeutig-zweideutigen Bewegungen wird eine junge Negerin so
platinblond wie Marilyn Monroe in ihren besten Tagen. Unter
den Händen eines anderen glätten sich die dichtgelockten Haare
einer beleibten Negerin. Mr. Bronner muß wohl wieder von Religion gesprochen haben, ein Neger-Choral steigt zur Reklame der
Mutual-Federal-Savings empor. Im Hintergrund – jetzt sehe ich
es –: doch ein paar weiße Frauen. Sie knien vor Negerinnen. Es ist
kein religiöser Kult, auch kein politischer Kniefall. »*Niagara lädt
Sie ein, in dem Sessel Platz zu nehmen, der Sie liebt.*« Der zärtliche
Niagara-Sessel ist ein Massage-Fauteuil; viele Neger haben schmer-
zende Füße; die Niagara-Fabrik tat gut daran, sich mit den Bron-
ner-Brüdern zu verbinden. Da sitzen sie nun, die älteren Negerinnen, elegant und barfuß, ihre Füße vibrieren, der ganze Körper
vibriert, elektrische Schläge scheinen durch die Körper zu gehen –
keine Angst, die weißen *Niagara*-Verkäuferinnen wissen, wie man
den elektrischen Stuhl der Schönheit demonstriert und, wenn notwendig, im Zaume hält. Auf dem Podium hat ein Botschafter der
Versicherungsgesellschaft *Atlanta Life Insurance* das Wort ergriffen – »Wer versichert ist, lebt länger« –: zu Hautcreme, Bibel und
Gleichberechtigung steigt nun der Erzengel des Geldes herab. Auch
der Versicherungsagent bekommt ein Geschenk, man kauft *Persulan*, Mr. Bronner klebt am Mikrophon, reißender Absatz in
blonden Perücken, Werbezettel flattern über den Saal wie rote
Tauben, »*Sabrosol Labs garantieren samtweiche Haare*«, man
singt noch einmal, die Schönheitsköniginnen werfen Kußhände
ins Publikum, es gibt *Coca-Cola* und Bier, *Halleluja!*

Der Abend hatte eine milde Hand über Atlanta gelegt. Die Luft war weich, ein unglaublicher November. Ich ging langsam auf mein Hotel zu. Vor *Fan & Bill* hatten die *Cadillacs* vorzufahren begonnen – eines der besten Restaurants der Staaten, das natürlich kein Neger, und sei er noch so blond, noch so hell und von noch so seidenweichem Haar, betreten darf. Wie leicht wäre es gewesen, falsche Schlüsse zu ziehen aus dem tragikomischen Ereignis, dessen Zeuge ich gewesen war. Leichtfertig sagen wir: Alle Neger wollen weiß sein, blond und von weichem Haar, statt über *civil-rights-bills* sollten wir uns über eine Wundercreme den Kopf zerbrechen – wir sagen es schmunzelnd und selbstzufrieden, »*Imitation*«, meinte Lincoln, »*ist das schönste Kompliment.*« Aber es ist viel schwieriger, es hat nichts mit Pigmentation zu tun. Hier im Süden war alles anders als in Harlem, doch das war gleich: dieser hilflose Schrei, die groteske Geste der Kreatur, die sich nach Liebe sehnt. Der Neger schämt sich nicht seiner schwarzen Haut, nicht seiner krausen Haare, aber sie sind für ihn die Symbole seiner Ungeliebtheit. Das Negerkind, das in den Spiegel schaut, sieht sich nicht häßlich: es weiß nur, daß es ungeliebt ist. Die Negerfrau, die jetzt in Montgomery im Autobus fahren darf, will nicht neben weißen Frauen sitzen, sie will von ihnen nicht bemerkt werden. Hier versagt die Platosche Resignation. Erst die Brüder Bronner ließen mich ganz verstehen, daß das Programm des Reverend King undurchführbar ist. »*Wir versuchen nicht die Liebe, wir versuchen, die menschlichen Benehmensformen gesetzlich zu bestimmen*«, hatte der Reverend gesagt, aber das Um und Auf der menschlichen Benehmensformen ist die Liebe, ohne sie ist das Benehmen eine leere Form. Er tut sein Bestes, der Reverend Martin Luther King, aber wie hat er von Kennedy gesagt – das Beste ist nicht gut genug. Da klingt die Bitterkeit des schwarzen Satirikers Dick Gregory realistischer: »*Sie wollten einen Astronauten aus mir machen, aber ich habe mich geweigert. Wäre es nicht dumm, wenn ich auf dem Mars landete, und eine Katze mit siebenundzwanzig Köpfen und neunundfünfzig Unterkiefern und neunzehn Lippen und siebenundvierzig Pfoten käme auf mich zu und sagte: ›Ich will auch nicht, daß Sie meine Tochter heiraten!‹«*

Weil aber die Neger Amerikas weniger Wert darauf legen, reich als in einer weißen Spelunke willkommen geheißen zu werden; weil die Aufnahme in die besten Universitäten sie nicht über den Ausschluß aus einem kleinbürgerlichen Golfklub tröstet; weil kein Recht ihnen zuteil werden kann, das ihnen so wichtig wäre wie das warme Lächeln einer Warenhausverkäuferin; weil sie glauben, und weil sie mit Recht glauben, daß nur der geliebt wird, der nicht erkannt wird; weil es, zugleich, der menschlichen Natur widerstrebt, das eigene Liebesbedürfnis zu bekennen, und weil, andererseits, kein Aufgebot der *National Guard* die Weißen Amerikas zu Liebe zwingen kann – deshalb ist das Neger-Problem unlösbar.

Das lehrte mich der fabulose Nachmittag in der *Fabulous Beauty Trade Show* der Brüder Bronner in Atlanta, Georgia.

Der Regen überraschte uns auf dem Weg von Atlanta nach Birmingham, irgendwo zwischen Bremen, Georgia, und Anniston, Alabama. Es war auf einmal Nacht, mitten am Tag; der Himmel war nicht schwarz, es war kein Himmel. Es gab keinen Himmel, es blitzte und donnerte nicht, es war ein Gewitter ohne Blitz und Donner, der Beginn der Sintflut, Weltuntergang. Auch die Erde unter den Rädern unseres Automobils verschwand, vielleicht war der Golf von Mexiko aus seinen Ufern getreten, das Meer hatte sich in einer Minute Hunderte Meilen nordwärts bewegt, drohte uns zu verschlingen. In einer Minute, einer einzigen, war das Wasser zu hoch gestiegen, als daß man hätte weiterfahren können; in unendlichen Reihen standen die Wagen zu beiden Seiten der Straße, bleiche Lichter in der plötzlichen Nacht. Nur wer einen solchen bewaffneten Überfall der Natur erlebt hat – ich hatte sie erlebt, diese stummen, dunklen Gewitter, hatte die stummen, weißen *blizzards* erlebt, im Winter –, kann Amerika verstehen. Bei uns in Europa kommen die Wetter selten ohne Warnung, und kommen sie doch, so steigen sie allmählich an. Weil sie beginnen, kann man hoffen, daß sie enden. Nicht überall in Europa ist die Natur mild, doch auch dort, wo sie gewaltig ist, ist sie nicht gewalttätig, noch über den Fjorden Norwegens und über Irlands Feldern scheint ein Gott zu thronen – *»ein Ohr, zu hören meine Klage, | Ein Herz wie meins, | Sich des Bedrängten zu erbarmen.«* Dieses Land, Amerika, ist so groß, daß es sich seine Natur und seine Stürme und seine Gewitter und seine Regengüsse und seine Schneefälle vielleicht selber geschaffen hat, Prometheus unter den Ländern. Die gottlose Natur hat andere Menschen geboren und geformt, als wir sie kennen: nicht schlechter als wir, doch härter, einfacher, auf die Weite bedacht, mit der Größe auf du und du, gegen Gewalten auf sich gestellt, das Menschenbild nach dem eigenen zu formen entschlossen, wild gewachsen und dem Wilden gewachsen, plötzlich auch, Unerwartetes zeugend, dem Unerwarteten zugekehrt, für das Unerwartete gewappnet, hervorbrechend im Guten wie im Bösen, unberechenbar wie der Himmel zwischen Bremen, Georgia, und Atlanta, Alabama.

Wir saßen mitten in der Autokolonne und waren so allein wie die verlorenen Farmhäuser von New Mexiko. Ich zeigte Licci mein Notizbuch. Darin stand: »*Gewitter in der Luft – Unheimliche Atmosphäre – Es wird etwas geschehen*« – aber ich hatte natürlich nicht das Wetter gemeint. Licci – »*Ein heiterliebliches Gemisch / Bliebst du vom Anfang bis zum Schluß: / Halb mädelweich, halb knabenfrisch, / Mein liebster Page Lucius*« – Licci versuchte, wie immer, das Gute zu sehen im Gesehenen, versuchte die Liebe zu Amerika in mir wachzuhalten. Aber das sei es ja nicht, sagte ich etwas ärgerlich, ich habe schließlich einmal mein Blut gegeben für dieses Land, und würde es morgen wieder geben. Ich sehe das Gute wie sie, sagte ich, es sei mir nur ... nun ja, das Gute sei mir so fremd wie das Schlechte; drüben, in Europa, gelte ich doch nicht eben als blutarm und ohne Leidenschaft, aber hier erschiene mir alles bis zur Unerträglichkeit übertrieben: das Wetter und das Geld und die Eile und die Ruhe und die Gefühllosigkeit und die Sentimentalität und die Geduld und die Ungeduld und die Wohltätigkeit und die Gewalt. Und der Haß. Das Wasser strömte über die Fenster, jetzt sah man die bleichen Lichter nicht mehr, wir befanden uns am Grunde des Meeres, gleich würden die Fische und die Seepferdchen und die Schlangensterne gegen die Fenster stoßen. Ich steckte das Notizbuch ein. Amerika, sagte ich, das Amerika John Fitzgerald Kennedys vielmehr, ist Gulliver am Ufer der Zwerge. Des Riesen Kopf, irgendwo zwischen Boston und Washington, ist noch frei, und auch seine Füße, irgendwo zwischen Seattle und Los Angeles, scheinen noch frei zu sein, aber Gullivers Leib ist schon gefesselt: Millionen von Zwergen – und wie groß dünken sie sich, diese Zwerge, da sie doch ihre Zahl mit ihrer Größe verwechseln –, irgendwo hier, in Georgia und Alabama, in Mississippi, Arkansas und Texas, hämmern sie an den Nägeln, ziehen sie an den Stricken, basteln sie an den Knoten des Hasses.

Wie das Wetter über uns hereingebrochen war, so hörte der Regen auf: im dunklen Theater ging ein Vorhang hoch, die Szene war plötzlich hell. Die Wagen setzten sich in Bewegung: es gab keine Stauung, niemand fluchte, alles vollzog sich mit vollendeter Disziplin, die furchterregende Größe des Ereignisses hatte niemanden erschreckt – wer hier lebt, verlernt das Fürchten und lernt die Geduld.

Immerhin war es Abend geworden, als wir in Birmingham ankamen – Birmingham, Alabama, seit 1871 Teil der Union, rund 341 000 Einwohner, über ein Drittel Schwarze, Sitz des Gouverneurs, wegen der großen Stahlvorkommen »Pittsburgh des Südens« genannt, die Stadt, wo vor sieben Wochen etwa, am 15. September 1963, eine »Neger«-Kirche in die Luft gesprengt wurde und, neben anderen, vier Kinder den Tod fanden: Cynthia Wesley, vierzehn, Denise McNair, elf, Carol Robertson, vierzehn, Addie Mae Collins, vierzehn. Ach ja, auch Johnny Robinson, sechzehn, war gestorben, aber daran war nicht die Explosion schuld: als er in Panik aus der Kirche floh, hatte ihn ein Polizist in den Rücken geschossen.

Freundliche Menschen wiesen uns den Weg nach der Fifth Avenue, wo der Wolkenkratzer steht, das *Hotel Tutwiler-Dink-*

ler. Nicht nur die Menschen waren freundlich, auch die Aufschriften waren es, die Glühlampen-Girlanden vielmehr, die über den Straßen hingen und uns mit dem Gruß entgegenleuchteten: *It's nice to have you in Birmingham* – Nett, Sie in Birmingham zu sehen! War es, so fragten wir uns, südliche Gastfreundlichkeit, oder war es die Lichtreklame des schlechten Gewissens, die sagen will: »Birmingham ist nicht so ...« – besonders, wenn man die richtige Hautfarbe hat? Birmingham hat über 600 Kirchen. Nicht alle fliegen in die Luft, nicht alle sind, wie die *Baptist Church* in der 16. Straße, »Neger«-Kirchen. In den letzten acht Jahren wurden schließlich in Birmingham nur einundzwanzig Neger-Häuser in die Luft gesprengt. Kein einziger Täter ist überführt oder verurteilt worden. *It's nice to have you in Birmingham.*

Licci hatte auch in Birmingham Freunde – ich hatte es ihr, offen gesprochen, nicht geglaubt, doch erwies es sich wieder einmal als richtig. Trotz der vorgerückten Stunde – wir hatten allerdings, durch die Verschiedenheit der Uhrzeiten, etwas von unserer Verspätung eingeholt – baten sie uns zum Abendessen.

Die Gastfreundschaft: ich habe Ähnliches nicht erlebt. So war es nämlich, daß die alten Leute, denen das Haus gehörte – Besitzer mehrerer Fabriken, wohlhabende Juden –, uns fürstlich bewirteten, obwohl sie beileibe andere Sorgen hatten: sie hatten das Haus vor einigen Monaten verkauft und sollten es am nächsten Morgen räumen. Mitsamt den Möbeln hatten sie das vornehme Haus im stillen Villenviertel an einen Stahlindustriellen verkauft, mitsamt den Bildern in schweren goldenen Rahmen, mitsamt den Perserteppichen und chinesischen Vasen. Immerhin standen gepackte Koffer in der Halle, ein paar zugenagelte Holzkisten, der eine oder andere Teppich, alter Familienbesitz, war zusammengerollt und stand an die Wand gelehnt, auch ein Gemälde stand da, das den alten Herrn darstellte, noch jung, in der Kapitäns-uniform des Ersten Weltkrieges.

Eigentlich waren nicht die alten Leute Liccis Freunde, sondern deren Kinder, Schwiegersöhne und Schwiegertöchter, eine riesige Familie, zum Abschied hier versammelt und zu unserer Begrüßung. Die Freude des Wiedersehens war kurz gewesen und, wie mir schien, von einer gewissen Formalität. Wir setzten uns zu Tisch, der Negerdiener in weißem Jackett trug das Essen auf, ein Negermädchen in schwarzer Seide half ihm. Alles geschah sehr förmlich, sehr still. Licci erkundigte sich nach den Kindern, den Enkelkindern vielmehr: sie schliefen oben, sagte man uns, die letzte Nacht im alten Haus. Als ich aufblickte, sah ich, daß der Diener Tränen in den Augen hatte.

Erst als im Salon der Kaffee serviert wurde, und der Hausherr hinausging, um eine Flasche Champagner zu holen, wohl die letzte im Keller, wich die Spannung. Die jungen Leute nahmen uns beiseite, sprachen im Namen der Alten. Vielleicht täten die Alten unrecht, daß sie gingen, nach Kalifornien übersiedelten, aber man müßte sie verstehen. Über hundert Jahre sei die Familie in Birmingham ansässig, die Großmutter wurde in diesem Haus geboren, es war damals neu, vor dreiundsiebzig Jahren – und nun, endlich, sprachen sie es aus: die alten Leute wollten nicht mehr in Birmingham leben, wo antisemitische Flugblätter verteilt werden, wo der Führer der amerikanischen Nazi-Bewegung, Lincoln Rockwell, ungestraft einen neuen *Stürmer* herausgibt, *The Thunderbolt,* wo die Synagoge von Polizei und *National Guard* bewacht werden muß. Nein, bisher sei nichts geschehen, wenn man vom Boykott einiger jüdischer Geschäfte absehe – der Hausherr war inzwischen zurückgekehrt, er sagte: »Das ist nur geschehen, weil wir uns für die Neger eingesetzt haben«, er entschuldigte Birmingham ... aber die Drohungen, die anonymen Briefe, das Paket, das man in der Nähe der Synagoge gefunden habe ... er entkorkte den Champagner, man trank sich zu, die Jüngeren, die in einem anderen Haus wohnten und in Birmingham bleiben würden, versuchten zu scherzen ... schließlich sei Kalifornien das richtige für alte Leute, wegen des Klimas. Draußen hatte es wieder zu regnen begonnen.

In Europa, insbesondere in Deutschland, das dazu wenig Anlaß hat, wird der amerikanische Antisemitismus mit einem heuchlerischen Kopfschütteln registriert, oder mit der stillen Genugtuung, daß, siehe da, auch die anderen nicht besser seien. Die europäische Vorliebe, vom amerikanischen Antisemitismus zu sprechen, entspringt einem paradoxen Vorgang: nämlich dem latenten Antisemitismus sowohl als auch dem mehr oder weniger latenten Anti-Amerikanismus; sie erinnert an die Bemerkung des kleinen Jungen, der seine Schwester in den Armen ihres Freundes überrascht und ausruft: »Und die wollen mir das Murmelspielen verbieten ...!« Dieser Mischung aus Antisemitismus und Anti-Amerikanismus entsprechen dann auch Berichte, wie man sie in einer deutschen Zeitschrift las, die, aus heiterem Himmel und ohne Anlaß, ihren Lesern mitteilte, jedes zehnte Hotel in den Vereinigten Staaten weigere sich, Juden zu beherbergen: eine pure Erfindung oder, wie ich befürchte, ein Wunschtraum.

Es gibt in Amerika fünfeinhalb Millionen Juden – davon fast zweieinhalb Millionen in New York und Umgebung, etwa eine halbe Million mehr als in Israel –: die Juden bilden über drei Prozent der gesamten Bevölkerung. Wie der Antisemitismus in Tiroler oder oberösterreichischen Bergdörfern, wo man noch nie einen Juden gesehen hat, so ist er auch in Amerika dort am stärksten, wo es am wenigsten Juden gibt, in Mississippi, Alabama oder Texas. In diesen und manchen anderen Staaten oder Städten gibt es eine gewisse Judenfeindlichkeit, aber sie ähnelt dem europäischen Antisemitismus so wenig wie Amerika Europa ähnelt, und ist für den Europäer nur bei einer genauen Kenntnis Amerikas verständlich.

In Europa wird der amerikanische Antisemitismus überschätzt,

aber er wird auch oft mit der nichtssagenden Vignette des »gesellschaftlichen« Antisemitismus abgetan. Nicht als ob dieser »gesellschaftliche« Antisemitismus eine Erfindung wäre. Eine Untersuchung der Cornell-Universität in 248 amerikanischen Gemein-
den hat ergeben, daß von 50 mittelgroßen Städten die Juden in
einer einzigen gesellschaftlich vollkommen akzeptiert werden –
in der Mehrzahl würden sie in die »christlichen« Klubs, wenn
sie sich um Mitgliedschaft bewürben, nicht aufgenommen werden,
zu Bällen werden sie selten eingeladen, in *gentile*-Häusern nur
ausnahmsweise bewirtet. Ich muß hier allerdings eine Einschrän-
kung machen. Kein anderes Land hat die Ben-Gurionsche Definition des Juden, eine von vielen, doch weniger verwirrend als
die meisten – »*Jude ist, wer sich als Jude empfindet*« –, bedingungsloser akzeptiert als Amerika. Es ist also müßig, sich über die
Frage: »religiöser« oder »rassischer« Antisemitismus den Kopf
zu zerbrechen. Für Amerika gilt nicht der Karl Lueger zugeschrie-
bene Satz: »*Was a Jud is, dös bestimm' i*« – der Jude selbst bestimmt, ob er Jude ist oder nicht. Der »gesellschaftliche« Antisemitismus beschränkt sich auf die Juden, die sich als Juden zu
bekennen wünschen, und bezieht sich – da hier ein solches Bekennt-
nis weder verlangt noch offeriert wird – nicht auf öffentliche Ein-
richtungen wie Hotels, Bäder, Kurorte. Gebiete oder Institutionen,
die sich, scheinheiligen Taktes halber, *restricted* nennen, gibt es
in der Proportion eins zu hundert, und es ist fraglich, ob es nicht
ebensoviel oder mehr Landstriche und Etablissements gibt, die,
wenn Gelegenheit sich bietet, Protestanten oder Katholiken ausschließen.

Amerika ist – nur so kann man das Problem verstehen – ein
»exklusives« Land im wahrsten Sinne: es ist ein Land des Aus-
schließens. Der Vergleich zwischen europäischen Ländern, wo
»nur« die Juden diskriminiert werden oder wurden, und Amerika,
wo sich gesellschaftlich sozusagen alle gegenseitig ausschließen –

Katholiken und Protestanten, *junior* und *senior executives*, Iren und Polen, Besitzer von 25 000 Dollar- und Besitzer von 100 000 Dollar-Häusern, Absolventen von *Princeton* und Absolventen der *Arizona State University*, Geschäftsleute und *entertainers*, Familien aus Boston und Familien aus Chicago –, der Vergleich zwischen dem europäischen und dem amerikanischen Antisemitismus ist also ein untauglicher Versuch. Eine im Jahre 1958 veröffentlichte Statistik – und was wäre in Amerika nicht statistisch erfaßt! – hat ergeben, daß jeder vierte Leserbrief an die »Beratungs-Spalten« der Zeitungen sich um die Frage dreht, ob eine »Mischehe«, zwischen Katholiken und Protestanten natürlich, zulässig, wünschenswert, erfolgverheißend sei: man kann in Amerika, wie es ja auch täglich geschieht, Studien über Vorurteile veröffentlichen, aber der Antisemitismus kann nur innerhalb dieser Vorurteile vorurteilslos beurteilt werden. Ein Land, das die Opfer der Hitlerschen Judenverfolgung nicht nur aufgenommen, sondern mit einer Freundschaft und Großzügigkeit ohnegleichen an sein Herz gedrückt hat, ist nicht »antisemitisch« – wer, auch nur implizierend, den amerikanischen Antisemitismus von heute mit dem deutschen Antisemitismus der Hitler-Ära vergleicht, der ist, um es mit gebotener Schlichtheit auszudrücken, ein Lügner.

Wie sehr es sich hier um einen, wenn auch häßlichen, Mosaikstein innerhalb des amerikanischen Kastensystems handelt, dafür ist nicht zuletzt das Verhalten der Juden bezeichnend. Oberflächlich betrachtet, sieht es so aus, als ob die amerikanischen Juden, mit den westeuropäischen verglichen, weniger »assimilationsbereit« wären, was man schon deshalb anzunehmen geneigt ist, weil die meisten von ihnen aus dem äußersten Osten Europas stammen, wo sich die Emanzipation am schwersten und mit dem größten Unwillen von beiden Seiten vollzog. In Wirklichkeit haben sich die Juden Amerikas so vollständig assimiliert, daß sie den Kastengeist Amerikas ganz und gar in sich aufnahmen. Wie

außer ihnen nur noch, doch nicht in höherem Maße, die nicht-
jüdischen Polen und die irischen Katholiken, bilden sie einen geschlossenen *clan* innerhalb der Gemeinschaft: genau wie den nicht-
jüdischen Polen und den irischen Katholiken fällt es ihnen nicht
ein, etwas anderes sein zu wollen als sie sind. Ihr amerikanischer
Patriotismus ist ebenso groß, aber auch nicht größer, als der der
irisch-katholischen Einwanderer; sie sind vom Europäer, auch
vom jüdischen, so verschieden wie italienische Einwanderer der
zweiten Generation von einem Neapolitaner, und im übrigen,
was die Mehrheit betrifft, ebenso hart, ebenso sentimental, ebenso aufs Geld bedacht, ebenso ungebildet, ebenso trinkfest, ebenso
wohltätig und raffinierter Lebensgenüsse ebenso unkundig wie
irgendein anderer Amerikaner. Der Europäer, der die eleganten
jüdischen *country-clubs,* die koscheren jüdischen Hotels in den
Catskill Mountains oder ein jüdisches Villenviertel für ein Getto
im europäischen Sinne hält, weiß nichts von Amerika und noch
weniger von den amerikanischen Juden: für diese ist ihr »Getto«
ebenso ein Symbol ihrer Exklusivität wie der *Piedmont Driving
Club* für die ältesten Familien von Atlanta. Es ist nur wenig übertrieben, wenn ich sage, daß für den Amerikaner – also auch für
den amerikanischen Juden – ein »Getto« in Wirklichkeit alles ist,
wo nicht er und seinesgleichen sich aufhalten.

Der Antisemitismus in der Berufsexistenz ist gering; am deutlichsten spürbar ist er in dem doch als »jüdisch« verschrienen Bank-
beruf, aber auch hier gilt eine typische Erscheinung des Kastensystems: es ist leichter für einen Juden Bankpräsident, als Schalter-
beamter zu werden. Die Kaste duldet Ausnahmen immer nur auf
den höchsten Stufen. Immerhin können die Juden auf allen Gebieten bedeutender Karrieren sich rühmen – Herbert H. Lehmann
war Gouverneur, Felix Frankfurter Mitglied des Bundesgerichts,
Stanley Marcus besitzt in Texas das größte Warenhaus der Vereinigten Staaten, Admiral Hyman G. Rickover ist eine der wichtig-

sten Persönlichkeiten der militärischen Hierarchie, Bernard Baruch einer der führenden Finanziers, Arthur H. Sulzberger der angesehenste Zeitungsverleger, von den Kabinettsmitgliedern diverser Regierungen nicht zu sprechen: in einem Kastensystem hängt die Stärke des *clans* nicht zuletzt von der Zahl seiner Mitglieder ab.

Neben dem »gesellschaftlichen« gibt es allerdings einen zweiten Antisemitismus, und dieser hat mit dem europäischen Antisemitismus eine größere Ähnlichkeit. Wenn man von den großen organisierten Judenverfolgungen in Spanien, Polen, Rußland und Hitler-Deutschland absieht, hängt der Antisemitismus – eine Fieberkurve nicht des Kranken, sondern seiner Umgebung – im wesentlichen davon ab, womit man die Juden zu dem gegebenen Zeitpunkt gerade identifiziert. Es gereicht zur Ehre der Juden, daß man sie immer mit dem Liberalismus identifiziert: deshalb deutet heute, da in Amerika die Frage Radikalismus *versus* Liberalismus aufgeworfen ist, die Kurve des Antisemitismus nach oben. Die unvergeßliche Abschiedsszene, deren Zeugen wir in Birmingham geworden waren, beweist diese Theorie. Als vor einigen Jahren, so erzählte man uns, ein jüdischer Warenhausbesitzer in Birmingham starb, begleiteten ihn Hunderttausende auf seinem letzten Weg – aber das war, bevor die Negerfrage akut wurde, bevor man die Juden mit den *nigger-lovers* identifizierte. Der »Negerhasser« haßt den nicht-jüdischen Liberalen ebenso wie er den jüdischen Liberalen haßt, aber mit dem nicht-jüdischen Liberalen hat er terminologische Schwierigkeiten: das Wort *jew* entbindet ihn dieser sprachlichen Komplikation. Der gleiche »Negerhasser« ist jedoch der leidenschaftlichste Anhänger des Senators Barry R. Goldwater, dessen Großvater als kleiner jüdischer Schneider aus Rußland nach Amerika gekommen war: ich kann, meine ich, für den wechselnden Identifikations-Antisemitismus kein besseres Beispiel anführen.

Was die Familie unserer Freunde betrifft, so weiß ich nicht, ob die Jungen recht hatten, die in Birmingham blieben, oder die Alten, die nach Kalifornien »auswanderten«. Sicher ist nur, daß das nicht von der Stellung der Juden, sondern vom Schicksal des Liberalismus in Amerika abhängt. Die Juden Amerikas werden nie aufhören, für die Gleichberechtigung der Neger einzutreten, und dort, wo Baptisten-Kirchen in die Luft fliegen, sind auch die Gotteshäuser der Juden nicht sicher. Wäre der Katholik John Fitzgerald Kennedy nicht ermordet worden – Baptisten, Juden, Ukrainische Autocephale Orthodoxe, die Brüder Huttens, Quäker, die Anhänger der Finnisch-Apostolischen Luther-Kirche, oder wer sonst Gott auf seine Art huldigen will, hätten nichts zu fürchten gehabt. Der »Auszug nach Kalifornien« aber bewies mir, daß man vorsichtig sein sollte, sooft man schlechthin von den »Vereinigten Staaten« spricht. Es könnte sein, daß der Mensch sich wenig dazu eignet, »vereinigt« zu werden: ein Memento, wer weiß, für die »Vereiniger« Europas. Es liegt keine Grenze zwischen Alabama und Kalifornien. Zwischen den beiden Staaten liegt nur eine Welt.

Ich fühlte mich nicht wohl in dieser Nacht, und Licci bestand darauf, einen Arzt zu rufen. Inzwischen war das Wetter uns nachgereist, die Erde bebte, der Wolkenkratzer schien sich zu biegen, wie in den Trickfilmen Walt Disneys; wenn man hinaussah, glaubte man, die roten Lichtreklamen der Fifth Avenue seien ein Feuermeer im Meer: ein menschenunwürdiges Wetter, kein Mensch würde sich auf die Straße wagen, der Arzt würde nicht kommen. Er kam. Es war beinahe zwei Uhr, und er kam, ein junger Mann mit einem hundertprozentigen Menschengesicht. Zum Glück bedurfte ich seiner Hilfe nicht mehr, aber er war nicht böse, im Gegenteil, er freute sich mit uns, blieb eine halbe Stunde, wir lachten, weil er eigentlich Geburtshelfer war, man hatte den Falschen gerufen, er erkundigte sich nach dem Tessin, und als er ging, weigerte er sich, ein Honorar zu akzeptieren. Wer war er nun, dieser junge Amerikaner mit dem hundertprozentigen Menschengesicht?

Gehörte er dem *White Citizens Council* an, predigte er Haß, oder gehörte er zu der verschworenen Gemeinde der Theodore Sorensons und Eugene Pattersons? Oft ist es gut, und manchmal ist es schade, daß man fremd ist und in Menschengesichtern nicht zu lesen vermag.

Am nächsten Morgen frühstückten zwei französische Korrespondenten mit uns, die nach Birmingham gekommen waren, um der Geschichte der ausgebombten Kirche nachzugehen. Einer hatte am Vortag im *University Hospital* die zwölfjährige Sarah Jean Collins besucht, ein schwarzes Mädchen, dessen Schwester, Addie Mae, in der Baptisten-Kirche den Tod gefunden hatte. Er erzählte, das Mädchen sei auf einem Auge erblindet, ob es auf dem anderen je sehen werde, wisse man noch nicht. Er erzählte auch, daß das Zimmer voll Blumen und Puppen und Geschenken gewesen sei. »Ich fragte den Arzt, wer sie gesandt hatte. Er zuckte mit den Achseln.« Sie waren anonym abgegeben worden, einige hatte man auf den Stufen des Krankenhauses gefunden, Findelkinder der Wohltätigkeit. Die guten Bürger von Birmingham wagen es nicht, ihre Namen zu nennen, wenn sie einem blinden Kind Puppen schenken, *»laß deine linke Hand nicht wissen, was deine rechte tut«*, aber so hatte es der Herr auf dem Berge wohl nicht gemeint. Dann erzählte der Franzose noch, daß ihm Sarah Jean seine Fragen nicht beantwortet habe; sie hatte noch mit keinem Fremden gesprochen; sie hätte ebensogut stumm sein können wie sie blind war; der Haß hatte sie blind, die Angst stumm gemacht.

Wir hatten unser Frühstück beendet und standen am Fenster. Es regnete nicht mehr, aber von den schwarzen Feuerwänden troff noch das Wasser. Auch von den Lichtgirlanden über der Straße troff noch das Wasser. *It's nice to have you in Birmingham.*

EIN KIND UND ZWEI ALTE DAMEN

Ich werde vorsichtig sein müssen, wenn ich die nächsten Seiten zu Papier bringe, ich werde keine Namen nennen, die richtigen keinesfalls. Das ist charakteristisch, ich kann es nicht ohne weiteres übergehen.

Bei keinem Ereignis in Maine, Illinois, Oregon oder Kalifornien – und wäre es tausendmal wichtiger als das, von dem hier zu berichten ist – erschiene mir die gleiche Vorsicht geboten. Vielleicht die größte Erschütterung, die wir bei unserem Wiedersehen mit Amerika erlebten – ich deutete es schon an –, war die Verschiedenheit der Staaten und Regionen, der Menschen, die sie bewohnen, wobei es längst nicht mehr um die schöne Varietät von Landschaften, Baustilen, Mundarten und Lebensformen ging, sondern tatsächlich um den Zerfall der Union in einzelne, kontrastierende Bestandteile. Dieser Zerfall ist, wohlgemerkt, »nur« geistiger, kultureller, innenpolitischer Natur, doch habe ich das Wörtchen »nur« in Anführungszeichen gesetzt, es wäre sonst kaum angebracht. Natürlich werden meine amerikanischen Freunde sagen, daß ich Amerika nicht kenne – das sagen sie immer, wenn jemand dem »amerikanischen Wunder«, mit dem sie allemal so sicher rechnen wie die Kinder mit dem Erscheinen des Weihnachtsmannes, skeptisch gegenübersteht. Ich weiß es so gut wie sie: würde ein Aggressor auf den eben erwähnten »Zerfall« spekulieren – er würde sich, wie eh und je, einer geschlossenen politischen und militärischen Macht gegenüber sehen: ein Widerspruch, der keiner ist. Es ist nicht so, als ob irgendein amerikanischer Staat auch nur mit dem Gedanken spielte, von der Union abzufallen: im Gegenteil, die einzelnen Staaten und Gebiete glauben, sie allein seien das »echte« Amerika, sie allein hätten den Patriotismus gepachtet, ihnen allein sei die Zukunft des Landes, des ganzen Landes, anvertraut; Menschen aber, die in infizierten Gebieten leben, sind überzeugt, das »andere Amerika«, das »eigentliche«, würde ihnen schon noch rechtzeitig zu Hilfe kommen. So geschieht es auch, daß kein Amerikaner die Krankheit des Landes zugeben wird, einem Mann gleich, der von sich behauptet, er sei vollkommen gesund: sein Asthma habe nichts mit ihm zu tun, und was seine Magengeschwüre betrifft – nun, das seien eben nicht seine Geschwüre, sondern die Geschwüre des Magens. Ist Amerika auch nur einen historischen Tag lang schmerzfrei, dann will von den gestrigen Schmerzen niemand mehr etwas wissen: zwischen Optimismus und Aberglauben sind hier die Grenzen schwer zu erkennen. Ich selbst, nicht zu solcher Täuschung neigend, glaube zwar gleichfalls, Amerika werde an seinem Texasasthma und seinen Alabamamagengeschwüren nicht zugrunde gehen, doch glaube ich das unter der Voraussetzung, daß sich das Gehirn entschließt, die pathologischen Erscheinungen des Körpers zur Kenntnis zu nehmen, ihnen Halt und ihre Heilung gebieten.

Wenn die Freunde und Mitarbeiter Kennedys eines Tages seine ganze Geschichte schreiben werden, werden sie, meine ich, auch seine geheimste Sorge enthüllen müssen, die einzige, die er öffentlich nie geäußert hat. John F. Kennedy mußte die schwerste Krise des amerikanischen Föderalismus erkannt haben. Diese Krise begann, aus einem leicht verständlichen Grunde, mit der Regierung Franklin Delano Roosevelts. Nachdem unter den republikanischen Präsidenten Harding, Coolidge und Hoover das Land an den Rand des Ruins gewirtschaftet worden war, so daß 1929 der katastrophale, in der Struktur Amerikas keineswegs begründete Zusammenbruch unvermeidlich sich ereignen mußte, hatte Roosevelt die Wahl, entweder die Konkursmasse zu liquidieren, oder die Vereinigten Staaten auf neue Grundlagen zu stellen. Es handelte sich, wie es in der Versicherungssprache heißt, um einen »Totalschaden«: er konnte anders als total, das heißt ohne Rücksicht auf den besonderen Charakter, die vermeintlichen Interessen und die mimosenhafte Empfindlichkeit der einzelnen Provinzen, nicht repariert werden. So entstand innerhalb einer demokratischen Verfassung und bei voller Beachtung ihrer Prinzipien, die »Diktatur« Roosevelt, die nichts als eine »Generalreparatur«, selbstverständlich vom Zentrum ausgehend, bedeutete. Jetzt erst, rund hundertvierzig Jahre nach der Etablierung der Hauptstadt, wurde Washington als Haupt der Union geboren – in der Folge wurde Amerika, überraschend schnell, vom Untergang gerettet. Nach acht Jahren der Eisenhower-Regierung, die ein weniger gesundes Land kaum überlebt hätte, weil das Land, mitten im Kalten Krieg, acht Jahre lang überhaupt keine Regierung und einen Präsidenten nur im Sinne leerer Repräsentanz besessen hatte, nach diesen acht Jahren war der junge John F. Kennedy mit ganz ähnlichen Problemen konfrontiert wie Franklin Delano Roosevelt bei seiner ersten Wahl im Jahre 1932 – außenpolitisch nicht zuletzt, nur daß jetzt die Stelle des Deutschen Reiches die Sowjet-Union übernommen hatte. Zwar waren die Probleme diesmal weniger wirtschaftlicher Natur – von der allgemeinen Prosperität der Nachkriegszeit war auch Amerika nicht ausgeschlossen –, aber Washington war wieder zu einer Fiktion zusammengeschrumpft; Amerikas Magen, seine Gliedmaßen, seine Lungen hatten unabhängig zu wachsen, das heißt zu wuchern begonnen: ein Zustand, an dem ein Mensch schnell, ein großer Staat langsam stirbt.

Das föderalistische Problem war ganz anders geartet als in den Bundesrepubliken Schweiz oder Deutschland, weil innerhalb dieser Länder das Intelligenzniveau und alles, was damit zusammenhängt, mehr oder weniger gleichartig ist – in Rheinland-Westfalen und Hessen einerseits, in Aargau und in Genf andererseits sind Unterschiede kaum wahrnehmbar: Washington und Dallas dagegen sind zwar sozusagen am Rückgrat zusammengewachsen, denken jedoch mit zwei Gehirnen. Das war schon immer so gewesen, aber das technologische Zeitalter, die Notwendigkeiten des Kalten Krieges, die revolutionären Entdeckungen und Erfindungen der letzten Jahrzehnte, das »Atomdenken« hatten die Kluft zwischen Washington und Dallas vergrößert – eines der beiden Amerika, nämlich jenes, das wir Europäer als »Amerika« zu bezeichnen gewohnt sind, bereitete sich stürmisch auf den Mondflug vor, das andere marschierte in Cowboy-Stiefeln ebenso stürmisch nach rückwärts. Wenn es heißt, John F. Kennedy sei, trotz ausdrücklicher Warnungen – sie waren von Botschafter Stevenson nach seinem Texas-Besuch an Arthur Schlesinger jr. und von diesem an den Präsidenten weitergegeben worden – im November 1963 nach Texas geflogen, um damit seine Wahlkampagne einzuleiten, so ist das nur zum Teil und an der Oberfläche richtig; in Wirklichkeit war es der Beginn des Versuches, die Föderation zusammenzuhalten, den Bruch zu kitten, den Abgrund zu überbrücken: John F. Kennedy hatte die Reise ins feindliche Inland angetreten.

Ich zweifle nicht, daß der Präsident, dessen höchste Tugend der Mut vor Provinzthronen war, das alles gewußt hat. Er wußte, daß sein Bruder, Justizminister der »Vereinigten« Staaten, einzelne dieser Staaten wie ein einfacher Bürger, ja, wie ein professioneller Michael Kohlhaas, vor Gericht zitieren mußte, weil sich Birmingham um die *damn' Yankees* keinen Deut scherte; er wußte, daß seine und seines Bruders Kinder in gewissen Staaten und Städten der »Union« genauso in Lebensgefahr gewesen wären wie die Kinder einer Neger-Familie in Little Rock; er wußte, daß Millionen aufrechter Amerikaner, weil sie zufällig in einem »feindlichen« Staat lebten, ihres Lebens und Besitzes nicht sicher waren; er wußte, daß es in Staaten wie Alabama und Mississippi eine illegale Geheimpolizei gab; er wußte, daß man in den Kirchen Alabamas für die Kirchenattentäter betete, daß sich die gesetzestreuen Bürger Tennessees, wie Verschwörer, im geheimen trafen, daß der Ku-Klux-Klan nachts durch die Dörfer Louisianas ritt; er wußte, schließlich, daß der Kampf mit dem Kommunismus nicht gewonnen werden konnte, wenn Staaten wie Texas und Tennessee in stumpfer Unwissenheit verharrten. Für uns, die wir in Europa leben, ist das ein Zustand, über den wir bedauernd hinwegzugehen vermögen, für John F. Kennedy aber waren Alabama und Mississippi, Louisiana und Texas »Amerika«: er mußte sie Amerika zurückgewinnen. Wenn aber John Fitzgerald Kennedy größer war als Martin Luther King, so lag das an seiner christlichen Ungenügsamkeit; er wollte »seine« Länder nicht zwingen, sondern bekehren; er bekannte sich, außer zum Gesetz, zur Liebe. Wer ihn in den Straßen und auf den Plätzen von Berlin gesehen hat, der weiß, daß dieser Marquis Posa aus Massachusetts mit der Macht sich nicht zufrieden gab – *power* war ein verbotenes Wort im Weißen Haus –: wie er die Hand ausstreckte nach den Händen der Bürger von Berlin, so streckte er seine Hand nach Liebe aus, sein Ziel war *»mildre Weisheit«* – *»und die Notwendigkeit wird menschlich sein«*.

Wie aber muß John F. Kennedy gelitten haben unter den Verfalls- und Zerfalls-Erscheinungen »seines« Amerika; er, anders als die abergläubischen, selbstzufriedenen Bürger, konnte sie nicht übersehen.

Eine dieser schmerzlichen Krankheitserscheinungen will ich jetzt schildern.

Freunde in Washington hatten mir eine Empfehlung an zwei alte Damen mitgegeben, die – sagen wir – Miss Mary und Miss

Dorothy heißen und in Birmingham – sagen wir – eine Apotheke betreiben. Als ich die Apotheke betrat, waren einige Kunden anwesend. Die kleine, runzlige Miss Mary wußte schon von meinem Kommen; sie erschrak bei meinem Anblick, legte die Hand auf den Mund und sagte: » Jetzt nicht!« Wir unterhielten uns flüsternd. Als wir endlich allein blieben, traten die beiden alten Mädchen näher an mich heran, der Tür zugewandt, die Tür keinen Augenblick aus dem Auge lassend – ja, sagten sie, sie würden meinem Wunsch willfahren, ein Rendez-vous mit der einzigen schwarzen Schülerin der *Westend High School* zu arrangieren, aber es müßte natürlich bei ihnen zu Hause geschehen, nicht vor zehn Uhr abends. »Parken Sie Ihren Wagen etwas abseits. Sie verstehen.« Ich verstand.

Im Laufe des Nachmittags verstand ich es noch etwas besser. Reporter der *Birmingham News* besuchten uns, um mich über mein Buch und literarische Probleme Europas zu interviewen, aber bald kamen wir auf politische Fragen zu sprechen. Gouverneur Wallace, erzählten sie, sei in der Universität Harvard, wo er einen Vortrag gehalten hatte, von intelligenten Studenten gestellt, in die Enge getrieben, am Ende ausgepfiffen worden. Das erzählten sie ruhig und wie selbstverständlich, obwohl die Morgenausgabe der *Birmingham News* vor mir auf dem Tisch lag, in der just das Gegenteil zu lesen war – ein »Triumphzug« des Gouverneurs durch Massachusetts. Hatte ich den Bericht falsch interpretiert? Nein, entweder hatte der Korrespondent gelogen, oder sein Telegramm war in der Redaktion zensuriert und gefälscht worden – nur wo Welten und Weiten zwei Länder voneinander trennen, in spanischen Berichten über Indien etwa, oder umgekehrt, können dem Leser solche Unwahrheiten aufgetischt werden. In der Vergangenheit hatte Amerika viele Fehler gehabt, aber es war ein aufrichtiges Land gewesen, wo nichts verächtlicher schien als die Lüge: jetzt, zum ersten Mal, trat im Gefolge der Angst ihre

Zwillingsschwester auf, die Lüge, und weil die Angst gerechtfertigt war, glaubten schon viele, auch die Lüge sei gerechtfertigt.

Kurz vor zehn Uhr abends machte ich mich auf den Weg nach dem Haus der beiden alten Damen. Ich hatte, da ich niemanden nach der Straße fragen wollte, Mühe, es zu finden. Endlich fuhr ich an dem kleinen, weißen Einfamilienhaus vorbei, parkte meinen Wagen in einer Nebenstraße, klopfte an.

Noch waren die Schwestern allein, aber sie versicherten mir, das Mädchen würde kommen. Miss Mary brachte Kaffee, Miss Dorothy brachte Kuchen. Sie drängten mir den Victorianischen Lehnstuhl auf, setzten sich auf das Kanapee, nebeneinander, und weil über dem Kanapee ein Ölgemälde hing, das sie beide darstellte, nebeneinander sitzend, glaubte ich manchmal, sie seien aus dem Rahmen gestiegen und sehr, sehr gealtert, oder in den Rahmen zurückgekehrt und sehr, sehr viel jünger geworden.

Ich sollte, sagten sie, ihr sonderbares Benehmen in der Apotheke verzeihen, aber . . . und nun begannen sie, wie die Journalisten am Nachmittag, vom Harvard-Besuch des Gouverneurs zu sprechen. Ob ich gelesen hätte, daß ein Neger-Student aufgestanden sei und den Gouverneur der Lüge geziehen habe; der Gouverneur aber habe nur in seine Papiere geblickt und gesagt: »Dich, mein Junge, dich kenne ich, dir antworte ich nicht, du bist ein entlaufener Sträfling, ein *jailbird*«, und dann habe der Gouverneur die Vorstrafen des Jungen aufgezählt: natürlich habe er verschwiegen, daß es politische Vergehen gewesen waren, daß er, Gouverneur George C. Wallace von Alabama, den Jungen wegen Teilnahme an Protest- und Demonstrationsaktionen selber ins Gefängnis geschickt hatte. Der *White Citizens Council* aber hatte dem Gouverneur die Akten mit auf den Weg gegeben: so arbeitete der südliche Geheimdienst; doch arbeitet er nicht immer so harmlos. Was sei er eigentlich, dieser *White Citizens Council*, fragte ich, und als die beiden alten Damen antworteten, senkten sie ihre Stimmen, als sprächen sie vom leibhaftigen Gottseibeiuns. Überall im Süden und Südwesten haben sich in den letzten Jahren weiße »Bürgerräte« gebildet: ihr vornehmlichstes Ziel ist es, die Schwarzen niederzuhalten, *to keep them in their places,* nämlich in ihren Hütten, in Elend und Unwissen und Entwürdigung. Sie sind keine Geheimorganisationen, diese Bürgerräte, die respektabelsten Bürger gehören ihnen an, der Gouverneur gehört dem *Council* in Birmingham an, und der führende Mann ist hier ein Arzt, Dr. Edward Fields – seinen Namen kann ich ja niederschreiben, es wird ihm nichts geschehen. Wenn nun der *White Citizens Council* erführe, sagte Miss Mary, daß sie beide die Begegnung mit dem schwarzen Mädchen vermittelt hätten, dann würde die Apotheke boykottiert werden, und wenn auch das nichts nütze, dann würde man die Fenster einschlagen, den Kunden die Pakete aus der Hand reißen – »vor einem der ›integrierten‹ Warenhäuser stehen sie mit Messern und Rasierklingen, schlitzen die Pakete der Käufer auf, zertrampeln die Ware auf dem Boden« –, und sollten die *niggerlovers* dann immer noch nicht genug haben, dann gäbe es ja schließlich den Ku-Klux-Klan, der sitze, nur wenige Meilen von hier entfernt, in Tuscaloosa; in einem der Hotels von Birmingham halte er seine Sitzungen ab, unter Polizeischutz.

Die beiden Frauen sahen wieder nach der Tür. Sie waren winzig klein und ähnelten sich wie Zwillinge, obwohl Miss Mary lächelnd gestand, daß sie drei Jahre älter war als Miss Dorothy, vierundsechzig. Über sechzig waren die beiden, kleine alte Jungfern, ohne männlichen Schutz, aber sie hatten sich des Neger-Mädchens angenommen, hatten bei den Wahlen einem *Kennedy-for-President*-Ausschuß angehört; allmählich erfuhr ich auch, daß sie zwei Studenten mit Geld versahen, einen weißen und einen schwarzen – »damit sie nicht in Alabama aufwachsen müssen«. Dabei stammten sie aus alten Familien von Birmingham und hatten keine größere Angst, als von hier verjagt zu werden, wie es einer Lehrerin geschehen war, die es gewagt hatte, einen Neger-Schüler bei der Aufnahmeprüfung »durchkommen« zu lassen. Ich dächte gewiß, daß sie Angst hätten, sagte Miss Dorothy, und sie hätten auch Angst ... Sie waren, diese alten Damen, wie der »wirkliche Held« Napoleons, der Soldat, der sich fürchtet und trotzdem geht. Und sie seien auch nicht allein, sagte Miss Mary – »du weißt doch, Dorothy, der Doktor X« – und auch Mrs. Y lasse sich nicht einschüchtern, auf Joe könne man zählen und Dick sei ein prächtiger Kerl; so sei es, nickte Miss Dorothy mit ihrem kleinen Köpfchen, Mr. und Mrs. Z, ein tapferes Ehepaar, dürfe man nicht vergessen – und je länger die beiden alten Damen sprachen, desto mehr ging mir das Herz auf, und obwohl mich jedes Wort an 1933 erinnerte, an Deutschland, fühlte ich »amerikanischer« als ich seit Jahren gefühlt hatte, und ich dachte für einen Moment, man sollte in Amerika bleiben, am besten in Birmingham, Alabama.

Es klopfte an die Tür: das Mädchen war da, es entschuldigte sich, die Hausaufgaben hätten es so lange aufgehalten. Es war ein hübsches, hochgewachsenes Mädchen mit glattgekämmten Haaren, es trat mir ohne Scheu entgegen, sprach freundlich und aufrichtig.

Die Ruhe und Offenheit des Mädchens war kein Zufall. Man muß schon in die kleinen Dörfer und Ortschaften eindringen – oder nach Texas fahren –, um Neger zu finden, die sich fürchten. In Alabama ist jeder zweite Bewohner schwarz, rund eine Million Menschen. Man erkennt die Neger: das ist ihr Fluch; sie erkennen sich: das ist ihr Vorteil; sie sind eine unterdrückte Macht, aber eine Macht. Machtlos sind die Miss Marys und Miss Dorothys, machtlos und Helden; sie müssen nichts sein, das sie trotzdem sind, nichts tun, das sie trotzdem tun; ihr Leben wurzelt in der weißen Gesellschaft, also in feindlicher Erde, wenn diese sie auswirft, sind sie verloren.

Ich hatte mit der einzigen schwarzen Schülerin der *Westend High School* sprechen wollen, weil ich mich jahrelang, im Frieden meines Schweizer Heimes, gefragt hatte, wer diese Kinder waren, die wir auf Photographien sahen, diese schwarzen Jungen und Mädchen von Little Rock und New Orleans, von Mobile und Pine Buff, von Hot Springs und Baton Rouge, diese Pioniere von dreizehn und vierzehn, die sich, an dem viehischen Pöbel vorbei, beschimpft, beworfen, bespuckt, von Soldaten geschützt oder ohne sie, an der Hand ihrer Eltern oder ohne sie, auf die Türen der Schulen zubewegten wie *Jedermann* auf die Tür des Domes: nur stehen in der Tür dieses Domes weder der Glaube noch die guten Werke, sondern die Gouverneure Barnett, Faubus und Wallace.

Ich fragte das Mädchen, ob seine Eltern es »gezwungen« hätten, die weiße Schule zu besuchen. Nein, sagte es verwundert, es habe selbst hingehen wollen. »Hat deine Mutter keine Angst um dich?« In dem kleinen Gesicht entdeckte ich jetzt die Spuren des frühreifen Schmerzes. »Es kann mir außerhalb der Schule ebenso viel geschehen.« Damit wollte ich mich nicht begnügen, und auch die schlichte Antwort auf meine Frage, warum es unbedingt eine »weiße« Schule besuchen mochte – »sie sind besser, und das ist doch wichtig« –: auch diese logische Antwort wollte mir nicht ganz einleuchten, wahrscheinlich hatte ich eine heroische erwartet. Nun begann das Mädchen nachzudenken, und während es an dem Kuchen knabberte – es sah jetzt aus, als wäre es sieben oder acht Jahre alt –, erzählte es etwas, das ich nicht ganz verstand. Miss Dorothy erläuterte es: Das Mädchen sprach von Daisy Bates, der Vorkämpferin der Integration von Little Rock, und Daisy Bates hatte gesagt, der Moment, als die schwarzen Kinder die *Central High School* betraten, sei der größte Moment ihres Lebens gewesen; in diesem Moment hätten die Dreizehn- und Vierzehnjährigen der weißen Gemeinde den Respekt abgetrotzt, den die Weißen ihren Eltern und Großeltern und Urgroßeltern vorenthalten hatten; in diesem Moment wären die Sklaven zum zweiten Mal befreit worden und sie, die schwarzen Kinder, hätten zum ersten

Mal gefühlt, daß jemand sich um sie kümmerte, daß sie Amerika nicht gleichgültig waren. Das sagte das Mädchen nicht in so klaren Worten, aber allein, daß es an die Kinder von Little Rock dachte, an das Symbolische seiner Handlung, daß es von Daisy Bates wußte, ließ mich ahnen, worum es hier ging, worum es vielleicht bei allen Revolutionen immer und überall geht: die Freiheit ist ansteckend.

Wie sie sich nun in der Schule mache, fragte ich, und ob sie von den weißen »Kameraden« schlecht behandelt werde. »Sie tun so, als ob ich Luft wäre«, antwortete sie, stellte den Teller nieder und sah die beiden Alten an. »Aber die meisten meinen es nicht schlecht«, sagte sie, »– sie haben Angst, mehr als ich.« Und ich verstand, warum sie dabei die beiden Alten ansah, mit Zärtlichkeit, aber auch einem gewissen Mitleid, als wollte sie sagen, daß die weißen Menschen arm seien, weil sie Angst voreinander haben.

Ich fragte, ob ich das Mädchen nach Hause bringen könnte; alle lachten verlegen, als hätte ich eine große Dummheit gesagt. Selbstverständlich würden wir das Haus allein verlassen, jeder für sich. Miss Mary küßte das Mädchen auf die Wangen, Miss Dorothy öffnete die Tür, sah sich um, küßte das Mädchen schnell, entließ es schnell.

Ich blieb noch eine Weile, denn als das Mädchen eingetreten war, hatte ich gerade von Washington zu erzählen begonnen, von der Pressekonferenz des Präsidenten. Die beiden Alten unter dem Ölgemälde lauschten, als hörten sie ein Märchen aus Tausendundeiner Nacht, von jenseits des Ozeans. Wie »er« aussehe, wollten sie wissen, »in Wirklichkeit«, und ob ich denn wirklich meine, daß er ein Korsett tragen müsse und ständig Schmerzen habe, und was man in New York sage, und wie das wirklich gewesen sei, in Neapel und Berlin. Ich sollte die Wahrheit über Birmingham schreiben, sagten sie, aber die Wahrheit über Amerika nicht vergessen. Sie glaubten ja nicht, daß der Präsident je nach Birmingham kommen würde – »es wäre ein Wahnsinn«, sagte Miss Dorothy –, aber wenn er nach Birmingham käme, sagte Miss Mary, würde es sich zeigen: »Es gibt auch hier Tausende, die an ihn glauben. Lassen Sie uns nur zu den Urnen gehen, in den Wahllokalen treffen wir uns schon, in den Wahlkabinen ist jeder für sich allein, aber wenn die Stimmen gezählt werden, sind wir die Mehrheit.« Miss Dorothy nickte.

Dann fuhr ich in mein Hotel. An der Ecke der 18. Straße erblickte ich noch einmal das Mädchen, das zu Fuß, ruhig und erhobenen Hauptes, auf das Negerviertel zuging. Seine schlanke, dunkle Gestalt wurde eins mit der Nacht. Ging hier eine Heldin der Befreiung? Ging hier eine schwarze Anne Frank?

Eine fünfundfünfzig Fuß hohe Statue von unbeschreiblicher Häßlichkeit überragt Birmingham. Sie heißt *Vulcan*, ist Stolz und Symbol der Stadt, die sich *magic city* nennt, die magische Stadt.

Die Stahlproduktion Amerikas ist die größte der Welt, und die *United Steel*, Amerikas größte Stahlerzeuger, haben einen bedeutenden Teil ihres Stahlreiches um Birmingham aufgebaut. Deshalb ist der Mann aus Eisen das Wahrzeichen Birminghams. Es ist sein einziges nicht.

Die Studios der Fernsehstation von Birmingham liegen in der Nähe des »Eisernen Mannes«, auf den waldigen Höhen von Red Mountain, und weil meine Frau und ich dort – um in Liccis Schauspieler-Terminologie zu bleiben – »auftraten«, lud man uns in den benachbarten *The Club* ein, einen der elegantesten Klubs des Südens, von dessen Terrassen ein atemberaubender Blick über Birmingham sich bietet.

Da lag Birmingham zu unseren Füßen, lag das breite Tal, an Ruhr und Rhein gemahnend – und was ist Birmingham?

Ist es die Stadt des »Vulkans«, die in den Jahren 1907 und 1908 zwanzigtausend Bergarbeiter – Weiße und Schwarze, unter unmenschlichen Bedingungen lebend und arbeitend – aus dem Boden stampften, nachdem sie, Weiße und Schwarze, der Erde den Schatz des Eisens entrissen hatten? Ist es die Stadt der Stahlmagnaten, die sich noch 1931 den Gewerkschaften mit solcher Hartnäckigkeit widersetzten, daß es zu einem Aufstand kam, 148 Menschen getötet wurden, so daß die Stadt mit den vielen Namen seither den Namen »Mörder-Hauptstadt der Welt« trägt? Ist es die Stadt, wo *Miles College* steht, eine der wichtigsten Neger-Universitäten Amerikas, Hochburg einer neuen Intelligenz? Ist es die Stadt, wo im »schwarzen« *Harlem General Hospital* täglich 99 uneheliche Kinder geboren werden, zum größten Teil von Müttern zwischen vierzehn und fünfzehn, und wo jeder Bürger zwischen fünfzehn und fünfzig regelmäßig auf Syphilis untersucht werden muß? Ist es die Stadt, wo fünfundzwanzig Jahre lang ein des Schreibens und Lesens kaum kundiger »weißer Führer«, Theopilus Eugene Connor, *Ole Bull* genannt, solchen Terror ausüben konnte, daß auf seinen Befehl 68 Parkanlagen, 38 Spielplätze, 6 Schwimmbecken und 4 Golfplätze geschlossen wurden, weil *Ole Bull* erklärte, die Stadt mit den vielen Namen sollte lieber auch noch eine »tote Stadt« werden, als die Gleichberechtigung der *niggers* dulden? Ist es die Stadt, wo die Reichen, von livrierten Negern bedient, im *The Club* Feste geben, um die New York die *magic city* beneiden könnte? Ist es die Stadt, wo aus den wildesten Nachtlokalen des Südens bis zum Morgengrauen Jazzmusik auf die Straße hämmert, *Strip-tease-girls* zu Hunderten importiert werden, wo man im *Brathur's Club* durch ein Schlüsselloch blicken darf und nichts sieht als nackte Hintern? Ist es die Stadt, die sich *City with a Heart* nennt, weil hier eines der schönsten Krankenhäuser der Welt steht und die größten Spielplätze des Südens sich befinden? Ist es die Stadt, wo zwei Pfadfinder – »jeden Tag eine gute Tat« – auf einem Motorrad, mit der Fahne der Konföderation, bei hellichtem Tag durch Docena Road rasen und einen Negerjungen ungestraft über den Haufen schießen konnten? Ist es die Stadt, wo das Wohnviertel der Neger *Dynamite Hill* heißt, weil in diesem Stadtteil seit dem Ende des Krieges fünfzig Heime in die Luft gesprengt worden sind?

Wir fuhren vom *Club* in die Stadt hinunter, ich brachte Licci in das Hotel: es war Zeit für meine Verabredung mit Arthur D. Shores, dem bedeutendsten Neger-Anwalt des Landes, dem nämlichen, dessen Haus in einem einzigen Monat zweimal von schweren Explosionen erschüttert wurde, und der die Opfer des Attentates der *Baptist Church* vertritt.

Ich könnte die Schizophrenie des Südens beinahe an Hand von Stadtplänen beschreiben. Das Haus, in dem der Rechtsanwalt Shores seine Kanzlei hat, erhebt sich in der Fifth Avenue, wo auch unser »weißes« Hotel steht. Aber an einer Querstraße, der *18th Street,* beginnt das Negerviertel. Es beginnt abrupt, was die Farbe der Menschen anlangt, aber nicht, was die Qualität der Häuser betrifft. Die besten Neger-Häuser sind an die schlechtesten »weißen« Häuser sozusagen angebaut, so daß man den Eindruck gewinnt, die weiße Stadt verfalle langsam, stehe aber, jenseits der Farbgrenze, aus ihren Ruinen wieder auf. An der weißen Grenze sieht man zerlumpte Gestalten, torkelnde Säufer, Menschen mit blöden und wilden Gesichtern, ungepflegte Frauen und verkommene Kinder. Auf der »weißen« Seite dieser Grenzen wohnt der *white trash,* der weiße Abschaum, wie die Amerikaner selbst ihn nennen.

Wenn es wahr ist – und es ist wahr –, daß die Hochkonjunktur ein Fünftel der amerikanischen Bevölkerung übergangen hat, dann muß man sich fragen, wie dieser *white trash* soziologisch sich zusammensetzt.

Als Präsident Kennedy den Kampf gegen die Armut zuerst verkündete – 100 Milliarden Dollar sollen in den nächsten Jahren für die Beseitigung der Armut investiert werden –, versuchte das Weiße Haus den Begriff der Armut zu definieren. Man kam zu dem Schluß, eine Familie sei als »arm« zu bezeichnen, wenn ihre Mitglieder insgesamt nicht mehr als jährlich 3000 Dollar verdienen. Im reichsten Land der Welt sind also insgesamt rund 38 Millionen Bürger arm, ein Fünftel der Bevölkerung. In Wirklichkeit ist es noch schlimmer, denn von diesen 38 Millionen Amerikanern verdienen ja nicht alle, sondern alle nur »höchstens« 3000 Dollar im Jahr. Der schwedische Soziologe Gunnar Myrdal hat darauf hingewiesen, daß 16 Millionen arbeitende Amerikaner von der Sozialversicherung übergangen wurden, und daß ein Zehntel aller Familien, deren Oberhaupt über fünfundsechzig Jahre alt ist, von weniger als jährlich 1000 Dollar leben muß. Auch wenn ich Soziologe wäre, könnte ich im engen Rahmen nicht alle Gründe dieses bedrückenden Phänomens aufzeigen. Man muß indes kein Soziologe sein, um zu sehen, daß die Arbeitslosigkeit – vier bis fünf Millionen Menschen, die nicht immer ohne Arbeit sind – der Grund der Armut nicht sein kann. Amerika ist zwar längst nicht mehr das Land der »unbegrenzten«, aber es ist immer noch das Land der besten Möglichkeiten. Die Wahrheit kann die Regierung, obwohl das zu ihrer Entschuldigung am meisten beitrüge, nicht gestehen: der Fortschritt, mit seinen Anforderungen an Erziehung, Wissen und Bildung, hat ein Fünftel der Bevölkerung hinter sich gelassen; dieses Fünftel marschiert nicht mehr mit, es wird, bestenfalls, mitgeschleift. Noch weniger kann aber die Regierung, kann eine auf Wahlen bedachte Partei gestehen, daß rund ein Drittel dieses Fünftels, also etwa zwölf bis dreizehn Millionen Amerikaner, arm sind, weil sie nicht arbeiten wollen, oder, zumindest, nicht arbeiten wollen, wenn Lernen, Sich-Bilden, Schritthalten mit dem Fortschritt die Voraussetzung für eine Besserung ihrer Verhältnisse darstellt. Diese zwölf bis dreizehn Millionen – halbe Analphabeten, ungelernte Landarbeiter, *hillbillies*, arbeitsscheue Alkoholiker, pistolenschwingende Hirten, vor Kneipen lungernde Gewalttäter, auf den *porches* schaukelnde Faulenzer – sind der *white trash*, der Abschaum Amerikas. Sollte es eines Beweises bedürfen, daß es so ist, aber nicht so sein muß, dann geht er aus der »Geographie« des Problems überzeugend hervor: von den Familien, die jährlich weniger als 3000 Dollar verdienen, leben, nach

United States News & World Report, nur 12,4 Prozent im Westen, nur 16,3 Prozent im Nordosten, nur 24,3 Prozent im Herzen des Landes, dagegen fast die Hälfte, nämlich 47 Prozent – insgesamt 4 370 000 Familien – im Süden.

Zwei politische Folgen dieses soziologischen Zustandes ergeben sich von selbst, eine dritte aus den beiden.

Das also hauptsächlich im Süden angesiedelte Lumpenproletariat ist Wachs in der Hand der Ölmagnaten von Texas, der Stahlkönige von Alabama, der Plantagenbesitzer von Mississippi. Der *white trash,* weit davon entfernt, revolutionär zu sein, hat für sie die Neger-Sklaven aus der Zeit vor dem Sezessionskrieg ersetzt. In Ohio haben die Gewerkschaften eine Million, in Texas, bei genau der gleichen Bevölkerungszahl, 375 000 Mitglieder. Die Ölmagnaten und das Lumpenproletariat brauchen sich gegenseitig: für die Ölmagnaten ist das Lumpenproletariat die billigste, das allgemeine Lohnniveau herabdrückende Arbeitskraft, und ohne die Ölmagnaten hätte der vollkommen unwissende und ungelernte *white trash* überhaupt nichts zu essen. Zwar hat Marx von dem »klassenbewußten« und dem »nicht-klassenbewußten« Proletariat gesprochen, aber er hat nicht vorausgesehen, daß das »klassenbewußte« Proletariat von heute aufgehört hat, ein Proletariat zu sein: mit dem Abschaum des Proletariats hat es nichts gemeinsam. Marx hat ferner angenommen, daß die schlimmste Ausbeutung die heftigste Reaktion auslösen würde – das Gegenteil ist heute in Amerika der Fall: die am meisten ausgebeutete Schicht des Proletariats erhält die Auswüchse des Kapitalismus am Leben. Die »Ölmagnaten«, als *pars pro toto,* zahlen lieber drei nicht-organisierten Arbeitern je 1500 Dollar im Jahr, als einem gelernten Arbeiter 4500 Dollar; der »weiße Abschaum« verdient lieber 1500 Dollar, als sich in den Konkurrenzkampf des Fortschritts zu begeben. Marx hat schließlich auch die geistige und kulturelle Verwandtschaft zwischen den Repräsentanten des extremen Kapitalismus und dem Abschaum des Proletariats übersehen. Wenn die Zukunft »Freie Bahn dem Gebildeten« auf ihr Banner geschrieben hat, dann müssen die Ungebildeten, ob sie tüchtig oder untüchtig sind, zusammenrücken – Karrieren wie die H. L. Hunts sind für den *white trash* ein Beweis, daß es auch ohne Bildung geht; H. L. Hunt, seinerseits, wird die Legende von dem *two-fisted American,* der allein mit seinen »beiden Fäusten« auskommt, nie sterben lassen.

Da ist aber, zum zweiten, ein vielleicht noch aktuelleres Phänomen, nämlich daß die aufstrebenden Neger Amerikas selbstverständlich zuerst das weiße Lumpenproletariat »auffressen«. Der Neger, der doppelt so viel wissen muß, um halb so viel zu erreichen, hat mindestens zwölf bis dreizehn Millionen weiße Lumpenproleten überflügelt: die ersten, über die er in seinem *march of freedom* hinwegmarschiert, sind die weißen Grenzbewohner. Mit einem anderen Wort: es gibt mindestens zwölf Millionen Amerikaner, die, wenn sie ihre weiße Haut nicht hätten, nichts hätten. Diese zwölf Millionen sind es, die sich ihrer weißen Haut wehren – sie haben nur die Wahl zwischen Bildung und Mord. Marxistische Theorien versagen auch hier: das »höchste« Neger-Proletariat und das »niedrigste« weiße Proletariat gehören einer »Klasse« an, aber in Wahrheit verbindet sie nichts. Im Gegenteil: weil sich die »Grenzbewohner« zu beiden Seiten einer Grenze meistens am meisten hassen, so fiebert der Haß in diesen Grenzstraßen Amerikas zu zweiundvierzig Grad.

Das dritte Phänomen, das sich aus den beiden ergibt, ist jene Verwirrung, von der ich schon gesprochen habe. Ob der reichste Mann Amerikas und Hauptfinanzier der halb-geheimen, erzfaschistischen *John-Birch-Society,* Haraldson Lafayette Hunt, wirklich die schwarze Rasse haßt, oder ob er nur seinen *white trash* verteidigt, ob General Walker, Amerikas selbstbestellter Hitler, tatsächlich für die Segregation kämpft, oder sich nur mit diesem

Schlagwort die Sympathien einer Masse von arbeits- und bildungs-
scheuen Weißen sichern will; ob, schließlich und vor allem, John
F. Kennedy wegen seines Kampfes gegen Unbildung, Rückstän-
digkeit und Armut oder wegen seines Kampfes für die Neger ermordet wurde – ich kann es nicht sagen, ich glaube nicht, daß es
jemand zu sagen vermag.

Ähnliche Gedanken beschäftigten mich, als ich durch das schlech-
teste weiße Viertel Birminghams auf das beste schwarze Grenz-
land zusteuerte, als ich das hypermoderne Bürohaus Mr. Shores
betrat – ein Haus, das dem schon erwähnten Neger-Millionär und
Hotel-Besitzer A. G. Gaston gehört: übrigens wurde sein Motel
in Birmingham am 11. Mai 1963 gleichfalls ausgebombt.

Keine Begegnung mit einem Neger in Amerika war erfreulicher
als die mit diesem kleinen, stillen, hochintelligenten Herrn, der
mir wie nebenbei erzählte, die Schäden durch die beiden Bomben-
anschläge auf sein Haus hätten auf 11 000 Dollar sich belaufen –
man hat dann drei Personen verhaftet und wegen »illegalen Spreng-
stoffbesitzes« zu einer geringfügigen Geldstrafe verurteilt. Ach ja,
auch nach dem Massenmord vom 15. September hätte man eine
Menge Leute festgenommen, insgesamt sogar 3000, davon 1100
Jugendliche: keiner wäre zu mehr als hundert Dollar verurteilt
worden – »wer von den Richtern«, meinte er, »hätte es gewagt,
ein strengeres Urteil zu fällen?«

Arthur D. Shores ist der Typus des liberalen Negers, der ebenso farbenblind ist wie der liberale Weiße: wie jeder echte Liberale
ist er Optimist. Natürlich werde Birmingham von einem Dutzend
Männern regiert, sagte er, natürlich gäbe es hier keinen einzigen
schwarzen Polizisten – gegenwärtig eines der wichtigsten Probleme –, aber er verschwieg den Fortschritt nicht, der unter der
Regierung Kennedy, besonders dank Justizminister Robert F.
Kennedy, gemacht wurde. Viele Jahre lang war Arthur D. Shores
der einzige schwarze Anwalt in Alabama gewesen – nun gibt es

zwölf in Birmingham, fünf in Montgomery und drei in Mobile. Auch als ich die Frage der Wahlen anschnitt, zeigte er sich von einer Objektivität, der ich, steckte ich in seiner Haut, gewiß nicht fähig wäre: in Birmingham, erklärte er, hätten bei den letzten Wahlen nur rund zehn Prozent der Neger gestimmt – »aber wenn Sie bedenken, daß sich noch rund siebzig Prozent der Neger für Politik nicht interessieren, liegt die Schuld nur zur Hälfte bei den Schergen des Gouverneurs Wallace«. Die Integration der Schulen – die Photos seiner beiden hübschen Töchter standen auf dem Fenstersims: beide studieren an östlichen Hochschulen –: das sei ein anderes Kapitel. »So geht es nicht«, sagte er, »Bildungshunger schreit wie Hunger: unsere Geduld ist zu Ende. Daß der Lehrplan durch schwarze Schüler gefährdet würde« – zum ersten Mal kniff er die Augen ärgerlich zusammen –, »das ist natürlich purer Unsinn.« Er zeigte mir eine von weißen Erziehern veröffentlichte Untersuchung, wonach die Intelligenz der Negerschüler im Süden zwar niedriger bewertet wird als die der weißen, die Intelligenz der schwarzen Schüler im Osten und Norden jedoch weit höher als die der weißen im Süden. »In einer ›integrierten‹ *public school*«, sagte er, »ist der einzige schwarze Junge, zwölf Jahre alt, zum Vizepräsidenten seiner Klasse gewählt worden, in einer anderen der einzige schwarze Junge, zehn Jahre alt, zum Kapitän des *Baseball-teams*. Es ist nicht hoffnungslos.«

Das war der paradoxe Optimismus, der manchen Neger des Südens beseelt. Noch denken sie nicht an den nächsten Schritt der Weißen: im »fortschrittlichen« Osten reagieren die Weißen dadurch auf die Integration der Schulen, daß sie schon rund 100000 weiße Kinder in Privatschulen geschickt haben.

Wir standen jetzt am Fenster des Büros und blickten hinaus auf die beschämenden *slums*, die gleich hinter der Fassade der paar schönen, neuen Häuser beginnen, der Häuser an der »Grenze«. Wir sprachen von dem Prozeß der Regierung gegen Alabama.

221

»Wenn Kennedy eine zweite Chance bekommt«, sagte Shores, »– die nächsten fünf Jahre dürften ein neues Amerika sehen.« Die Novembersonne tauchte das Büro in ein goldenes Licht.

Am Abend stand Licci wieder über unsere Koffer gebeugt, und auch ich packte diesmal nicht nur meine beiden *Netsukes* ein – den kleinen Japaner mit den großen Ohrläppchen, der über einem Topf sitzt, aus dem eine Maus herauslugt, und den anderen, der auf einer Schildkröte reitet –: ich packte auch meinen neuen Koffer, in dem Papiere, Bücher, Dokumente und Notizen sich häuften.

Ohne Abschiedsschmerz verließen wir Birmingham. Der Süden, versuchten wir uns zu trösten, ist nicht Amerika, Birmingham ist nicht der Süden. Aber wie der achtjährige Napoleon Buonaparte in sein Schulheft schrieb: »Sankt Helena – eine kleine Insel«, und Sankt Helena dann sein Schicksal wurde, so kann man sagen: »Birmingham – eine Stadt im Süden«, und wer weiß, ob Birmingham nicht das Schicksal bedeutet ...

Hier im Süden, dem feindlichen Inland, hatte ich immer wieder
vom Ku-Klux-Klan gehört, beinahe ungläubig. War es denn möglich, daß dieser Geheimbund von Mördern und Mordbrennern
tatsächlich noch existierte, im mächtigsten Staat der freien Welt
geduldet wurde, in weiten Gebieten des Landes Angst und Schrek-
ken verbreiten konnte, sozusagen ins Atomzeitalter hineinragte,
als gäbe es noch Inquisition, Folterbank, Femegerichte, Sklaven-
märkte? Doch ich brauchte nur einen Blick in den *Neuen Brock-
haus* zu tun, um meine Befürchtung bestätigt zu finden. Da steht –
samt Abbildung – in der neuesten Ausgabe:

*»Ku Klux Klan, polit. Geheimbund im S der Verein. Staaten;
er entstand 1865 unmittelbar nach dem Sezessionskrieg in Tennessee, um die befreiten Neger politisch niederzuhalten, und gab
sich eine den Freimaurern nachgebildete Organisation mit besonderer Tracht und besonderen Gebräuchen. Wegen des rücksichtslosen Terrors wurde er seit 1871 unterdrückt, lebte jedoch im
1. und bes. nach dem 2. Weltkrieg wieder auf.«*

Daß er »bes.« nach dem Zweiten Weltkrieg – ganz besonders
in der Tat – aufgelebt war: wen sollte es wundern, der im populärsten Roman Amerikas, in *Gone with the Wind*, die Sätze genau
gelesen hat: *»Die große Zahl der Sittlichkeitsverbrechen an Frauen,
die fortwährende Gefahr für das Leben ihrer Gattinnen und
Töchter brachte die Männer des Südens in kalte, bebende Wut
und rief über Nacht den Ku-Klux-Klan ins Leben. Gegen diese*

unterirdische Organisation ereiferten sich die Zeitungen des Nor-
dens am heftigsten, weil sie keine Ahnung von der tragischen Not-
wendigkeit hatten, der sie ihre Entstehung verdankte.« Was Margaret Mitchell beschrieb, spielte im Jahr 1865, die Geschichtsfälschung beging sie um 1930, und jetzt schreibt man das Jahr 1964
nach Christi Geburt. Der Ku-Klux-Klan reitet noch immer, jetzt
meistens mit 100 PS.

Ich hatte mich mehrere Male nach dem Hauptquartier des Ku-
Klux-Klan erkundigt, hatte aber Mühe gehabt, eine klare Antwort zu erhalten; insbesondere als ich Namen und Wohnsitz des
»Führers« wissen wollte und den Wunsch aussprach, dem *imperial*
wizard, dem »kaiserlichen Hexenmeister«, persönlich zu begegnen,
schlug man die Hände über den Köpfen zusammen – nur ein ver-
rückter Europäer, *a crazy European*, könne auf eine so absurde
Idee verfallen. Absurd oder nicht – überall hatte ich die Spuren
des Hasses entdeckt, ich mußte auch den Quellen des Hasses nachgehen, eine wenigstens finden. Umsonst beschwor mich Licci, von
meinem närrischen Vorhaben abzulassen, die Suche nach dem
Haß sei nicht Zweck und Ziel unserer Reise gewesen: Freunde
hatten nun den Namen des »Hexenmeisters«, den Ort, wo er resi-
dierte, verraten – nichts konnte mich davon abhalten, in Tuscaloosa
Station zu machen.

Die erste Überraschung erwartete uns an der Stadtgrenze von
Tuscaloosa, einem Städtchen von 63 000 Einwohnern, das etwa
vierzig Meilen südwestlich von Birmingham liegt. Dort, an der
breiten, gepflegten *Highway 11*, stehen, wie an der Einfahrt der
meisten amerikanischen Ortschaften, die runden Blechtafeln, die
anzeigen, welche Klubs und Vereine hier zu Hause sind – die ge-
schäftigen *Rotarys*, oder die mildtätigen *Elks*, oder die geselligen
Lions. Als erster dieser Wegweiser starrte uns aber eine runde,
etwas verbeulte, doch sichtlich für alle Ewigkeit bestimmte Tafel
entgegen, auf der die Abbildung eines vermummten Reiters im

weißen *cagoulard* zu sehen war, darüber, im Kreis: *Welcome to Tuscaloosa, Home of the Ku Klux Klan.* Schon wieder, wie in Birmingham, ein herzliches Willkommen, dachte ich, diesmal in der Höhle des Löwen, doch konnte ich mich der Komik dieses unheimlichen »Grüß Teufel« nicht entziehen. »*Home of*«, muß man wissen, ist eines der häufigsten und seiner Häufigkeit halber unerträglichsten amerikanischen Reklameklischees – jede zweite Stadt ist das »Heim« von »etwas«, sei es einer bestimmten Automarke, einer Wurstfabrik oder einer Matratzenfirma, und nun, so scheint es, kommt auch der Ku-Klux-Klan ohne diese Reklame nicht aus – *welcome*, Fremder, hier kannst du Kreuze verbrennen, Häuser anzünden, Kinder morden, Neger und Neger-Knechte lynchen.

Ich hielt an der ersten Benzinpumpe, und da ich in meiner Jugend eine Unschuldsmiene als die nützlichste Reportertugend schätzen gelernt hatte, fragte ich einen der beiden jungen Männer, die unseren *station wagon* versorgten, wo ich denn Mr. Robert M. Shelton, den Chef des Ku-Klux-Klan, am besten antreffen könnte. Die beiden sahen sich an, schwiegen, schüttelten die Köpfe – nein, meinten sie endlich, sie wüßten nichts vom Ku-Klux-Klan, nichts von einem Mr. Shelton. Indes schien nicht gerade Geistesgegenwart die beiden jungen Leute auszuzeichnen, denn als ich ein Telephonbuch zu sehen begehrte, erklärten sie, Mr. Sheltons Name stünde nicht im Telephonbuch – derselbe, von dessen Existenz sie einen Augenblick vorher nichts zu wissen vorgegeben hatten. Ich sagte meiner Frau, daß uns wohl nichts übrig bliebe, als zur Polizei zu fahren – diese, in drei Teufels Namen, müßte wissen, wo ich den »kaiserlichen Hexenmeister« finden konnte.

Es war so heiß wie in Europa an einem heißen Augusttag. Die *Main-street* – hier die 6. Straße – glich den Hauptstraßen der kleinen Städte im Süden: Ein- oder zweistöckige Häuser, alle überragend das Ziegelgebäude des Hotels – Gebäude wie provisorisch

225

aufgestellt, man wird sie gleich wegtragen, man wird sie gleich anderswo aufstellen, sie werden schon da sein, wenn man hinkommt –; *Used-car-dealers*, gelber Staub – man wundert sich, daß nicht die Hufe der Cowboy-Pferde ihn aufwirbeln, aber nur die Automobile wirbeln ihn auf, *used-cars*, zerbeulte Gebrauchtwagen –; Modegeschäfte mit Wachspuppen, wie man sie seit Jahrzehnten nicht mehr gesehen hat, sehr schöne, sehr dumme Wachspuppen, auffallend viele Juwelengeschäfte, kleine Eheringe, große Eheringe, mit und ohne Brillanten; vor *James Wright's Barber Shop*, an der Ecke von *6th Street* und *24th Avenue*, lungernde Neger, unrasiert, wie auf den Karikaturen, die der *White Citizens Council* verbreitet. Warum fahren die Automobile so schnell, da die Menschen so langsam gehen? Brütende Hitze, ein Stück Afrika: diese Häßlichkeit ist keine »Geschmackssache« mehr, es ist die absolute, indiskutable, endgültige Häßlichkeit.

Zwei Polizisten in hellen Sommeruniformen standen vor einem Juwelenladen. Als ich anhielt, um sie nach dem Büro des Sheriffs zu fragen, entdeckte ich, daß der eine ein General-Major der Polizei war. *Chief of Police* stand auf seinem Hemd gestickt – und wie mußte es um die Sicherheit dieser kleinen Stadt bestellt sein, da man einen Zwei-Sterne-General hierhergeschickt hatte? Übrigens war er ein ungemein liebenswürdiger Mann, jung für seinen hohen Rang, grauhaarig, gut aussehend, Hollywood-reif, und außerdem schnell von Begriffen. Bestünde ich darauf: er würde mir sagen, wo ich Mr. Shelton antreffen könnte – »wenn er nicht gerade drüben, in der Hotelhalle, Reden hält« –, aber ihm, dem *chief*, wäre es lieber, ich ließe von meinem Vorhaben ab; auch fügte er hinzu, daß in Tuscaloosa »nicht viel zu holen« sei. Als sich seine Überredungskunst erschöpft hatte, zuckte er mit den Achseln, hob die Hand und sagte: »Da drüben, *Suite 401.*«

Da drüben: das war das *Alston Building*, vermutlich das wichtigste Bürohaus der Stadt, drei Stock hoch, ein Eckhaus, beinahe so gebaut, als sollte es mehrere Jahre hier verweilen. Ich sollte den *elevator-boy* nach *Suite 401* fragen, hatte der General-Major mir bedeutet, und dieser Fahrstuhlführer erwies sich als die nächste Überraschung an diesem Tag der Überraschungen. Ein *boy* war er keineswegs, sondern ein großer, fettleibiger Neger – ein Neger im Haus des Ku-Klux-Klan! Er mußte wohl ein Ehren-Neger sein, denn im Fahrstuhl befand sich ein eiserner Lehnstuhl, darin thronte der *lift-boy:* daß ich dabei an einen elektrischen Stuhl denken mußte, war sicher nur die Ausgeburt meiner überhitzten Phantasie.

Im obersten Stock herrschte Halbdunkel. Es roch nach Kuhmist und Vervielfältigungsmasse, ein seltsames Duftduett. Auf einem der typischen Milchglasfenster amerikanischer Büros stand *Law-office, Mize, Spiro and Phelps* – meine Vermutung, daß der Advokat Spiro Jude war, erwies sich später als richtig. Der Neger im Fauteuil und der Jude als Nachbar – der Ku-Klux-Klan hatte anscheinend die »*kalte, bebende Wut*« eingebüßt, von der Margaret Mitchell gesprochen hatte. Da war aber auch schon *Suite 401,* mit vier K's auf der Milchglastür, einem mehr als ich, blutiger Laie, vermutet hatte: der Ku-Klux-Klan heißt eigentlich *Knights of the Ku Klux Klan,* das Wort »Ritter« verleiht dem Verein ein viertes K. Um ganz präzis zu sein: die Aufschrift war noch etwas komplizierter – *United Klans of America Inc., Knights of the Ku Klux Klan, Offices of the Imperial Wizard.* Fürwahr, es hätte zivilisierter nicht zugehen können: der Neger-Fahrstuhlführer, die jüdische Nachbarschaft, und jetzt auch noch eine »*Inc.*«, das heißt also eine Aktien-Gesellschaft oder G.m.b.H., und »*United Clans*«, was wie eine Riesenfabrik sich anhört.

Die Sekretärin, die mir öffnete, war von ansprechendstem Äußeren, eines jener Mädchen, das sogar die Brille vortrefflich kleidet: sie trug ihren Pullover mit freundlicher Offenherzigkeit, und mit derselben hieß sie mich Platz nehmen. Man hätte von

einem alltäglichen, wenn auch rustikalen Büroraum sprechen können – Telephone, Tonbandgeräte, Schreibmaschinen, Vervielfäl-
tigungsapparate –, wenn die Bilder, das aufgestapelte Propagandamaterial und sonderbares Spielzeug nicht doch auf den besonderen
Charakter des *office* hingewiesen hätten. Um mit dem Spielzeug
zu beginnen: auf dem Schreibtisch der Sekretärin stand, neben anderen Exempeln niedlicher und pädagogischer Spielwaren, eine
kleine Palme, auf die ein Affe hinaufzuklettern im Begriffe war;
bei näherem Besehen ergab sich, daß das behende Tier das Gesicht
eines Negers trug. Die Bilder an den Wänden zeigten gleichfalls
Neger in verschiedenen, wenig schmeichelhaften Posen; einen, beispielsweise, der im Schaukelstuhl auf einer Veranda sitzt, stockbesoffen ein Glas Whisky in der Hand hält und den Satz: »So
stellen wir uns die Gleichberechtigung vor!« vor sich hinlallt. Ein
Blick auf die Propagandahefte – »bitte, bedienen Sie sich«, sagte
die Sekretärin – erwies sich als aufschlußreich: die Druckschriften
trugen Titel wie *»Die häßliche Wahrheit über Martin Luther
King«*, *»Kommunisten beherrschen Washington«*, *»Die UN –
ein kommunistischer Geheimbund«*, *»Der Landesverrat der katho-
lischen Maffia«*. Wie ich schon aus diesen Pamphleten ersehen
könne, sagte die beflissene junge Dame, sei die Zeit der Gewalt-
tätigkeiten, wenn es eine solche überhaupt gegeben habe, für den
Ku-Klux-Klan längst vorbei, der Kampf werde nur noch mit geistigen Mitteln geführt. Von einer *»Inc.«*, sagte ich höflich, hätte
ich mir auch nichts anderes erwartet. Trotz meiner Zustimmung
entschloß sie sich jedoch erst nach längerem Zureden, mich beim
»kaiserlichen Hexenmeister« zu melden.

Während ich wartete, fiel mir ein, daß ich vergeßlicherweise
den Autoschlüssel zu mir gesteckt hatte und Licci unten in der
brennenden Sonne von Tuscaloosa wartete. Das machte mir um
so mehr Sorgen, als ich wußte, mit welcher Unruhe sie mich entlassen hatte: sie war überzeugt, ich würde hier einem Femeverhör

unterzogen, aus dem Fenster geworfen oder zumindest ausgepeitscht werden. Ich wünschte, ich hätte ihr meine ersten Eindrücke mitteilen können: der Ku-Klux-Klan hatte sich modernisiert und legalisiert, er hatte sich ein Mäntelchen der Respektabilität umgehängt, offenbar wollte er, ohne seine alten Ziele aufzugeben, urbanere Anhänger gewinnen.

Das »Chefzimmer«, allerdings, war noch ein Überbleibsel aus der Zeit der *»kalten, bebenden Wut«* und der *»tragischen Notwendigkeiten«*. Die Jalousien waren herabgelassen. Hinter dem großen Schreibtisch standen zwei amerikanische Flaggen, die Hälfte der Möbel war mit Flaggen bedeckt, was im übrigen nach Absatz 4 d Paragraph 829 der öffentlichen Flaggengesetze verboten ist – ich erwähne es nur, weil es wieder einmal zeigt, daß Leute, die auf Flaggen ein allzu großes, auf Gesetze ein verhältnismäßig geringes Gewicht legen. Ein niedrigerer Tisch, der vor dem Schreibtisch stand, war gleichfalls mit einer Fahne drapiert; darauf lag aufgeklappt eine riesige Bibel, in dieser ein rostiges Schwert von beachtlichen Dimensionen. Hier, im Heiligtum des *imperial wizard*, »hingen« keine Neger an der Wand; als Wanddekoration dienten Photographien von Ku-Klux-Klan-Versammlungen: Männer in weißen Mänteln und Kapuzen, teils zu Fuß, teils zu Roß, teils motorisiert; ein Bild zeigte die Verbrennung eines Kreuzes, doch war keine einzige Lynchszene für die Nachwelt festgehalten worden. Am meisten aber erstaunte mich der Anblick der »Uniform« des »kaiserlichen Zauberers«: dieses seltsame Kleidungsstück – lila Seide, mit je einem goldenen, grauen, roten, schwarzen und weißen Bändchen, den Insignien seiner Herrlichkeit – hing auf einem Kleiderbügel, und dieser wieder in einem Zellophansack, so daß ich mich für einen Augenblick in eine Kostümleihanstalt zur Karnevalszeit versetzt fühlte.

Das Gespräch mit dem »Hexenmeister« zerstreute jeden karnevalistischen Eindruck. Ich saß hier schlechthin dem Sinnbild des *white trash* gegenüber. Der Ku-Klux-Klan hatte nicht, wie ich erwartet hatte, einen großen, breitschultrigen, brutalen »Schläger« zu seinem Führer erwählt, sondern einen Mann, mit dem sich der »weiße Abschaum« ohne alle Skrupel identifizieren konnte. Dieser kleine, hagere Mann mit den tiefliegenden Augen, den hohlen Wangen unter starken Backenknochen, an dem nichts auffallend war als seine windmühlengroßen, abstehenden Ohren und seine riesigen, disproportionierten Fleischhauerhände, dieses Männchen im zu weiten Anzug also war der Typus des erfolglosen Handlungsreisenden, des *traveling-salesman,* dem wir in allen *Lunchonettes* an den Straßenkreuzungen begegnet waren. Und das war er auch, ein ehemaliger Handlungsreisender für Klimaanlagen – aber er hatte, vierunddreißig Jahre alt und Vater von drei Kindern, vor zwei Jahren seinen Beruf an den Nagel gehängt, die »Verfolgungen«, klagte er, hätten ihn seines Einkommens beraubt, auch erfordere jetzt die »ununterbrochene Ausbreitung« der Organisation seine gesamte Arbeitskraft. Der kleine Mann, mit den Fahnen im Hintergrund, war eine gescheiterte Existenz, ein *salesman,* der nicht nur keine Eisschränke an die Eskimos, nicht einmal Klimaanlagen im heißen Süden verkaufen konnte, und statt dessen Mord und Totschlag verkaufte – einer von zehn oder zwölf Millionen gescheiterten Existenzen, die nichts gelernt hatten und nichts lernen wollten, halbe Analphabeten, Aufschneider, von Minderwertigkeitsgefühlen geplagt, Männer, die nichts besaßen als ihre weiße Haut.

Aber er war auch, nicht minder bezeichnend, immer noch ein *salesman,* gerade intelligent genug, um zu erkennen, daß in Amerika alles »verkauft« werden mußte, sein Gehirn vollgepfropft mit mindestens 536 *slogans,* die das Gehirn des durchschnittlichen Amerikaners – auch das ist statistisch festgehalten – täglich in sich aufnimmt, überzeugt, daß auch die Lynchjustiz etwas *public relations* brauche. Wie unberechtigt waren doch Liccis Befürchtungen gewesen! Kaum hatte Mr. Shelton bemerkt, daß ich seine zellophangeschützte kaiserliche Pracht betrachtete, da sprang er schon hurtig auf, schälte die Hexenmeister-Uniform aus der Verpackung, legte sie an, griff nach dem Schwert in der Bibel, pflanzte sich hinter seinem Schreibtisch auf, lief, Schwert in der Hand, im engen Raum auf und ab, ein Mannequin des Ku-Klux-Klan, fragte, ob ich keinen Photoapparat bei mir hätte, und benahm sich dem Straßenverkäufer nicht unähnlich, der, in meiner Jugend, an der Ecke der Wiener Kärntnerstraße gestanden und, Schnürsenkel feilbietend, ununterbrochen gerufen hatte: »Kein Stroh, kein Papier, echt garantierte Friedensware!«

Wie aber stand es um die »Friedensware«, die Mr. Robert M. Shelton, *imperial wizard*, da anbot? Er begann mit einer eingelernten Phrase, die offenbar ein *public-relations-man* für den Ku-Klux-Klan ersonnen hatte: »*We don't use bullets, but ballots*« – »Wir verwenden nicht Kugeln, sondern Stimmzettel«, bedeutet das Wortspiel –, aber gleich darauf war es stärker als er: er verfiel in den Jargon des Hasses. Amerika, sagte er, sei ein weißes, protestantisches Land, von protestantischen weißen Männern aufgebaut – im Weißen Haus aber säße ein dem Vatikan höriger, Moskau verschworener Katholik. Vatikan und Moskau, warf ich ein – das ginge doch nicht gut zusammen. Haha, sagte er, da sähe man, wie wenig so ein Europäer wüßte: Vatikan und Moskau, sie seien sich einig, vorerst wenigstens, das protestantische Amerika zu vernichten. Die Kreuzverbrennungen – er wies auf ein Photo –, die hätten nichts mit Gotteslästerung zu tun, mit Unglauben gar, er sei ein guter Christ, nur der Katholizismus, der Krebsschaden Amerikas, müsse ausgebrannt werden – und sich besinnend: »Wir haben nichts gegen Katholiken, nicht einmal gegen Juden, aber als Gemeinschaften streben sie die Weltherrschaft an.« Wie falsch war ich doch informiert, gab ich zu, ich hätte gedacht, der Ku-Klux-Klan betrachte die Neger als Amerikas Krebsschaden, und die seien doch, in ihrer überwiegenden Mehrheit, Protestanten. Darauf käme es nicht an, erwiderte er, die Neger seien ein viel zu dummes Pack, um überhaupt zwischen den Konfessionen unterscheiden zu können, sie seien nur der vorgeschobene Posten des Kommunismus, dieser aber bediene sich sowohl der Neger als der Katholiken, sobald der Katholik Kennedy die Neger »bewaffnet« habe, werde Moskau zuschlagen und mit ihrer Hilfe das weiße protestantische Amerika vernichten. Er fuchtelte mit dem rostigen Schwert vor meiner Nase hin und her, wobei das Schwert gelegentlich in den zu weiten Ärmeln seines Hexenmeister-Gewandes verlorenging, und weil mich das nervös machte, fragte ich ihn, wie er denn den katholisch-kommunistisch-kennedyschen Drachen erlegen wolle, da er doch die Gewalt ablehne. Haha, sagte er, ich möge das nicht mißverstehen, er meine nicht Gewaltlosigkeit um jeden Preis, wenn es sein müsse, dann könne der Ku-Klux-Klan auch anders. Wie anders? Nun, die Brutalitäten, die man dem Ku-Klux-Klan zuschreibe, die hätten andere, unter der Maske der »Ritter« begangen, jedoch gäbe es einen Punkt, wo der Ku-Klux-Klan nicht mit sich spaßen lasse: die Kommunisten predigten Gewalt, die könne man nur »mit Feuer und Schwert ausrotten«. Nun bemerkte er allerdings, daß er zu weit gegangen war: er legte das Schwert wieder säuberlich in die Bibel, schälte sich aus der lila Seide und begann, das politische Programm seiner Organisation in gesetzter Rede zu erklären. Überall, berichtete er, gäbe es neue Zweigstellen des Ku-Klux-Klan, morgen führe er persönlich nach dem Norden, vierzig neue Zweigstellen würden demnächst eingeweiht werden: »Wir müssen zuschlagen, wo die *nigger* am frechsten sind – ich habe nichts gegen die *nigger*, wie gesagt, aber sie sind hier Gäste, geduldet, demnach müssen sie sich benehmen.« Das koste doch alles viel Geld, meinte ich, aber der *salesman*, stolz auf die Solvenz seiner Firma, betonte, der Ku-Klux-Klan habe »Geld wie Mist«, das wenigstens habe man den Kennedys zu verdanken: die weißen, protestantischen Amerikaner seien endlich erwacht, endlich wüßten sie, daß »etwas geschehen« müsse. Der Ku-Klux-Klan, fuhr er fort, stehe nicht mehr allein, wie er neunundneunzig Jahre allein gekämpft habe: da sei die *John-Birch-society*, da seien Männer wie General Walker, da seien Leute in wichtigen Positionen, im ganzen Land, endlich, kein Stroh, kein Papier, arbeiteten alle zusammen, die Amerika von der Herrschaft der Katholiken, der Neger, der Juden und der Vereinten Nationen befreien wollten. Nun hatte er sein Hexenmeister-Gewand nicht mehr an, und auch das Schwert lag in der Bibel, aber er konnte die *salesman*-Milde nicht lange beibehalten, sein Gesicht lief rot an, er sprang auf, gestikulierte und schrie: »Die Kennedys müssen verschwinden!«

Sein Ausbruch rief die Sekretärin herbei; sie meldete Besucher. Es waren zwei riesige Männer mit kahlen Köpfen, in *blue jeans,* sie rochen nach Kuhmist. Mr. Shelton besann sich nochmals, daß es nicht genüge, weiß und protestantisch zu sein, man brauche auch gute *public relations:* er verabschiedete mich herzlich, wies die Sekretärin an, mir die Geheimnummer – 7595221, Code 205 – zu geben und mich mit »Material« zu versorgen. Die junge Dame gab mir eine Einladung zu einer Kreuzverbrennung, fein säuberlich auf grünem Papier gedruckt, *U.S. Highway 17 North, Nine Miles of Wilmington, N.C.,* sowie einen Bewerbungsschein für die Aufnahme in den Ku-Klux-Klan. Darin las ich: »*Sie sind aufnahmeberechtigt ... wenn Sie ein geborener loyaler Bürger der Vereinigten Staaten, mindestens 18 Jahre alt, eine weiße christliche Person gemäßigter Gewohnheiten, protestantischen Glaubens sind, und wenn Sie an Amerikanismus und die weiße Vorherrschaft glauben.*« Da ich diese Bedingungen nur zu einem sehr geringen Teil zu erfüllen vermag, zog ich es vor, die Karte unausgefüllt einzustecken und mich zu empfehlen. Der Neger im eisernen Lehnstuhl brachte mich nach unten.

Licci war froh, mich wiederzusehen; sie hatte anderthalb Stunden in der brütend heißen Sonne vor dem Juwelierladen gestanden. Wir könnten noch nicht weiterfahren, sagte sie, denn der Polizei-General habe sie darum gebeten, daß wir uns bei ihm meldeten, sobald ich wieder »heil unten angekommen« sei.

Wie sich alsogleich herausstellen sollte, war die Sorge um mein Wohlergehen nicht der einzige Grund gewesen, warum uns der *chief* zu sehen wünschte. Nachdem wir uns in seinem sonnigen Zimmer niedergelassen hatten, gestand er, daß er gerne Näheres über den Ku-Klux-Klan erfahren wollte: so vernahm ich, daß die Polizei die Räume der Organisation – *Alston-Building* und Polizei sind einen Steinwurf von einander entfernt – noch nie betreten hatte, daß sie über das, was dort vorging, ganz und gar uninformiert war. Die Ku-Klux-Klan-»Aktiengesellschaft«, sagte er, sei nun einmal eine erlaubte, durchaus gesetzliche Organisation, eine illegale Tätigkeit sei ihr nicht nachzuweisen. Ach ja, vertraute er uns an, natürlich habe er guten Grund anzunehmen, daß der Bombenanschlag auf den Schlafsaal, wo die einzige Neger-Studentin der Universität Alabama, am Stadtrand von Tuscaloosa, wohne, vom Ku-Klux-Klan ausgeführt worden sei – »und diese Leute waren zynisch genug, tausend Dollar für die Opfer des Attentates auf die Kirche in Birmingham zu spenden!« Geld wie Mist –, auch sei es überaus ärgerlich, daß er, der *chief*, ständig vier seiner Leute delegieren müsse, um eine einzige Studentin zu bewachen, aber nachweisen, nein, nachweisen ließe sich nichts. »Es werden noch viel schlimmere Dinge geschehen«, sagte er, »aber, was wollen Sie, wir brauchen Beweise, und Beweise lassen sich nicht so ohne weiteres beschaffen.«

Der General gefiel mir, wir begannen, über andere Themen uns zu unterhalten. Er stamme aus dem Süden, erzählte er: an der Wand hing ein Photo eines seiner Vorfahren in der *Confederate*-Uniform der Süd-Armee, die gegen Lincolns Truppen gekämpft hatte. Dennoch, sagte er, sei er für die allmähliche Gleichstellung der Neger, nur könne das natürlich nicht in dem Tempo geschehen, das von Washington diktiert werde. Die Methoden des Ku-Klux-Klan seien zu verurteilen, aber man müsse auch den Süden verstehen: schließlich hätten weiße Menschen dieses Land aufgebaut, die Schwarzen habe man erst später importiert – »sie können nicht verlangen, daß man ihnen die Errungenschaften unseres Landes wie auf einem Silbertablett serviert«. Er meinte das durchaus ehrlich, der *chief*; es sollte mich wundern, wenn er in Tuscaloosa nicht als liberaler Mann gilt.

Erst als ich die Türklinke in der Hand hielt, sah ich die andere Seite des Bildes. Ich bemerkte vielmehr ein Bild an der Wand, gleich neben der Tür, eine Photographie, etwas vergilbt, und die hätte auch im Büro des Mr. Shelton hängen können. Es war eine alte Photographie, aus den Daguerreotyp-Tagen – 1889, versicherte uns der Polizei-General –: drei Karten spielende *nigger* stellte sie dar, besoffen alle drei: zwei betrügen den dritten, der eine hat eine Karte zwischen den nackten Zehen, die er einem Komplicen zusteckt, der dritte bemerkt es nicht, ein blöder alter *nigger*, Flaschen überall. Es sei ein altes Bild, sagte der *chief* etwas verlegen, »aber sehen Sie, so ist die Mehrheit der Neger immer noch« – nein, fügte er schnell hinzu, das sei nicht abfällig gemeint, es müsse anders werden, und er selbst lasse sich doch stets bei »Jimmy« Wright, dem Neger-Barbier, die Haare schneiden. Er bestand darauf, daß wir noch einmal ins Büro zurückkehrten; da, über dem Schreibtisch hing ein anderes Photo, das den Polizei-General mit einem hohen Polizeioffizier von Vietnam darstellte. »Er hat uns besucht«, sagte der *chief*, »ein tadelloser Gentleman. Sie sehen: wir haben nichts gegen Farbige. Nur die übermäßigen Forderungen der Neger, und alles so schnell ... Sie müssen verstehen.« Ich nickte. Ich hatte mich daran gewöhnt, verstehen zu müssen.

Wir fuhren aus Tuscaloosa hinaus, als ließen wir eine Lepra-kolonie hinter uns. Und doch sagten die Sätze, die ich gehört hatte, oder die wir gehört hatten, uns noch nicht das gleiche, das sie mir heute sagen. »Die Kennedys müssen verschwinden ...« »Der Katholizismus muß ausgebrannt werden ...« »Der Ku-Klux-Klan kann nicht anders ...« »Mit Feuer und Schwert ausrotten ...« »Es wird noch viel Schlimmeres geschehen ...«

Es war der 7. November 1963.

An der Grenze zwischen Alabama und Mississippi grüßten zwei Straßentafeln.

Die eine, rechts, mitten in einer Wiese, zeigte einen roten Indianerkopf von primitiver Darstellung sowie die Innenfläche einer Hand, in der »chiromantische« Linien eingezeichnet waren – die lockende Aufschrift lautete *Indian healer,* zu deutsch: Indianischer Wunderdoktor.

Auf der anderen Seite war, hart am Straßenrand, zwischen zwei hohen Pfählen, ein Plakat mit dem überlebensgroßen Porträt eines Mannes befestigt, der sich, wie uns die Aufschrift lehrte, um den Gouverneursposten bewarb – »*Philipps for Governor*!« Über Bild und Name des Kandidaten aber stand in mächtigen Blocklettern:

»*K.o. the Kennedys!*« – *Knock out the Kennedys!*

Daß mich, angesichts solcher Begrüßung, die Zukunft besonders interessierte, brauche ich wohl nicht zu sagen: also beschloß ich, mir von dem indianischen Wunderdoktor die Zukunft deuten zu lassen – das ist es, was *healers* hier in Wirklichkeit tun. Ich fuhr den Wagen an den Wiesenrand; da stand ein nicht allzu kleines, aber verwahrlostes Haus, das Heim des Indianers.

In einem spärlich eingerichteten Zimmer saßen vier oder fünf furchterregende Gestalten über blutigen Steaks von ungeheueren Dimensionen. Sie würdigten uns keines Blickes, dagegen entpuppte sich der *healer* als eine Indianerin von mittleren Jahren und verwegenem Aussehen. Sie führte uns hinter einen schmutzigen Vorhang, hieß uns Platz nehmen und fragte, wem sie denn die Zukunft deuten sollte. Nachdem ich mich bereit erklärt hatte, ihr meine Hand zu reichen, holte sie eine große Bibel hervor, schlug sie auf und verlangte, daß ich fünf Dollar zwischen die Seiten lege; offensichtlich war sie eine Freundin von Vorauszahlungen. Hierauf erklärte die hellsichtige Frau, daß ich viele Feinde und Neider habe, eine ungemein treffende Bemerkung, die mich alsogleich in die heimatlich-literarische Atmosphäre versetzte. Leider erwies sich diese erste Diagnose als die letzte von einiger Glaubwürdigkeit. Der Gedanke, daß ich etwas anderes als ein *businessman* sein könnte, fiel der dunklen Dame nicht ein; sie erstattete ein, übrigens falsches, Gutachten über meine Vermögensverhältnisse, riet mir zu Käufen und Verkäufen, äußerte sich über den Zustand meiner Waren und die Zukunft meiner Aktien, und benahm sich, alles in allem, wie ein *stock-broker* auf der Wall-Street. Vierzehn von den fünfzehn Minuten, die sie uns gewährte, sprach sie, ohne die Themen Liebe, Ehe, Familie oder Gesundheit zu berühren, ausschließlich von Geld; sei es, weil sie selbst nichts anderes interessierte, sei es, weil sie unter ihren amerikanischen »Patienten« keinen gefunden hatte, der etwas anderes als Gedeih oder Verderb seines Bankkontos hatte erfahren wollen. Schließlich erkannte sie mich aber doch als einen Heilungsuchenden; sie sagte, daß über meinen Geschäften ein Fluch liege, den sie jedoch – nochmals klappte sie die Bibel auf – gegen Erlag von weiteren fünf Dollar wegzuzaubern vermöchte: meine inständige Bitte, mich vom Fluch für zwei Dollar fünfzig zu befreien, lehnte sie schlankweg ab.

Wir unternahmen einen kleinen Spaziergang in der Nähe des Hauses, immer noch ein wenig erstaunt von der engen Verbindung zwischen der Gedankenwelt einer handlesenden Indianerin am Rande von Mississippi und der kursstudierender Börsenmakler von New York. Mehr noch beeindruckte uns jedoch die Legalität ihrer betrügerischen Existenz.

Die Kriminalität in den Vereinigten Staaten ist in ständigem Ansteigen begriffen, sie wächst jährlich um rund fünf Prozent. In einem einzigen Jahr werden in Amerika rund zwei Millionen *serious crimes*, »ernste Verbrechen«, begangen, in jeder Minute des Tages durchschnittlich vier. Im Jahre 1961 sind in Amerika 5847 Fälle von Mord, 2456 Fälle von Totschlag, über 16000 Fälle von Notzucht, 92000 Fälle von Raub bekanntgeworden. Die Jugendkriminalität ist in solchem Maße angestiegen, daß in New York allein in einem Jahr 1669 Schüler vom Unterricht ausgeschlossen wurden. Das sind nichtssagende Ziffern neben der oft attackierten, doch nach wie vor ungebrochenen Macht der Verbrecher-Syndikate, die ihre blutige Hand über alle großen Städte halten, so daß Bill Davidson in der *Saturday Evening Post* nur Tatsachen schilderte: »*Man ist in keinem Restaurant von Chicago sicher, ob man nicht ein Syndikat-Steak ißt, Syndikat-Bier oder Syndikat-Whisky trinkt, mit dem vom Syndikat gelieferten Besteck ißt, und so weiter ...*« – wobei der bekannte Reporter in diesem Fall von dem Verbrecher-Syndikat *Cosa Nostra* sprach, ebenso aber von anderen ähnlichen Organisationen hätte sprechen können. Obwohl gegenwärtig rund eine Viertel Million Personen in den amerikanischen Strafanstalten sich befinden und jährlich etwa fünfzig Verbrecher hingerichtet werden, ist es bisher nicht gelungen, mit den kriminellen »Syndikaten« fertig zu werden – die größten Gangster wie Sam Giancana, Felix Alderisio und Fiero Buccieri sind Multimillionäre und leben in Palästen, die sich italienische Fürsten längst nicht mehr leisten können. Von Zeit zu Zeit, wie im Herbst 1963, findet ein sensationeller Prozeß statt – diesmal war es ein Abtrünniger der *Cosa Nostra*, Joseph (Joe Lago) Valachi, der sich zu »singen« entschloß –, aber jedesmal wird eine so enge Verbindung zwischen den Verbrechern, einerseits, Polizeiorganen, Gerichtspersonen und wichtigen Exponenten der Wirtschaft, andererseits, offenbar, daß man es vorzieht, den Vorhang alsbald mildtätig fallen zu lassen. In einem Land von der Größe Amerikas, wo, zu allem Überfluß, die polizeiliche Anmeldung nicht obligatorisch ist, gibt es für diese Verfilzung zwischen Gesetz und Gesetzesbrechern viele Erklärungen und auch manche Entschuldigung. Wenn die Polizei nicht mit »Spitzeln« arbeitete, würde man wahrscheinlich überhaupt keines Verbrechers habhaft werden – aber wo der Denunziant zur Stütze der Gesellschaft wird, da entsteht eine unheimliche Allianz zwischen Verfolgern und Verfolgten.

Es hatte zwei Gründe, warum die verhältnismäßig harmlose Wahrsagerin solche Erwägungen in mir auslöste – einen bewußten und einen noch unterbewußten.

Die wilde Weite des Landes kam mir hier wieder einmal zum Bewußtsein. Die »heilende« Indianerin an der breiten Autostraße einer fortschrittlichen Nation: das war ein Widerspruch, und war doch keiner, denn wo beginnt diese Autostraße und wohin führt sie, ist sie nicht nur ein Messerschnitt, der eine unreife Frucht in zwei Hälften teilt? Die Bevölkerungsdichte der Vereinigten Staaten beträgt durchschnittlich zwanzig Einwohner auf einen Quadratkilometer, gegenüber 213 in der Bundesrepublik Deutschland – aber sie beträgt in Nevada nur drei, in Montana nur fünf, in Idaho nur acht Personen pro Quadratkilometer –: da wirft sich die Frage auf, ob solche leere Räume den zivilisatorischen Fortschritt nicht verschlingen, verschlingen müssen. Der »Wilde Westen«: das ist nicht nur ein kulturhistorischer, sondern auch ein geographischer Begriff; die wilden Räume gebären wilde Menschen, wer sie zähmen will, der scheitert an der Öde des Landes und an den Entfernungen. Amerika, kurzum, verfügt über alle modernen Errungenschaften – bis auf jene, welche diese kontrollieren. Während wir diskutierend zu unserem Wagen zurückkehrten, wurde ich mir gleichzeitig bewußt, daß – wie auf das

Land selbst – auch auf seine Moral unsere europäischen Maß-stäbe nicht angewandt werden können. Das Bedenklichste an der amerikanischen Kriminalität sind nicht ihre Dimensionen, sondern ihre Definitionen – nicht das Verbotene, sondern das Erlaubte, nicht die Zahl der Verbrechen, sondern was hier noch nicht als Verbrechen oder Vergehen gilt, ist fürwahr erstaunlich. Das beginnt mit einer für unsere Begriffe kriminellen, im amerikanischen Sinne durchaus zulässigen Reklame – ein Gebrauchtwagenhändler, beispielsweise, kann seelenruhig anzeigen, daß er Wagen ohne Anzahlung abgibt, und darf dann doch ungestraft von jedem Kunden eine Anzahlung verlangen –, und das endet mit Gesetzen wie in Texas, wo jedermann das verbriefte Recht hat, seine Frau, so er sie mit einem anderen Mann im Bett antrifft, schlichterdings zu erschießen. Ebenso setzt uns Europäer immer wieder in Erstaunen, in welchem Maße das Geld als Wertmesser aller Dinge gilt: man kann eine Klage auf Ehrenbeleidigung nur einbringen, wenn man einen finanziellen Schaden nachzuweisen vermag, und ein ungedeckter Scheck ist in Ordnung, wenn man dafür kein Bargeld kassierte. Das Wahrsagen ist in Amerika verboten, aber als wir zum Haus der Indianerin zurückkehrten, gewahrten wir hinter der mindestens fünf Meter breiten und drei Meter hohen Tafel mit der roten Hand einen motorisierten Polizisten, der sich dort teils auf die faule Haut, teils auf die Lauer gelegt hatte, um Schnellfahrer auf frischer Tat zu ertappen; mit der illegalen, aber trotzig angekündigten Institution der Wahrsagerin sich zu befassen, wäre ihm im Schlafe nicht eingefallen.

Indes hatten, wie ich schon sagte, unterbewußte Empfindungen mehr als die bewußten diese Gedanken in mir ausgelöst, und nun, da wir weiterfuhren, überstiegen sie die Schwelle des Unterbewußten.

K.o. the Kennedys! – zwischen dieser Aufschrift und den Gedanken über das Verbrechen in den Vereinigten Staaten lag die

Assoziation auf der Hand. Wie weit der Haß gediehen war, das
konnte uns nicht mehr überraschen, aber daß er sich nun schon in
der offenen Aufforderung zur Gewalt äußerte: das, immerhin,
war uns neu. Hier durfte ein Mann, der sich um den höchsten
Posten seines Staates, die Gouverneurswürde, bewarb, in aller
Öffentlichkeit auf Wandanschlägen von überdimensionalem Umfang, schwarz auf weiß, in Dreifarbendruck richtiger, und mit
seinem eigenen Porträt als Identifikation, die Bevölkerung auffordern, den Präsidenten der Nation mit einem *Knock-out* nieder-
zustrecken – und das war, wohlgemerkt, nicht nur sein eigenes
Programm, sein Zukunftsversprechen, nein, *Knock out the Kennedys* hieß, was es grammatikalisch besagte: Ihr, die Bürger des
Landes, seid aufgefordert, den Präsidenten *k.o.* zu schlagen, und
nicht nur ihn, sondern seine ganze Familie, *the Kennedys,* seine
Frau, seinen Bruder, die ganze Sippe, Urahne, Großmutter, Mutter
und Kind. Es war der 7. November, und soweit war es.

»Lasciate ogni speranza, voi ch'entrate!« – wir waren in Mississippi, wo in diesem Jahr, unbeachtet von Amerika und der Welt,
eine richtige Auswanderung begonnen hatte, eine Emigration:
unter anderem hatten vierzehn von achtundzwanzig weißen Pastoren der Methodisten-Kirche den Staat verlassen müssen, weil
sie ein Manifest gegen die Segregation unterschrieben hatten.
*»Verlassen von dem Fleiß / Der neuen Christen, liegt Granada
öde«* – Meridian, Laurel, Hattisburg: von beiden Straßenseiten
starrte uns das Porträt des Gouverneurskandidaten Philipps an,
Knock out the Kennedys!, und niemandem fiel es ein, daß neben
dem En-face-Bild das Profil-Bild fehlte: Plakate waren das, im
Blau-weiß-rot der Nation, nicht Seiten aus dem Verbrecher-
album.

Als zögen Bleigewichte ihn herab, hing der Himmel tief über
Mississippi. Wir blieben mehrere Male stehen, um uns mit einem
kühlen Getränk zu erfrischen. Obwohl wir nach den »besten«

Cafés Ausschau hielten, fanden wir nur Lokale, die samt und
sonders Dekorationen von Tennessee-Williams-Stücken glichen.
Der Wilde Westen, der eigentlich der Wilde Süden heißen sollte, ist
wie ein Blinddarm, den man vergessen hat, herauszuoperieren: er
eitert vergiftend weiter. Die Tragödie Amerikas besteht darin, daß
die Stücke von Tennessee Williams nicht historisch sind: sie schildern nicht, was war, sondern was ist. Die Tragödie Amerikas
besteht nicht darin, daß es keine Vergangenheit, sondern darin,
daß es diese Vergangenheit immer noch besitzt.

Natürlich mußte diese Welt einen Dichter wie Tennessee Williams anregen. Der Süden ist für Amerika nicht charakteristisch,
aber er ist das charakteristischeste Stück Amerikas; und das einzige
Glück ist unsere falsche Vorstellung, daß in der Vergangenheit
spielt, was in Wahrheit Gegenwart ist. Die Cafés mit den Bretter-
wänden, die engmaschigen Moskitonetze, an denen die Insekten
hängen wie fliehende Gefangene im Drahtverhau, das abgeschabte
Weiß, Schwarz und Weiß, sonst keine Farbe, die Abwesenheit
aller Farben, die *juke-boxes*, die alten papiernen Kuchen unter
Käseglocken, an denen die Fliegen kleben wie verhungerte Gefangene, der dünne Kaffee, Menükarten in abgegriffenen Zelluloid,
Papierservietten in verkrümmten Maschinen, leere Zigaretten-
automaten und *candy bars*, Blechbesteck wie im Gefängnis –
Handlungsreisende in Hemdsärmeln, männliche Mädchen in *blue
jeans*, Kellnerinnen wie aus dem Wasser gezogen, Whisky, Whisky,
Whisky, als einziger Trost, und Sex, Sex, Sex, weil es nichts gibt
als Sex und Whisky, Whisky und Sex, ein brütendes, brutales,
bösartiges Schweigen, und über allem die dicke Luft der Misere,
der Minderwertigkeit und der Gereiztheit – was kann hier Motiv
der Tat sein, da das Leben hier Motiv der Tat ist?

Der Abend fiel über den Golf von Mexiko, aber es war noch
hell genug, um die Tafeln zu sehen: *Philipps for Governor – K.o.
the Kennedys!*

Licci hatte lange geschwiegen; endlich sagte sie, ob wir die Reise von New Orleans nach Texas, die wir im Wagen zu unternehmen geplant hatten, nicht lieber mit dem Zug fortsetzen wollten.

Ich stimmte zu.

DIE HOLZPUPPE VON NEW ORLEANS

Neben New York und San Francisco war mir New Orleans die liebste Stadt in Amerika gewesen. Ich hatte nur ein Gesicht New Orleans gekannt.

Jenes Gesicht von New Orleans, das ich gekannt, geliebt und das ich Licci zu zeigen mich schon lange gefreut hatte, war äußerlich kaum verändert. Es ist seltsam, wie wenig die Fremden den »Fremdenverkehrsattraktionen« anzuhaben vermögen, so sehr sie sich auch bemühen, richtiger: je größer die Landplage, die man *tourisme* nennt, desto deutlicher wird, was eine wirkliche »Attraktion« ist, was sich nur als solche gebärdet. Den Markusplatz und die Champs Elysées, die Piazza Navona und den Grand'-Place stören die Fremden nicht; wie weise Denkmäler betrachten sie spöttisch und tolerant das Gewimmel zu ihren Füßen – und so, von Touristen überflutet und dennoch unberührt, ist auch der *Vieux Carré*, das alte französische Viertel von New Orleans. Die schmiedeeisernen Spitzenbalkone von Royal Street, die Patios der geheimnisumwitterten Plantagehäuser um Jackson Square, die Schmiede, die den Piraten Jean und Pierre La Fitte als Unterschlupf gedient, das Haus, wo die amerikanische Erbin Alice Heiné gewohnt hat, die sowohl den Herzog von Richelieu als auch den Prinzen Louis von Monaco betörte, und Royal Street 1140, das Spukhaus, in dem Madame Lalaurie ihre Sklaven zu Tode zu prügeln liebte – das alles ist erst hundert, höchstens hundertfünfzig Jahre alt, aber es ist Vergangenheit und atmet Tradition, weil es

vor der einzigen, von den Amerikanern auserwählten und aner-
kannten Vergangenheit liegt, vor der Halali-Zeit des Wilden
Westens. Wie eh und je konnte ich die Spaziergänge durch Royal-
und Bourbon-Street genießen, den Anblick der schwerfälligen
Raddampfer am Mississippi, die aussehen, als plätscherten sie,
müßig verweilend, an einer Stelle – nicht zu sprechen von den
Austern *à la Rockefeller* bei *Antoine's*, den raffinierten *pancakes*
bei *Brennan's*, den gastronomischen Wundern bei *Galatoire's:* daß
die Amerikaner, wenn sie nur wollen, zu kochen verstehen, man
sieht es in New Orleans. Überraschend war für mich höchstens,
daß wir in dieser berühmtesten »Fremdenverkehrsstadt« Amerikas
so gut wie keinem »Fremden« begegneten; unter »Fremden«, richtiger, verstehen die Amerikaner Touristen aus einem anderen
state der *United States* – die »Fremden«: das waren Kaufleute
aus dem Mittelwesten mit ihren Frauen, die von der Reise noch
die unvermeidlichen Orchideenkorsagen trugen, Hochzeitsreisende
aus St. Louis oder Spokane, Mittelstand zum größten Teil, überzeugt, daß man auch ohne Europa auskomme, New Orleans sei
alt genug und gefährlich genug und ein Sündenbabel für den
Hausgebrauch.

Dennoch sah ich New Orleans, nach der Reise durch Amerika,
mit neuen Augen. Vor den Konfiserien in Royal- und Chartres-
Street – die ganze Altstadt duftet nach Kaffee und Schokolade –
stehen Holzpuppen, die alte Negerinnen mit Haube, breitem Rock
und Pünktchenschürze darstellen; die hölzernen Figuren der alten
Neger-*Mammies* strecken einem auf kleinen Tabletts Kostproben
der köstlichen Konfekte von New Orleans entgegen – symbolische
Gesten symbolischer Gestalten. Noch vor fünfundzwanzig oder
dreißig Jahren waren diese *Mammies* lebendig, sie waren aus
Fleisch und Blut; sie standen nicht in dummer Erstarrung draußen
auf der Straße, sondern bedienten lachend, gutmütig, mit heiserer
Stimme den Kunden neckend, hinter den Theken der Konfiserien,

schoben mit ernsten Mienen Kinderwagen durch die Straßen, watschelten geschäftig durch die Gärten der vornehmen Paläste im alten *Garden District.*

Es hatte sich so ergeben, daß einer der ehemaligen reichen Plantagenbesitzer, reich noch immer, doch kein Plantagenbesitzer mehr – ein Freund von Pariser Freunden –, uns zum Abendessen in sein Haus bat, im *Garden District.* Ich wünschte, ich könnte bei diesem Haus verweilen, das vor hundertzwanzig Jahren auf einer Plantage gebaut und kurz vor dem Zweiten Weltkrieg, Stück für Stück, Holzwand für Holzwand, Ziegel für Ziegel, in die Stadt verpflanzt worden war – mit den alten holländischen Gemälden, venezianischen Lustern, dunkelroten Renaissance-Möbeln ein Heim von solcher Schönheit und Kultur, daß man versucht wäre, einen louisianischen »*Leoparden*« hier spielen zu lassen. Ich wünschte, ich könnte bei dem Hausherrn verweilen, einem südlichen Aristokraten französischer Abstammung, durchsichtig-schlank, hochgebildet, von nobler und resignierter Schweigsamkeit, bei ihm und seinen beiden Enkelinnen, nicht mehr ganz jungen, unverheirateten Damen, schön, zerbrechlich und degeneriert. Ich wünschte, ich könnte bei diesem Abend verweilen, bei den weltfremden Gesprächen hinter den hohen Mauern, bei den an Totenlichter gemahnenden Kerzen in altsilbernen Leuchtern, bei den Gespenstern wahrscheinlich längst verstorbener Windhunde. Aber ich wollte von den *Mammies* sprechen – denn hier gab es sie noch, in Fleisch und Blut, hier gab es auch die Diener mit den kurzgeschorenen grauschwarzen Haaren, diese aussterbenden Exemplare der *Onkel-Tom*-Welt. Wenn es sie nicht mehr geben werde, sagte unser Hausherr allen Ernstes, möchte auch er nicht mehr leben. »Ich muß sie beschützen«, sagte er – und als er meinte, daß ich ihn mißverstanden hätte: »vor ihren Kindern nämlich. Die jungen Neger hassen die Weißen, doch ihre eigenen Eltern hassen sie noch mehr.«

Der Wind war heiß und trug heiße Düfte, man spürte den

Geruch modernden Wassers, die Palmen rauschten, es war schwül. Louisiana, dachte ich: ein neuer Beweis, daß die Vereinigten Staaten Verschiedene Staaten sind. Wir waren aus dem amerikanischen Süden gekommen, und Louisiana, der Süden, hatte nichts mit ihm zu tun, war europäischer Süden. Louisiana hatte das Rassenproblem – wahrscheinlich weil die spanischen und französischen Entdecker des Landes eine Aristokratie von schönen, kreolbraunen Mischlingen zurückgelassen haben – auf seine Art gelöst; das Verhältnis zwischen Weißen und Schwarzen war hier nicht anders gewesen als zwischen Gutsherrn und Bauern in Sizilien, unsozial und veraltet, aber urban und unblutig, mit dem Rassenproblem hatte es wenig zu tun. Doch dann erinnerte ich mich wieder an die Holzfiguren im *Vieux Carré*, und das war das amerikanische Problem – Panoptikumsfiguren der Vergangenheit waren es, aber selbst diese hölzernen Symbole konnten nur noch in Louisiana stehen, in jedem anderen Staat hätten die Neger die *Onkel Toms* und *Mammies* längst vernichtet und verbrannt. Hier strecken sie noch freundlich die Hände aus, hölzerne Symbole einer Tragödie, die älter ist als das Rassenproblem und die das Rassenproblem überdauern wird, Tragödie der Eltern, die ihre Kinder, der Kinder, die ihre Eltern nicht verstehen.

Ein anderes Gesicht von New Orleans sahen wir bei Nacht. New Orleans war immer stolz gewesen auf sein Nachtleben, zumindest in jenem paradoxen Sinne, in dem Hamburg auf die Reeperbahn, deren es sich schämt, stolz ist, doch gilt das für New Orleans noch viel mehr, weil das lockere Treiben in den *French Quarters* sozusagen den gesamten Puritanismus der Nation auszugleichen bestimmt war – siehe da, wenn wir wollen, können wir das auch, und können es ebenso gut wie Paris –, weil, andererseits, New Orleans einen Freibrief besaß – dieses Laster ist eigentlich nicht unser eigenes, schließlich ist New Orleans eine »französische« Stadt, die Straßen haben französische Namen, Ludwig XV. hat es seinem Vetter, Karl III. von Spanien, geschenkt, wir haben es Napoleon nur abgekauft, es gehört uns nur halb, wir sind dafür nur halb verantwortlich.

Etwas von diesem alten New Orleans fanden wir noch in kleinen, mit Kerzen spärlich beleuchteten Lokalen, wo junge Menschen artig auf harten Holzbänken saßen und stundenlang einer mit tiefem Ernst konzertierenden schwarzen Jazz-Kapelle lauschten – der Jazz hat ja von New Orleans seinen Siegeszug angetreten –; wir fanden es, wenn auch nicht mehr ganz wie einst, im berühmtesten Nachtlokal der Stadt, *Pat O'Brien's Bar,* wo zwei Klavierspielerinnen, schwarz die eine, weiß die andere, beide von ungeheuerem Umfang, den Sänger, Spaßmacher und Liebling von New Orleans, Pat O'Brien, meisterhaft begleiteten, während in hohen Kerzengläsern ein Getränk serviert wurde, das den Namen *Hurricane* durchaus verdient. Die meisten anderen Lokale aber, nicht viel weniger zahlreich als am Montmartre – das war der Einbruch von Texas und Nevada in *old New Orleans.* Dutzende von Als-ob-Erotikerinnen – wie man ja *Strip-tease* am ehesten übersetzen kann –, Entkleidungsmädchen mit den ewig gleichen Gesten, entblößte Körper mit toten Gesichtern, Schaufensterpuppen, bewegliches Zelluloid, Lüsternheit mit Verachtung strafend; die Türen der Lokale stehen offen, die Tür schwingt hin und her, bleiben Sie stehen, für einen Augenblick, Kostprobe der Nacktheit, hereinspaziert!; das Podium ein langer Tisch, vorgeschoben in die Mitte des Lokals, Männer in Hemdsärmeln, Ellbogen auf dem Podium, die Blicke starr nach oben gerichtet, Texas-Hüte, *blue jeans,* elegante Fremde, in der halbdunklen Stimmungsbeleuchtung sind ohnedies alle Hemden blau, glimmende Zigaretten; Polizisten betreten das Lokal, Nachtlokalbesitzer und Polizisten in vertrautem Gespräch, jeder Nachtlokalbesitzer weiß im voraus, wann ein Polizist sich nähert; an der Bar hocken Ölleute aus Texas und Gangster aus Chicago, die Nachtlokalinhaber stoßen zu ihnen, flüsternde Unterhaltungen, es wird von Politik gesprochen, die Polizisten schlendern vorbei, man wechselt Blicke, Agitatoren der *John-Birch-Society* aus Winnfield, Ölmanager aus Houston; zum zwanzigsten Mal lassen die Mädchen die schwarzen Büstenhalter fallen; keine Kapelle, die Musik brüllt, plärrt, krächzt aus lauten Lautsprechern, sie übertönt die Gespräche; in keinem der Lokale ein einziger Schwarzer, nicht einmal in *Las Casas dellas Marinas*, wo man die Hand vor dem Gesicht kaum sehen kann; würde ein Schwarzer das Lokal betreten, gäbe es einen Mord, es gibt ohnedies jährlich fünfzig Morde in New Orleans; die ungeheuere Vulgärität von Texas greift nach der alten französischen Provinz, Texas-Stiefel klappern durch die Nacht von St. Peter. Der schwarze Taxichauffeur fährt einen im Morgengrauen nach Hause – bis vor kurzem durfte ein Neger-Chauffeur nur einen Neger, ein Weißer nur einen Weißen fahren –, und man hat das unheimliche Gefühl, daß Nachtleben und Politik, hier im Süden, eng zusammenhängen, weil die Gemeinheit sie verbindet, oder die Angst vor der Potenz des schwarzen Mannes, oder die Korruption; weil das rasch verdiente Geld rasch wieder ausgegeben werden will und rasch wieder verdient, von *Strip-tease-joint*-Besitzern, Zuhältern, Politikern, neuen Millionären; weil der Alkohol und der Analphabetismus einen neuen Ku-Klux-Klan geschaffen haben, ohne weiße Kapuzen und verbrannte Kreuze.

Die Wogen der Politik schlugen hoch in New Orleans, denn man bereitete sich auf die Gouverneurswahlen in Louisiana vor. Ein Brief von de Lesseps S. Morrison, einem Abkommen des Vicomte de Lesseps, Erbauer des Suez-Kanals, hatte mich im *Hotel Roosevelt* erwartet; er war einer der Kandidaten, sein Hauptquartier befand sich im Hotel. Im Hauptquartier »Chep« Morrisons herrschte siegessicherer Optimismus; der liberale Kandidat, ehemaliger Bürgermeister von New Orleans, sagte man mir, habe die Wahlen *in the bag*, in der Tasche.

250

Am nächsten Tag, im altspanischen Haus, wo die große Rundfunkstation WDSU untergebracht ist – zweifellos das nobelste, den Zweck am wenigsten verratende Rundfunkhaus der Welt –, wurde mein Optimismus gedämpft. Man hatte mich gebeten, über den Fernsehsender zu sprechen, aber vor mir wurde ein Führer der *John-Birch-Society*, zusammen mit einem Gewerkschaftsführer, interviewt, und der Rechtsradikale, stiernackig, cholerisch, mit einem roten Landkarten-Gesicht, benützte das Interview zu einer Rede gegen Kennedy. Er werde, sagte er, vom Kommentator befragt, bei den Präsidentschaftswahlen für Goldwater stimmen, »wenn Goldwater nicht umfällt«, wie andere Republikaner, allen voran Eisenhower, »umgefallen« seien – Republikaner oder Demokraten, Eisenhower, Truman, Kennedy, sie seien nichts als der »verlängerte Arm Moskaus«. Der verlängerte Arm Moskaus seien auch die Vereinten Nationen, denen sich Kennedy bedingungslos unterworfen habe, »Verrat an unserer amerikanischen Erbschaft« – nun hatte ich die Argumente bis zum Überdruß gehört.

Nachdem ich gesprochen hatte, über literarische Fragen, mein Buch, die abstrakte Mode, fragte ich den Kommentator, einen, man merkte es gleich, überaus talentierten und gebildeten jungen Mann aus der Familie der *eggheads*, was er wohl von seinem anderen Gesprächspartner, dem *John-Birch*-Bruder, dachte – ach, sagte er, man müsse diese Leute nicht zu ernst nehmen, das Land sei im Grunde gesund, es stoße solche Elemente am Ende immer aus. Schließlich habe die erste faschistische Bewegung Amerikas in New Orleans begonnen, die Bewegung des Senators Huey P. Long, aber kein Hahn krähe mehr danach, auch nach der rechtsextremistischen Bewegung des Senators Joseph R. McCarthy von Wisconsin krähe kein Hahn mehr. Er verstehe ja, sagte der Kommentator, die Nervosität eines Europäers, Europäer seien »gebrannte Kinder«, aber ich sollte das schöne New Orleans genießen und mich nicht aufregen – übrigens würde de Lesseps Morrison mit einer beachtlichen Mehrheit gewählt werden, er werde seinen einzigen ernstzunehmenden Gegenkandidaten, den Segregationisten John J. McKeithen, ohne weiteres aus dem Sattel heben.

Jetzt, während ich diese Zeilen schreibe, liegen die Wahlresultate vor mir. John J. McKeithen hat die Wahlen gewonnen. Die Neger – 160 000 waren registriert – hatten *en bloc* für Morrison gestimmt. Für ihn stimmte aber auch – man kann es an den Resultaten der einzelnen Bezirke genau verfolgen – *Garden District*, für ihn stimmte die Aristokratie von New Orleans und Louisiana. In den Gebieten, die hauptsächlich vom Mittelstand bewohnt werden, gewann der Prediger der »weißen Vorherrschaft« mit einer geringen Mehrheit. Dort, wo der weiße Abschaum zu Hause ist, erreichte Morrison nirgends mehr als höchstens dreißig Prozent. Der *white trash*, die Grenzbewohner, hatten die Wahlen entschieden.

Die Wahlen aber hatten – nach der Ermordung John F. Kennedys stattgefunden. Für die Amerikaner vielleicht etwas Neues. Für uns nicht. Schon 1842 hatte Nikolaus Lenau, der Edle von Strehlenau, in seinem »*Albigenser*« geschrieben: »*Wie Liebeslust, wenn schon ihr Drang gebüßt, / Nachschwelgend noch mit trunknen Lippen küßt, / So zückt, nicht satt von ihrem Todesstreiche, / Die Hasseslust den Stahl noch auf die Leiche.*«

Ein Kriegskamerad, Hans Lehmann, jetzt wohlbestallter Kaufmann in New Orleans, brachte uns mit seiner Familie an die Bahn. Wir erwachten in Texas.

Ich bin kein *two-fisted-American*, wie die Bewohner von Texas sich nennen, ein »Amerikaner mit zwei Fäusten«, sonst nichts: meine Hand ballt sich nicht leicht zur Faust. In mir kocht nicht die »*kalte, bebende Wut*«, die Margaret Mitchell ihren Landsleuten nachrühmte. Ich bin auch kein europäischer Reporter, der nach Texas fuhr, um Gerüchten nachzujagen. Ich war in Texas – wenige Tage bevor es geschah. Aber ich weiß, daß es hier geschehen mußte.

Wie aus einem einzigen riesigen Maul, das die Form eines Lautsprechers angenommen hat, posaunt Texas bei Tag und Nacht seine Superlative hinaus in die Welt. Die Entfernungen in Texas sind so groß, daß zwischen El Paso und Beaumont mehr Land liegt als zwischen New York und Chicago. Texas hat 200 000 Ölquellen und mehr Öl, Gas, Baumwolle, Helium, Gemüse, Reis, Gummi, Schafe, Kühe, Truthähne und Zwiebel als irgendein anderer Staat Amerikas. Es besitzt 621 von den 8062 Flugplätzen der Nation und die meisten Privatflugzeuge, sechstausend. Texas hat das größte Motel Amerikas mit 650 Zimmern; es hat 1038 Kinotheater, mehr als New York; es hat 1018 Banken, so viel wie sechs andere Staaten zusammen; es hat 227 000 Farmen, erheblich mehr als insgesamt die Staaten New York, New Jersey und Pennsylvania; es hat 233 000 Meilen Autobahnen, doppelt soviel wie der in der Statistik darauffolgende Staat, eine Autobahn mit sechzehn Spuren; es hat mehr Bürger, die über fünfzig Millionen Dollar besitzen, als alle übrigen Staaten der Union; es hat den größten Portier, die dickste Frau, den breitesten *swimming-pool*, den ältesten Mann, den schwersten Ochsen, den umfangreichsten Aschenbecher und die höchste Pfeffermühle Amerikas. Und es liefert die meisten Skelette an die Hochschulen des Landes.

Das alles hat mich weniger beeindruckt als die Erkenntnis, daß Texas, meines Wissens, der einzige Staat ist, dem es gelang, *»den Sprung von der Barbarei zur Dekadenz unter Umgehung der Kultur«* zu unternehmen. Dekadenz? Nichts, was man von Texas gemeiniglich glaubt, scheint darauf hinzudeuten. Wie kam ich zu diesem Schluß?

Ich brauche wohl nicht zu wiederholen, was jedermann weiß und Texas nicht leugnet – Texas ist ein Goldrauschstaat, ein Ölrauschstaat. Der mächtigste Mann in Texas ist ein Ex-Pokerspieler, Haroldson Lafayette Hunt, der Hauptfinanzier der *John-Birch-Society*, der zweieinhalb Milliarden Dollar besitzt; als sich die Öffentlichkeit zuletzt mit ihm beschäftigte, erfuhr sie, daß er täglich 150 000 Dollar verdient. R. E. (Bob) Smith, der vor einigen Jahrzehnten von verschiedenen Gesellschaften wegen Unfähigkeit entlassen wurde, hat Öl gefunden und verdient eine halbe Million Dollar pro Monat. John W. Mecom, einst ein bekannter Raufbold in den Kneipen von Texas, wird auf hundertzehn Millionen Dollar geschätzt. Die Chancen, Öl zu finden, stehen eins zu acht, die Chancen, bei Bohrungen Millionär zu werden, eins zu zehn. Die Hälfte der männlichen Bevölkerung von Texas ist bei den Banken verschuldet und zahlt das ganze Leben lang die 20 000 bis 25 000 Dollar ab, welche die Banken für mißglückte Bohrungen vorgeschossen haben. Hunderttausende sind *wildcatters*, Wilderer des Öls.

Als man in Sutter's Mill bei Sacramento Gold fand und die Periode des Goldrausches anhob, schrieb man das Jahr 1848. Beinahe das ganze neunzehnte Jahrhundert war eine »Gründerzeit«, in der fast alles, was uns heute selbstverständlich erscheint, »neu« war; insbesondere die Mitte des Jahrhunderts stand im Zeichen des Mottos: »Glück muß man haben.« Das war die Zeit der Glückssucher, des Zufalles, des Spieles, es war ein Roulette-Zeitalter. Wenn wir uns die Welt von damals als eine einzige riesige Spielbank vorstellen, dann wird es verständlich, daß das Spiel in jener Epoche »legal« war: viele beteiligten sich an ihm, manche gewannen, manche verloren, für jedermann galt das Glück – wie das in den Spielsälen nun einmal üblich ist – als berechtigter Wertmesser, kein Unglücklicher nahm den Glücklichen das Glück übel.

Heute ist es anders. Es gibt kaum eine Lebensphilosophie, ein wirtschaftliches und politisches Gesetz jener Zeit, die heute noch gültig wären. Der berühmteste Ölmagnat von Texas, Sid Richardson, hat in jenen Jahren – nämlich zu Beginn des Ölrausches – gesagt: »*Ich habe lieber Glück als Intelligenz, denn viele intelligente Leute haben nicht regelmäßig zu essen; es gibt Leute, die Glück und Gehirn verwechseln – die geraten dann sicher in Schwierigkeiten.*« Heute hört sich dieser Satz des stolzen Analphabeten wie die Charakterisierung einer endgültig abgewirtschafteten Zeit an, es sei denn, daß man ihn umgekehrt interpretiert, als er gemeint war: wer glaubt, ohne Gehirn, mit Glück allein auszukommen, der, in der Tat, gerät in Schwierigkeiten. In der Epoche Richardsons dachten die Unglücklichen und Ausgebeuteten nicht daran, gegen die Glücklicheren aufzustehen: es galt das Gesetz des Glücksrades. Das war die Zeit, in der Marx sein *Manifest* erließ, das heute so veraltet ist, weil es just auf jenen überwundenen Glücksrad-Kapitalismus so gut paßte. Wie gesagt: Inzwischen hat sich in der Welt alles, zweierlei aber grundlegend geändert – einmal, daß das Glück aufgehört hat, ein unbestrittener, alle anderen

Qualitäten ersetzender und von der ganzen Umwelt des Glücklichen akzeptierter Wertmaßstab zu sein, zum anderen, daß man zu Macht, Ansehen, und sogar zu Geld, auf andere Weise gelangen kann als bloß durch Geburt, Glück und Zufall. Texas, andererseits, ist ein *gambling-house* geblieben, ein Spielkasino, inmitten einer längst auf ganz anderen wirtschaftlichen Prinzipien, geistigen Forderungen und ethischen Grundlagen ruhenden Welt. Texas, das sich das »fortschrittlichste« Land der Welt und den »Zukunftsstaat« Amerikas nennt, ist in Wirklichkeit altmodischer als das um die Jahrhundertwende abgebrannte Kasino von Nizza – richtiger: im Kasino von Texas wird wie damals weitergespielt, während die Welt ringsherum sich vollkommen verändert hat. Texas ist ein Anachronismus.

Wir fuhren durch die Wohnviertel der Millionäre. *River Oaks* in Houston, *Highland-* und *University-Park* in Dallas. Hier waren zum Teil gute Architekten am Werk gewesen, aber die Größe der Schlösser und Besitzungen ist ganz und gar unzeitgemäß, so unzeitgemäß, als wollte man heute die Pyramiden errichten, und zwar mitten auf einem polnischen Gut der Feudalzeit. Natürlich können es sich die Ölmillionäre »leisten«, allein für ihre Dienerschaft monatlich rund 10 000 Dollar auszugeben, aber noch zehn, höchstens fünfzehn Jahre, und sie werden allein vor ihren Tellerwaschmaschinen stehen. Zwei Minuten von dem Villenviertel *River Oaks* entfernt, waren wir mitten in West-Dallas-Street, dem Negerviertel. Hier heißt ein Café nicht nur *Old Mexico*, es ist auch unwahrscheinlich, daß es im alten Mexico elendere Kneipen gegeben haben könnte. Zwei Minuten von der auf Sumpf aufgebauten *Rice-University* entfernt – sie steht auf den Grundstücken jenes Millionärs, der, wenn vielleicht auch nicht »*in selbiger Nacht*«, von »*seinen Knechten umgebracht*« worden war –, befanden wir uns in Cleveland-Street, wo die Fensterrahmen der Hütten leer und ohne Glas sind, fenstergroße Löcher in den

Blachenwänden klaffen, wo das Elend in Alkohol und Marihuana ertränkt wird, und die Neger bei unserem Anblick davonliefen. Zwei Minuten von dem neuen Häuserblock entfernt, wo eine kleine Wohnung monatlich fünfhundert Dollar kostet, versank unser Wagen im Sumpf. Aber es handelt sich nicht, handelt sich nicht einmal in erster Linie um die Schwarzen. Es gibt in Texas ganze Landstriche ohne Elektrizität, Häuser, vor denen zum Skelett abgemagerte Menschen sitzen, Kinder, die aussehen, als wären sie aus einem Plakat gestiegen, das die Tuberkulosebekämpfung propagiert. Keinen Steinwurf von *Neiman-Marcus*, dem pompösesten Warenhaus der Vereinigten Staaten, lungern blinde Bettler am Straßenrand – es gibt mehr Bettler in Texas als in allen Staaten Amerikas zusammengenommen. Während das jährliche Durchschnittseinkommen im Staat New York 2930, in Ohio 2392 und in Kalifornien 2898 Dollar beträgt, macht es im reichen Texas 2013 Dollar aus; für Arbeitslosenversicherung bringt Texas genau die Hälfte der Summe auf, die Massachusetts, mit der Hälfte der Bevölkerung, ausgibt, für Altersversicherung die Hälfte der Ausgaben von Pennsylvania, bei etwa gleicher Bevölkerungszahl; Texas steht an zweithöchster Stelle unter den Staaten, die sich für ihre Blinden von Washington Geld geben lassen, und an vierzigster unter denen, die für ihre Blinden selbst sorgen.

Nun gehöre ich nicht zu jenen Idealisten, die meinen, ein solcher Ungerechtigkeitsstaat könnte überhaupt nicht existieren – manche arabische Staaten, auf ähnlichen Prinzipien ruhend, ruhen ganz hübsch –, aber dieser Ungerechtigkeitsstaat Texas kann nicht als Teil einer sozialen Nation und nicht innerhalb einer zivilisierten Welt bestehen. H. L. Hunt, der Ölkönig, betätigt sich auch als »Romancier« – in seinem utopischen Roman *Alpaca* tritt er für eine Gesellschaft ein, in der die Wahlstimmen der Bürger nach der Höhe ihrer Steuerzahlungen bemessen werden. Daß Hunt im Jahre 1921 nicht hätte wählen dürfen – er besaß insgesamt fünfzig Dollar –, ist nebensächlich: bezeichnend aber ist das Unbehagen, das aus diesem Zukunftstraum eines mit der Gegenwart doch anscheinend ganz zufriedenen Mannes spricht. Auch H. L. Hunt fühlt, daß das un-amerikanische Reich inmitten Amerikas sich nur retten ließe, wenn man hier die Gesetze Kleinasiens einführte. Aber Texas wird nicht Amerika, Amerika wird Texas besiegen. Saudi-Arabien am Rio Grande ist eine stolze Festung, die nicht weiß, daß sie schon eine Ruine ist.

Von der Barbarei zur Dekadenz, unter Umgehung der Kultur, sagte ich – wir erlebten es auf Schritt und Tritt. Einer der Millionäre zeigte mir, vor einer Vitrine stehend, die Uhr, die Napoleon bei Waterloo getragen hat, und er zeigte mir, als gleichwertigen Kunstschatz, eine Gondel aus Glasperlen, die ich – man kann sie an der Seufzerbrücke für fünfzig Lire erwerben – unserer, im Verhältnis freilich hochgebildeten Köchin niemals mitzubringen wagte. In den Häusern von *University-Park* gibt es Cézannes und Renoirs, aber man würde sich umsonst nach einem Buch umsehen: Dallas hat eine einzige, außerhalb der Stadt gelegene größere Buchhandlung, Texas hat 800 000 Analphabeten. »Bilder kann man anschauen, aber ungelesene Bücher führen zu Peinlichkeiten«, kommentierte ein Bekannter, den das Schicksal nach Dallas verschlagen hat. »Mein Mann wird mit dem Damokles-Schwert in der Hand kämpfen«, versicherte uns eine Ölmillionärin – ich nehme an, daß es ihrem Gatten zu dumm geworden war, das Schwert über seinem Kopf hängen zu sehen. Von den 125 Mitgliedern des exklusivsten Klubs von Houston, des *Bayou-Clubs,* haben elf höhere Schulen absolviert; wenn auf den Grundstücken der *University of Texas* kein Öl gefunden worden wäre, würde die Hochschule darben; das Gehalt des Rektors, lumpige 25 000 Dollar im Jahr, weigert sich der Staat zu zahlen; von den fünfzig Staaten Amerikas geben fünfundvierzig mehr Geld für ihre Studenten aus als Texas; in dem letzten von John Bainbridge, dem besten Kenner Texas', erfaßten Jahr sind aus den Hochschulen von Texas insgesamt 263 Doktoren hervorgegangen. Andererseits weigert sich Texas, als einziger Staat Amerikas, vom Bund nennenswerte Beträge zur Förderung der Erziehung anzunehmen, sei es, weil ein *texan* dazu zu stolz ist, oder weil – was wahrscheinlicher ist – die Roulett-Gesellschaft Eierköpfe partout nicht brauchen kann. Verglichen mit dem Intelligenzniveau der Texas-Magnaten, die – bildlich, aber nicht allzu bildlich gesprochen – nichts getan haben, als daß sie den Finger an der richtigen Stelle in den Boden steckten, wirken die Spekulanten der europäischen Inflationszeit wie *literary gentlemen* oder Hochschulprofessoren. Damit nicht genug, errichten die Neureichen von Dallas, Fort Worth, Corpus Christi und Houston einen Wall von Unwissen um sich – erstens, weil sie fürchten, daß Wissen den »Instinkt« verkümmern lasse, zweitens, weil ihnen die Wissenden in die Karten schauen könnten, drittens, weil sie meinen, daß die Virilität, um die sie ununterbrochen kämpfen, durch Wissen gefährdet würde.

Aber auch hier sind die Dekadenz-Erscheinungen deutlich bemerkbar. Unbildung war noch im Ersten Weltkrieg, zur Zeit der »Raffkes«, eventuell sogar in der Inflationszeit, komisch: heute ist Unbildung, jedenfalls in diesem Maße, ein Todesurteil mit Bewährungsfrist. Es handelt sich in Texas nicht um »Neureiche« in unserem Sinne. Bei uns unterscheiden sich die »Neureichen« von den »Altreichen« dadurch, daß die »Altreichen« ihr Vermögen ererbt haben und verwalten, während es die »Neureichen« gerade erst erwerben: ein übrigens durchaus legitimer Vorgang. Alter Reichtum ist eo ipso mit einer gewissen Kultur verbunden: neuer Reichtum kann ohne eine gewisse Intelligenz nicht erworben werden. In Texas jedoch wird der Reichtum weder geerbt noch erworben, sondern gefunden. Schon Wilhelm II., beileibe kein Intellektueller, hat 1890, in seiner *Rede über die Reformen höherer Schulen*, von den »*verkommenen Gymnasiasten*« als einer »*Gefahr*« gesprochen: was hätte er von den Ölmonarchen gedacht, die nicht einmal verkommene Gymnasiasten sind! Mit Fäusten, tausendmal härter als die der härtesten Männer von Texas, pocht die neue Zeit an die Tore der stattlichen Ruinen von Texas.

Ich sagte, daß sich der schreckliche Freitag, der 22. November 1963 in Texas ereignen mußte. Was hat das mit den eben geschilderten Phänomenen zu tun? Es hätte nichts damit zu tun, wenn das Unterbewußtsein von Texas nicht so wach wäre, wie sein Bewußtsein stumpf ist. Ist es erlaubt, von einem »Wissen« im Unterbewußtsein zu sprechen, dann ist sich Texas seiner Minderwertigkeit vollkommen bewußt. Die Überkompensation dieses Gefühles äußert sich einerseits auf eine peinliche, aber nicht gefährliche, andererseits auf eine lebensgefährliche Art. Es ist kein Zufall: als man dem Kolumnisten Art Buchwald vorhielt, der Präsidentenmord hätte sich überall ereignen können, antwortete er schlicht: »*Yes, but it didn't.*«

Die Texas-Sprache, deren gesamtes Vokabular aus Superlativen zu bestehen scheint, habe ich schon erwähnt: nur wer weiß, wie klein er ist, bläht sich zu solcher Größe auf. Texas versucht fortwährend seine Größe zu beweisen: das ganze Leben hier ist ein Superlativ. Der Weihnachtskatalog des Warenhauses *Neiman-Marcus* preist – »für die Dame, die alles hat« – ein Flugzeug an: daß der Herr schon eines besitzt, ist selbstverständlich; ohne Privatflugzeug wäre er kein Herr. Ich fragte in einer Pelzhandlung, wie viele Chinchillas dort »im Jahr« verkauft werden – »drei in der Woche«, war die Antwort. Kostüme, die bei der Viehausstellung in Dallas feilgeboten werden – Rock und Bluse, *Cow-girl-outfit* genannt –, kosten 1500 Dollar, soviel wie ein Abendkleid bei Dior; sie finden reißenden Absatz. Als der Ölmagnat Pat Rutherford in der Nähe von Austin für den damaligen Senator Lyndon B. Johnson eine Party gab, brachten 53 Flugzeuge 800 Gäste. Bei dem jährlichen

Maskenball von Jake Hammons reitet die Gastgeberin auf einem Elefanten in ihren Salon; ein anderes Maskenfest, bei dem die Damen als römische Sklavinnen erscheinen mußten, kostete 110 000 Dollar. Mrs. Clara Driscoll mißfiel die Bedienung im *White Plaza Hotel* in Corpus Christi; sie schwor, gegenüber ein neueres und höheres Hotel zu bauen, damit sie von dessen Höhen auf das *Plaza Hotel* »hinunterspucken« könne: als es soweit war, lud sie mehrere hundert Gäste auf den Dachgarten ein, die der Spuckszene beizuwohnen frohe Gelegenheit hatten. Jeder bessere Ölmann in Texas hat sechs bis sieben *Cadillacs,* die er jedes Jahr austauscht. Man erzählt die Geschichte von zwei Ölmillionären, die, nach dem Mittagessen in einem Restaurant, einen Autosalon besuchten. Als dort einer von beiden einen neuen *Cadillac* kaufte und bezahlen wollte, schrieb der andere schnell einen Scheck aus: »Aber, Bob, du hast ja das Mittagessen bezahlt.« Ein Millionär, den man zu einer ihm nicht genehmen Wohltätigkeitsspende zwang, sandte seinen Beitrag in Säcken, die zwei Millionen Ein-Cent-Stücke enthielten. Die einzigartige Roulette-*society* von Texas versucht nicht, wie das unsere Neureichen taten und tun, dem alten Reichtum nachzueifern: sie reagiert das Unbehagen sofort ab, und zwar auf das vulgärste.

Überkompensation der eigenen Minderwertigkeitsgefühle pflegt, auf dem Weg über bloße »Aufschneiderei«, zu einem Verfall der Sitten zu führen. John Bainbridge berichtet in *The Super-Americans* von einer Party mit vierhundert Gästen, bei welcher der Hausherr den Revolver zog und die Gäste erst entließ, nachdem vier seiner Freunde ihre Liebesbeziehungen zu der Hausfrau gestanden hatten. Obwohl Texas um fünf Millionen weniger Einwohner hat als Kalifornien, das unter allen Staaten Amerikas die meisten Scheidungen aufweist, werden in Texas fast ebenso viele Ehen geschieden wie in Kalifornien, und die Stadt Fort Worth darf sich rühmen, die einzige amerikanische Metropole zu sein, wo in einem Jahr mehr Ehen geschieden als geschlossen wurden. Eine Zeitlang war es in Dallas Mode, bei privaten Wohltätigkeitsfesten die Kosten einer Scheidung als ersten Preis zu stiften. Jahrelang besaß Dallas die einzige »*Strip-tease*-Universität« der Welt; eine chemalige Nackttänzerin, »*Miss Candy Barr*«, konnte dreihundert »Studentinnen« mit einem Diplom auf den Strich schicken. Ein Rauschgiftskandal setzte ihrer akademischen Laufbahn ein Ende, doch machte sie im Gerichtssaal so gute Figur, daß der Richter Joe B. Brown – der nämliche, der später, ein purer Zufall, den Vorsitz im Ruby-Prozeß führte – während der ganzen Verhandlung Photo- und Film-Aufnahmen von »*Miss Candy Barr*« machte, natürlich wenn er nicht gerade damit beschäftigt war, aus einer gewissen Entfernung zielsicher in einen Spucknapf zu speien. Um das Schwimmbecken eines der vornehmsten Hotels servieren Kellnerinnen, die weit weniger als Schwimmtrikots tragen; zu gewissen Partys werden die *party-girls*, wie man hier die Dirnen höflicherweise nennt, in Autobussen transportiert; jeder bessere *public-relations-man* hat einen Stall hübscher Mädchen; fünfzehnjährige Millionärssöhne bekommen ein eigens für ihre »männliche Erziehung« bestimmtes Taschengeld; es gibt Tausende Mädchen in Amerika, die lieber Prostituierte in New York als Warenhausverkäuferinnen in Dallas wären. Die Korruption ist institutionell, was gar nicht anders sein kann, da ja die ganze Gesellschaft zusammenbräche, wenn sie zugäbe, daß nicht alles käuflich ist. Jeder Ölmillionär hat hier ein paar Richter, auf die er sich verlassen kann; jeder Steuerberater »kennt« einen liebenswerten Steuerbeamten; jeder Nachtlokalbesitzer steht mit einigen Polizisten auf du und du; es gibt Leute, die als berufliche »Alibizeugen« ihren Unterhalt verdienen; wenn der Filmstar Doris Day das *Cabana-Motel* – die vulgärste Einkommensquelle von Texas – »gründen« will, verbündet sie sich *fifty-fifty* mit der Gewerkschaft; für jeden Verbrecher, der verhaftet wird, treten neun andere ein; während die rechte Faust des *two-fisted-man* zum Schlag ausholt, schließt sich die linke um das Bestechungsgeld. Texas ist ein Pompeji ohne Kunstwerke, und seine letzten Tage – mögen diese »letzten Tage« auch noch Jahre dauern – haben begonnen.

Das ist jedoch nicht alles, ist nur der Anfang. Charakteristischer als die Vulgärität ist für die Überkompensation der Minderwertigkeitsgefühle von Texas die Gewalttätigkeit. Obwohl die »großen Familien« von Texas behaupten, Texas gehöre zum Süden – denn der Süden ist ja »vornehmer« als der Westen –, ist Texas, geographisch Süden sowohl als Westen, seiner ganzen Geschichte nach eindeutig der Westen, der Wilde Westen.

Hier, endlich, fanden wir den Grund für die Symptome, die wir anderorts konstatiert hatten. Daß hier Öl gefunden wurde, hat die *texans* in die wilde, gesetzlose, räuberische, auf das Faustrecht aufgebaute Epoche der »Gründerjahre« zurückversetzt, und weil hier, so zufällig wie in den Kasinos von Monte Carlo oder in den Spielhöhlen von Las Vegas, die Kugel in der gesetzten Nummer landete, glaubt Texas, der Zufall des Glücks sei das Gesetz des Landes. Der korrupte *salesman*-Politiker in Washington, der Präsidentschaftskandidat, der die »knieweiche Wohltätigkeit« abschaffen will, der südliche Gouverneur, der mit seinem *White Citizens Council* die »Sklaven« in Schach hält, die Organisation, die in New Orleans einen »Telephondienst« eingerichtet hat, über den man Tag und Nacht antisemitische Schlagworte hören kann, die Intellektuellen-Jäger in Süd, Nord, Ost und West, die Atombomben-Erpresser im ganzen Land – sie alle wurzeln in Texas, wo die Millionen auf der Straße liegen und wo, gleichzeitig, die Staatskasse so bankrott ist, daß der Bund jährlich dreieinhalb Milliarden Dollar zuschießen muß, mehr als die gesamte landwirtschaftliche Produktion von Texas zu liefern vermag; für dieses Defizit könnte nicht einmal H. L. Hunt aufkommen.

In diesem Staat der Nabobs und Bettler wird in jeder fünfzehnten Sekunde ein Verbrechen begangen. Die Jugendkriminalität hat um fünfzig Prozent zugenommen, die Zahl der Sträflinge um hundert Prozent. In einem einzigen Jahr wurden in Texas 1094 Personen ermordet – den Präsidenten der Vereinigten Staaten nicht gerechnet. Die Zahl der Morde und Totschläge ist doppelt so hoch wie im Staat New York, dessen Bevölkerung im gleichen Jahr sieben Millionen Menschen mehr umfaßte. Jedes Jahr werden in der Stadt Dallas allein mehr Menschen ermordet als in ganz England, das um rund fünfundvierzig Millionen mehr Bewohner hat. Der *circulus vitiosus* des Verbrechens ist hier vollständig. Da hier, nach dem Bericht der *Texas Society of Pathologists*, von zehn Mördern nur einer verhaftet wird, nimmt das Volk selbst das »Recht« in die Hand – und begeht neue Morde, die gleichfalls ungesühnt bleiben. Wie John Bainbridge berichtet, hat ein Architekt, der einige Jungen biertrinkend vor seiner Garage fand, die Polizei zwar verständigt, aber, während er wartete, einen siebzehnjährigen Jungen erschossen: der Architekt war eben etwas ungeduldig und nicht ganz sicher, daß die Polizei tatsächlich kommen würde. Die Höchststrafe für Mord in Texas ist Tod, für alles aber, was man hier »Totschlag« nennt, sind drei Jahre die Höchststrafe. Im allgemeinen werden Totschläger – wird einer von zehn, denn neun werden ja nie gefaßt – zu zwölf Monaten Gefängnis verurteilt, verbüßt durch die Untersuchungshaft. Was die »Strafprozeßunordnung« vermag, hat die Welt im Ruby-Prozeß staunend erkannt. »*Das Leben in Texas ist billig*«, schrieb die *News* von Dallas – wenigstens eine Preisbezeichnung, die richtig ist.

Man weiß jetzt, daß in Texas jeder soviel Waffen kaufen kann, wie ihm behagt. In einem der zynischsten Interviews, die je gegeben wurden, erklärte der »Stadtmanager« von Dallas, Elgin E. Crull: »*Man sieht nicht viel Leute mit Pistolen in Dallas. Die Leute im Osten und Norden und in Europa vergessen, daß wenige*

Meilen von Dallas der Revolver noch das Handwerkszeug ist. Die Bewohner von Texas wissen nie, wann sie ein wildgewordenes Tier, eine kranke Kuh oder eine Schlange erschießen müssen.« Der Taxichauffeur, der uns in Houston herumfuhr, zeigte uns stolz zwei Revolver, die er bei sich trug – einen im Gürtel, den anderen in einem *holster,* unter der Schulter. Daß er in der Millionenstadt Houston – 1300 Kirchen, 144 Parkanlagen, 567 000 Telephone, vier Fernsehstationen – auf wildgewordene Tiere, kranke Kühe oder Schlangen hätte jagen müssen, konnte ich nicht annehmen. *Montgomery Ward,* eines der größten Waren- und Versandhäuser, inseriert *»sensationelle Neuheiten in Gewehren«,* keine Anzahlung, zehn Monatsraten. Der Laden fügt im gleichen Inserat hinzu: *»Jeden Abend bis neun geöffnet«,* wahrscheinlich für die dringendsten Bedürfnisse. In der Auslage der Schneiderwerkstätte *Alex's* in San Antonio steht eine Tafel: *»Wir flicken schnell Kugellöcher und Messerschnitte.«* Ein Geschäft in Dallas verkauft ausschließlich gebrauchte Waffen, zu ermäßigten Preisen: eine Anzeige in der Auslage verkündet: *»World's most infamous gun«,* das abscheulichste Gewehr der Welt, 6,5 Kaliber, ein Gelegenheitskauf. In seinem Buch *Home from the Hill* schreibt William Humphrey, in Texas antworte ein zwölfjähriger Junge auf die Frage, wie alt er sei, mit »0.22«, denn zu jedem Geburtstag bekommt ein Texas-Junge ein neues, immer größeres Gewehr – wahrscheinlich bis er zu dem »abscheulichsten Gewehr der Welt« heranreift. Eines Abends hörten wir unter den Werbesendungen den Reklamespruch einer Waffenhandlung: »Wir haben alles für Sie, was Sie brauchen, *get the best buys now«* – jetzt, spät nachts. Und wenn in Texas jedes Jahr rund 110000 Personen bei Verkehrsunfällen verletzt und 2400 zu Tode gefahren werden, so komplettiert das nur das Bild eines Staates, der die Zivilisation benützt, um sich gegen die Kultur zu wehren.

Ja, hier mußte es geschehen.

Hier drückt man einem ein Exemplar der Zeitschrift »*Thunderbolt*« in die Hand, in der eine »*headline*« lautete: »*Kennedy keeps mistress*«; hier sprach man von der *First Lady* in Ausdrücken, die der Anstand wiederzugeben verbietet; hier glotzten uns wilde Fratzen an jeder Straßenecke an; hier waren wir fremder als im Urwald Brasiliens; hier hatten wir keinen Moment das Gefühl, in den Vereinigten Staaten zu sein, es war uns vielmehr wie in Europa um 1933 – wir dachten daran, wie wir von hier nach Amerika entkommen könnten. Die vorsichtige *New York Times* veröffentlichte einen Artikel unter dem Titel »*Gruppe von Businessmen beherrscht Dallas ohne Auftrag der Wähler*« – und bewies, daß hier der *Citizens Council*, der sich aus 234 ausgewählten Kaufleuten zusammensetzt, tun und lassen kann, was er will. Hier, wo vor fünfzig Jahren, als die Universität Harvard schon zweihundert Jahre alt war, noch auf Indianer Jagd gemacht wurde, haben die *John-Birch-Society*, der Klu-Klux-Klan, die amerikanischen Nazis, die Segregationisten des ganzen Landes ihre Geldquellen, hier werden immer noch Köpfe gejagt, Eierköpfe. Hier wurde der Senator des eigenen Staates – der einzige Mann, der Texas zu rehabilitieren imstande wäre –, Lyndon B. Johnson, mit Steinen beworfen; hier wurde der UN-Botschafter Adlai E. Stevenson bespuckt und beschimpft; hier sagte uns ein bedeutender Ölmann, daß Washington von den »*Weisen von Zion*« beherrscht werde; hier erzählte man uns von »Orgien mit Negern in Washington«; hier hörten wir, daß es »eine gute Idee« wäre, beim nächsten *march of freedom* jeden zehnten Neger »aufzuknüpfen«, und hier, schließlich, erklärte uns ein Taxichauffeur laut und vernehmlich: »Kennedy soll nicht Texas betreten – wenn er sich hierher wagt, wird etwas geschehen.«

So aber wie Texas haßt, haßt niemand, der seiner Sache sicher ist, der sich nicht bedroht fühlt, der nicht ahnt, daß er verloren ist. Diese Blicke, die zu sagen scheinen: »Wir wissen, was die Welt von uns denkt, deshalb hassen wir alles, was nicht Texas ist«; diese Glücksspieler und Verschwörer, diese Totschläger am Lenkrad und diese Mörder mit dem Gewehr; diese kochende Wut und dieses dumpfe Unbehagen – das alles sind Zeichen des Untergangs. Texas ist krank, verwundet, ein zu Tode verwundetes, brüllendes Tier. Dieser schreiende, prahlende, überbeleuchtete, besoffene, Gott und die Welt ständig herausfordernde Staat befindet sich in der Abwehr – er wehrt sich gegen geistigen Fortschritt, intellektuelle Ehrlichkeit, menschlichen Anstand, soziale Sicherheit und demokratische Moralität. Und weil John Fitzgerald Kennedy das alles repräsentierte, mußte er fallen, an der Ecke von Elm- und Houston-Street, in Dallas, Texas.

Hier waren wir an der Quelle. Hier mußte es geschehen.

JUNGER MANN AUS NEBRASKA

Da unser Zug früh am Morgen abfuhr, mußte ich nicht unerhebliche Vorkehrungen treffen, um unser Gepäck rechtzeitig an die Bahn befördern zu lassen. Hierzu bedurfte es einer Revolutionierung des Hotels; auf das Bahnhofspersonal konnte ich mich nicht verlassen, da Gepäckträger in Amerika, außer in den größten Großstädten, Raritätswert besitzen. Man wird hier immer wieder an Alfred Polgar erinnert, der beim Anblick einer amerikanischen Modellküche ausrief: »Ein böhmischer Trampel wäre mir lieber!« Was die Bahnhöfe betrifft, so findet man dort überaus hübsche, chromglitzernde Wägelchen, die man ohne große Mühe selbst vor sich herschieben kann – wenn man nämlich, ohne Schaden an seinen Bindegeweben und Ischiasnerven zu nehmen, die Koffer zuvor auf selbige hinaufgehoben hat.

Im allgemeinen ist der amerikanische Luxus ein *do-it-yourself*-Luxus, dessen Essenz darin besteht, die Unbequemlichkeit möglichst bequem zu machen. »Selbst ist der Mann«, heißt es da just an jenen Orten, wo selbst der Mann auf keinen Fall gar so selbständig sein möchte. Rätselhaft ist es allemal, wie die Amerikaner eine Konkurrenz mit dem europäischen Fremdenverkehr sich vorstellen, oder warum sie glauben, den verwöhnten Europäer mit einem solchen Appell an seine Virilität anlocken zu können. Während unserer ganzen Amerikafahrt waren die Hotels uns ein stetes Ärgernis. Daß die Schuhe, so man sie naiverweise nachts vor die Tür stellt, gestohlen oder weggeworfen werden, bestenfalls jungfräulich unberührt bleiben, ist bekannt: es läßt sich ertragen, obwohl ich keinen Grund sehe, meine Schuhe im Friseursalon reinigen zu lassen und für jede derartige Arbeit mein Bein sozusagen mitzuliefern. Ungemein ärgerlich ist jedoch die unpersönliche Art, mit der man, wenn nicht in allen, so doch in den meisten Hotels behandelt wird, als sei man eine Zimmernummer, was das Telephonfräulein, soferne es überhaupt von sich hören läßt, keineswegs hindert, einen mit *honey*, »mein Süßer«, anzusprechen – die Kombination zwischen Intimität und Kolchose erscheint mir höchst unglücklich. Unlogisch erscheint es mir auch, warum ich dem Hausdiener, sind wir schon sozusagen auf du und du, jedesmal, wenn er an meinem Zimmer vorbeihustet, ein Trinkgeld in die Hand drücken muß: so viel Selbstbewußtsein sollte des Trinkgelds entraten. Über dieses Einerseits-Trinkgeld-Andererseits-Sozialismus machen sich die Amerikaner übrigens selbst lustig, wovon die Geschichte des Mannes zeugt, der statt des bestellten Päckchens Spielkarten zweiundfünfzig Karten in einzelnen Lieferungen erhielt, weil die Pagen doch zweiundfünfzigmal fünfundzwanzig Cents einstreichen wollten. Daß im Süden, auch in den besten Hotels, die Betten abends nicht aufgedeckt werden; daß die Institution eigener Trinkgläser, zum Unterschied von Mundspülgläsern, so gut wie unbekannt ist; daß, mit löblichen Ausnahmen, kein einziger Portier bereit ist, einen Brief mit Briefmarken zu versehen, geschweige denn zu befördern; daß überhaupt niemand zu tun willens ist, was nicht zum engsten Kreis seiner Aufgaben gehört; daß einem dagegen in Hotel-Restaurants von gestrengen *hostesses* just jener Platz angewiesen wird, den man einzunehmen keine Lust verspürt, das erwähne ich nur nebenbei – was mich aber dann doch in Rage versetzt, ist die Kritik, die amerikanische Reisende am europäischen Gastgewerbe üben, während in Wirklichkeit kein Pariser Bordellportier trinkgeldsüchtiger ist als ein amerikanischer Hausdiener, und keine sizilianische Analphabetin weniger tut als amerikanische Hausmädchen in schamlos teuren Luxushotels.

Nachdem es mir dennoch gelungen war, die traditionellen Gesetze der amerikanischen Selbstbedienung zu durchbrechen, machten wir es uns in unserem *drawing-room* bequem – bequem, sage ich, denn die amerikanischen Eisenbahnen, ich erwähnte es schon, möchte ich von dieser harschen Kritik nachdrücklichst ausnehmen.

Der Zug fuhr langsam, beinahe als tastete er sich seinen Weg durch das dürre Land; manchmal hatten wir das Gefühl, der Schienenstrang sei noch nicht fertig, nur eine Etappe sei gebaut, der Zug würde bald halten und wir würden sitzen und warten, wochenlang, bis man die Geleise vor uns wie einen schmalen Teppich ausbreitete. Stundenlang fuhr die Bahn über eingeleisige Schienen, blieb auf offener Strecke stehen, harrte des entgegenkommenden Zuges, und es war dann merkwürdig zu sehen, daß ein elektrisch getriebener Zug uns passierte: wir hatten eine jener Dampflokomotiven erwartet, die in Wahrheit nur noch zum Fundus der Filmgesellschaften gehören und beim Anblick von Wild-West-Filmen uns entzücken. Wie klug war es gewesen, mit der Eisenbahn zu fahren, um wieviel näher kam uns doch die Komplexität der amerikanischen Probleme! Ich sagte es schon einmal, kann es aber nicht oft genug wiederholen: In diesem Land ist die Vergangenheit gegenwärtig, doch ganz anders als in Europa, wo die Vergangenheit ein sicher angelegtes Kapital ist, zinsenbringend, aber nicht spekulativ, still, beruhigend, beinahe museal – hier jedoch drängt sich das Gestern ungeduldig und beunruhigend in die Gegenwart, versucht die Gegenwart mit spitzen Krallen zu ergreifen und zurückzureißen; hier gleicht es einem Piratenschiff, das die Gegenwart einzuholen, zu kapern und in den geheimen Hafen des Gewesenen abzuschleppen trachtet.

Wir sahen sie jetzt anders als bisher, die Cowboys, die an unserem Zug vorbeiritten, schneller manchmal als der Zug fuhr.

Wenn man einen Moment innehielt und daran dachte, daß diese Männer mit den *Gallon-hats,* diese galoppierenden Lassowerfer, Wähler waren, daß ihre Stimmen wenn auch nicht das Schicksal des Landes entschieden, so doch zu den großen Entscheidungen beitrugen, daß die Regierung der Vereinigten Staaten, und damit die freie Welt, auf sie Rücksicht nehmen, mit ihnen Kompromisse schließen mußte, daß sie, aus der Vergangenheit auftauchend wie der erpresserische Komplice in den Wild-West-Filmen, über unser Schicksal hinweggaloppierten, dann war man geheilt von der Romantik des *»Golden West«,* dann beschlich einen ein gespenstisches Gefühl, und dann, freilich, wollte man sich vor dem Heroismus des jungen Mannes im Weißen Haus verneigen, der, über die amerikanische Nibelungensage hinweg, tat, was Gegenwart und Zukunft ihm geboten.

Durch Arizona zogen sich die Schienen, nur fünfzig oder sechzig Meilen nördlich der mexikanischen Grenze – warum hier und nicht irgendwo anders? Cochise, Benson, Columbus, Orte, die in den Autokarten gar nicht eingezeichnet sind, die Indianer-Reservationen von San Xaviers und Papago, kahle Berge, die dastehen wie der unvollendete Turm von Babel, *»Ziegel zu Stein und Erdharz zu Kalk«,* zerklüftete Schluchten, als hätte der Atomkrieg unmittelbar den Turmbau von Babel abgelöst, als wären die Felsblöcke übereinander und in die Tiefe gepurzelt; die Chiricahua-Berge mit dem *Cochise-Head,* dem deutlichen Profil des Indianers und nach Cochise benannt, dem Häuptling, der die Pioniere bekämpfte mit Pfeil und Bogen, der Apachen-Führer zu Stein erstarrt, aber gestern ritt er noch durch das Kaktus-Land; und wenn der Zug hielt, er hielt immer wieder, sagten wir uns, daß Cochise und seine Indianer gleich auftauchen würden, mit Pfeil und Bogen, oder daß maskierte Banditen den Zug überfallen würden, Geld oder Leben, oder beides. Draußen brütete die Hitze. Ich erzählte Licci von der südlichen Novelle, die von dem Zug handelt, in dem Wassernot herrschte und nur ein kleiner Junge immer wieder mit Eiswasser erschien – erst als er ein kleines Vermögen gemacht hatte, gestand er, es stamme von »Großvaters Eis«: der tote Großpapa wurde auf Eisblöcken im Gepäckwagen transportiert. Nun gab es Eiswasser soviel man wollte, nicht vom toten Großpapa, fehlerlos funktionierte die Klimaanlage, aber man war nicht gewiß, was die Realität war, das sterilisiert-hygienische Amerika oder der Großpapa auf Eis.

In den kleinen Stationen stiegen wir aus, retteten uns für Minuten aus dem Klimaeis in die Naturhitze; wir waren jetzt hart an der mexikanischen Grenze, unweit von Douglas, wo Mexikos romantischer Bandit, Villa, gehaust hatte; die alten spanischen Bahnhöfe waren immer noch alt und spanisch, gelb wie der Sand, mit Rundbögen und staubigen Kakteen, auf den Abstellgeleisen standen noch Eisenbahnwagen aus der Pionierzeit, vergessen, mahnend, oder, wer weiß, eines Hollywood-Produzenten harrend.

Wir versperrten unser Abteil und gingen in den *Lounge-car*, der sich inzwischen ein wenig belebt hatte. Eine Frau von ungeheuerem Umfang stieg ein, von zwei jungen Männern in Hemdsärmeln begleitet, die sie stützten, denn sie war stockbesoffen. Eine junge Negerin stieg ein, gazellenschlank, reizend angezogen, bescheiden setzte sie sich in eine Ecke. Die beiden hemdsärmeligen Männer betrachteten sie halb verächtlich, halb haßerfüllt; für einen Augenblick war die Luft zum Schneiden dick; dann waren die beiden Männer, *white trash*, zu beschäftigt, die Fette daran zu hindern, seitwärts von ihrem Sitz zu fallen; schmutzige Spielkarten kamen zum Vorschein, Bier wurde gebracht, die beiden Männer machten sich daran, der Fetten ihr Geld abzunehmen. Der Zug mühte sich durch die Einöde. Der Nachmittag kam, der Abend sank; die beiden Männer spielten noch immer, jetzt nahmen sie sich gegenseitig das Geld der Fetten ab, der ungekämmte Kopf der Fetten war auf die Tischplatte gesunken, sie schnarchte; der Neger-Kellner brachte der jungen Negerin ein Mode-Magazin. Noch spärlicher wurden die Ortschaften; da tauchte der Hassayampa-Fluß auf, von dem die Sage geht, daß derjenige, der von seinem Wasser trinkt, nie mehr die Wahrheit zu sagen vermag, doch wer wollte, selbst wenn ihm dies verlockend schiene, jemals hinabsteigen über diese Felsblöcke zum Hassayampa – zwanzig, dreißig Meilen lagen zwischen zwei in der Wüste verlorenen Häusern; wer wohnt hier und warum, sind es trotzige Menschen oder Menschen mit einem schlechten Gewissen? – nur Fernsehantennen, die sah man auch hier, und mehr denn je zuvor wirkten die Hütten wie Gefängniszellen, denn Gefängnissen ist es eigen, daß man sie betreten, aber nicht verlassen kann, und den Radiowellen ist es eigen, daß sie zu einem kommen, aber nicht von einem gehen, so daß die Fernsehprogramme, hier empfangen, wie Nahrung im Blechtopf sein müssen, die man dem Gefangenen durch das Loch in der Panzertür zuschiebt. »Schafe!« rief Licci erstaunt, irgendwo zwischen Bowie und Hyder, aber der freundliche *porter*, der uns den Whisky brachte, lächelte nur: es waren keine Schafe, es waren Antilopen. Aus der Dämmerung tauchten die grazilen Gestalten auf, die »Blumenaugen«, sie fürchteten sich nicht vor dem Zug, dann plötzlich, aufgescheucht, sprangen sie davon, nicht der Zug schreckte sie, sondern die Schlangen; Schlangenland rings um den Zug, die Antilopen wie Gespenster von Antilopen. Die Fette schnarchte noch immer, der *white trash* spielte noch immer, die junge Negerin, die den Antilopen glich, las noch immer in ihrem Modeheft.

Wir mußten mehrere Waggons durchqueren, um zu unserem Schlafwagen zu gelangen. Die Integration auf der *Southern Pacific*-Bahn ist durchgeführt: schwarze Familien saßen neben weißen, aber kein Weißer sprach mit einem Schwarzen, kein Schwarzer mit einem Weißen, die Negerväter hielten ihre Kinder auf dem Schoß, drückten sie furchtsam an sich, die Negerfrauen saßen aufrecht, trauten sich nicht zu schlafen, die Kinder hatten sie den Männern anvertraut, nur hier und da stolperte man über ein schwarzes Kind, das sich losgerissen hatte und durch den Wagen lief, kleine Kinder, die vielleicht noch nicht wußten, daß sie schwarz waren.

Am nächsten Morgen frühstückte Licci, deren Zeitsinn sich wieder einmal verwirrt hatte, in unserem Abteil, während ich in den Speisewagen ging. Es ging schon auf zehn, und die Neger-Kellner saßen am Ende des Wagens, bei spätem Frühstück oder frühem Mittagessen. Außer mir waren nur zwei Passagiere anwesend – ein hochgewachsener, gut aussehender, ungemein dezent gekleideter Neger, wahrscheinlich ein Arzt, und ein junger Weißer, wahrscheinlich ein Student. Ich las die Morgenzeitung, die mir der Schaffner gereicht hatte, es war eine Zeitung aus Phoenix; sie berichtete von der bevorstehenden Reise des Präsidenten nach Texas. In die Zeitung vertieft, wurde ich auf den Neger erst aufmerksam, als er sich schon fünf oder sechs Minuten lang stehend am Tisch der Kellner aufhielt. Er war kein Arzt, jedenfalls nicht im Hauptberuf; er war ein Agitator, wahrscheinlich ein kommunistischer: jedenfalls bediente er sich, soviel ich seinen Reden entnehmen konnte, kommunistischer Schlagworte. Die Sowjets, sagte er, seien es, die dem schwarzen Mann in Afrika die Freiheit gebracht hätten, wie käme der amerikanische Neger dazu, für Kuba zu sterben, die Gleichberechtigung in Amerika sei ein Traum, der nur auf dem Weg über den Sozialismus verwirklicht werden könne. Die Kellner hörten ihm bewegungslos zu, blickten manchmal auf, widmeten sich wieder ihren knusprigen Brötchen; es war nicht festzustellen, was sie dachten, aber es war klar, daß sie weder den Agitator noch den weißen *Maître d'hôtel*, der sich in der Nähe aufgepflanzt hatte, verärgern wollten. Ich legte die Zeitung beiseite, weil ich die Szene als faszinierend empfand: draußen die Wild-West-Landschaft, hier der glitzernde Speisewagen mit einer überreichen Auswahl an Speisen und Getränken, dazu ein kommunistischer Wanderredner, auf Rädern sozusagen, der mir wieder das brennendste Problem des Landes nahebrachte.

Der Agitator sprach und gestikulierte, der *Maître d'hôtel* stand mißbilligend, aber sichtlich unentschlossen zwischen mir und dem Neger – da erhob sich der junge Mann am Nebentisch und kam auf mich zu. Offenbar sei ich ein Fremder, sagte er, und, wie er sehe, von diesem seltsamen Schauspiel beeindruckt, doch möge ich daraus keine falschen Schlüsse ziehen – Narren, *crackpots*, gäbe es wohl überall. Ich bat den jungen Mann, eine Tasse Kaffee mit mir zu trinken, und nun ... nun also kam ich zu dem Schluß, daß ich wieder einmal gut daran getan hatte, Liccis Rat und Instinkt zu folgen: allein dieser Bekanntschaft wegen hatte die beschwerliche Bahnfahrt sich gelohnt.

Howard K. Page, so hieß er, stammte aus Omaha, Nebraska, was, seltsamerweise, dazu beitrug, unsere Unterhaltung rasch in Fluß zu bringen. Ich hatte an der Invasion von Salerno mit den 531. *Combat-Engineers*, einem Pionier-Regiment, teilgenommen, das fast ganz aus Soldaten und Offizieren von Omaha, Nebraska, bestand, vielen von ihnen, besonders dem kommandierenden Oberstleutnant Lawrence, hatte ich die herzlichste Erinnerung bewahrt. Howard K. Page war in jenen Kriegstagen ein Kind gewesen; jetzt war er dreiundzwanzig und – nach einem Besuch von Verwandten in Texas – unterwegs nach Kalifornien, wo er seine Studien in *political science*, den politischen Wissenschaften oder Nationalökonomie, abzuschließen gedachte. Er war ein blonder Junge mit warmen, dunklen Augen, athletisch gebaut, mit dem etwas viereckigen Kopf, den kurzen Haaren und dem heruntergeknöpften Hemd der Typus eines amerikanischen Baseballspielers – im übrigen hatte er auffallend schöne, lange Hände, wie das viele Amerikaner, unabhängig von Beruf und harter Arbeit, auszeichnet. Seine Eltern, erzählte er, besäßen eine Farm in der Nähe von

Omaha, die sein ältester Bruder übernehmen werde; er selbst interessiere sich wenig für Landwirtschaft. Ich fragte ihn, was er werden, welchen Beruf er nach Abschluß seiner Studien ergreifen wolle – eine jener Fragen, die ältere Herren, mangels aufrichtigen Interesses, jüngeren Menschen nun einmal stellen. *»I want to become a politician«*, antwortete mein Reisegefährte, und diesen Satz gebe ich auf englisch wieder, weil doch der »Beschluß, Politiker zu werden«, in der deutschen Sprache, nicht ohne Grund, etwas mißliebig klingt, weil aber, andererseits, der amerikanische Ausdruck *politician* nicht einfach mit »Politiker« übersetzt werden kann – er umschreibt im Amerikanischen, meistens abfällig, einen in Verruf geratenen Begriff, dem etwas Provinzielles, Schäbiges, ja Korruptes anhaftet. Der sympathische Baseballspieler wollte also Politiker, wollte *politician* werden: darüber mußte ich Näheres erfahren, und so lud ich ihn ein, mir in unser Abteil zu folgen.

»Sie haben schon richtig verstanden«, sagte Howard K. Page, nachdem ich ihn meiner Frau vorgestellt und ihm einen Platz angeboten hatte, »– ich will Politiker werden. *Politician,* ich gebe es zu, das gilt bei uns nicht als sehr feiner Beruf: Roosevelt pflegte bei seiner Wahlregistration seinen eigenen Beruf als ›Farmer‹ einzutragen; mein Vater hat es mir oft genug vorgehalten. Aber sehen Sie – ich weiß nicht, wie lange Sie von den Staaten abwesend waren: Kennedy hat den Beruf des Politikers wieder respektabel gemacht.«

Den Beruf des Politikers wieder respektabel gemacht: jetzt, nur vierundzwanzig Stunden, nachdem wir Texas verlassen hatten, ließ mich der Satz aufhorchen – ich bat den Studenten, mir das näher auseinanderzusetzen.

Wie die meisten jungen Leute, die bemerken, daß man ihnen aufmerksam zuhört, sprach er viel und schnell, als hätte er Angst, daß man ihm nicht bis zu Ende folgen oder ihn mißverstehen würde, zuweilen geriet er vom Thema ab, erging sich in Neben-

276

sächlichkeiten, dann wieder ritt er zu lange auf seinem Stecken-
pferd herum – und doch kann ich mich an wenige Gespräche in
den Vereinigten Staaten so genau erinnern, wenige waren für mich
eine größere Bereicherung.

Da ich nicht im Mittelwesten gewesen sei, begann er, und damit ich ihn verstehe, müsse er mir vorerst die Lage im Mittelwesten schildern. Der Mittelwesten sei nach wie vor das Rückgrat
der Nation, »*its backbone*«: dort sei die amerikanische Demokratie
eigentlich zu Hause, dort würden sich Links- und Rechtsradikalismus am Ende immer »auspendeln« – »*crackpots* wie den im Speisewagen haben wir wenig« –, in Nebraska oder Iowa, in Idaho oder
Minnesota sei mit kriegerischen Phrasen, Vorurteilen und Demagogie nichts zu holen. »Das heißt«, sagte er, »wenn der Mittelwesten weiß, was los ist.« Doch eben das, fuhr er fort, sei nicht
mehr der Fall. In den acht Eisenhower-Jahren sei der Mittelwesten
in einen trügerischen Schlaf verfallen, drei Jahre der Kennedy-
Regierung hätten nicht genügt, ihn wachzurütteln. Die Lokal-
politiker im Mittelwesten seien ja brave Leute, sie sorgten dafür,
daß die Beschlüsse des Bundesgerichts durchgeführt würden, daß
in den Schulplan keine Ungehörigkeiten sich einschlichen, daß
keine korrupten Richter und Staatsanwälte gewählt würden, aber
heute, da der Süden und Südwesten so »lebendig« geworden sei,
»*vivid*« im Sinne eines virulenten Bazillus, genüge das nicht mehr.
Er blickte zum Fenster hinaus. Das landwirtschaftliche Proletariat
des Südens und Südwestens, sagte er, und die Bauern des Mittel-
westens, das sei nicht dasselbe, die hätten nichts gemeinsam – »die
hier verstehen nichts von Politik und politisieren, bei uns versteht
man etwas von Politik, aber man politisiert nicht«.

Sehr richtig, unterbrach ich ihn, so sei auch ich unterrichtet, doch
was habe das mit Kennedy und der Respektabilität des Politiker-
berufes zu tun?

Howard K. Page ließ sich nicht aus der Fassung bringen. Er

hob zu einem geschichtlichen Vortrag an, und obwohl er anscheinend immer noch kaum zum Gegenstand sprach, hörten wir ihm gebannt zu, nicht nur, weil alles, was er sagte, Hand und Fuß hatte, sondern weil uns dieser Bauernsohn aus Nebraska, der wie ein Baseballspieler aussah, plötzlich zum Bewußtsein brachte, daß die *eggheads* in Washington lange nicht so allein waren, wie wir vermutet und befürchtet hatten, daß ein unsichtbares Heer hinter ihnen stand, von ihnen selbst so verschieden und ihnen doch so ähnlich. Das sei ein junges Land, sagte er, halb stolz und halb entschuldigend, dieses Land stehe nie still, es bewege sich immer – vorwärts oder rückwärts. Deshalb gäbe es hier auch keinen Konservatismus, nicht in jenem ehrlichen Sinne, wie etwa bei den Engländern, hier stünde dem Liberalismus nur scheinbar der Konservatismus, in Wahrheit immer nur die Reaktion gegenüber. Unter Jefferson, Jackson, Lincoln, Theodore und Franklin Roosevelt, unter Wilson und Truman habe sich das Land nach vorwärts, unter Grant, Arthur, Harding, Coolidge, Hoover und Eisenhower nach rückwärts bewegt. Aber das wisse man im Mittelwesten nicht – »und auf den Mittelwesten kommt es an; ich sage das nicht, weil ich aus Nebraska bin« –; es könne geschehen, jetzt mehr denn je, daß man mit einem Konservativen zu Bett gehe und mit einem Reaktionär aufwache; deshalb also müßten junge Leute mit Politik sich beschäftigen – »nicht nur auf den Hochschulen«.

Endlich kam er auf sich selbst zu sprechen. Vor Kennedy, sagte er, wäre es ihm nicht eingefallen, in die Politik zu gehen – »da mußt du doch nichts wie Kompromisse machen, hätte ich mir gedacht, mußt mit Idioten im Wirtshaus sitzen, jedem, den du gerade triffst, recht geben, Babys küssen und dir die blödesten Hüte auf den Kopf setzen«. Seit Kennedy habe sich das alles geändert, nicht nur – er lachte –, weil sich Kennedy beharrlich weigere, einen dieser »blöden Hüte« aufzusetzen. Es könnte sein, daß Kennedy wegen der Negerfrage die Wahlen verlieren werde; dann aber, und dann erst recht, hätte er den Beruf des *politicians* respektabel gemacht. Amerika habe endlich einen Präsidenten, der seinen Tag nicht damit verbringt, Pro- und Contra-Stimmen zu zählen, der das tut, was ihm sein Gewissen befiehlt und der Nation frommt, der die Verfassung achtet, aber nicht nach dem Mund jedes Senators oder *congressman* redet – und nun, da Howard K. Page zu Kennedy kam, ließ er seine ganze angelsächsische Zurückhaltung fallen, man konnte sich diesen amerikanischen Baseballspieler sehr wohl als einen Camille Desmoulins Amerikas vorstellen. Seine Augen waren etwas feucht, als er von dem jungen Präsidenten sprach, und auch wir fühlten Rührung in uns aufsteigen – was einen letztes Endes bewegt, das ist doch nicht das Traurige und Bittere, nicht einmal das Enttäuschende, sondern das Gute, besonders das Gute nach dem Schlechten, die Erleichterung, diese persönliche und zugleich kollektive Ahnung, daß das Gute vielleicht doch stärker ist als das Böse, die Liebe stärker als der Haß.

Dann sprachen wir von Texas. »Eigentlich wollte ich mich bei meiner Tante etwas erholen«, sagte Howard K. Page, »aber wie wollen Sie sich da erholen in diesem Höllenloch?« Er machte eine Handbewegung, als wollte er 260000 Quadratmeilen beiseite fegen. Ich bemerkte, daß er keine Lust hatte, von Texas zu sprechen, und fragte ihn, ob die ganze oder wenigstens ein großer Teil der amerikanischen Jugend so denke wie er.

Er gab zuerst eine typisch amerikanische Antwort, jene nämlich, die der uninformierte Europäer von einem Bürger der Vereinigten Staaten am wenigsten erwartet – er sagte, daß er nur von Nebraska sprechen könne: so etwas Ähnliches sagen die meisten Amerikaner, genauso wie ein Franzose, Deutscher oder Däne ungern ein Urteil über ganz Europa fällt. Dann aber meinte er, er sei zwar nicht Dr. Gallup, doch könne, seiner Ansicht nach, Kennedy mit mindestens siebzig Prozent der Jugend zählen. Als er meinen zweifelnden Blick bemerkte, sagte er, ich hätte wahrscheinlich einen falschen Eindruck von der amerikanischen Jugend gewonnen. Es sei nicht mein persönlicher Eindruck, auf den es ankommt, erwiderte ich, und suchte in meiner Aktentasche nach einem Artikel, der in der Zeitschrift *Look* kurz vorher erschienen war. Howard K. Page hatte, wie so vieles andere, auch diesen Aufsatz gelesen. Gewiß, sagte er, die Jugend kümmere sich zuwenig um Politik, sie habe anderes und nichts Rechtes im Kopf – Orgien von fünfzehnjährigen Mädchen und sechzehnjährigen Jungen seien nichts Außergewöhnliches, Alkoholismus und Kriminalität stiegen täglich, aber das sei nicht die ganze Jugend, man sollte sie nicht in Bausch und Bogen verurteilen. Jedes Jahr verließen rund 2 300 000 junge Leute die Schulen, die meisten müßten sich gleich nach einem *job* umsehen, aber es gäbe jedes Jahr um 250 000 weniger *jobs*, hauptsächlich wegen der Automation. »Das Malheur ist«, sagte er, »daß wir so verdammt reich aussehen und so verdammt arm sind. Wir haben eine Menge ›Zeug‹ – Autos und Eisschränke und, meinethalben, Häuser – und sind gottverflucht arm.« Die meisten *jobs*, erklärte er, könne man über Nacht verlieren, viele Leute hätten mittags noch Arbeit und am Abend keine mehr, Hunderttausende zögen wie Nomaden durchs Land, Arbeit findend, doch nicht die Arbeit, die sie suchten, in keinem Kulturstaat der Erde gäbe es weniger Sicherheit, die Leute richteten sich auf einen hohen Lebensstandard ein und hätten keinen Cent auf der Bank, »bei uns wird Armut vererbt«, selbst im Mittelwesten, besonders in den nördlichen Teilen wie North Dacota, gäbe es Elendsviertel, es sei ein Wunder, daß diese Leute nicht längst alle Kommunisten geworden seien. »Die Jugendkriminalität«, sagte er, »von der *Look* schreibt, die ersetzt bei uns den Kommunismus. Aber« – sein Gesicht hellte sich auf – »geben Sie Kennedy noch fünf Jahre, und Sie werden ein anderes Amerika sehen. Warum sollten wir die erste Generation sein, die keine

Ideale braucht? Wer hätte sie uns bisher gegeben – Truman mit seinem Klaviergeklimper, oder Ike mit seinem Golfspiel? Ganz brave Leute – aber Ideale? Zu Jack« – nun nannte er den Präsidenten einfach Jack –, »zu Jack kann man aufschauen – lassen Sie sich nichts einreden, diese Jungen, die *Look* abgebildet hat, brauchen das wie wir alle. Kommen Sie einmal nach Nebraska, da zeige ich Ihnen ein paar Jungen, die keine guten Modelle für *Look* abgeben würden. Jack hat unser Vertrauen. Negerfrage oder nicht« – er hatte es sich überlegt –, »er wird wiedergewählt werden, ich gebe Ihnen mein Wort.«

Howard K. Page verabschiedete sich. Wir versprachen, ihn in Nebraska zu besuchen.

Damals schon erschien mir dieses Gespräch wichtig, heute erscheint es mir wichtiger. Und am wichtigsten erschien es mir in jenen Tagen der Verzweiflung, die auf diese Eisenbahnfahrt sehr bald folgen sollten, in den Tagen nach dem Mord in Texas. Wenn wir die Dinge am finstersten sahen, erinnerte mich Licci an Howard K. Page aus Omaha, Nebraska, und wir sagten uns, daß es so schlimm nicht sein könne, da Howard K. Page beschlossen hatte, Politiker zu werden. Ich werde vielleicht nicht mehr leben, aber es könnte doch immerhin sein, daß einmal, wenn die Not am höchsten ist, ein junger Senator aus Nebraska aufsteht und sich den Wählern stellt, und daß sie für ihn stimmen, wenn auch nur mit einer Mehrheit von 120 000 Stimmen. Und daß es eines Tages einen Präsidenten geben wird, der, beispielsweise, Howard K. Page heißt.

Der Zug fuhr jetzt etwas schneller, ich glaube gar, daß die Strecke zweigeleisig geworden war. Wir stellten wieder einmal unsere Uhren zurück, von *Mountain*- auf *Pacific*-Zeit. In der Wüste tauchte ein Gefängnis auf, eine Festung aus alten Tagen; von einem kleinen Bahnhof führte man gefesselte Sträflinge nach dem Gefängnis. Das Land war noch immer öde, doch weniger wild, es ähnelte jetzt eher der Sahara, nur daß sich am Horizont gewaltige Berge erhoben, kahle, brutale Berge, nicht wie aus der Natur gewachsen, sondern der Natur zum Trutz aufgerichtet, nicht an jenem dritten Schöpfungstag entstanden, an dem der Herr »*Gras und Kraut ... und fruchtbare Bäume*« hatte »*aufgehen*« lassen, sondern viel später, als der Mensch längst aus dem Paradies vertrieben worden war.

Die Sonne ging über dem Colorado-Fluß nieder. Da tauchte aus der Wüste ein reitendes Heer von Cowboys auf, vier oder fünf waren es zuerst, dann ein Dutzend, dann ein paar Dutzend, vielleicht hundert; wie Wellen spritzte der Sand hoch unter den Hufen der Pferde, nun krachten auch ein paar Schüsse, und Licci war gewiß, daß es endlich doch geschehen war: nun würde unser Zug umzingelt, angehalten, ausgeraubt werden. Aber das war natürlich ein Irrtum. Wir hatten Yuma passiert, waren in Kalifornien, und die Cowboys waren vermutlich gutbezahlte Statisten von MGM. Nur noch ein paar Stunden bis Hollywood. Man kann nicht aufhören, sich zu wundern.

ZWISCHENSPIEL AUF DEM SPIELPLATZ

In den ersten achtundvierzig Stunden nach unserer Ankunft in Kalifornien sahen wir nichts von Kalifornien: wir sahen nur Hollywood, das ein Begriff, aber keine Stadt ist – selbst auf der Landkarte, bezeichnend genug, wird man »Hollywood« nur schwer finden. Wenn ich also »Zwischenspiel« sage, meine ich just dies: Zwischenspiel auf einer Insel, oder genauer: Erholung auf einem Spielplatz.

Der bevorstehenden Verfilmung meines Romans *Die Tarnowska* wegen, ich sagte es schon, waren wir hierhergekommen: nichts natürlicher also, daß sich unser Verkehr auf Produzenten, Regisseure, Schauspieler, »Filmleute« beschränkte – dazu kam, daß Licci und ich, wir beide, lange hier gelebt hatten, unabhängig voneinander und ohne uns zu kennen: fast alle unsere Freunde gehörten der Filmwelt an.

Hollywood, schon immer eine ungemein häßliche Stadt, fanden wir nicht gerade zu seinem Vorteil verändert. Die Stadt hatte einen Igelhaarschnitt angelegt – anders kann ich das Ungeheuerliche, das mit der Landschaft passiert, ihr widerfahren war, nicht beschreiben. Kluge Grundstücksmakler, diese geschworenen Landschaftsfeinde, müssen wohl erkannt haben, daß sich auf einem Hochplateau leichter bauen lasse als auf einem Berggipfel, und so haben denn die hurtigen Figaros der Natur den freundlichen Hügeln um Hollywood schlankweg den Kopf beziehungsweise die Kuppeln »abrasiert«, so daß die mehr oder weniger hohen

Berge wie jene bayerischen Bierkrüge aussehen, die, einen Kopf darstellend, statt der Schädeldecke einen Bierdeckel haben. Da stehen nun einige der teuersten Villen und blicken von ihrem Berg Igel auf die »Filmmetropole« herab, die ihrerseits fast immer in einem blauen, nach langsam verströmendem Gas riechenden Nebel verschwindet, dem *smog*, der einerseits eine Landplage und andererseits ein Gesprächsthema ist. Früher waren die Villenviertel, wahrscheinlich die berühmtesten, jedenfalls die meistpublizierten der Welt – Beverly-Hills, Brentwood, Bel-Air, Westwood und wie sie sonst heißen mögen –, richtige Kurorte gewesen; ihre glücklichen Bewohner fuhren nur selten und unwillig nach Los Angeles, in die brodelnde Großstadt, die schnell zu einem Ungeheuer angewachsen und mit über zweieinhalb Millionen Menschen die drittgrößte Stadt Amerikas geworden ist. Jetzt entstehen im Westen der Villenviertel, in der Nähe der Ozeanküste, Warenhäuser, Wohnbauten, Wolkenkratzer, hier türmt sich ein zweites Los Angeles. Was einst das weite Filmgelände eines Studios war, wo die rührend-kindlichen Papiermaché-Städte standen, balkengestützte Wild-West-Dörfer, Imitationen alter New Yorker Straßen, künstliche Seen zum Zwecke kleinerer Seeschlachten, da wird jetzt eine neue Stadt gebaut, mit abscheulich erwachsenen Häusern. Man kann hier darüber nachdenken, wie seltsam das ist: zuerst imitiert man die Wirklichkeit, dann imitiert die Wirklichkeit die Imitation, so geht es weiter, doch bis endlich auch die Wolkenkratzer nur noch Filmdekorationen sind, werden wir leider nicht mehr sein. Im übrigen stehen auch auf großen Teilen dieses Filmgeländes einige Öltürme, denn wo der Mensch, ein öltrunkener Maulwurf, Öl vermutet, da muß er bohren, und sei es auch, daß die ganze Traumfabrik darüber in Brüche geht.

In den ersten Tagen fand ich es verwunderlich, daß unsere Freunde uns so offenherzig darauf aufmerksam machten, um wieviel lauter, billiger und vulgärer Hollywood geworden sei. Die buchstäblich Hunderte von neuen Restaurants, Kneipen, Bars: sie verhalten sich zu den alten wie eine Fernsehproduktion zu einem Lubitsch-Film. Man zeigte uns Restaurants, vor deren Eingang abgetakelte Filmdekorationen als neueste Pracht aufgebaut waren, zeigte uns das Hotel des Cowboy-Stars, zeigte uns die Geschäftshäuser, auf deren Fassaden die Namen berühmter Stars mit dem Epitethon ornans »*Inc.*« stehen – man denke nur, ob eine »Greta Garbo A.G.« möglich gewesen wäre! –, zeigte uns das »schickste« Restaurant, dessen Besitzer wohl von der Wappenmode in Europa gehört haben mag, weshalb er, nicht faul, an den Wänden seine Etablissements gleich fünfhundert von der Sorte anbringen ließ.

Bald erfuhren wir den Grund solcher Offenherzigkeit, dieses Prahlens mit den häßlichen Wunden. Die Alteingesessenen von Hollywood, die »Filmleute« also, behaupten, der rapide Vulgarisationsprozeß habe mit dem Fernsehen zu tun, das hat mit ihrem Singen die Television getan. Es verhält sich mit der Filmindustrie nicht viel anders als mit den »Altreichen«: gibt es »Neureiche«, dann werden die »Altreichen« etwas ärmer und etwas vornehmer. Wie die Rothschilds von den »Raffkes« sprachen, so erzählte man uns von den *computing machines* einzelner Fernsehstudios, von Elektronen-Hirnen, in welche die Namen diverser Autoren mit deren *credits,* den Titeln ihrer »Erfolge« geworfen werden: die Maschine errechnet, welcher Autor für den nächsten Auftrag am besten geeignet sei – daß zuweilen ein erfolgreicher Dramatiker mit der Abfassung eines *Musical* betraut wird, berichtete man uns so schadenfroh, als ob beim Film, früher wenigstens, Ähnliches unmöglich gewesen wäre. Gleichviel: Der »Sieg« des Fernsehens hat zu einer Strukturveränderung Hollywoods geführt – der Film ist etwas ganz Nobles geworden, was ja ohnedies vorauszusehen war, weil schließlich auch etwas noch viel Ordinäreres nobel wird, wenn man es lange genug tut. Ja, das Fernsehen hat

für den nunmehr alten und geadelten Film seine Kompensationen
– wie schön ist es doch allemal, auf jemanden herunterschauen zu
können, und sei es auch nur auf einen alten Filmstar, der »aufs
Fernsehen gekommen« ist. Die deklassierten *B-Picture*-Produzen-
ten gibt es nicht mehr, die sind jetzt im Fernsehen beschäftigt,
und der Drehbuchautor, der sich einst in Grund und Boden
schämte, weil er doch sein für Besseres bestimmtes Talent des
schnöden Mammons halber verkaufte, ist seinen Gewissenskonflikt
losgeworden: mit dem Fernsehautor verglichen, fühlt er sich wie
ein neuer Thornton Wilder. Wir leben eben in einer glücklichen
Zeit, in der immer noch etwas Populäreres erfunden wird, so daß
sich das Populäre von gestern mit gutem Gewissen als exklusiv
gebärden darf, und ein besonderes Glück ist das für Amerika, dessen Kastengeist auch vor dem Kassengeist Hollywoods nicht haltmacht.

Der »Siegeszug« des Fernsehens – niemand kann und mag ihn
bestreiten. Einundsechzig Millionen Fernsehapparate gibt es in
Amerika, sie stehen in fünfzig Millionen Heimen; zehn Millionen
Unersättliche besitzen zwei TV-Apparate. In zehn von neun
amerikanischen Wohnungen glotzt einen der Glaskasten an, obwohl doch, wie wir wissen, zwei von zehn Heimen ausgesprochen
»arm« sind, ihre Bewohner diesen Luxus sich gar nicht leisten
können. Das hörende und sehende Publikum hat bisher fünfundzwanzig Milliarden Dollar in Fernsehapparate investiert, doch
jetzt, hurra, kommt das Farbfernsehen, 750 000 der neuen Apparate sind schon verkauft, eine Million wird es im Jahre 1964 sein,
und wer weiß, ob man nicht bald Apparate erfindet, die so fort-
schrittlich sind, daß sie überhaupt nichts zeigen. Der Verschrot-
tungsprozeß entspricht jedenfalls dem amerikanischen Wirtschafts-
prinzip, wonach nichts Brauchbares erzeugt werden soll, das nach
fünf Jahren noch brauchbar ist – ob das ein gesundes Prinzip ist,
vermag ich als Laie nicht zu beurteilen. Im Durchschnitt sitzt jede

amerikanische Familie täglich fünf bis sechs Stunden vor dem Fernsehschirm, also fast ebensolange, wie sie arbeitet oder schläft – ob sich Schlaf und Fernsehen vielleicht doch überschneiden? –; zwischen acht und zehn Uhr abends starren siebenundsechzig von hundert Amerikanern gebannt auf das Illusionsglas; nach Sex, der wohl, wie ich annehmen möchte, fürs erste noch die beliebteste »Freizeitgestaltung« bleiben wird, nimmt das Fernsehen endgültig den zweiten Platz im Leben der Amerikaner ein – zwölf bis fünfzehn Prozent mehr Amerikaner besitzen einen Fernsehapparat als ein Telephon, einen Staubsauger oder ein Automobil. Nicht weniger als 638 Stationen sorgen Tag und Nacht für die Seh- und Hör-Wünsche des Landes – oder sollte das Fernsehen seine Beliebtheit just dem Wunsch verdanken, nichts zu sehen und zu hören? Die meisten dieser Stationen sind den Mammutkonzernen angeschlossen, was ja selbstverständlich ist, da ein populäres Programm wie die *Jack-Paar-Show* den Inserenten an reinen Produktionskosten, ohne Sendezeit, 110 000 Dollar kostet – für Fernsehwerbung werden im Jahr sechzehn Milliarden Dollar ausgegeben, eine »erstklassige« Minute kostet bis zu 2500 Dollar: Zeit war immer schon Geld, doch so teuer war sie noch nie. Es gibt Fernsehkomiker, deren jährliches Einkommen auf vier bis acht Millionen Dollar geschätzt wird, denn nicht nur die Zeit, sondern auch das Lachen ist teuer. Es ist beinahe ein Trost, daß die Trauer noch teurer ist: als an einem dunklen Novembertag die Werbeanzeigen für vierundzwanzig Stunden verstummten, beklagte das Fernsehen – *Variety* übersetzte es alsogleich in Zahlen – einen Verlust von vierzig Millionen Dollar.

Angesichts dieser »plebejischen« Invasion gebärdet sich der Film höchst aristokratisch, doch kann ihm, wie manchem älteren Herrn, eine gewisse Liaison mit der jungen »Hübschlerin« dennoch nachgewiesen werden. Die Filmindustrie war klug genug, rechtzeitig in das Lager des siegreichen Feindes überzugehen – geschäftlich, wohlgemerkt, nicht gesellschaftlich –: die Filmateliers, die wir besuchten, erweckten einen recht munteren Eindruck. Der Kuß des TV-Prinzen, der heute als robuster Produzent auftritt, hat das lange schlummernde, durch diese Schlafkur aber einigermaßen wieder restaurierte Film-Dornröschen aufgeweckt. Der TV-Prinz – es ist nun einmal ein modernes Märchen – hält Dornröschen aus, als wäre es eine Mätresse, aber eine dumme Mätresse ist Dornröschen keineswegs: es knöpft dem TV-Prinzen nicht nur Studiogebühren ab, sondern macht ihm auch Konkurrenz. Zugleich besitzt Hollywood noch immer mehr filmische Talente als ganz Amerika und Europa zusammengenommen, und da, der Konkurrenz des Fernsehens wegen, nur das Beste »geht«, hat ein für die amerikanische Filmindustrie höchst bekömmlicher Selektionsprozeß stattgefunden. Wie so mancher alte Star zuvor, hat Hollywoods Filmindustrie – nicht zuletzt mit Hilfe der das Publikum aus den Theatern spülenden europäischen *nouvelle vogue* – ein *come-back* zu verzeichnen: im Jahre 1962/63 haben 13 000 reguläre Kinotheater und 4800 der immer beliebteren Freilufttheater rund anderthalb Milliarden Dollar eingenommen, 200 neue Theater wurden eröffnet, immer noch beschäftigt der Film 185 000 Menschen, und für neue Studiobauten sind beinahe 350 Millionen Dollar ausgegeben worden. Traurig dabei ist nur, daß die Veredelung Hollywoods nicht so weit ging, auch das Starsystem abzuschaffen, das ja, wenn man es recht bedenkt, nicht viel klüger ist als die *computing machine* des Fernsehens. Die Banken, die eigentlichen Herren Hollywoods – jedes zweite neue Haus, das man uns auf dem Wilshire-Boulevard zeigte, war ein Bankpalast, eine Bank heißt sogar *Gibraltar*, frei nach dem Felsen –, investieren nur noch in »sichere« Geschäfte, da aber allein der Name eines Stars sichere Einnahmen garantiert, regieren die Stars uneingeschränkter denn je, und will man sagen, ein Stern überstrahle alle, dann heißt es, dieser Stern sei *»bankable«*, ein Stern,

»auf« den die Banken Geld leihen, etwa so, wie die Regierung »in« den Mond investiert.

Zum Bild des großen amerikanischen Spielplatzes, der Hollywood heißt, gehört auch das spezifische Rechtfertigungsspiel, das alle anderen Gesellschaftsspiele, wie da sind Hypnose, *Charade*, Telepathie und Psychoanalyse, überlebt hat und existieren wird, solange der Sunset-Boulevard existiert. Da sich Hollywood in Wirklichkeit immer nur, einzig und allein, für den Film interessiert hat – oder für dessen Konkurrenten wie das Fernsehen, oder dessen Lieferanten wie die filmreife Literatur –, schmückt es sich stets mit einem Rechtfertigungsinteresse: dieses Phänomen, freilich, übersehen die Mode-Psychoanalytiker Hollywoods, die ja auch zur »Filmmetropole« und ihrerseits auf die Couch gehören, und auf die Sigmund Freud nur kopfschüttelnd herabblickt. In den Jahren unmittelbar nach dem Krieg war kommunistische Gesinnung das Rechtfertigungsinteresse: man unterstützte kommunistische Bewegungen allüberall, ließ sich von *front-organisations* anwerben, nahm an revolutionären Versammlungen teil. Natürlich war auch das nur ein Spiel, das verzweifelte Abreagieren eines durch allzu hohe Wochengagen belasteten Gewissens, und man mußte schon ein solcher Schafskopf sein wie der selige Senator McCarthy, um die »Kreuzzüge« der Hollywood-Ritter ernst zu nehmen. Ein andermal rechtfertigte sich Hollywood auf bessere Weise: da war der Kampf für *»United Nations* als Schulgegenstand« die Parole. Seit einigen Jahren rechtfertigt Hollywood die der Bedeutung des einzelnen nicht entsprechenden, immer noch zu hohen Gagen durch extremes Kunstverständnis, worunter Diskussionen über moderne Malerei, die Unterstützung junger Künstler, eine fieberhafte Ausstellungstätigkeit und der eifrige, naiv-schülerhafte Besuch von Vorträgen aller Art verstanden wird – je größer das Schuldgefühl, desto größer die Kollektivität. Solche Künstlerkollektive, die aus dem Schuldgefühl der

Pubertät entstehen, kennen wir übrigens auch im Deutschland der Nachkriegszeit.

Ganz Hollywood sammelt Gemälde, vornehmlich abstrakter Natur. Wir haben in den Häusern der »Filmschaffenden«, wie der dringendst abzuschaffende Ausdruck lautet, mehr Pollocks, Arps, Mondrians und de Koonigs gesehen als in ganz Amerika oder Europa: daß das für mich ein Grund wäre, die sonst so liebenswerte Gegend zu meiden, möchte ich nur subjektiverweise erwähnen. Montag abend, wenn die Kunsthändler bis in die späten Abendstunden »offenhalten«, verwandelt sich *Tout Hollywood* in ein *Tout Paris* am Pazifik. Wie einst die Damen bei *Romanoff's* ihre neuesten Hüte zeigten, so zeigen die Herren in Hollywood jetzt auf dem La-Cienega-Boulevard ihre französischen Künstlerkäppchen. Mit diesen bewaffnet und in der Hoffnung, nun ganz und gar wie Künstler von der *Left bank* zu wirken, worunter, ausnahmsweise, nicht eine Bank, sondern das linke Seine-Ufer zu verstehen ist, promenieren sie Montag bis spät nachts in einer der lautesten *Main-streets* Amerikas auf und ab, betrachten die Schaufenster, diskutieren, wägen Gutes gegen Falsches, kaufen Bilder, entdecken Genies. Mit den Künstlern, die sie aufs rührendste verehren, haben sie die Phantasie gemeinsam: wer sich in dieser Straße, zwischen *Used-car-dealers, Hamburger*-Verkäufern, *Drug-stores*, Kinotheatern, Alkoholläden und veitstanzenden Lichtreklamen, an die Seine zu versetzen vermag, der soll einen Mondrian zum Preise eines ganz banalen Utrillo bekommen.

Im übrigen gehört es zu den Hollywooder Rechtfertigungsinteressen, daß sie Importware sind – die Interessen werden hier nicht »erfunden«, sondern bloß auf die Spitze getrieben. Die Sammelleidenschaft, die ja oft nichts anderes ist als die elegante Schwester der nicht ganz so feinen Spielleidenschaft, hat Hollywood mit dem ganzen Land gemeinsam. Bilder zu sammeln, möglichst abstrakte, gehört zum guten Ton und hat sich zudem als hervorragende Kapitalanlage erwiesen – dies, nebenbei, könnte Hollywood den Spaß am Sammeln rauben, denn wie soll das Schuldgefühl leichter werden, wenn die Brieftasche schwerer wird? Richard H. Rush hat in seinem Buch *Kunst als Investition* – ein »amerikanischerer« Titel ist nie gedruckt worden – nachgewiesen, daß ein Mann, der 1925 ein halbwegs ordentliches Gemälde kaufte, bis heute um rund fünfhundert Prozent mehr verdient hat als einer, der gleichzeitig sein Geld in noch so »feste« Aktien anlegte. Die *Chase-Manhattan-Bank* in New York hat allein für die Bilder in ihrem Hauptgebäude über eine halbe Million Dollar ausgegeben; bei einer einzigen Auktion der Galerie *Parke-Bernet* wurden vierundzwanzig Meistergemälde für den Preis von rund achtzehn Millionen Dollar versteigert; mit 65 000 Dollar erzielte der Maler Andrew Wyeth – ein gegenständlicher Maler, nebenbei – unter den lebenden amerikanischen Malern den höchsten Preis; fast alle Warenhäuser verkaufen, neben Damenkleidern, Schuhen und Parfüm, auch Gemälde, und das Riesen-Versandhaus *Sears, Roebuck & Co.* hat einen ehemaligen Hollywood-Star angestellt, der ständig mit einer Wanderausstellung reist und Bilder zum Preise von dreißig bis zehntausend Dollar feilbietet. Besonderer Beliebtheit erfreut sich die sogenannte *pop-art*, eine Abkürzung für *popular-art:* die »volkstümlichen« Maler bedienen sich allerlei Gegenstände, die sie auf die Leinwand kleben – Seifenflocken-Schachteln, Bananenschalen, Teile von Konservenbüchsen, Zeitungsausschnitte, Kochtöpfe und Toilettepapier –; sie genießen ihre höchste Anerkennung. Je nachdem, ob man mit Vertretern der einen oder anderen Schule spricht, erhält man verschiedene Erklärungen für die Bedeutung dieser neuen »Kunst« – die einen behaupten, *pop-art* sei eine logisch weiterentwickelte Form der abstrakten Malerei; andere erklären, daß sich die jungen Künstler, ganz im Gegenteil, handgreiflicher Gegenstände bedienten, um den Protest gegen das Abstrakte aufs handgreiflichste auszudrücken. Obschon ich befürchte, daß diese neuesten Kunstwerke nicht dauerhafter sein werden als die an der Leinwand angebrachten Wursthäute, machen die *pop-artists* be-besonders in Hollywood ein glänzendes Geschäft, denn nichts beruhigt die aufgewühlte Seele eines mit wöchentlich 10 000 Dollar bezahlten Filmkünstlers mehr, als einem materiell und mit der Materie ringenden Künstler unter die Arme zu greifen – und sei es auch, daß es sich bei dieser Materie um Bananenschalen handelt. Wir fanden in Hollywood wenig Häuser, wo man nicht im Notfall mit Hilfe der an den Bildern hängenden Lebensmittel sich ernähren könnte – recht gut nährt sich jedenfalls die Elite der »volkstümlichen« Maler, denn 30 000-Dollar-Preise für *pop-art* sind keine Seltenheit.

Als wir in Hollywood ankamen, hatten uns zwei reizende Freundinnen meiner Frau abgeholt. Ich brauche nicht zu sagen, daß wir sie schon unterwegs, auf der prächtigen neuen *Super-highway*, mit Fragen bestürmten: lebt dieser noch, ist jener gealtert, steht dieses Haus, werden wir jenen Platz wiederfinden? Wir sollten nicht fragen, antwortete man uns, wir würden Hollywood nicht wiedererkennen, alles habe sich verändert, und nicht nur äußerlich: das ganze Leben sei anders geworden, Auffassung und Interessen und Lebensform hätten sich gewandelt, wir würden aus dem Staunen nicht herauskommen. Während vor dem *Beverly-Hills-Hotel* eine muntere Pagenschar – nun befanden wir uns ja wieder in der Zivilisation – über unsere Koffer sich hermachte, fiel mein Blick auf die aufgestapelten Exemplare der *Los Angeles Times:* am Abend liegen hier die Zeitungen immer griffbereit zu beiden Seiten der Hotel- und Restauranttüren. Ich blickte also nach der *headline* und las, in Riesenlettern stand es da, über die ganze erste Seite: »*Linda Darnell Tells Love-Fight*« – »*Linda Darnell erzählt von ihrem Liebeszwist.*« Das konnte doch, dachte ich, mit rechten Dingen nicht zugehen, denn als ich Hollywood vor vielen Jahren verlassen hatte, da hatte ein Filmstar die Öffentlichkeit gleichfalls mit seinem Liebeszwist unterhalten: es war, wer weiß, vielleicht sogar derselbe Star gewesen, und auch damals pflegten die Zeitungen Meldungen von so folgenschweren Ereignissen über die ganze erste Seite zu breiten, unabhängig davon, ob die Erde bebte, Berlin blockiert wurde, die Russen marschierten, oder andere Zeichen des Weltuntergangs sich begaben.

Nun, wenige Tage später war es mir klar, daß der Liebeszwist-»Aufmacher« kein Zufall gewesen war, kein Zufall, daß die *New York Times* die erste Niederlage ihrer Existenz erlitten hatte: ihre Sonderausgabe für die Westküste hatte nur eine Auflage von 80 000 Exemplaren erreicht und mußte vor dem Monopol der *Los Angeles Times* und dem Liebeszwist der Linda Darnell die Segel streichen. Wir selbst gerieten nach achtundvierzig Stunden in Gefahr, alles zu vergessen, was wir in den letzten Wochen gesehen, gehört und erlebt hatten: Texas und Birmingham, Georgia und New York. Was Grillparzer von Wien gesagt hatte, galt hier, wenn auch ohne die Schönheit: »*Schön bist du, doch gefährlich auch / Dem Schüler wie dem Meister; / Entnervend weht dein Sommerhauch, / Du Capua der Geister.*« Wenn ich nicht anfangen sollte, ernstlich zu glauben, daß sich die Erde um Zelluloid drehte, war es Zeit, meine *Netsukes* zu packen.

DER MILDE WESTEN

Wir rüsteten zur Heimreise. Nach einigen Tagen in Los Angeles hatten wir einen Wagen gemietet, waren nach San Francisco gefahren, in diese schönste Stadt Amerikas, die, von Europa am weitesten entfernt, äußerlich am ehesten »europäisch« wirkt. Nun kehrten wir an der pazifischen Küste entlang nach Los Angeles zurück, von wo wir den Zug nach New York nehmen wollten, um uns am 30. November mit der *Leonardo da Vinci* einzuschiffen.

Es war ein trüber Tag, ein unpassender Tag für Kalifornien. Das Wetter benahm sich wie ein Einbrecher in einem fürstlichen Haus. Am Morgen hatte es geregnet, die Straße war naß, der Himmel bleiern, der Wind hatte sich mit den Palmen, Pinien und Zypressen angelegt. Der Ozean war unruhig; auch ihm, dem Stillen, stand sie schlecht, diese Unruhe. Die nassen Felsen vor der Küste waren so schwarz wie die schwarzen Vögel, die darauf saßen. Wenn die Wellen an den Felsen hochschlugen, flatterten die Vögel davon; es war, als hätten sich Stücke von den Felsen gelöst.

Remi Nadeau, vielleicht der beste Kenner Kaliforniens, hat gesagt: »*California is America – only more so*« – eine jener beneidenswerten englischen Definitionen, die sich nicht wörtlich übersetzen lassen: sie bedeutet ungefähr, daß Kalifornien Amerika sei, nur in höherem Maße.

Was konnte er gemeint haben, da doch im Warmhaus-Klima Kaliforniens eigentlich nichts »geschieht«; die Probleme des Landes erreichen den äußeren Westen erst, nachdem sie durch ein feines Sieb gerieselt sind; Hunderttausende von Rentnern beschließen hier einen müden und sonnigen Lebensabend. Und doch mußten wir jetzt, nach unserem kalifornischen Besuch, Nadeau recht geben. Seit Christoph Columbus hat es die Amerikaner immer nach dem Westen gezogen. Kein Staat ist so schnell gewachsen wie Kalifornien – im Jahre 1850 hatte er 92 000 Einwohner, hundert Jahre später zehneinhalb Millionen, zehn Jahre später sechzehn Millionen. Diese Menschen waren nicht, wie in New York, aus der Fremde hierhergezogen, vielmehr hatten alle Staaten Amerikas einen Teil ihres Volkes in das große kalifornische Völkerparlament gesandt. Hier hörte das Nomadendasein auf, hier konnten sie ihre ureigenen Lebensformen entwickeln, auf ihre eigene Fasson glücklich oder unglücklich werden. Wäre Walt Whitman, Amerikas größter Poet, an der kalifornischen Küste geboren worden, er hätte nie geschrieben: *»Den Staaten, oder jedem von ihnen, oder jeder Stadt in den Staaten: / Widerstehe viel und gehorche wenig!«* – in Kalifornien »widersteht« man den Staaten nicht, man »ist« die Staaten. New Yorks Freiheitsstatue blickt über den Ozean hinweg nach Europa; stünde sie an der pazifischen Küste, würde sie ins Land blicken, hinweg über das Festland. New York ist schon, aber Kalifornien ist ganz Amerika, die *Endstation Sehnsucht*.

Wir fuhren durch Monterey, kreisten um den weißen Hafen, hielten an in der schönen spanischen Stadt, die sich die ganze Kultur der Missionare auf wunderbare Weise erhalten hat: Vater Crespi und Vater Junipero Serra landeten hier um 1770 – oder gestern?

Als wir dann an der endlosen Reihe der weißen *Stucco*-Häuser mit ihren roten Dächern vorbeirollten, wurde es uns erst recht klar, warum Kalifornien Amerika ist – *»only more so«*. New York versinnbildlicht die Kultur Amerikas, Kalifornien sein Privatleben. Und obwohl beide anders sind als das übrige Amerika, sind sie so echt wie die Träume, die ja auch echter sind als der wache

Tag. Im Grunde möchte ganz Amerika so sein wie New York oder Kalifornien – und eines Tages wird es vielleicht so sein, ein besseres Amerika.

Wir sprachen von Texas und verglichen die beiden großen westlichen Pionierstaaten. Ihre Geschichte weist viele Ähnlichkeiten auf: beide hatten als Endstationen der amerikanischen Eroberung gegolten; die Pioniere hatten beide den Indianern in harten Kämpfen entrissen; über beiden hatte die Flagge Spaniens geweht; beide waren Wüstenland gewesen, dem starke Fäuste und verbissener Fleiß seine Schätze abringen mußten; beide waren der Union zur gleichen Zeit angeschlossen worden – Kalifornien 1850, fünf Jahre später als Texas –; beide waren plötzlich aufgeblüht, durch Öl der eine Staat, durch Öl und Gold der andere; beide waren, kurzum, das gewesen, was man den Wilden Westen nennt. Aber während Texas der Wilde Westen geblieben ist, ist Kalifornien der Milde Westen geworden.

Die großen, drängenden Probleme Amerikas erschienen uns jetzt, als betrachteten wir sie durch ein umgekehrtes Opernglas: nicht unklar, aber verkleinert. Auch in Kalifornien gibt es ein Neger-Problem, aber zu der Protestversammlung, die wir in Los Angeles besuchten, waren Tausende von Negern in ihren eigenen, hübschen Automobilen gekommen; weiße und schwarze Polizisten hatten zusammen, ohne auf Widerstand zu stoßen, für Ruhe und Ordnung gesorgt. Börne hörte auf, ein Revolutionär zu sein, als ihm seine Tante ein chinesisches Teeservice schenkte; es ist gut, daß der Mensch etwas zu verlieren habe. Neben dem Neger-Problem existiert in Kalifornien ein Mexikaner-Problem, denn mehr als 40000 Mexikaner wandern jährlich nach Kalifornien ein, aber es besteht hauptsächlich darin, daß die Mexikaner – o menschliche Dummheit! – den Fortschritt der Neger nicht gerne sehen und in der Integration eine Gefahr für ihre eigenen *jobs* erblicken. Auch hier treiben linksradikale Agitatoren ihr Unwesen: unter dem Vorwand der »Negerbefreiung« versuchen sie Kapital für sich herauszuschlagen – manche sind in der Pro-Neger-Bewegung CORE untergeschlüpft –, aber ihre Aussichten im Milden Westen sind gering. Die rechtsradikale Goldwater-Bewegung hat ein ehemaliger Senator von Kalifornien »erfunden«, William F. Knowland, aber als es zu den Gouverneurswahlen kam, mußte der »reaktionsverdächtige« Richard M. Nixon wieder einmal eine Schlappe einstecken: Edmund G. Brown, Demokrat und ein Mann von gemäßigten liberalen Grundsätzen, wurde mit der Führung der Staatsgeschäfte betraut. Extremismus und Rassenhaß fallen hier auf unfruchtbaren Boden; den sonst so fruchtbaren Samen des Antisemitismus versucht niemand zu säen. Hier, wie in keinem anderen Staat Amerikas, lebt jener *civic sense,* der die solideste Grundlage der amerikanischen Demokratie bildet: diesen, nebenbei, könnten wir in Europa einführen, statt Texashüten und schlechten Manieren. *Civic sense* – das ist die Beschäftigung mit den alltäglichen Fragen der Gemeinschaft, mit Kirche, Schule, Lehrplan, Bibliotheken und was sie enthalten, mit der Wahl von Richtern und Funktionären, das ist Alarmbereitschaft gegenüber der Intoleranz, Opfer an eigener Zeit –, und was könnte den Kontrast zu Texas besser kennzeichnen als die Wahlen für das Abgeordnetenhaus im Jahre neunzehnhundertsechzig: über 67 Prozent der Bürger Kaliforniens, aber nur 14 Prozent der Bürger von Texas beteiligten sich an der Abstimmung.

Daß die Stärken und Schwächen des privaten Daseins der Amerikaner in Kalifornien uns am meisten ansprachen, das also war selbstverständlich. Die »großen« Probleme rückten, im Augenblick wenigstens, in die Ferne, die »kleinen« kamen uns näher – nun hatten wir das Opernglas wieder umgedreht.

Am meisten fielen uns an dieser Küste die Tausenden Gärten auf, die fast immer vor den Häusern liegen, also der Straße zugekehrt, und die ohne Zaun oder Gitter in die Nachbargärten übergehen.

Amerika, mit allen seinen großen Metropolen, ist ein »ländliches« Land, die ganze amerikanische Gesellschaft beruht auf dem Leben im *suburb*, dem Vorort – einer der Gründe, warum die amerikanische Gesellschaft wohl ewig provinziell bleiben, warum sie eine »großstädtische« Regierung nie ganz verstehen wird. Kalifornien ist ein einziger *suburb*. Da es das typischeste und »privateste« Land Amerikas ist, wird hier auch der Kastengeist am deutlichsten sichtbar – dieses amerikanische Kastensystem, das sich in die politische Demokratie eingeschlichen, aber auch eingefügt hat. Die offenen Gärten mögen dem ahnungslosen Reisenden als grüne Symbole der Demokratie erscheinen; ein Symbol sind sie, aber nicht auf so naheliegende Weise – wer in des anderen Haus guckt, der trachtet dem anderen dessen Lebensweise abzugucken; gleichzeitig ist der »zaunlos« Lebende versucht, nach außen zu leben, seinen Wohlstand und seine Position zur Schau zu stellen; wo es keine sichtbaren Mauern gibt, da werden unsichtbare um so hastiger errichtet. Und doch Demokratie – nämlich in dem Sinne, daß das Kastensystem auf allen sozialen Ebenen sich wiederholt. Wir fanden hier in jedem kleinen Ort Lokalzeitungen, Wochenblätter, die ihren Gewinn ausschließlich der gesellschaftlichen Eitelkeit und dem sozialen Wettbewerb verdanken. In einem dieser Blätter, es war in Monterey, lasen wir unter hundert ähnlichen »Neuigkeiten«: »*Mrs. Helen Brown hat ihren Sohn als Hausgast bei sich*« – vom Gastwirt hörten wir, daß Mrs. Brown die Witwe eines Elektromechanikers ist, ihr Sohn Aufseher in einem Warenhaus. Auf der anderen Seite machte man uns auf das Magazin *Fortnight* aufmerksam; wir erfuhren, warum eine Straße, die bisher zu Los Angeles gehört hatte, dem anschließenden Villenviertel Beverly Hills »zugeschrieben« worden war – in dieser Straße wohnt Mr. Hubert Eaton, der mächtige Präsident des Friedhofs *Forest Lawn*, Vorbild für Evelyn Waughs köstlichen Roman *The Loved One*. Dieser Friedhofspräsident nun hatte seinen ganzen Einfluß in die Waagschale geworfen, um nicht weiter die Schande einer weniger vornehmen Los-Angeles-Adresse erdulden zu müssen. Und unterwegs hatten wir – der Zufall hätte das Bild für uns nicht besser abrunden können – den Best-seller *The American Way of Death* gelesen, aus dem hervorgeht, daß das Prestige-System auch vor den Toten nicht haltmacht. Der Friedhofsmagnat – so berichtet die tapfere Jessica Mitford – begann als *Before-need-salesman*, das heißt als ein Mann, der den noch Lebenden ihren eigenen komfortablen Sarg, ihr standesgemäßes Begräbnis und ihre feierliche Bestattungszeremonie »verkauft«. Heute setzt Begräbnismanager Eaton sieben Millionen Dollar im Jahr um – wer nicht rund 1450 Dollar für seinen Tod ausgeben kann, der tut besser daran, am Leben zu bleiben. Die Werbung für die »schöne Leich'«, wie man in Wien zu sagen pflegt, bedient sich der modernsten Errungenschaften, nicht zuletzt der Psychoanalyse. So schreibt *National Funeral Service Journal*, das Organ der Bestattungsindustrie: »*Ein schönes Begräbnis beweist nicht nur die Liebe der Hinterbliebenen zu dem Verstorbenen, sondern bietet diesen auch Gelegenheit, Schuldgefühle und Reue auszudrücken. Ein Leichenbegängnis muß für die Familie eine Art Opfer bedeuten, denn es ist für die Hinterbliebenen die beste Gelegenheit, ein wirkliches oder vermeintliches Unrecht am Verblichenen wiedergutzumachen.*«

Fürwahr, wir konnten Mr. Eaton ein feines Einfühlungsvermögen nicht absprechen. Nun, da wir die private Existenz der Amerikaner im scharfen Fokus sahen, wunderte es uns nicht mehr, daß sie über eine Milliarde Dollar im Jahr allein für private psychoanalytische Behandlung ausgeben; in vielen amerikanischen Städten kann man den Psychoanalytiker bei Tag und Nacht, der Rettungsgesellschaft gleich, herbeirufen – kommst Du, Wanderer, nach Boston, wähle nur Notdienst GE 62330. Man hatte uns in den letzten Tagen, oft noch bevor wir den ersten *Martini* oder

Manhattan getrunken hatten, gefragt: *»Have you been analyzed?«* – wer sollte halbwegs in seelischer oder geistiger Balance sich befinden, ohne »analysiert« worden zu sein? »Bessere« Leute in Kalifornien stehen in ständiger psychoanalytischer Behandlung, der Psychoanalytiker hat den Haus- und Familienarzt von einst ersetzt – den Beichtvater oder den Gesprächspartner ersetzt er ohnedies –, und es ist keine leere Anekdote, wenn man von einem reichen Privatier erzählt, er habe, nach einem kurzen Aufenthalt in Paris, seinem Psychoanalytiker in San Francisco depeschiert: *»Fühle mich wohl, dringdrahtet, was tun.«* Auffallend jedoch ist eine andere Erscheinung – Kastengeist auch dies, innerhalb der Demokratie; nicht einmal die Neurosen sollen den »oberen Zehntausend« vorbehalten bleiben –: die psychoanalytische Terminologie, meistens ohne psychoanalytisches Denken, ist Volksgut geworden. Eine kalifornische Wäscherin, die meine Hemden aufs gröblichste gestärkt hatte – keine Ausnahmen: Stärke muß sein – umschrieb in einem Gespräch mit meiner Frau ihre verhältnismäßig einfache Sorge, daß ihr kleiner Junge ungezogen sei, mit Ausdrücken wie »Minderwertigkeitskomplex«, »Schuldgefühl« und »Vater-Fixierung«. Jeder sein eigener Scharlatan – und zur Unsitte wird die Entschuldigung gleich mitgeliefert.

Weil Kalifornien der »amerikanischeste« Staat Amerikas ist, beschäftigt man sich hier mit dem Kind am meisten, ist hier das Kinderproblem zugleich am größten. Hier besitzen dreizehnjährige Mädchen ihr eigenes Telephon; hier gehen die Eltern aus, wenn die Kinder ungestört bleiben wollen; hier unterbrechen die Älteren jede Unterhaltung, wenn Kinder das Wort ergreifen, und sie »ergreifen« es tatsächlich; hier dröhnen Fernseh- und Radio-Apparate in den Kinderzimmern und aus diesen noch zu später Nachtstunde; hier dreht sich das Haus um die Partys der Kinder; hier tragen *Teenager* gefärbte Haare und lassen sich von ihren Müttern Verhütungsmittel besorgen; hier erscheint die Geschichte, die Remi Nadeau in seinem Buch *California* erzählt, als nichts Ungewöhnliches – die Geschichte von dem kleinen Jungen, der seine Mutter in der Küche verletzt vorfindet, aber auf ihren Appell, die Großmutter schnell nach einem Arzt zu schicken, nur antwortet: *»Und wer soll mir dann das Essen kochen?«* Der Grund dieses pädagogischen Versagens liegt nicht allein, aber vornehmlich im eigenen seelischen Elend der Mütter, die alles, und natürlich das Falsche, tun, damit ihre Kinder nicht so unglücklich werden, wie sie selbst es ihr Leben lang gewesen sind. Die hysterische Angst, das Kind könnte, und sei es auch nur fünf Minuten lang, nicht absolut »glücklich« sein, diese ununterbrochene Jagd nach Maeterlincks *L'oiseau bleu,* entspringt dem Gefühl, daß einem der blaue Vogel immer entwischt sei. Da sich aber die braven Mütter einbilden, es sei ihnen gelungen, das Kind sei absolut glücklich, wollen sie selbst nicht aufwachsen – wie man unseren Kindern von *Schneewittchen* und *Aschenbrödel* erzählt, so ist *Peter Pan* Amerikas symbolische Märchenfigur – *»the little boy, who didn't want to grow up«,* der kleine Junge, der absolut nicht aufwachsen wollte.

Wenn ich sage, das Privatleben der Amerikaner sei nicht glücklich, wird es wohl heißen, daß ich es mit europäischen Augen sähe, daß ich verallgemeinere. Mit europäischen Augen sehe ich es natürlich, ich habe keine anderen. Ich verallgemeinere auch, aber ich versuche zugleich, der Simplifikation aus dem Weg zu gehen: es ist nicht dasselbe. Jährlich bringen sich – die Selbstmordversuche nicht eingerechnet – rund 14 500 Amerikaner und 4500 Amerikanerinnen um: auch für ein so großes Land eine ungewöhnlich hohe Zahl. Viel bezeichnender ist jedoch die Misere, die, so scheint es mir, vornehmlich aus zwei Quellen fließt – der materiellen und der sexuellen.

Kennedy war es, der mit der ihm eigenen rücksichtslosen Aufrichtigkeit die materielle Situation des einzelnen Amerikaners aufdeckte. Aber es ist nicht die Armut, oder nicht sie allein, die für das Unglücksgefühl verantwortlich ist, sondern der Wettbewerb, der in allen Klassen, oben, unten und in der Mitte, gleich stark ist – Kehrseite der Demokratie. Ich kenne keine scheinbar stolzere, in Wahrheit erschreckendere Statistik als das Resultat der jüngsten Ermittlungen von *United States News & World Report*, wonach fünfundvierzig Prozent der Familien, die jährlich zwischen 2000 und 3000 Dollar verdienen, also arm sind, ein »Eigenheim« besitzen, ja wonach fünfunddreißig Prozent der Familien, die weniger als jährlich 1000 Dollar verdienen, ein »Eigenheim« – natürlich eine pure Illusion – ihr eigen nennen: daß unter einem solchen, jedem Wirtschaftsgesetz widersprechenden Ehrgeizzwang momentan »nur« eine halbe Million Amerikaner die Irrenhäuser bevölkert, ist ohnehin erstaunlich. Der Bettler als »Hausbesitzer«: das ist Götzenkult und einer der Gründe für die amerikanische Misere. »*How to retire at forty*« – wie setzt man sich mit Vierzig zur Ruhe, lautet ein für den Europäer schwer verständlicher *slogan* einer großen amerikanischen Versicherungsgesellschaft. Hier in Kalifornien leben viele, die sich mit Vierzig zurückgezogen haben – recht früh nichts mehr zu tun, beweist, wie erfolgreich man gewesen war, solange man etwas tat –, aber wie können sie in Ruhe leben, die kleinen, mittleren oder großen »Pensionisten«, da der Wettbewerb sie fortwährend beunruhigt? Die Not scheint nie zu enden, da sie keine materielle Not, sondern eine Not der Eitelkeit ist. Und wie sollte sie auch enden, da *Population Bulletin* erst unlängst festgestellt hat, daß Amerika im Jahre 1980 eine Bevölkerung von 249 Millionen Menschen haben wird – Robert C. Cook, der Herausgeber des *Bulletin*, fügte hinzu: »*Unser abnormales Wachstum ist auf Status-Symbole zurückzuführen: wir wollen große Familien haben, um zu beweisen, daß wir sie uns leisten können.*« Martha Weinman Lear aber hat ihrem Buch *The Child-worshipers* einen Untertitel gegeben, der das vorzügliche Buch beinahe überflüssig macht: »*Ein Buch über Eltern, die aus Kindern*

*ein neues Status-Symbol und aus Elterntum einen Wettbewerbs-
sport gemacht haben.«*

Die Wettbewerbs-Gesellschaft, die *competitive society,* auf die
sich die reaktionären Kreise Amerikas so viel zugute halten, fordert – seltsame Zusammenhänge zwischen Wohnzimmer und
Schlafzimmer – die sexuelle Misere heraus, die zu erkennen man
keines *Kinsey-Reports* bedarf: es genügt, das fromme Familien-
Organ *Readers Digest* zu lesen oder in Kalifornien intime Gespräche zu führen, für die man hier Zeit und Muße hat.

Mit 50 000 Scheidungen im Jahr steht Kalifornien an erster Stelle
der Scheidungsstatistik Amerikas, Amerika mit 393 000 Scheidungen jährlich an erster Stelle in der Weltstatistik – und das in einem
Land, von dessen rund 180 Millionen Einwohnern 115 Millionen
aktiv einer Kirche angehören, wo jede Woche fünfzig Millionen
Erwachsene Kirchen oder Tempel besuchen, wo 181 000 Seelsor-
ger, außer auf die Seligkeit nach dem Tod, auf das Seelenheil hie-
nieden bedacht sind. Jedes Jahr erscheinen in Amerika über zweihundert Bücher und Tausende Artikel, die sich nur mit den unge-
lösten Sexualfragen beschäftigen – drei dieser Werke, *Sex and the
Single Girl, The Feminine Mystique* und *Sexual Behavior of the
American College Girl* standen gerade auf der Best-seller-Liste.
Die meisten Bücher, die neuesten zumindest, stellen als den Ideal-
typ der Frau den Typ dar, den wir in Europa als den Normaltyp
kennen, fordern verschämt und behutsam Rückkehr und Umkehr,
vergessen jedoch, daß in einer kämpferischen Gesellschaft, in
der die Männer miteinander um die soziale Position, Frauen und
Männer miteinander um die Vorherrschaft kämpfen, ein europäischer Normaltyp sich nicht »verwirklichen« läßt. Die Überlegenheit der amerikanischen Frau ist keine Anmaßung: sie ist
nicht nur gebildeter und an dem allgemeinen Geschehen interes-
sierter als der Durchschnittsmann, sie versteht auch mehr von den
Fragen der Existenz. *»My wife is the reader in the family«,* »das

ist die Sache meiner Frau« – diese und ähnliche Sätze haben wir immer wieder gehört, und die Männer haben nicht bemerkt, daß sie alle Funktionen der Existenz, mit Ausnahme jener, die der Beschaffung der Existenzmittel dienen, abgetreten haben. Mit der vielgeschmähten Super-Emanzipation der amerikanischen Frau hat das wenig zu tun, diese ist eine Folge, keine Ursache – im Gegenteil: die Beziehung der Geschlechter in Amerika ist anachronistisch, weil sie auf dem paradoxen Pionierdasein des Mannes innerhalb einer sonst hochentwickelten Gesellschaft beruht. Nun ist aber die Frau des heutigen Pioniers, anders als die der Pionierzeit, nicht bereit, dem von der Jagd nach dem Dollar heimkehrenden Mann die Pantoffel vor den Schaukelstuhl zu stellen: da sie, während er »jagte«, nicht kochte, sondern »leben lernte«, fordert sie ihn abends am häuslichen Kamin zum Wettkampf heraus. Der Mann, andererseits, ist – obwohl er der Frau das »Leben« überließ – nicht bereit, auf seine »männlichen« Prärogative ganz zu verzichten: daraus entsteht die Gereiztheit, die wir in amerikanischen Ehen immer wieder beobachteten. Was sich, schließlich, hinter den Schlafzimmertüren abspielt, vermag weder Dr. Kinsey noch *Readers Digest* zu sagen: wir kennen nur die Symptome, können nur aus ihnen Schlüsse ziehen. Höchstwahrscheinlich verlangt die Frau vom Mann im Schlafzimmer just jene Überlegenheit, die sie ihm im Wohnzimmer – meistens mit gutem Recht – absprach, und damit sind wir bei der Sexualnot. Sie entsteht aus der unnatürlichen Beziehung zwischen Mann und Frau, wird aber von der Frau, die immer noch das »privatere« Wesen ist, schmerzlicher empfunden. Dies wieder resultiert in der fortwährenden Beschäftigung der Frau mit ihrer eigenen Persönlichkeit – Licci war am Ende unserer Reise versucht, ein Wörterbuch aus den von den amerikanischen Frauen verwendeten Klischees zusammenzustellen, wie etwa: »Ich habe mich gefunden«, »Ich beginne, meine Persönlichkeit zu entdecken«, »Ich lasse mir mein Ich nicht rauben«, »Ich lerne, mit mir zu leben«, »Ich kann nicht mit mir leben«, »Ich suche den Weg zur Reife«, »Ich bin endlich erwachsen geworden« – und das alles Aussprüche von Frauen zwischen Fünfunddreißig und Sechzig. Nichts aber scheint mir bezeichnender, als daß die Scheidungsziffern dort, wo beide Ehehälften Hochschulen besucht haben, am niedrigsten sind – selbst die geschlechtlichen Probleme scheinen in Amerika der intellektuellen Krise zu entspringen. Nicht die Quellen der amerikanischen Zukunft, wie es so viele wahrhaben möchten, sondern die Quellen des amerikanischen Unbehagens liegen in den modernden, die Luft der Existenz verpestenden Überresten der primitiven Pioniergesellschaft, die man zu begraben vergessen hat.

Indem wir solche Erwägungen anstellten, hatten wir Santa Barbara erreicht. Wie es sich für Santa Barbara, einen der schönsten Kurorte der kalifornischen Riviera gehört, hatte sich das Wetter aufgehellt. Links von uns schienen die Gipfel der Sierra de San Rafael die lästigen Nebel wie herabfallende Asche von sich zu wischen, zu unseren Füßen spülte der Ozean seine Wellen wie große weiße Briefe aus fernen Ländern an den Strand. Als wir Los Angeles erreichten, war der November wieder verscheucht, der dunkle Monat, der nicht im kalifornischen Kalender steht.

Die nächsten drei Tage waren mit gesellschaftlichen Verpflichtungen ausgefüllt. Eine Party folgte der anderen, wir kamen selten vor zwei Uhr morgens ins Bett. Für jemanden wie mich, den Partys mehr ermüden als Holzhacken – obschon ich mich auch zum Holzhacken wenig eigne –, wäre das unter anderen Umständen eine lästige Beschäftigung gewesen. Aber diese Zusammenkünfte, gleichwohl ermüdend, erfüllten mich doch mit einem gewissen Optimismus. Ich stand noch unter dem Eindruck des Südens und des großen Nachbarstaates Texas, aber wenn Kalifornien Amerika war – »only more so« –, dann war Hoffnung nicht fehl am Platze. Hier gab es wahrscheinlich ebenso viele neue Millionäre wie in Texas, aber ihr Benehmen war alles andere als aggressiv: sie hatten sich dem Milden Westen angepaßt. Der schlechte Ton gehört hier nicht zum guten Ton. Die vorzüglichen Hochschulen des Staates, die University of Southern California etwa, oder Berceley Campus, strahlten auf den ganzen Staat aus, bestimmten zum guten Teil sein geistiges Klima. Dieses Klima war nicht so kraftvoll-anregend wie das New Yorks; man diskutierte hier die gleichen Fragen abgeklärter, akademischer und zuweilen etwas weltfremd, man spielte hier die Violine der Kultur *con sordino,* aber was verschlug es, da die Melodie die gleiche war. In New York interessierte man sich mehr für Europa, für die Welt, aber nach allem, was ich gesehen und erlebt hatte, schien es mir beinahe wichtiger, daß man sich irgendwo in Amerika ernsthaft und im besten Sinne mit ganz Amerika beschäftigte. Wir bemerkten hier nie jenen peinlichen, stets zur Offensive neigenden Minderwertigkeitskomplex, der das politische Leben des Südens und besonders Texas' kennzeichnet, dieses Streben nach Isolationismus aus dem Gefühl der Inferiorität, wir begegneten niemandem, der sich auf der Flucht aus dem Konferenzzimmer ins Kinderzimmer befand. Ich war nicht geschmeichelt, sondern erschüttert, weil man mich auf allen Gesellschaften wie einen eben eingetroffenen reitenden Boten umgab, der die Kunde von fremden Ländern bringt – man wußte nicht genug, auch hier nicht, von Texas und Alabama und Mississippi am allerwenigsten, aber man war wenigstens unruhig, lernbegierig und von altruistischen Interessen. Wohl klang es naiv, als mich die Frau eines großen Industriellen bat, ich möge ihr eine Liste der »gemäßigten« unter den für die Integration kämpfenden Neger-Organisationen zusammenstellen, denn ihre siebzehnjährige Tochter käme von den CORE-Versammlungen allnächtlich mit kommunistischen Pamphleten nach Hause – aber es war deutlich, daß man versuchte, nicht nur den eigenen Nabel zu beschauen, daß man sich um tausend andere Dinge kümmerte als bloß um Geld und Gewinn, daß man zwar, wie nirgends anderswo, »privat« lebte, aber öffentlich dachte. In New York und Washington waren wir den Akteuren Amerikas begegnet, hier begegneten wir dem Publikum, und das Publikum wirkt, mit den Akteuren verglichen, immer etwas provinziell, aber es war ein Publikum, das hellwach zuhörte, dem keine Nuance entging, das genau wußte, wann es pfeifen und wann es applaudieren sollte – sollte es, in Gottes Namen, nicht möglich sein, daß der Wilde Westen eines Tages den Weg des Milden Westens gehen würde? Reisende, die aus dem Fernen Osten kommend an den kalifornischen Gestaden landen, mögen es anders empfinden, aber ich glaube, auch sie empfinden es so: Kalifornien ist nicht der »Beginn«, sondern das »Ende« Amerikas, und als solches könnte es ein *happy ending* sein.

»*Die Erinnerung an Torre di Venere ist atmosphärisch unangenehm*« – mit diesen Worten beginnt Thomas Manns *Mario und der Zauberer*, eine der größten Novellen der Weltliteratur ohnedies, doch für mich aus einem besonderen Grunde: ich kenne keine andere Erzählung, in welcher der Leser auf die kommende Katastrophe so behutsam und zugleich mit so sicherer Hand vorbereitet, in der das kommende Unwetter so deutlich und zugleich doch nur so »atmosphärisch« spürbar werden würde. Thomas Mann schreibt: »*Ärger, Gereiztheit, Überspannung lagen von Anfang an in der Luft, und zum Schluß kam der Choc mit diesem schrecklichen Cipolla, in dessen Person sich das eigentlich Bösartige der Stimmung auf verhängnishafte und übrigens menschlich sehr eindrucksvolle Weise zu verkörpern und bedrohlich zusammenzudrängen schien.*«

Obwohl das Unbehagen auf der ganzen Reise unser Begleiter gewesen war, obwohl »*Ärger, Gereiztheit, Überspannung*« in der Luft gelegen hatten: in Kalifornien haben wir manches vergessen, milder gesehen und duldsamer revidiert. Ist New York ein steinerner Vorhang, hinter dem die wundervolle Metropole milde verbirgt, was Häßliches sich abspielt, so ist Kalifornien, am anderen Ende des Landes, ein Vorhang aus Samt und Seide, weich, geschmeidig, schön anzusehen und sanft anzufassen, doch auf ebenso barmherzige Weise undurchsichtig. Die Erinnerung an die letzten Wochen war *»atmosphärisch unangenehm«*, doch wußten auch wir, wie das Publikum des Thomas Mannschen Zauberers, nicht, *»wo das Spektakel aufhörte und die Katastrophe begann«*.

Am Abend des 21. November 1963 bestiegen wir den *Super-Chief* nach New York.

Wir ahnten noch nicht, wie der *»schreckliche Cipolla«* in Wirklichkeit heißen sollte.

DREI WITWEN UND EINE MUTTER

Am Morgen des 24. November, Sonntag, kamen wir in New York an.

Der Präsident war tot. New York war ausgestorben. Ein schwarzes Paar, der Tod und die Scham, ritt durch die Stadt.

Wir wollten nicht ausgehen. Vereinbarungen, im voraus besprochen, sagten wir ab. »Selbstverständlich«, sagten die Leute, die wir anriefen. »Was sagen Sie?« fragten sie, und antworteten: »Was soll man sagen?« Nur der eine oder andere fragte, ob wir am Ende der Woche das Land verlassen würden. Ja, sagten wir. Und obwohl wir nie etwas anderes geplant hatten, war es uns, als verließen wir, wie die Ratten, das sinkende Schiff.

Erna, die Schwester meiner Frau, die in New York lebt, kam. Sie weinte, weinte schon seit zwei Tagen. Ein oder zwei Freunde kamen, Männer und Frauen, mit verweinten Augen. Ich wußte nicht, was ich ihnen sagen sollte. Sollte ich sagen, daß ich etwas Schreckliches geahnt hatte, wenn auch nicht dieses, so Schreckliches nicht? Ich schämte mich meiner Ahnungen. Ich hätte etwas tun sollen. Millionen hätten etwas tun sollen. Keiner hatte etwas getan.

Jetzt saßen Männer und Frauen, in Millionen amerikanischen Heimen, sahen sich an und wußten, daß sie nichts getan hatten. Sie statteten sich Beileidsbesuche ab, als wäre ein Mitglied der Familie gestorben. Ein Mitglied der Familie war gestorben, aber sie hatten nichts getan, um es zu verhindern. Es war zu spät.

Ich drehte den Fernsehapparat an. Es war kurz vor elf. Die Station NBC berichtete aus Dallas. Ich sagte, ich wollte nichts von Dallas hören. Ich sagte, ich hätte nichts dagegen, wenn *Big-D* vom Erdboden verschwände.

Dann geschah es, vor unseren Augen.

Männer in Texas-Hüten, Polizisten mit weißen Kappen. Die Landkarten-Gesichter, die Bourbon-Whisky-Gesichter, die nackten Gesichter. *Two-fisted-men.* Und Reporter, mit Mikrophonen in der Hand. Die Zukunftsvision vom Reporter, der seinen Kopf aus dem Fenster steckt und den an ihm vorbei in die Tiefe stürzenden Selbstmörder nach dessen Zukunftsplänen befragt – hier ist sie Wirklichkeit geworden. Der Mann, den sie den Mörder des Präsidenten nennen – der Mörder eines Polizisten ist er gewiß – tritt aus dem Fahrstuhl. Wir sehen sein Gesicht, ganz nahe: ein sinnloses, der Hand des Schöpfers zu früh entglittenes Gesicht. Wir sehen alles. Es gibt kein Geheimnis mehr – bis auf das eine, auf das es ankommt. Ein Mann tritt auf den Mörder zu – nein, er hält nur ein Mikrophon in der Hand. Die Mikrophone sind wie Spucknäpfe, sie werden ihm entgegengehalten, vielleicht spuckt er die Wahrheit. Von rechts: Auftritt des Mörders Nummer zwei. Noch ahnt es das Publikum nicht. Ahnt es der Regisseur? Das Kameraauge, wie es sich gehört, auf den Hauptdarsteller gerichtet, vorderhand ist er noch der Hauptdarsteller, der vermutliche Mörder – von vorgestern. Gleich wird er abtreten, vom neuen Mörder ersetzt werden. Den Mann, der feuert, sehen wir nur von rückwärts. Ich sage: »Die Brille!«, aber niemand hört mir zu. Ich habe, weiß Gott weshalb, die Brille bemerkt, die dem Mörder – dem neuen Mörder, man beginnt die Mörder zu numerieren – aus der Brusttasche lugt. Die Hornbrille scheint das einzig Reale an dieser Szene. Alles andere könnte gestellt sein, Klappe, Großaufnahme, wahrscheinlich ist es gestellt, ein billiger Film. Nur würde in einem Film der Mörder keine Brille in der Brusttasche tragen. Das ist eine Szene aus dem Leben. Und so ist das Leben, in Dallas, Texas.

Ein Bildbericht jagte den anderen, den ganzen Tag. Wir verließen das Zimmer nicht mehr, weder an diesem Tag noch am folgenden. Kellner schoben den Tisch mit den Speisen herein, wir starrten inzwischen unverwandt auf den Fernsehschirm. Briefe, Telegramme, Telephonanrufe: wir blieben vor dem Apparat sitzen.

Sonntag, der 24. November.

John und Jacqueline Kennedy verlassen zum letzten Mal zusammen das Weiße Haus. Von sieben weißen Pferden gezogen, bewegt sich die Lafette, die den Sarg des Präsidenten trägt, über Pennsylvania Avenue aufs Kapitol zu. *»Hunderttausende säumen die Straße. Man hört nur das eintönige Schlagen der Trommeln. Die Stille ist groß.«* So schrieb eine Zeitung – im April 1865, als Abraham Lincoln zu Grabe getragen wurde. Hunderttausende säumen die Straße. Man hört nur das eintönige Schlagen der Trommeln. Die Stille ist groß. Die Rotunde. Ansprachen. Der edle, weiße Kopf von Earl Warren, Präsident des Bundesgerichtshofes, der Mann, der die Segregation für verfassungswidrig erklärte. Der zweitbestgehaßte Mann Amerikas. Er war nicht in Dallas. Bewegungslos stehen die vier Soldaten an den vier Ecken des mit dem Sternenbanner bedeckten Sarges. Dann wieder Dallas. Der vermeintliche Mörder des Präsidenten tot, gestorben im gleichen Hospital, wo John F. Kennedy tot gelegen hatte. »Man kennt den Mörder des Mörders.« Wieder die Rotunde. Die Mutter des Präsidenten, Irlands blinder Staatschef Eamon de Valera, der junge Astronaut John Glenn. Ein endloser Menschenstrom. Keiner schuldig – und keiner unschuldig. In Texas: Pressekonferenz des Ermittlungsrichters und Staatsanwaltes Henry Wade. Beides in einer Person? Das Gesetz der Wildnis. Haben wir ihn nicht gesehen, in Texas? Wir haben ihn hundertmal gesehen, Hunderte Henry Wades. Die Journalisten stellen unbequeme Fragen. Er weiß nicht einmal die Entfernung zwischen dem Mordhaus und dem Kino, wo der Mörder verhaftet wurde, der Mörder Nummer eins. Aber er »weiß«, daß der ermordete Mörder schuldig ist. Er ist seiner Sache sicher. Sie sind sich ihrer Sache immer sicher, in Dallas, Texas. Das Kapitol. Hunderttausende, deren Leben in dieser Generation nie mehr so sicher sein wird, wie es drei Jahre lang war, als ein junger Mann aus Boston über ihr Leben wachte. Weiß die Menge vor dem Kapitol, was sich in Dallas abspielt? Hier schon Trauer, dort wieder Mord. Männer, die sich bekreuzigen, ein junges Mädchen weint, eine alte Frau weint, ein großer dicker Neger weint. Die meisten gehen nur gesenkten Blickes am Sarg vorbei. Neun, zehn Stunden stehen manche im Freien, für eine einzige Minute der Reverenz. Und es könnte sein, daß eine Nation nicht verloren ist, die sich so zu schämen vermag. Die Flaggen auf Halbmast. Ein Nachtlokal. So schnell wechseln die Bilder. *Carousel* heißt es, draußen steht: *Girls, Burlesque, Strip-tease*. Auch Bobby Bakers Motel, erinnert ihr euch, heißt *Carousel*. Der Vulgärität fällt nichts ein. Die Menge weicht beiseite – Rotunde, Washington. Eine Frau. Sie schlägt den Schleier hoch. Das Gesicht der griechischen Tragödien. Äschylus: »*Wie ich dieses Volk, das kindische, so war's vordem, / vernünftig machte, ihm Besinnung gab.*« Sophokles: »*Als du droben warst, / teilt ich mit dir dein Los; so will auch jetzt / im Tod ich nicht in deinem Grabe fehlen.*« Euripides: »*Die Menschen haben keinen Schatz zu eigen! / Was uns beschieden war, verwalten wir. / Gefällt's dem Schicksal, nimmt man uns es wieder.*« Die Frau kniet nieder. Zurück nach Dallas! Ein vierter Mord? Nein, man zeigt nur den dritten, ein zweites Mal. Sollte ihn jemand versäumt haben. Wann immer Sie aufblenden, verehrter Zuschauer, wir zeigen es heute noch zwei Dutzend Mal, man sieht nicht jeden Tag einen Mord, während er passiert, nicht einmal in Dallas, Texas. Rotunde. Der Bruder des Präsidenten führt die Frau bei der Hand hinaus. Zwei schwarze Schatten. Die weißen Statuen der toten Staatsmänner umstehen den toten Präsidenten. Hunderttausende warten noch immer, still, geduldig. Jacqueline und Robert Kennedy gehen hinaus in die eisige Novembernacht Washingtons. Man sieht die Fahnen nicht mehr.

Montag, der 25. November.

Jacqueline Kennedy, allein oder mit ihren Kindern, Caroline und John-John. Auf den Stufen des Weißen Hauses, auf den Stufen des Kapitols, im Trauerzug und während der Messe, die Richard Kardinal Cushing von Boston zelebriert, der nämliche, der sie vereint hat, John Fitzgerald Kennedy und Jacqueline Bouvier. Nach der Messe, vor der Kirche, als sie sich zu ihrem Sohn niederbeugt, und ihm etwas ins Ohr flüstert, und John-John die Hand zur Stirne hebt, der einzige militärische Gruß, der mich je mit Bewunderung erfüllte. Als sie den Hügel zum Grab hinaufgeht, im Militärfriedhof von Arlington, erhobenen Hauptes, aufrecht, ohne zu schwanken, ein junger General. Wir haben geweint, sie weinte nicht. Was war es, das uns bewies, in wenigen Stunden, was diese Frau bedeutet? Was war es? Tapferkeit, Haltung, Würde? Ein Wort nur gibt es, verschmäht, veraltet. Tugend. Nicht nur ihre eigene Tugend, sondern: daß sie fühlte und uns fühlen ließ – die Tugenden des Toten müssen weiterleben. Tapferkeit, Haltung, Würde – weil er all dies besaß. Und Jugend und Schönheit und Frohsinn und Glauben und Glauben ans Gute. Und Tugend. Erhalterin des Lebens war sie im Tod, und Vollstreckerin des Testaments. *»Und möge dieses Wort von diesem Ort und dieser Zeit hinausgehen, zu Freund und Feind, daß die Fackel in neue Hände übergegangen ist, in die Hände einer neuen Generation von Amerikanern – geboren in diesem Jahrhundert, geformt vom Krieg, gestählt in einem harten und bitteren Frieden.«* – John F. Kennedys Worte bei seinem Eid auf die Verfassung, 20. Januar 1961. *The torch has been passed* – und wir sehen eine junge Frau, die sie ergreift und weiterträgt. Was war es? Daß die Trauer durch

313

diese Frau eine neue Bedeutung erhält, die stolze Verpflichtung des Lebens. Leid ohne Wehleidigkeit und Schmerz ohne Teilung, Lizenz des Lebens. Daß sie nicht nur die Fackel der Jugend, sondern auch die Würde des Amtes weiterträgt, daß sie eins wird mit dem verwundeten Land und der gebeugten Nation, doch immer noch sie selbst bleibt, die erste Königin-Witwe der Republik Amerika.

Und doch: Kann und darf man vergessen, daß diese *First Lady* der freien Welt, und das in des Wortes wahrster Bedeutung, daß sie, bis zu jenem dunklen Augenblick an der Ecke von Elm- und Houston-Street in Dallas, Texas, daß sie also die meistgehaßte Frau Amerikas war, verleumdet, beschimpft, verdächtigt, beleidigt, verunglimpft wie keine zuvor? Wir sahen Hunderttausende, in deren Gesichtern die Bewunderung geschrieben war – wir hätten jene Millionen sehen wollen, in deren Gesicht die Scham stand.

Wir konnten sie nicht sehen: es verging eine Woche – eine Woche! –, ehe die Schamlosigkeit wieder ihr Haupt erhob. Das aber ist die Geschichte der zweiten Witwe dieser historischen Tage, die Geschichte der Marina Oswald.

Der Präsident war noch keine Woche begraben, als die Witwe seines vermutlichen Mörders, Marina Oswald, geborene Marina Nikolajewna Pruskowa, von den Wogen der Popularität hochgetragen, als ein neues Symbol und wie ein Phoenix aus der Asche stieg. In kurzer Zeit erhielt Marina Oswald 45 000 Dollar, fast 200 000 Mark. »*Sympathetic Americans*« haben sie gestiftet, so hieß es wörtlich in *Time*. Es gibt in den Kreisen der amerikanischen Prominenz ein Wort, das den Gipfel des Erfolges kennzeichnet: man sagt von jemandem, »*he made Time*«, es ist ihm gelungen, Titelblatt-Gestalt von *Time* zu werden. Marina Oswald ist auch das gelungen.

Aus welchen Komponenten setzt sich diese Perversität zusammen? Daß das amerikanische Volk keine »Sippenhaftung« kennt?

Es hat »Sippenhaftung« nie gekannt: niemandem wäre es je eingefallen, die Witwe des vermeintlichen Mörders, ihre Kinder gar, für die Tat des Mannes verantwortlich zu machen. Daß Marina Oswald hübsch und »photogen« ist? Das begründet die Welle der Sympathie nicht – es sei denn vom Standpunkt illustrierter Magazine. Aber das Geld, das Marina Oswald fortlaufend erhält, stammt nicht aus diesen Quellen. Aus welchen Quellen stammt es?

Die erste Reaktion auf die Person Marina Oswalds war negativ – wir waren anwesend, können es bezeugen. Da in Texas und in den Kreisen der amerikanischen Faschisten alles unternommen wurde, um Lee Harvey Oswald als ein Werkzeug der kommunistischen Weltverschwörung darzustellen, wurde die russische Abstammung Marina Oswalds, die erst 1961 geheiratet hatte und erst 1962 nach Amerika gekommen war, als ein belastendes Indiz in die Waagschale geworfen. Damals erklärte Marina Oswald: »*Ich glaube es nicht, Lee kann eine so schreckliche Tat nicht begangen haben.*« Nach *Time* vom 14. Februar 1964 hatte Marina Oswald von dem Attentat durch das Fernsehen erfahren und dabei ausgerufen: »*Was für eine schreckliche Sache für Mrs. Kennedy! Jetzt werden ihre Kinder ohne einen Vater aufwachsen müssen.*« Soweit alles selbstverständlich, soweit keine Perversität. Soweit auch keine Spenden. Was geschah dann?

Die Marina-Oswald-*vogue* setzte auf den Tag, ja auf die Stunde genau gleichzeitig mit Marina Oswalds öffentlicher Erklärung ein, wonach ihr Mann »ohne jeden Zweifel« den Präsidenten der Vereinigten Staaten ermordet habe. Aber Marina Oswald ist nicht nur, soweit meine Kenntnis des *Pitaval* reicht, die erste »Mörderwitwe«, die nichts unversucht läßt, um das Schuldverdikt gegen ihren Mann zu bestätigen, zu unterstreichen, zu wiederholen und zu beweisen: sie liefert auch ununterbrochen neue Indizien, welche die Behauptung unterstützen, daß ihr Mann in kommunistischem Auftrag gehandelt habe. Die Flut der Spenden setzte auf den Tag, ja auf die Stunde genau dann ein, als Marina Oswald – mehr als eine Woche nach der Tat! – erklärte, ihr Mann habe am 10. April 1963 versucht, den Führer der amerikanischen Faschisten und Segregationisten, den früher in Deutschland stationierten und von der Armee entlassenen, in Dallas wohnhaften Generalmajor Edwin A. Walker zu erschießen. Wer ist diese junge Frau, deren Gedächtnis so seltsam funktioniert, daß es mit jedem verstreichenden Tag besser wird, deren Haushalt so seltsam organisiert ist, daß dort, je mehr Zeit verstreicht, desto mehr Material gefunden wird? Wer ist sie, und wer steht hinter ihr?

Es gibt – und ich muß nun vorwegnehmen, was wir damals, Tag und Nacht vor dem Fernsehapparat des New Yorker *Hotel St. Regis* sitzend, nicht wußten, nicht wissen konnten –, es gibt zwei Möglichkeiten. Beruht Marina Oswalds Aussage über den versuchten Walker-Mord – nicht einmal die Polizei von Texas hat Oswald jemals dieses Attentats geziehen –, beruht ihre Aussage also auf Tatsachen: wie kommt es dann, daß niemand die Frage ihrer Komplizität, zumindest die Frage der Unterlassung einer pflichtgemäßigen Anzeige aufgeworfen hat? Angenommen jedoch, daß eine Ehefrau das Recht habe, auf eine solche Anzeige zu verzichten – muß sie nicht, und würde sie nicht etwas unternehmen, um zu verhindern, daß ein potentieller Mörder frei herumlaufe, ein Gewehr trage, würde sie nicht sich und ihre Kinder schützen, indem sie die Hilfe von Verwandten, Freunden und Ärzten anriefe? Nichts dergleichen ist geschehen. Es bleibt somit kaum ein anderer Schluß, als daß Marina Oswald die »Täterschaft« ihres Mannes im Fall Walker erfunden hat, nicht nur um die Indizien gegen ihren Mann im Fall der Ermordung Präsident Kennedys zu untermauern, sondern auch um das Motiv der Tat, nämlich eine »Links-Verschwörung«, mitzuliefern. Wer hat daran ein Interesse?

Auf diese Frage, wenigstens, haben wir eine Antwort erhalten.

Die *John-Birch-Society* hat am 15. Dezember 1963 in mehreren amerikanischen Zeitungen ein ganzseitiges Inserat unter dem Titel *Die Zeit ist gekommen* veröffentlicht, in dem es heißt: » *Wir glauben, daß der Präsident der Vereinigten Staaten von einem Kommunisten in den Vereinigten Staaten ermordet wurde ... Der Ehrenwerte J. Edgar Hoover sagte in einer Rede am 18. Oktober 1960: ›Wir sind im Krieg mit den Kommunisten, und je früher jeder rot-blütige Amerikaner das erkennt, desto besser, desto sicherer werden wir sein.‹ Er hat diese Erklärung am 3. Dezember 1963 wiederholt – zehn Tage nach dem Mord ... Die Zeit ist gekommen, in der jeder rot-blütige Amerikaner dementsprechend handeln muß.«* Der Ehrenwerte J. Edgar Hoover, Chef der F.B.I., der Kriminal- und politischen Polizei des Landes, hat auf die Benützung seines Namens in der Werbung einer umstürzlerischen, staatsgefährlichen Organisation nicht reagiert, sich von ihr nicht distanziert. Warum?

Zurück zu Marina Oswald, der lustigen Mörderwitwe von Dallas! Daß das Füllhorn der Spenden, in der Höhe von 45 000 Dollar, nicht aus purer Menschlichkeit sich öffnete – man kann es nicht bezweifeln, da man weiß, daß die Mutter Oswalds, ebenso »leidtragend«, ebenso »bemitleidenswert« wie eine Frau, die mit dem angeblichen Mörder insgesamt zweieinhalb Jahre gelebt hat, daß die Mutter Oswalds also keinen einzigen Dollar von *»sympathetic Americans«* erhielt: allerdings hat sie sich auch nicht als Anklägerin ihres Sohnes aufgespielt. Auf der anderen Seite wird vom *Statistical Abstract of the United States 1963* die Zahl der offiziellen amerikanischen Wohltätigkeitsorganisationen – von Tausenden privaten abgesehen – mit 5113 angegeben: daß warmherzige Menschen kein anderes Objekt ihrer Wohltätigkeit fänden als die Witwe des »Präsidenten-Mörders« – wie sollen wir es glauben? Entweder versuchen also ihre Finanziers die Witwe Oswalds zu beeinflussen, entweder ist sie von interessierten Personen und

Organisationen bezahlt, oder – ich vermag den Gedanken kaum zu Ende zu denken – wird sie von Menschen versorgt, verwöhnt und verherrlicht, die sie als die eigentliche Witwe der Nation betrachten, weil ihr Mann den Präsidenten der Vereinigten Staaten aus dem Weg geräumt hat. Eines haben beide Möglichkeiten gemeinsam. Es ist die Pflicht der amerikanischen Behörden, nicht nur Amerika gegenüber, sondern gegenüber der freien Welt, deren Führer John F. Kennedy war, es ist die Pflicht dieser Behörden, mit oder ohne Hilfe des Ehrenwerten J. Edgar Hoover, die Quellen des neuen Reichtums der Marina Oswald, geborenen Marina Nikolajewna Pruskowa, zu untersuchen, jedem einzelnen der »Wohltäter« nachzugehen und sie zu befragen, festzustellen, ob sich unter den »Spendern« keine Komplicen oder Anstifter des vermeintlichen Mörders befinden, zu ermitteln, ob nicht potentielle Staatsfeinde, Mörder und Attentäter, die Witwe Lee Harvey Oswalds mit Mitteln versehen.

Es handelt sich jedoch nicht nur um ein politisches und kriminalistisches Phänomen – das kulturhistorische wird die Menschheit noch beschäftigen, wenn der Name Marina Oswald vergessen sein wird, wie die Verwandten der Präsidenten-Mörder Booth, Guiteau und Czolgosz vergessen sind. Marina Oswald ist, neben allem anderen, ein Phänomen der *publicity*. In einer Kultur, in der der amerikanische *World Almanac of Books and Facts* unter den »berühmtesten Persönlichkeiten der Zeit« eine Dirne anführt, weil diese einige Jahre lang oft »in der Zeitung stand«, erscheint es mir überflüssig, den Unterschied zwischen den Begriffen »berühmt« und »berüchtigt« definieren zu wollen: es besteht keiner. Nicht allein, daß Marina Oswald nun schon den zweiten *business-manager*, daß sie einen eigenen *publicity agent* und einen Presse-Sekretär beschäftigt; daß die führende *Dallas Morning News* stolz die Publikationen ihrer Memoiren ankündigt, in der »ihr Leben in Rußland sowie die Schuld ihres Mannes« geschildert werden wird;

daß die Zeitungen Interviews mit ihr veröffentlichen, in denen sie mitteilt, wie oft ihr Mann mit ihr geschlafen habe – »selten: alle zwei Monate« –; daß sie erzählt, nun könne sie endlich »rauchen, Alkohol trinken und sich im *Beauty-parlor* verschönern lassen« – nicht das allein reizt auch den gesündesten Magen zu Konvulsionen, sondern daß das alles mit der gleichen Selbstverständlichkeit geschieht, mit der auch Hüte und Tracht just des Staates Texas heute, just heute »Mode« werden, so daß man glauben muß, alle Dämme des menschlichen Anstandes, des Glaubens und der Würde seien längst und endgültig geborsten. Es bleibt nichts übrig, als dem zum Katholizismus konvertierten, die höchsten moralischen Grundsätze predigenden, die Fackel des amerikanischen Konservatismus vorantragenden Zeitungskönig Henry R. Luce zu empfehlen, er möge Marina Oswald, geborene Marina Nikolajewna Pruskowa, statt Jacqueline Kennedy, zur *Frau des Jahres* bestimmen.

Denkt man über den Tag hinaus, ist auch der Fall der dritten Witwe symptomatisch. Es handelt sich um Marie Tippit, deren Mann, Polizist J. D. Tippit, von Lee Harvey Oswald erschossen wurde. *Patrolman* J. D. Tippit bezog monatlich 490 Dollar, die Pension seiner Witwe hätte 232 Dollar betragen. Wenige Wochen nach dem Mord betrug das Barvermögen der Marie Tippit 600 000 Dollar; ein Wohltäter erlegte 12 217 Dollar, die Summe, die Tippit als typischer Amerikaner auf »sein« Haus schuldete, in bar; eine Universität setzte den beiden Söhnen des Ermordeten, dreizehn und fünf Jahre alt, ein Stipendium für ihr ganzes Hochschulstudium aus.

Niemand wird der Witwe eines bei der Erfüllung seiner Pflicht gefallenen Hüters der Ordnung das Mitleid versagen: das Motiv der Wohltätigkeit liegt hier auf der Hand – das Ausmaß bleibt gleichwohl erstaunlich. Hunderte amerikanischer Polizisten sind im Laufe der Jahre von Verbrechern erschossen worden: auf keinen Fall ist das Verhalten des *patrolman* Tippit mit der Tapferkeit des Detektivs zu vergleichen, der sich, als die Schüsse an der Unterführung in Dallas fielen, mit seinem Leib schützend über den damaligen Vize-Präsidenten Johnson geworfen hat – dieser Detektiv aber hat meines Wissens nichts als ein Dankschreiben des nachmaligen Präsidenten erhalten.

Die Erscheinung, deren staunende Zeugen wir hier werden, ist eine Massenhysterie von Dimensionen, welche die Witwe begünstigen, uns aber abschrecken müssen. Eine Gesellschaft, der es genügt, »auf den Knopf zu drücken«, damit kollektive Emotionen solchen Umfanges ausgelöst werden, die, im Guten wie im Schlechten, mechanisch antwortet und automatisch in Bewegung gesetzt wird, bei der Sentiments und Sentimentalitäten nicht mehr zu unterscheiden sind, die schließlich, im Rhythmus der von ihr selbst geschaffenen Massenmedien mit solcher, auch für die Feinde der Gesellschaft im voraus kalkulierbaren Sensitivität funktioniert – eine solche Gesellschaft ist auf das bedenklichste bedroht.

Drei Witwen – und eine Mutter.

Dem widernatürlichen Verhalten Marina Oswalds steht das natürliche Verhalten – natürlich: so will es vorerst scheinen – der Marguerite Oswald gegenüber, die ihren Sohn mit bitterer Entschlossenheit verteidigt, seine Unschuld beteuert und zu beweisen sucht, sich, mit anderen Worten, so verhält, wie es jede andere Mutter an ihrer Stelle täte. Warum aber muß die Mutter die Rolle der Frau übernehmen?

In den ersten Tagen nach dem Mord, als wir das Geschehen Minute für Minute verfolgten, schienen uns Mutter und Witwe ein Herz und eine Seele zu sein. Die beiden Frauen ließen sich zusammen photographieren, hielten sich bei der Hand, gingen zusammen zu dem geheimen Begräbnis des Lee Harvey Oswald. Marguerite Oswald erklärte später, bei dem Begräbnis sei sie durch die Mannen des Ehrenwerten J. Edgar Hoover von ihrer Schwiegertochter getrennt und niemals mehr in deren Nähe geduldet worden – ich vermag es nicht zu überprüfen. Jedenfalls erfolgte die Trennung von jenem Tag, von jener Stunde an, als Marina Oswald, die Sowjet-Russin, die Frau des angeblichen Präsidenten-Mörders, auf die perverseste Weise der *darling* der amerikanischen Reaktion geworden war, als Marina Oswald begann, ihren Mann anzuklagen, als sie behauptete, ihr Mann habe das Walker-»Attentat« begangen, ein geplantes Attentat auf den republikanischen Parteiführer Nixon andeutete, und wie ein Evidenzmaschine Photos, Dokumente, Indizien aller Art auszuspeien sich anschickte. Die Trennung erfolgte, nachdem Marguerite Oswald behauptet hatte, ihr Sohn sei ein Agent der *Central Intelligence Agency*, des amerikanischen Geheimdienstes, gewesen. Der Geheimdienstchef, John McCone, hat diese Behauptung dementiert. Wenn man jedoch der Behauptung einer Mutter, die ihren Sohn zu rechtfertigen sucht, mit gebotener Vorsicht begegnet, so darf man doch, meine ich, mit gleichem Recht annehmen, daß der Chef eines Geheimdienstes, von Berufs wegen zur Geheimhaltung verpflichtet, nicht gerade mit der Mitteilung aufwarten wird, der Mörder des Präsidenten habe seiner Organisation angehört. Jubel und Rührung, weil die Witwe des angeblichen Präsidenten-Mörders, die Russin Marina Oswald, geborene Marina Nikolajewna Pruskowa, im Land ihrer dunkelsten Erinnerungen bleiben und dessen Staatsbürgerschaft annehmen will, Haßkampagne gegen die Mutter des gleichen »Mörders« – muß nicht jeder Satz mit einem Fragezeichen enden?

Marguerite Oswald spielt eine natürliche Rolle, sagte ich vorhin, doch ein symptomatisches soziologisches Phänomen ist sie nicht minder. Die zweimal geschiedene und einmal verwitwete diplomierte Krankenpflegerin: sie repräsentiert die *salesman-society*, von der ich gesprochen habe, repräsentiert überdies den Typus jener »*Mom-society*«, von der Philipp Wylie in seinem grundlegenden Werk *The Generation of Vipers* gesprochen hat. Auf der einen Seite eine Mutter mit anscheinend vollkommen normalen, uns allen verständlichen Reaktionen – auf der anderen die Frau, die für einen Vortrag vor fünfzehnhundert Personen in der New Yorker *Town Hall* 5000 Dollar verlangt, ihr Stundenhonorar als Pflegerin auf das Doppelte erhöht – lohnt es sich noch, mit einer Zivilisation sich zu beschäftigen, in der alle, die mit dem Tod eines guten Mannes direkt oder indirekt zu tun haben, reich werden?

Indes ist es nicht etwa so, als ob die Geschäftigkeit der Mrs. Marguerite Oswald, als ob ihre politischen Anklagen die Haßkampagne gegen sie – um eine solche handelt es sich – erschöpfend erklärten. Diese *»Mom«* mit den grauen Haaren und der dicken Hornbrille, ihrem ganzen Wesen, Habitus und Aussehen nach aus Philip Wylies Buch gestiegen, hat ihren Sohn so erzogen, daß keine Macht der Erde ihn von der Nabelschnur zu reißen vermöge. Die sexuellen Hemmungen, eventuell die verdrängten homosexuellen Anlagen, welche die amerikanischen Psychologen Hartogs, Bellak, Morse, Kline und Offenkrantz bei Oswald entdeckt zu haben glauben, gehen auf jene Frauen-Domination und *»Mom«*-Bindung zurück, von denen ich im Kapitel über Kalifornien sprach. Daß jedoch Millionen Amerikaner ebenso erzogen wurden, ohne den Präsidenten, oder sonst jemanden, zu ermorden, haben die Psychologen übersehen; sie haben es auch versäumt, sich mit den psychologischen Ursachen der Abneigung gegen Marguerite Oswald, nämlich mit der unterbewußten Revolte des Amerikaners gegen *»Mom«*, zu beschäftigen. Der Mord an John F. Kennedy hat alle bedrohlichen Symptome der amerikanischen Gesellschaft aufgerührt – *Salesman-society* und *Mom-Komplex,* die verlogene Virilität des Mannes mit den »zwei Fäusten« und den *red-blooded* Pioniers, die geheime Diktatur des *publicity*- und *public-relations-man,* die Verschiedenheit, Uneinigkeit und die kontrastierenden Charaktereigenschaften der einzelnen Staaten, die Maßlosigkeit und die Massenhysterie. Der Tod wie das Leben

John F. Kennedys war ein Trompetenstoß im Morgengrauen. *»Mit den Guten erwachten die Bösen, mit den Fleißigen die Faulen, mit den Gesunden die Kranken, mit den Barmherzigen die Herzlosen, mit den Freunden die Feinde, mit den morgendlichen Menschen die Profiteure der Dunkelheit. Mit Abel, dem Hirten, erwachte Kain, der Jäger.«*

Der Gesellschaft aber – wir wollen es nicht und nie vergessen –, die sich in der Witwe Oswald und in der Mutter Oswald spiegelt, steht jene andere gegenüber, die sich in der Witwe Jacqueline Bouvier Kennedy spiegelt. In dem einzigen Interview, das Jacqueline Kennedy nach dem Tod des Präsidenten gewährte, sagte sie: *»Je mehr ich früher über Geschichte las, desto bitterer wurde ich. Eine Zeitlang dachte ich, daß Geschichte von verbitterten alten Männern gemacht würde. Aber dann wurde mir klar, daß gerade die Geschichte Jack zu dem gemacht hatte, was er war. Sie müssen sich ihn als kleinen Jungen vorstellen, der so häufig krank war, der im Bett gelesen hat, Geschichtsbücher, über die Ritter der Tafelrunde, über die Taten des Herzogs von Marlborough. Für Jack war die Geschichte voller Helden. Und wenn ihn das geformt hat – wenn ihm die Helden Vorbilder waren –, vielleicht wird es anderen Buben genauso gehen.«* Und Theodore H. White, mit dem sie gesprochen hatte, fügte hinzu: *»Für einen kurzen, leuchtenden Augenblick hat es auch in dieser Welt einen Ritter gegeben.«*

Manches von dem, was ich in diesem Kapitel aufgezeichnet habe, erfuhren wir erst, nachdem wir die Vereinigten Staaten verlassen hatten. Am letzten Tag dieses tödlichen November verließ die *Leonardo Da Vinci* den Hafen von New York. Die See ging hoch, der steinerne Vorhang, der New York heißt, schien sich zu bewegen, als wollte oder könnte er nicht mehr bedecken, was dahinter sich verbarg. Von einer Reise, die Vergnügen und Wiedersehen und eigener Beschäftigung gewidmet war, kehrten wir beladen zurück, als trügen wir, wir zwei und wir alle, die Last der Erde auf unseren Schultern. Oder mit den Worten aus dem Prediger, die John Fitzgerald Kennedys liebste Worte waren: »*Ein jegliches hat seine Zeit, und alles Vornehmen unter dem Himmel hat seine Stunde. / Geboren werden und sterben, pflanzen und ausrotten, was gepflanzt ist, / würgen und heilen, brechen und bauen, / weinen und lachen, klagen und tanzen, / Steine zerstreuen und Steine sammeln, herzen und fern sein vom Herzen, / suchen und verlieren, behalten und wegwerfen, / zerreißen und zunähen, schweigen und reden, / lieben und hassen, Streit und Friede hat seine Zeit*« – dies aber war eine Zeit gewesen zu sterben und auszurotten, zu würgen und zu brechen, zu weinen und zu klagen, Steine zu zerstreuen, zu verlieren und wegzuwerfen, zu zerreißen und zu schweigen, zu hassen und zu streiten und fern zu sein vom Herzen.

Aber ist es nicht wert, ehe das Pathos verhallt, das Vergessen vernichtet, der Alltag graut und die Lüge überhandnimmt, stehenzubleiben und sich zu besinnen bei dem Gedanken, daß wir, dank einer Frau und einem Beispiel und einem Testament, nicht mit dem Bild der Verzweiflung und des Todes und des Hasses schieden, sondern mit dem Bild der Liebe, der Würde, der Tugend und der Hoffnung ...?

Ascona, im März 1964

Die beiden *Netsukes,* die mich auf der Reise begleitet haben, stehen wieder auf ihrem Platz, neben dem grasenden Pferd, dem hockenden Trommler, dem Greis auf dem fliegenden Fächer. In den letzten Monaten hat sich mein Arbeitszimmer in *La Timonella,* dem Lindenhaus, in ein amerikanisches Archiv und ein Kennedy-Museum verwandelt. Ein riesiger Tisch verstellt sogar die Balkontür; ein Teil der Bibliothek hat amerikanischen Referenzbüchern weichen müssen; vor mir aber steht die Zeichnung Bill Mauldins, die mich an jenem Abend in Chicago so mächtig angerührt hatte, das trauernde oder beschämte Lincoln-Denkmal.

Drei Monate sind seit dem Mord an der Ecke von Elm- und Houston-Street in Dallas vergangen, aber es verstreicht kein Tag, ohne daß man mich, da ich nun einmal »dort« gewesen bin, fragt: »Wer hat Kennedy ermordet?«

Wer hat Kennedy ermordet? – wird die Frage so gestellt: selbst wenn ich es wüßte, würde es mir widerstreben, sie zu beantworten. War es Oswald? War es Oswald allein? War es nicht Oswald? Was für ein zynisches Spiel! Sensationsberichte verwandeln eine Sophokles'sche Tragödie in einen Conan Doyle'schen Kriminalroman. Das Interesse wird auf kriminalistische Einzelheiten gelenkt, der Präsidentenmord aus seinem großen politischen und historischen Rahmen gerissen. In Amerika nennt man Kriminalromane *Who-done-its,* »Wer-hat-es-getan«-Romane. Der Kennedy-Mord darf kein *Who-done-it* werden.

325

Das Wasser ist freilich so trüb, daß es Privatdetektive und Sensationsschreiber geradezu zum Fischen einlädt. Für solche Fischer halte ich Thomas Buchanan und Mordecai Brienberg, deren Berichte im Pariser *Express* beziehungsweise im Londoner *Spectator* erschienen – zu allem Überfluß werden sie auch in deutschen illustrierten Zeitschriften nachgedruckt. Alle ähnlichen Berichte, die auf Hörensagen, individuellen Indizien, losen Sachverständigengutachten, parteiischen Zeugenaussagen und oberflächlichen Akkusationen beruhen, erreichen das Gegenteil des vorgetäuschten Zwecks: sie verwandeln einen der größten historischen Prozesse der Welt in einen »spannenden« Indizienprozeß.

Ebenso gefährlich wie die Sensationssucht ist der Dilettantismus dieser »Privat-Untersuchungen«. Ein Beispiel von vielen ist Buchanans »Beweis«, daß Oswald, weil er in der Armee kein Scharf- oder Meisterschütze, bestenfalls ein Eliteschütze gewesen sei, den Präsidenten nicht hätte erschießen können. Als ehemaliger Soldat der amerikanischen Armee, der den erwähnten Prüfungen wiederholt unterworfen wurde, weiß ich, was übrigens jeder Soldat jeder Armee weiß: dieser »Beweis« bedeutet nichts. Seit Oswalds Militärzeit sind viele Jahre verstrichen. In so vielen Jahren kann sich fast jeder »Eliteschütze« – die niedrigste Kategorie –, wenn er nur will, zu einem »Meisterschützen« entwickeln. Außerdem wird bei Schießprüfungen der höchsten Kategorie das Gewehr »frei« gehalten, also nicht aufgestützt. Jeder Soldat weiß: Es ist zehnmal so leicht, ein Ziel zu treffen, wenn man »aufgestützt« zielt – was Oswald getan haben konnte. In Rußland kann Oswald überdies eine »Schützenschule« besucht haben. Jeder weiß, daß der Zufall eine entscheidende Rolle spielt. Ein weit besserer Schütze als Oswald hätte, unter gewissen Umständen, die verhängnisvollen Schüsse nicht abgeben können; ein weit schlechterer hätte, unter gewissen Umständen, sein Ziel getroffen.

Wer hat Kennedy ermordet? Früher oder später wird diese Frage geklärt werden. An der Integrität des Bundesgerichtshof-Präsidenten Earl Warren zu zweifeln, heißt seine Persönlichkeit ebenso verkennen, als wollte man an der Integrität des Justizministers Robert F. Kennedy zweifeln, der schließlich über der Untersuchung wacht und nichts unversucht lassen wird, um den Mord an seinem Bruder aufzuklären. Indem unbekannte Sensationsreporter wie Buchanan die besten Männer Amerikas verdächtigen, tragen sie – wenn auch ungewollt – zu der Atmosphäre bei, in der ein neues Unglück sich ereignen kann.

Wenn dennoch Monate verstrichen sind, ohne Antwort und Beruhigung zu bringen, wenn das Wasser trübe geblieben ist, so gibt es nur zwei Möglichkeiten. Entweder beschränkt sich der Warren-Ausschuß auf die Aufgabe, die Mordfrage im kriminalistischen Sinne zu klären – dann erfüllt er zwar seine »technische« Aufgabe, aber er bleibt die Antwort auf die Frage, welche die Welt stellt, schuldig. Sie sind nicht beneidenswert, die aufrechten alten Herren des Komitees. Sie wissen, daß John F. Kennedy der Haß gemordet hat – aber welchen Namen, welche Namen sollen sie diesem Haß geben? Oder der Warren-Ausschuß ist bei seiner Untersuchung in jenes Gestrüpp des Hasses geraten, von dem ich in diesem Buch sprach. In diesem Fall tut der Warren-Ausschuß gut daran, seine Untersuchungsergebnisse vorerst geheimzuhalten und die Regierung auf jenen weiten, heute wie gestern lebensgefährlichen Kreis von Gruppen und Personen aufmerksam zu machen, der – und sei es auch nur indirekt – für den Tod des Präsidenten verantwortlich ist. Eine Stimmung kann nicht »verhaftet« werden, aber man kann – freilich nur langsam, behutsam und auf Grund unwiderlegbarer Beweise – einen Kreis unschädlich machen, der bewußt eine »K. o. the Kennedys«-Stimmung geschaffen hat. Inzwischen sollten wir, statt zweifelhafter Indizien, die Logik sprechen lassen.

Der Mord in Dallas war ein politischer Mord, der von einem oder mehreren politischen Gegnern des Präsidenten begangen wurde. Um einen politischen Mord handelte es sich auch dann, wenn er von einem Geistesgestörten begangen sein sollte. Ein Geistesgestörter, der den Präsidenten der Vereinigten Staaten ermordet, handelt innerhalb und nicht unabhängig von einer existierenden politischen Atmosphäre. Der Mord spielte sich im »Tauwetter«, mitten in der Entspannung zwischen der freien und der kommunistischen Welt ab. Der »Welt-Kommunismus« hatte keinerlei Interesse oder Veranlassung, den Mann, der mehr für eine friedliche Koexistenz getan hatte als irgendein westlicher Staatsmann in den letzten achtzehn Jahren, aus dem Weg zu räumen. Vielleicht ein geistesgestörter, aus freien Stücken handelnder kommunistischer Einzelgänger? Möglich, aber nicht entscheidend. Ein Mensch, dessen seelisches und geistiges Gleichgewicht gestört ist, wird von der Atmosphäre, in der er lebt, doppelt beeinflußt. Charles J. Guiteau, der Mörder Präsident Garfields, obwohl zweifellos ein Narr, schrieb in seinem Brief vom 2. Juli 1881, der Tod des Präsidenten sei *»eine traurige Notwendigkeit«* gewesen, um *»die Republikanische Partei zu einigen und die Republik zu retten«*. Guiteau handelte unter dem Eindruck der politischen Kontroverse zwischen General Grant und Garfield. Der Mörder Präsident McKinleys, Leon F. Czolgosz, war ein Anarchist, der im Präsidenten die Inkarnation des bösen Imperialismus erblickte. Als er McKinley bei der panamerikanischen Ausstellung erschoß, war der Krieg gegen Spanien, der mit der Annexion der Philippinen geendet hatte, kaum ein Jahr vorbei, die Anarchisten hielten Versammlungen ab, in denen gegen McKinley gepredigt wurde. Von der Ermordung Lincolns bis zur Ermordung König Alexanders von Jugoslawien gilt für alle berühmten politischen Attentäter die Feststellung Robert J. Donovans in seinem grundlegenden Werk *The Assassins,* wonach alle diese

Attentäter Männer *with a cause and a vision* gewesen waren. Zu deutsch: sie wollten politisch oder weltanschaulich etwas erreichen. Das gilt auch für den Mörder oder die Mörder Präsident Kennedys, doch werden gerade die erbitterten Gegner Kennedys zugeben müssen, daß – besonders im November 1963 – weder ein kommunistischer »Verschwörer« noch ein kommunistischer Narr ein Motiv zur Ermordung des Präsidenten besaß. Kein »effektives« und auch kein »atmosphärisches«. Die Aufklärung ist so schwierig, weil der Mörder vielleicht ein Kommunist war, weil er aber nicht in einer »kommunistischen« Atmosphäre handelte.

Sofort nach dem Mord erklärte die Polizei von Dallas, es handle sich um eine »kommunistische Weltverschwörung«. Die Polizei hätte das auch dann nicht wissen können, wenn es der Fall gewesen wäre. Es besteht also kein Zweifel, daß hier Kräfte am Werk waren, die eine Bartholomäusnacht oder einen Bürgerkrieg, im noch schlimmeren Fall aber den dritten Weltkrieg entfachen wollten. Unbeantwortet bleibt somit die Frage: Wurde John F. Kennedy in Dallas, Texas, ermordet, um einen solchen Konflikt hervorzurufen, oder benützten die erwähnten Kreise den Mord, um einen Bürgerkrieg – oder einen Weltkrieg – »bei dieser Gelegenheit« vom Zaune zu brechen? Welche Person, welcher Personenkreis hatte ein Interesse, das Bulletin mit der »kommunistischen Weltverschwörung« herauszugeben? Darauf, nicht auf die Zahl der Einschüsse im Automobil des Präsidenten, kommt es an. Das ist eine Frage, die über die Aktualität hinausgeht, die geklärt werden muß, soll die Geschichtsfälschung nicht im Moment der historischen Ereignisse beginnen.

Wie war die Atmosphäre unmittelbar vor dem Mord beschaffen? Darauf, und darauf vor allem, habe ich in diesem Buch zu antworten unternommen; gewisse Tatsachen jedoch, die mit dem tragischen Ereignis unmittelbar zusammenhängen, möchte ich nachtragen. Nach einem Bericht der *Associated Press* hatte eine der vielen faschistischen Gruppen in Texas, die *National Indignation Convention*, kurz zuvor eine Protestkundgebung gegen den Präsidenten des Bundesgerichtshofes Earl Warren, den »Hauptverantwortlichen« für die Neger-Integration, abgehalten. Dabei erklärte eines der führenden Mitglieder öffentlich: »*Ich bin dafür, ihn aufzuhängen.*« Der *AP* zufolge erschienen gleichzeitig Hakenkreuze auf jüdischen Geschäften in Dallas. Immer noch *AP* zufolge, brachen jene Demonstranten, die Botschafter Stevenson attackierten, in Sprechchöre aus: »*Kennedy wird seine Strafe in der Hölle erhalten. Stevenson wird sterben. Sein Herz wird stoppen, stoppen, stoppen, und er wird brennen, brennen, brennen.*« Als Kennedy in Dallas eintraf, veröffentlichte die *Dallas Morning News* ein ganzseitiges Inserat des gleichfalls rechtsextremen *American Fact Finding Committee*, in dem die Frage aufgeworfen wurde: »*Warum hat der Präsident seinem Bruder, dem Justizminister, befohlen, die Kommunisten weich zu behandeln?*« Tafeln, auf denen »*Kennedy – Verräter!*« stand, wurden erst wenige Minuten vor der Landung des Präsidenten in Dallas von der Polizei entfernt. Kurz vor Kennedys Ankunft im Süden hatte der Faschistenführer General Edwin Walker zusammen mit dem Gouverneur des Staates Mississippi den Mörder eines Neger-Führers, einen würdigen Repräsentanten des *white trash*, den schwachsinnigen »Witzbold« Byron de la Beckwith, im Gefängnis besucht und ihm die Hand geschüttelt. Der Gouverneur eines Südstaates hatte den Mord als politische Waffe offiziell gutgeheißen.

Wie reagierte das offizielle Amerika unmittelbar nach dem Mord? Für die Zukunft Amerikas, vielleicht der freien Welt, für die Geschichtsschreibung sind diese Fragen wesentlicher als kindische Spekulationen über den »Standort« Oswalds oder Rubys. Mag der Warren-Ausschuß noch so gewissenhaft forschen – seine Aufgabe war oder ist es nicht, aus dem Verhalten des offiziellen

Amerika nach dem Mord Schlüsse zu ziehen. Das ist die Aufgabe der Geschichtsschreibung. Wir besitzen zwei seriöse Dokumente über diese Stunden – einen Bericht des berühmten Kolumnisten Stewart Alsop und einen anderen des ausgezeichneten *Look*-Korrespondenten Fletcher Knebel. Aus beiden Aufsätzen erfahren wir, daß Lyndon B. Johnson seinen Eid auf die Verfassung nicht zufällig in einem Flugzeug leistete – *»die Fensterjalousien waren aus Furcht vor einem zweiten möglichen Attentat geschlossen«* –: Johnson, selbst aus Texas stammend und einer der besten Kenner des Südens, war von der Möglichkeit einer Verschwörung und einem zweiten Attentat überzeugt. Wohin aber flog Johnson? Er flog nach Washington. Hätte er auch nur einen Moment lang, wie später behauptet wurde, an eine »kommunistische Weltverschwörung« gedacht, so wäre er nirgends weniger sicher gewesen als in der Hauptstadt, nirgends sicherer als im erzreaktionären Texas. Das bestätigten auch die folgenden Sätze Alsops: *»Ganz sicher dachte damals aber Kenneth O'Donell«* – der Freund des Präsidenten, gleichfalls ein genauer Kenner der Lage – *»an die Möglichkeit, daß der Mord das Signal für ein großes Komplott sein könnte, das vielleicht seinen Ausgangspunkt in Dallas hatte. O'Donell war daher entschlossen, die Leiche des Präsidenten ohne Verzug und um jeden Preis aus Dallas herauszubringen.«* Wir wissen ferner, daß sofort nach der Ermordung die *red alert* angeordnet wurde, die sieben Tage lang währte; die Alarmbereitschaft war also mindestens noch fünf Tage in Kraft, als sich schon ganz klar erwiesen hatte, daß von einer internationalen Verschwörung keine Rede sein konnte. Aus dem Knebel-Bericht geht eindeutig hervor, daß in den Kreisen der Offiziellen eine Panik herrschte, als wäre man überzeugt gewesen, daß der Handstreich den Beginn eines Staatsstreiches darstellte. Eine kommunistische Verschwörung – in Amerika? Vizepräsident Johnson wollte den Eid erst in Washington leisten – *»der Geheimdienst«*, schreibt

Knebel, »*war der gleichen Ansicht, um den Abflug nicht zu verzögern*«. Nur der telephonisch verständigte Bruder des Präsidenten bestand auf einer sofortigen »Machtübernahme« – »*angenommen, es herrscht schlechtes Wetter und der Flug nach Washington dauert drei bis vier Stunden. Die Vereinigten Staaten können nicht so lange warten.*« Knebel zufolge wurde Johnson in einem Wagen ohne Kennzeichen nach *Love-Airfield* gebracht. Die bestinformierten Männer des Landes wußten: In einer solchen Atmosphäre des Hasses wäre eine Verschwörung möglich gewesen, ja, man hielt sie für wahrscheinlich.

Und wie reagierte die Öffentlichkeit? Ich zitiere wieder einen ach so schnell vergessenen Bericht der *Associated Press* von Dallas. »*Einige Schulkinder in Dallas und Jackson, Mississippi*«, so heißt es da, »*riefen ›Jippi!‹, ›Jippi!‹, stießen bei der Todesnachricht Freudenschreie aus – Freudenschreie einer bitteren Erbschaft.*« In Atlanta, Georgia, gelang es einem Jungen, Rusty Wessen aus Birmingham, das Mikrophon zu ergreifen und, noch ehe ihn jemand hindern konnte, hineinzurufen: »*Ein Weißer, der das für die Niggers getan hat, wurde mit Recht erschossen.*« In Madison, Wisconsin, erklärte der Führer der dortigen Nazi-Partei, Owen H. Reieson: »*Ein Wunder ist für die weiße Rasse vollbracht worden.*« In New York jubelte Malcolm X, einer der Führer der *Black Moslims*: »*Das Huhn ist gebraten, ich freue mich!*« Die *John-Birch-Society* aber begann, den Chef der F.B.I., den Ehrenwerten J. Edgar Hoover, zu zitieren, der sich von ihr auch dann nicht distanzierte, als der Sprecher der Organisation, Dr. Revilo P. Oliver, in *American Opinion* schrieb, der Präsident sei von den Kommunisten erschossen worden, weil er den mit ihnen vereinbarten Plan, die Vereinigten Staaten 1963 »*den Kommunisten zu übergeben, nicht eingehalten*« habe. Die Tage nach dem Mord waren Tage der Lüge, aber es gab auch Stunden der Wahrheit. Der Neger Roy Wilkins, Generalsekretär der NAACP, erklärte,

Präsident Kennedys Tod in Texas sei durch »*das irrsinnige Beispiel des Hasses*« verursacht worden. In *National Review* gebrauchte James J. Kilpatrick die bitteren Worte, Kennedy sei ermordet worden, weil »*er nicht nur Bücher gelesen, sondern auch geschrieben und weil er dreisilbige Wörter gebraucht*« hatte. Am Sarg des Präsidenten sprach Bundesgerichtshof-Präsident Eearl Warren: »*Wir werden vielleicht nie erfahren, was irgendeinen irregeführten Wicht zu dieser schrecklichen Tat bewogen hat, aber wir wissen, daß solche Taten gewöhnlich von den Kräften des Hasses und der Mißgunst ausgelöst werden – Haß und Mißgunst, die sich heute in den Blutkreislauf des amerikanischen Lebens eingefressen haben. Welchen Preis haben wir für unseren Fanatismus bezahlt!*« Es sollte mich nicht wundern, wenn es diese Worte waren, die Präsident Johnson bewogen, Earl Warren, ganz gegen dessen Absicht, an die Spitze des Untersuchungsausschusses zu berufen. Aber werden heute, nach drei Monaten, die Worte Haß und Mißgunst und Fanatismus überhaupt noch ausgesprochen? Zwei Monate nach dem Tod des Präsidenten hat der Ehrenwerte J. Edgar Hoover, der nämliche, dessen Name in den Inseraten der *John-Birch-Society* verwendet wurde, an Justizminister Robert F. Kennedy einen Jahresschlußbericht geliefert, in dem er hauptsächlich vor dem »*Linkstrend der amerikanischen Jugend*« warnt. Es ist der gleiche Ehrenwerte J. Edgar Hoover, dessen F.B.I. den Mord in Texas nicht aufzuklären vermochte, so daß die Untersuchungskommission des Präsidenten die Arbeit ganz von vorne übernehmen mußte.

Was – schließlich – war in den drei Monaten noch weiter geschehen? Einiges habe ich im Kapitel *Drei Witwen und eine Mutter* geschildert. Der Ruby-Prozeß? Er hat das Mißtrauen vertieft, den Argwohn erhöht, die Würdelosigkeit personifiziert. Das Todesurteil – berechtigt oder unberechtigt – wurde gefällt, weil es den »Ruf von Dallas« zu retten galt. Welchen Ruf? Das Todes-

urteil wurde gefällt, weil Oswald »gefesselt« war. Hätte er zurück-
schießen können, es wäre etwas anderes, der Ruf des *two-fisted*
Wilden Westens wäre gewahrt geblieben. Hätte jedoch die Polizei
von Dallas, hätte die F.B.I. des Ehrenwerten J. Edgar Hoover auch
nur den geringsten Beweis erbringen können, daß es sich um eine
kommunistische Verschwörung handle: nichts hätte den Ehrenwerten J. Edgar Hoover oder die weniger ehrenwerten Funktio-
näre in Dallas daran hindern können, diese Beweise der Öffentlichkeit zu unterbreiten. Und hätte ihnen das Washington, aus
irgendwelchen internationalen Rücksichten, tausendmal verboten:
der eine oder andere der interessierten und informierten Männer hätte die »Beweise« wenn an keinen anderen, so gewiß an
H. L. Hunt, den Dallas-Finanzier der *John-Birch-Society*, weitergegeben. Versuche ich, die Kommunisten reinzuwaschen? Wer,
wie ich, von früher Jugend an gegen den Kommunismus gekämpft
und sich ununterbrochen den Unwillen der »Linken« zugezogen
hat, darf es sich wohl erlauben, hier nur die Logik sprechen zu lassen. Wäre John F. Kennedy von der »Linken« ermordet worden –
was sollte Washington daran hindern, es auszusprechen? Die Angst,
die Entspannung in den internationalen Beziehungen könnte dadurch gestört werden? Die Regierung und die F.B.I. haben sich
nie, wenn es notwendig war, gescheut, von kommunistischen Agitatoren und kommunistischen Spionen zu sprechen – warum sollten sie sich vor einer Handvoll Kommunisten fürchten, die zer-
streut in den Vereinigten Staaten leben? Selbst das *Cosa-Nostra*-
Gangstertum von Chicago, die amerikanische Unterwelt, ist stärker als die kommunistische »Bewegung« in Amerika: wenn die
Unterwelt an der Ermordung Präsident Kennedys beteiligt war,
erschiene Vorsicht schon eher begreiflich. Wie begreiflich wäre sie
aber erst, wenn der Mörder oder die Mörder, direkt oder indirekt,
im Auftrag handelnd oder als Individuen, mit jenen Millionen
amerikanischer Bürger zusammenhingen, die von Ölmillionären

finanziert werden, hinter denen mindestens zehn Millionen des »weißen Abschaums« stehen, die über Repräsentanten bei der Polizei und anderen Behörden verfügen, die bedeutende Organisationen besitzen und bei den Wahlen eine so große Rolle spielen, daß sie ihre Vertreter in die Gouverneurspaläste von mehreren großen Staaten der Union zu entsenden vermögen. Es gibt rund vierzig Millionen Weiße im Süden. Der Bürgerkrieg ist latent. Will man Earl Warren und Robert Kennedy in die Arme fallen, indem man vage Andeutungen macht, statt das Problem beim Namen zu nennen, das Amerika und die Welt heute bedroht?

Ich kann nicht aufhören zu fragen: In welcher Atmosphäre hat der Einzelgänger, der Narr, der Kommunist gehandelt, wer hat diese Atmosphäre geschaffen und zu welchem Zweck, was wird unternommen, um die Männer unschädlich zu machen, die sie heraufbeschworen haben? Die Tragödie besteht darin, daß es anscheinend niemand wagt, die Wahrheit auszusprechen, weil das Pathos der Wahrheit mit John F. Kennedy ins Grab gesunken, weil, wie das Pferd des Kriegers, der Mut zur Wahrheit mit dem Krieger begraben zu sein scheint, weil Rücksicht oder Rücksichtslosigkeit, Bedenken von Parteien, Gruppen oder Individuen, patriotische Lügen oder auch nur Gleichgültigkeit und Trägheit des Herzens ihr Unrecht fordern, weil der *angeborenen Farbe der Entschließung«* immer, und auch in dieser historischen Stunde, von *»des Gedankens Blässe angekränkelt«* wird.

Was ist die verhüllte, verschleierte, verborgene Wahrheit?

Die Wahrheit ist, daß die Welt, und erführe sie hundertmal den Namen des Attentäters, und wäre der Beweis einer »Einzelaktion« hundertmal erbracht, sich nicht zufriedengeben wird, nicht zufriedengeben darf, weil sie nicht aufhören wird, die einzige Frage zu stellen, auf die es ankommt: Was hat Kennedy ermordet, warum wurde Kennedy ermordet?

John Fitzgerald Kennedy, geboren zu Broockline, Massachusetts, am 29. Mai 1917, gestorben am 22. November 1963 in Dallas, Texas, wurde ermordet, weil er, unbekümmert um politische Vorteile und schale Volkstümlichkeit, unbeirrt von radikalen Einflüssen von rechts und links, von Schwarz und Weiß, glaubte und verkündete, daß alle Bürger der Vereinigten Staaten, mögen sie welchen Glaubens immer, welcher Rasse, welcher Abstammung, welcher Farbe sein, zu gleichen Rechten geboren sind, und weil er, wie Abraham Lincoln hundert Jahre zuvor, den göttlichen Willen und die Verfassung der Vereinigten Staaten in die Tat zu übersetzen entschlossen war; weil aber, gleichzeitig, geheime und halbgeheime Organisationen, entfesselte »Rassisten« beider Farben, Gouverneure von Staaten wie Alabama und *Black Moslims* in New York, Ölmillionäre in Texas und weißer Abschaum im ganzen Land, uneingeschränkt und ungehemmt, von lokaler Polizei gefördert, von der Bundespolizei geduldet, von Politikern ausgenutzt, den Haß säen durften – eine Saat, die in Dallas, Texas, aufgegangen ist.

John Fitzgerald Kennedy wurde ermordet, weil er die Vereinigten Staaten noch einmal, wie George Washington im Jahre 1787, vereinigen wollte, weil er, indem er dem rückständigen Süden, dem in bösem Stumpfsinn verharrenden Texas und überhaupt allen Staaten der Union, unabhängig von ihren kleinlichen, provinziellen und dem Status Amerikas als Weltmacht widersprechenden Interessen, die Segnungen des Fortschritts, der Freiheit, Gleichheit und Brüderlichkeit zu bringen sich anschickte, ein Danton ohne Revolution; weil er aber, zugleich, den Zorn der selbstherrlichen Gouverneure, ihrer korrupten Cliquen, ihrer verschwörerischen *White Citizens Councils* entfachte, ihre Angst erregte und ihren Haß erntete.

John Fitzgerald Kennedy wurde ermordet, weil er es auszusprechen wagte, daß das reichste Land der Erde zu einem Teil von einem elenden Bettlerheer bevölkert wird, und weil er diesem entwürdigenden, die Prinzipien der Demokratie diffamierenden und den natürlichen Sieg der freien Welt gefährdenden Zustand ein Ende bereiten wollte, und dies auch mit den größten Opfern des Staates, der Reichen und der Privilegierten, und dies auch gegen den Willen der hartnäckig im Sumpf Verharrenden; weil er aber damit den Haß der Roulette-Gesellschaft auf sich zog, die im Glück die Hand der göttlichen Vorsehung, im Elend die verdiente Strafe der Unglücklichen erblickt.

John Fitzgerald Kennedy wurde ermordet, weil er wußte, daß der Kommunismus eine veraltete, widernatürliche, mit sich selbst unzufriedene, sich selbst *ad absurdum* führende, weder mit Hilfe von Gewalt noch Geld noch Phrasen auf die Dauer zu exportierende Philosophie ist, weil er aber, eben deshalb, einen Krieg mit der noch kommunistischen Welt für überflüssig, sinnlos und, angesichts der Vernichtungswaffen, für verbrecherisch hielt, weil er an die Kraft, die Macht und die Herrlichkeit des demokratischen Gedankens glaubte, weil er gewiß war, die gewalttätige Expansion des Kommunismus mit Politik, Diplomatie, Weisheit und stiller Stärke aufhalten zu können; weil er aber, auf der anderen Seite, nicht verhindern konnte, daß, innerhalb einer Demokratie, Ex-Generale, Staatsfeinde, Kriegsagenten und Rüstungsprofiteure in Zeitungen und auf Versammlungen, im Rundfunk und im Fernsehen den Haß propagierten und mit den Rieseninjektionsspritzen der Massenmedien den Massen einimpften.

John Fitzgerald Kennedy wurde ermordet, weil er keine Verpflichtung übernahm, die er nicht erfüllen konnte, kein Versprechen gab, an dessen Verwirklichung er zweifelte, keinen »Befreiungskrieg« zu führen versprach oder sich dazu verpflichtete, weil er dagegen von seinem gegebenen Wort nicht um Haaresbreite abzuweichen bereit war, weil er unter *Ich bin ein Berliner* das verstand, was die Römer, zweitausend Jahre vorher, unter *civis romanus sum* verstanden hatten, ein Wort als Ehrenwort; weil er aber, mit dieser Haltung, einerseits die Gut-ist-was-Amerika-frommt-Isolationisten, andererseits die Demagogen eines nuklearen Präventiv- oder »Befreiungskrieges« herausforderte, die auf seine Friedens- und Freiheitserklärung mit der Kriegserklärung des Hasses antworteten.

John Fitzgerald Kennedy wurde ermordet, weil er die Ölquellen von Texas nicht für Amerikas neue Grenzen hielt, weil seine Vision die *new frontiers* an den Grenzen der bewohnten Erde und an der Oberfläche des Mondes sah, weil in seinem Traum von einem neuen Amerika der *rugged individualism* der besoffenen Pokerspieler, der »zweifäustigen« Cowboys und der »rotblütigen« Pioniere keinen Platz hatte; weil ihm aber, andererseits, nicht die Zeit gegeben war, mit der Hilfe guter Gefährten und der Mehrheit eines gesunden Volkes, die Verschwörung eines veralteten Halali-Kapitalismus mit dem neuen Lumpenproletariat zu brechen, und weil also der Haß von exklusiven Klubs in Dallas an Spelunken in Birmingham, von Salons in Jackson an Hafenkneipen in New Orleans weitergegeben werden konnte.

John Fitzgerald Kennedy wurde ermordet, weil er sein Vaterland Amerika zu sehr liebte, als daß er es blind geliebt hätte, weil er die Fehler, Schwächen und Rückständigkeiten seines Landes, seines Volkes und seiner Gesellschaft kannte, weil er sich vor der Bildung verneigte, die Intelligenz förderte, die Kultur bewunderte, die Dummheit verachtete, den Analphabetismus bekämpfte, der bloßen Tüchtigkeit mißtraute, weil er auf diesem Gebiet zu keinem Kompromiß bereit war, weder in seinen Handlungen noch in seinen Reden noch in seiner Lebensweise noch in der Lebensweise seiner Familie, weil er sich vor der Noblesse nicht fürchtete und die Vulgärität mied; weil aber die Erscheinung seiner Persönlichkeit allein geeignet war, die ganze Vulgärität der *salesman-society*, der *Strip-tease*-Unterwelt und der mit ihr konspirierenden

Welt der Korruption in einen einzigen Aufschrei des Hasses ausbrechen zu lassen.

John Fitzgerald Kennedy wurde ermordet, weil es in den Vereinigten Staaten von Amerika zum ersten Male eine umstürzlerische, die würdigste Verfassung der Menschheit mißachtende rechtsextremistische Revolutionsbewegung gibt; weil aber, zugleich, Amerika, in begreiflicher Scham und in gefährlicher Toleranz, die Bedeutung dieser Bewegung verschweigt oder verdeckt oder verniedlicht, weil der *John-Birch-Society,* den *White Citizens Councils* und dem Ku-Klux-Klan bei Tag und Nacht Haß zu predigen und zu praktizieren erlaubt ist.

Drei Monate sind seit dem Tod John Fitzgerald Kennedys vergangen. Noch immer fragt sich die Welt – noch immer? –, was sich an jenem Novembertag an der Ecke von Elm- und Houston-Street in Dallas, Texas, in Wirklichkeit ereignet hat. In *Faust* scheint immer wieder die letzte Wahrheit zu stehen: »*Unselige Gespenster! so behandelt ihr / Das menschliche Geschlecht zu tausend Malen; / Gleichgültige Tage selbst verwandelt ihr / In garstigen Wirrwarr netzumstrickter Qualen.*« Gleichgültige Tage, netzumstrickte Qualen... Das Gefühl der Einsamkeit und Unsicherheit, das die Welt vor der Kennedy-Ära empfunden hat, ist zurückgekehrt. Gute Männer bemühen sich, das Erbe John F. Kennedys zu verwalten. Amerika, das Land, nach dem die freie Welt blickt und noch lange wird blicken müssen, pflegt seine Wunden. Europa weiß nicht, wie tief es verwundet ist. Hier und dort erheben schon wieder die Vulgärität, die Minderwertigkeit und die Kriegslust ihr Haupt. Sind die Versuche der Menschen guten Willens umsonst, ist der Verlust unersetzlich?

Der Verlust des Mannes John Fitzgerald Kennedy ist unersetzlich. Aber ich glaube nicht, daß die Wahrheit für immer verborgen bleiben wird. Wie ich nicht aufhöre, um den Marquis Posa aus Massachusetts zu trauern, so glaube ich nicht, daß die

Spur von seinen »*Erdentagen ... in Äonen untergehn*« wird. Ginge sie unter, die Spur: John Fitzgerald Kennedy wäre nicht gewesen, der er war. Die Kennedy-Ära mag nur eine Spur sein, die uns geblieben ist, aber eine Spur, der wir folgen können, und der die Menschheit, an die John Fitzgerald Kennedy mit seiner ganzen Kraft, seiner ganzen Intelligenz, seiner ganzen Jugend und seinem ganzen, großen Herzen geglaubt hat, am Ende folgen wird. John Fitzgerald Kennedy hat Liebe gesät und Haß geerntet. Aber er hat auch »*in die Furche der Zeit die Tat*« gestreut. Wenn das Böse auftritt, flieht das Gute, aber Verwirrung, Mißtrauen, Zweifel, die in solchen Augenblicken überhandnehmen, währen nicht ewig: die Guten finden sich, erkennen sich, reichen sich die Hand, treten wieder zur Offensive an. Am Ende des zweiten Teiles der Tragödie sieht der erblindete Faust die ganze Wahrheit:

> »Die Nacht scheint tiefer tief hereinzudringen,
> Allein im Innern leuchtet helles Licht;
> Was ich gedacht, ich eil es zu vollbringen;
> Des Herren Wort, es gibt allein Gewicht.
> Vom Lager auf, ihr Knechte, Mann für Mann!
> Laßt glücklich schauen, was ich kühn ersann!
> Ergreift das Werkzeug, Schaufel rührt und Spaten!
> Auf strenges Ordnen, raschen Fleiß
> Erfolgt der allerschönste Preis;
> Daß sich das größte Werk vollende,
> Genügt e i n Geist für tausend Hände.«

Bitte beachten Sie
die folgenden Seiten

John Silber

Ist Amerika zu retten?

Moral und Ethik
einer Weltmacht

Ullstein Buch 35334

John Silber, Präsident der
Universität Boston und eine
der herausragenden Persönlichkeiten des geistigen und
politischen Lebens in den
USA, legt den Finger auf die
wunden Punkte der amerikanischen Gesellschaft und entwickelt eine Strategie zur
Überwindung der dringend-
sten Probleme.

»John Silber liefert eine pro-
vokativ formulierte, aber treffende Zustandsbeschrei-
bung.«
    (Frankfurter Allgemeine
    Zeitung)

Zeitgeschichte

Anthony Summers

J. F. K.

Die Wahrheit über
den Kennedy-Mord

Ullstein Buch 34997

»Wenn wir die Jahre hindurch
in Unwissenheit über die Vor-
gänge gehalten wurden, hier
ist die perfekte Gelegenheit
aufzuwachen... Eine zwin-
gende Lektüre!«
    (The New York Times)

»Ich fand dieses Buch derart
faszinierend und so lesens-
wert, daß ich wieder von
vorne anfing, nachdem ich es
gelesen hatte!«
    (Norman Mailer)

Sachbuch